COLEÇÃO
ABERTURA
CULTURAL

Impresso no Brasil, março de 2011.

Título original: *Foucault and the Iranian Revolution*
Licenciado por The University of Chicago Press, Chicago, Illinois, USA.
© 2005 by The University of Chicago. Todos os direitos reservados.

Os direitos desta edição pertencem a
É Realizações Editora, Livraria e Distribuidora Ltda.
Caixa Postal: 45321 · 04010 970 · São Paulo SP
Telefax: (5511) 5572 5363
e@erealizacoes.com.br · www.erealizacoes.com.br

Editor
Edson Manoel de Oliveira Filho

Gerente editorial
Bete Abreu

Preparação de texto
Marileide Pereira

Revisão
Patrizia Zagni
Fernanda Marcelino

Capa e projeto gráfico
Mauricio Nisi Gonçalves / Estúdio É

Crédito de imagem da capa
Copyright by © Alexander Hübert | Dreamstime.com *(Flag Of Iran)*

Pré-impressão e impressão
Prol Editora Gráfica

Reservados todos os direitos desta obra. Proibida toda e qualquer reprodução desta edição por qualquer meio ou forma, seja ela eletrônica ou mecânica, fotocópia, gravação ou qualquer outro meio de reprodução, sem permissão expressa do editor.

FOUCAULT E A REVOLUÇÃO IRANIANA

As Relações de Gênero
e as Seduções do Islamismo

Janet Afary e Kevin B. Anderson

TRADUÇÃO DE FABIO FARIA

Realizações
Editora

A esquerda liberal ocidental precisa saber que a lei islâmica pode se tornar um peso morto nas sociedades com sede de mudança. A esquerda deveria não se deixar seduzir por uma cura que talvez seja pior do que a doença.

- "Atoussa H.", feminista iraniana,
em resposta a Michel Foucault, novembro de 1978.

Sumário

Agradecimentos 9

Introdução 15

PARTE I – O Discurso de Foucault: Altos e Baixos

Capítulo 1 | O Mundo Paradoxal de Foucault:
As Ordens Sociais Modernas e Tradicionais 33

Capítulo 2 | Procissões, Encenações de Paixão e Ritos de Penitência:
Foucault, Xiismo e Rituais Antigos Cristãos 75

PARTE II – Os Escritos de Foucault sobre a Revolução Iraniana e Depois Dela

Capítulo 3 | As Visitas ao Irã e as Controvérsias com "Atoussa H."
e Maxime Rodinson 121

Capítulo 4 | O Debate sobre o Resultado da Revolução, Especialmente
Quanto aos Direitos das Mulheres 177

Capítulo 5 | Foucault, Relações de Gênero e as Homossexualidades
Masculinas nas Sociedades Mediterrâneas
e Muçulmanas 225

Epílogo | Da Revolução Iraniana ao 11 de setembro de 2001 267

APÊNDICE – Foucault e seus Críticos, uma Tradução Comentada

    Nota Introdutória 291
    Diálogo entre Michel Foucault e Baqir Parham 294
    O Exército – Quando a Terra Treme 305
    O Xá Está Cem Anos atrás dos Tempos 314
    Teerã: A Fé contra o Xá 321
    Com o que os Iranianos Estão Sonhando? 329
    Uma Iraniana Escreve
        por "Atoussa H." 339
    A Resposta de Foucault a Atoussa H 341
    Uma Revolta com as Mãos Vazias 342
    O Desafio à Oposição 347
    A Revolta no Irã se Espalha em Fitas Cassete 351
    O Líder Mítico da Revolta Iraniana 358
    O Islã Ressurgente?
        por Maxime Rodinson 363
    Um Barril de Pólvora Chamado Islã 387
    Khomeini e a "Primazia do Espiritual"
        por Maxime Rodinson 391
    Declaração das Mulheres Iranianas Protestantes 397
    Discurso de Simone de Beauvoir 399
    Com o que os Filósofos Estão Sonhando? Será que Michel Foucault
        Estava Errado sobre a Revolução Iraniana?
        por Claudie e Jacques Broyelle 401
    A Resposta de Foucault a Claudie e Jacques Broyelle 405
    Irã: O Espírito de um Mundo sem Espírito
        Conversa de Foucault com Claire Brière e Pierre Blanchet 406
    Carta Aberta ao Primeiro-Ministro Mehdi Bazargan 422
    É Inútil se Revoltar? 426
    Crítica de Foucault sobre o Irã
        por Maxime Rodinson 432

Referências 449

Índice Onomástico 473

Agradecimentos

Decidimos escrever este livro há uma década, durante uma visita a Paris, quando encontramos alguns membros da comunidade iraniana que estavam familiarizados com os escritos de Michel Foucault sobre a Revolução Iraniana. Logo estávamos imersos em conversações sobre Foucault e, mais genericamente, sobre os intelectuais ocidentais que haviam apoiado movimentos revolucionários em sociedades não ocidentais. Desde então, estivemos engajados em amplas discussões com intelectuais e estudantes da América do Norte, Europa, Irã e outras partes do Oriente Médio sobre Michel Foucault, as relações de gênero e a Revolução Iraniana. Nossos vários interlocutores deram-nos, literalmente, centenas de respostas entusiasmadas, embora, algumas vezes, críticas. Essas foram tão importantes e variadas que seria impossível expressar nossos agradecimentos de maneira satisfatória. Ainda que sejamos, naturalmente, os únicos responsáveis por quaisquer defeitos neste trabalho, gostaríamos de agradecer àqueles que nos ajudaram ao longo do caminho.

Somos imensamente gratos a estas pessoas, que compartilharam conosco, através de entrevistas ou trocas de *e-mails*, suas lembranças em primeira mão dos encontros de Foucault com a Revolução Iraniana: Abolhassan Bani-Sadr (um ex-presidente da República Islâmica do Irã), Ehsan Naraghi, Ahmad Salamatian e Hasan Shariatmadari (filho do aiatolá Kazem Shariatmadari). Também trocamos ideias com Fathi Triki sobre a estada de Foucault na Tunísia de 1966 a 1968.

Além disso, Nasser Pakdaman e Yann Richard compartilharam suas lembranças do debate sobre a Revolução Iraniana na França.

Gostaríamos de agradecer aos bibliotecários da Biblioteca Pública de Informações Centro Pompidou, à Biblioteca do Congresso, à Biblioteca da Northern Illinois University (especialmente a Robert Ridinger), à Biblioteca da Northwestern (especialmente à coleção de jornais) e à Biblioteca da Purdue University (especialmente a Larry Mykytiuk). Temos um débito particularmente importante com a Biblioteca Regenstein, da Chicago University, especialmente com Bruce Craig e Marlis Saleh, da Coleção do Oriente Médio, e com Frank Conaway, da Divisão de Ciências Sociais. Em Los Angeles, somos gratos também a Laleh Ghahreman e a Bijan Khalili, da livraria Ketab Corporation, e a Mohammad Ali Sotoonzadeh Yazdi, da Dekhoda Books, por nos exporem numerosas fontes persas.

Na University of Chicago Press, gostaríamos de expressar nossos agradecimentos ao nosso editor, John Tryneski, cujo encorajamento e conselhos sensatos permitiram a publicação deste livro de uma maneira aperfeiçoada e notavelmente ágil. Somos gratos também à ajuda de Rodney Powell e Ashley Cave em numerosas questões, pequenas e grandes. Agradecemos também a nosso preparador de texto, Nick Murray, e à nossa produtora editorial, Christine Schwab.

Dentre aqueles que contribuíram com comentários em versões anteriores deste trabalho, temos um débito maior com os que leram versões do manuscrito inteiro (muito frequentemente mais longas) e fizeram comentários extraordinariamente cuidadosos e úteis: Frieda Afary, Hélène Bellour, Mansour Bonakdarian, Samuel Kinser, Mark Lilla, Azar Nafisi e dois leitores anônimos da University of Chicago Press.

Um número muito maior de pessoas ofereceu conselhos importantes sobre as versões iniciais de capítulos específicos ou partes do livro: Kamran Afary, Mona Afary, Said Amir Arjomand, Evelyn Blackwood, Albert Bowers, Berenice Carroll, Barbara Epstein, Ted

Feldman, Jeff Goodwin, Mark Gottdiener, Inderpal Grewal, Sally Hastings, Mary Hegland, David Ingram, Manouchehr Kasheff, Nikki Keddie, Douglas Kellner, Jennifer Lehmann, Michael Löwy, Martin Matustik, Robert May, William McBride, Gail Melson, Robert Melson, Gordon Mork, Negar Mottahedeh, Orayb Najjar, Hal Orbach, Amir Pichdad, Arkhady Plotnitsky, Nick Rauh, Aparajita Sagar, Ruth Salvaggio, John Sanbonmatsu, Houman Sarshar, David Schweickart, Charlene Seigfried, Holly Shissler, Daniel Smith, David Norman Smith, Michael Smith, Maureen Sullivan e Gordon Young. Gostaríamos também de expressar nossa gratidão pelas respostas às nossas apresentações das partes deste trabalho nos encontros anuais da Associação Americana de Sociologia, da Sociedade Internacional de Estudos Iranianos, da Associação de Estudos do Oriente Médio, da Associação de Filosofia Radical e da Conferência dos Acadêmicos Socialistas, bem como das séries de Iluminações em Purdue e de um colóquio de sociologia na Northern Illinois University. Em 2003, Janet Afary publicou uma versão inicial de partes do Capítulo 2 como um artigo ("Narrativas Xiitas de Cabala e Ritos Cristãos de Penitência: Michel Foucault e a Cultura da Revolução Iraniana, 1978-1979", *Radical History Review*, n. 86, p. 7-36). Somos gratos pelos comentários úteis dos editores Mansour Bonakdarian e Magnus T. Bernhardsson, e de dois revisores anônimos da publicação.

No que concerne às traduções no apêndice, gostaríamos especialmente de agradecer à nossa tradutora principal, Karen de Bruin. Também fomos beneficiados por uma crítica das traduções por revisores anônimos da Chicago University Press.

Outros nos auxiliaram com fontes de materiais, sugestões úteis ou dados importantes, em vários pontos, durante o nosso trabalho na produção deste livro: Anvar Afary, Reza Afshari, Bahman Amin, Ahmad Ashraf, Sohrab Behdad, Donald Cress, Saeed Damadi, Nathalie Etoke, Rhonda Hammer, Hormoz Hekmat, Jacques d'Hondt, Peter Hudis, Houshang Keshovarz, Charles Kurzman, Ariane Lantz, Pierre

Lantz, John Lie, Jim Miller, Hosein Mohri, Hasan Mortazavi, Homa Nategh, Hal Orbach, Danny Postel, John Rhoads, Maxime Rodinson, Yadollah Royai, Ahmad Sadri, Lawrence Scaff e Patsy Schweickart. Com relação a fontes de materiais, gostaríamos de destacar duas pessoas: Gita Hashemi, que generosamente compartilhou conosco a sua tese de mestrado, *Between Parallel Mirrors: Foucault, Atoussa, and Me, on Sexuality of History*" (Toronto University, 2000), e Gholamreza Vantandoust, que nos enviou alguns materiais importantes do Irã, especialmente a tradução persa dos escritos de Foucault sobre a revolução por Houssein M. Hamadani.

Na Purdue University numerosos estudantes responderam, através de comentários muito perspicazes e outras discussões, sobre partes deste trabalho que apresentamos em seminários de graduação. Também agradecemos a assistência valiosa de pesquisa dos seguintes estudantes graduados e não graduados: Albert Bowers, Keziah Fusco, Kaveh Hemmat, Petra Kleinlein, Li Fei, Shannon Linehan, Ashley Passmore, Neal Patel, Peishan Tan e Tanya Tang.

Fomos beneficiados por diversas formas de apoio financeiro durante o curso das pesquisas para este livro, especialmente pelo apoio do Programa de Bolsa para o Incentivo à Pesquisa da Escola de Artes Liberais da Purdue University, sem a qual as novas traduções do apêndice não teriam sido possíveis. Em 1994, a viagem de Afary a Paris foi apoiada por uma bolsa concedida pela Fundação de Pesquisa da Purdue University e a de Anderson, por uma bolsa concedida pela Northern Illinois University. A Sociedade Filosófica Americana financiou a viagem de Anderson a Paris em 1996. Afary foi beneficiada por uma licença de um semestre para pesquisa na primavera de 1999 através do Centro de Estudos Humanísticos da Purdue University. A Fundação Soros financiou a viagem de Afary a Paris em 2003.

Além disso, gostaríamos de agradecer aos seguintes membros da equipe de apoio da Purdue University pelas diversas formas de assistência, incluindo cópias e escaneamentos: Michelle Conwell, Barbara

Corbin, Linda Doyle, Karen Ferry, Jennie Jones, Nancy Mugford e Margaret Quirk.

Finalmente, gostaríamos de expressar nossos agradecimentos aos nossos pais e a outros membros familiares pelas suas numerosas formas de assistência e apoio, e à nossa filha, Lena, por toda a alegria que ela trouxe às nossas vidas.

Gostaríamos de agradecer às seguintes pessoas e instituições a permissão para publicar os textos no Apêndice:

À Baqir Parham e à Agah Publications, a permissão para publicar nossa tradução do seu diálogo em persa com Michel Foucault.

À Éditions Gallimard, a permissão para publicar nossas traduções dos textos jornalísticos de Foucault sobre o Irã, que originalmente apareceram no Volume 3 de *Dits et Écrits*, de Foucault, 1976-1979, © 1994, Éditions Gallimard, Paris.

À Garnet Publishing, a permissão para reimprimir a tradução de Roger Hardy e Thomas Lines da matéria de Maxime Rodinson intitulada "Islam Resurgent?", *Gazelle Review*, n. 6 (1979); e à Éditions Fayard, os direitos de tradução do original francês, como aparece na obra de Maxime Rodinson chamada *L'Islam, Politique et Croyance*, © 1993, Librairie Arthème Fayard.

À Éditions Fayard, a permissão para publicar nossas traduções da obra de Rodinson, "Khomeini and the 'Primacy of the Spiritual'" e "Critique of Foucault on Iran", de Maxime Rodinson, *L'Islam, Politique et Croyance*, © 1993, Librairie Arthème Fayard.

A Maryam Matin-Daftari, a permissão para publicar nossa tradução inglesa da declaração das mulheres iranianas de 10 de março de 1979.

A Margaret Simons, a editora da edição inglesa dos textos selecionados de Simone de Beauvoir, a permissão para publicar a tradução de Marybeth Timmerman da declaração de Beauvoir sobre as mulheres iranianas.

A Claudie e a Jacques Broyelle, a permissão para publicar nossa tradução de seu artigo "What Are the Philosophers Dreaming About?".

À Taylor & Francis, a permissão para reimprimir a tradução de Alan Sheridan de "Spirit of a Spiritless World", uma entrevista de Claire Brière e Pierre Blanchet com Foucault, que apareceu na obra de Michel Foucault, *Politics, Philosophy, Culture: Interviews and Other Writings, 1977-1984*, editada por Lawrence D. Kritzman, © 1988, reproduzida com permissão de Routledge/Taylor & Francis Books, Inc.; e à Éditions du Seuil, os direitos de tradução do original francês, como ele aparece na obra de Claire Brière e Pierre Blanchet, *Iran: la Révolution au Nom de Dieu*, © 1979, Éditions du Seuil.

Introdução

> O autor é um produto ideológico, porque nós o representamos como o oposto de sua real função histórica.
>
> Foucault, *O Que é um Autor?*

Em 1978-1979, no curso de uma enorme revolução urbana com diversos milhões de participantes, o povo iraniano derrubou o regime de Muhammad Reza Xá Pahlavi (cujo governo esteve em vigor de 1941 a 1979), que tinha implementado um programa autoritário de modernização econômica e cultural. No final de 1978, a facção islâmica liderada pelo aiatolá Ruhollah Khomeini passou a liderar o levante antirregime, do qual nacionalistas seculares, liberais e esquerdistas também participaram.[1] Os islâmicos iniciaram os esforços

---

[1] Conservando a prática atual da maioria dos acadêmicos do Islã e do Oriente Médio, em geral utilizamos o termo "islamismo" para designar um número de versões mais fundamentalistas do Islã, como o que se encontra no movimento de Khomeini, no dos *mujahedeen* afegãos e em movimentos similares que proliferaram nas últimas décadas. A frase "fundamentalismo islâmico", utilizada mais comumente em reportagens jornalísticas, apresenta a vantagem de tornar uma distinção óbvia e aguda entre essas versões do Islã e as mais tolerantes, enquanto também permite comparações com outras formas de fundamentalismo religioso, seja cristão, hindu ou judeu. Contudo, "fundamentalismo", que se originou há um século como uma descrição do renascimento protestante, apresenta a desvantagem decisiva de evocar uma tendência por crentes a um retorno aos textos originais sagrados, supostamente livres de interpretações. Este nunca é o caso com o islamismo, cujos adeptos seguem não apenas os textos originais, mas também

contra o xá como uma repetição da Batalha de Karbala (680 E.C.), que os muçulmanos xiitas marcam anualmente no mês de Muarrã comemorando o martírio do imame Hussein (neto de Maomé). Hussein morreu nas mãos de seu inimigo Yazid no deserto de Karbala (atualmente onde fica o Iraque), em uma batalha que selou a sucessão de Yazid ao califado. Em 1978, Khomeini personificava o inocente Hussein, o xá representava a sua nêmesis Yazid, e aqueles manifestantes mortos pela repressão brutal do xá eram vistos como mártires na tradição dos seguidores de Hussein do século sétimo.

De forma crescente, em nome da unidade nacional de muitos dos manifestantes anti-xá, as demandas dos manifestantes seculares, nacionalistas e esquerdistas foram articuladas em termos religiosos e através de rituais que comemoravam a morte de Hussein. Os islâmicos controlavam os *slogans* e a organização dos protestos, o que significava que muitas mulheres seculares que se reuniram aos manifestantes foram pressionadas a usarem o véu (xador) como uma expressão de solidariedade para com os muçulmanos tradicionais. Muarrã caiu em dezembro de 1978, no ápice do levante, e a sua celebração levou um milhão de pessoas às ruas. Em fevereiro de 1979, o xá tinha fugido, e Khomeini retornou do exílio para tomar o poder. No mês seguinte, ele patrocinou um referendo nacional que declarou o Irã uma república islâmica. Logo depois, assim que Khomeini começou a assumir quase que o poder absoluto, o reino de terror começou.

Intelectuais progressistas e esquerdistas, ao redor do mundo, ficaram inicialmente divididos em suas avaliações sobre a Revolução Iraniana. Enquanto eles apoiavam a derrubada do xá, ficavam geralmente menos entusiasmados com as noções de uma república

---

um corpo de interpretações, uma boa parte dele muito recente. Uma outra frase algumas vezes utilizada por acadêmicos é "islã militante", isso porém implica que os islamistas estejam meramente advogando mais energicamente aquilo que todos os muçulmanos acreditam, dessa forma minimizando a distinção entre islamismo e outras versões do Islã.

islâmica. Uma exceção principal a essa ambivalência foi Michel Foucault. Ele visitou o Irã duas vezes em 1978, escrevendo e falando entusiasmadamente e de maneira não crítica sobre a revolução.

Ao longo de sua vida, o conceito de autenticidade de Foucault significou examinar situações em que as pessoas viviam perigosamente e flertavam com a morte, o sítio onde a criatividade se originava. Na tradição de Friedrich Nietzsche e Georges Bataille, Foucault havia incorporado o artista que empurrava os limites da racionalidade, e escreveu com grande paixão em defesa de irracionalidades que quebravam novas fronteiras. Em 1978, Foucault encontrou tais poderes transgressivos na figura revolucionária do aiatolá Khomeini e os milhões que se arriscavam à morte ao segui-lo no curso da revolução. Ele sabia que tais "experiências-limite" poderiam levar a novas formas de criatividade e, passionalmente, emprestou o seu apoio a elas. Essa foi a única experiência em primeira mão de Foucault em uma revolução, e ela gerou seus escritos mais extensos sobre uma sociedade não ocidental.

Foucault primeiro visitou o Irã em setembro de 1978 e depois se encontrou com Khomeini em sua residência no exílio, nos subúrbios de Paris em outubro. Foucault viajou ao Irã para uma segunda visita em novembro, quando o movimento revolucionário contra o xá estava atingindo o seu zênite. Durante essas duas viagens, Foucault foi contratado como correspondente especial do principal jornal italiano, *Corriere della Sera*, e seus artigos apareceram na primeira página desse jornal. O interesse de Foucault na Revolução Iraniana foi muito mais do que uma curiosidade jornalística. Seu trabalho anterior havia mostrado uma consistente, ainda que sutil, afinidade com o Oriente e as normas sociais mais tradicionais do Oriente, bem como uma preocupação com o pensamento messiânico oriental. Foucault acreditava que o fim do colonialismo na década de 1960 tinha levado o pensamento ocidental a um ponto de inflexão e a uma crise. Durante o encontro de 1978 em um templo *Zen* no Japão, Foucault observou que estávamos "no fim da era da filosofia ocidental. Portanto se existir uma filosofia do futuro, ela terá que ser nascida fora da Europa ou igualmente nascida como consequência de encontros e impactos entre Europa e não Europa" (1999, p. 113).

Mais tarde, naquele ano, Foucault foi ao Irã "para estar lá no nascimento das ideias". Ele escreveu que o novo estilo de política muçulmana poderia assinalar o início de uma nova forma de "espiritualidade política", não apenas para o Oriente Médio, mas também para a Europa, que tinha adotado uma política secular desde a Revolução Francesa. Como ele escreveu no *Corriere della Sera* em novembro de 1978:

> Existem mais ideias na terra do que os intelectuais imaginam. E essas ideias são mais ativas, mais fortes, mais resistentes, mais passionais do que os "políticos" pensam. Temos que estar lá no nascimento das ideias, a explosão exterior de sua força: não em livros que as exprimem, mas nos eventos manifestando a sua força, em esforços que giram em torno de ideias, a favor ou contra. As ideias não governam o mundo. Mas é porque o mundo tem ideias (e porque ele constantemente as produz) que não é passivamente governado por aqueles que são seus líderes ou por aqueles que gostariam de ensinar, de uma vez por todas, o que se deve pensar. Esta é a direção que queremos que essas "reportagens jornalísticas" tomem. Uma análise do pensamento será ligada a uma análise do que está acontecendo. Intelectuais trabalharão juntos com jornalistas no ponto em que as ideias e os eventos se cruzam (citado em Eribon, 1991, p. 282).

Além do *Corriere della Sera*, Foucault escreveu sobre o Irã em jornais e diários franceses, como o diário *Le Monde* e o amplamente circulado hebdomadário esquerdista *Le Nouvel Observateur*. Estudantes iranianos ativistas traduziram pelo menos um de seus ensaios para o persa e o postaram nos muros da Universidade de Teerã no outono de 1978. Na primavera de 1979, a Associação dos Escritores Iranianos publicou uma entrevista com Foucault feita em setembro anterior sobre o conceito da revolução e o papel do intelectual. Todos os escritos publicados de Foucault e entrevistas sobre o Irã aparecem em inglês em sua totalidade pela primeira vez no Apêndice deste volume, com algumas de suas críticas.²

Foucault lança uma série de posições distintas políticas e teóricas sobre a Revolução Iraniana. Em parte porque somente três de seus quinze artigos e entrevistas sobre o Irã apareceram em inglês, eles geraram poucas discussões no mundo de fala inglesa. Mas isso é por si só um fato curioso. Por que, devido à acessibilidade do inglês e de até mesmo suas entrevistas e outros escritos menores, esses textos não se tornaram disponíveis ao público de língua inglesa, especialmente dado o amplo interesse em Foucault que os acadêmicos de sociedades não europeias nutriam? Muitos acadêmicos de Foucault consideram esses escritos aberrações ou produto de um erro político. Sugerimos que os escritos de Foucault sobre o Irã foram de fato intimamente relacionados aos seus escritos teóricos sobre os discursos do poder e os defeitos da modernidade. Também argumentamos que a experiência de Foucault no Irã deixou um impacto duradouro em sua obra e não se pode compreender a repentina guinada nos escritos de Foucault na década de 1980 sem reconhecer a importância do episódio iraniano e sua preocupação mais geral com o Oriente.

Muito antes da maioria dos outros comentaristas, Foucault compreendeu que o Irã estava testemunhando um tipo singular de revolução. Um pouco antes, ele havia previsto que essa revolução não iria seguir o modelo de outras revoluções modernas. Ele escreveu que ela havia sido organizada em torno de um conceito muito diferente, que ele chamava de "espiritualidade política". Foucault reconheceu o enorme poder do novo discurso do Islã militante, não apenas para o Irã, mas para o mundo. Ele demonstrou que o novo movimento muçulmano tinha como objetivo um rompimento cultural, social e político fundamental com a ordem moderna ocidental, bem como com a União Soviética e a China:

---

² Na edição original americana. Aqui aparecem, pela primeira vez, traduzidos para o português. (N. E.)

Como um movimento "islâmico", ele pode incendiar toda a região, derrubar os regimes mais instáveis e perturbar os mais sólidos. O Islã – que não é simplesmente uma religião, mas todo um modo de vida, uma aderência à história e à civilização – tem boa chance de se tornar um gigantesco barril de pólvora, com centenas de milhões de homens (...) De fato, é também importante reconhecer que a demanda pelos "direitos legítimos do povo palestino" nunca empolgou os povos árabes. O que aconteceria se esta causa experimentasse o dinamismo de um movimento islâmico, alguma coisa mais forte do que o efeito de dar a ele um caráter marxista, leninista ou maoista? ("Um Barril de Pólvora Chamado Islã", Ap., p. 390).[3]

Ele também observou de maneira presciente que tal discurso alteraria o "equilíbrio estratégico global" (ibidem).

A experiência de Foucault no Irã contribuiu para um momento decisivo em seu pensamento. No final dos anos 1970, ele estava abandonando uma preocupação com tecnologias de dominação em favor de um novo interesse que ele chamava de tecnologias do eu, como a fundação de uma nova forma de espiritualidade e resistência ao poder.[4] A Revolução Iraniana exerceu um impacto duradouro em seus últimos escritos de diversas maneiras. Em seus escritos sobre o Irã, Foucault enfatizou o emprego de certos instrumentos da modernidade como meios de resistência. Ele chamou a atenção para os usos inovadores que os muçulmanos faziam de transmissões de rádio no exterior e vídeos. Essa fusão de discursos mais tradicionais religiosos com os modernos meios de comunicação ajudou a arrebatar o movimento revolucionário e, em última instância, paralisou o regime moderno e autoritário dos Pahlavi.

---

[3] Ver o Apêndice. Toda referência a material que consta no Apêndice deste volume está citada desta forma no texto: "Ap.".

[4] Um pouco antes de sua morte, Foucault falou de seus planos para um novo livro sobre as "tecnologias do eu". Sobre os seus vários ensaios entre 1978 e 1984 acerca desse tema, ver Carrette (1999) e Martin et al. (1988).

Foucault estava também fascinado pela apropriação dos mitos xiitas de martírio e rituais de penitência por grande parte do movimento revolucionário e seu desejo de enfrentar a morte com um objetivo único de derrubar o regime dos Pahlavi. Mas tarde, em suas discussões sobre uma "estética de existência" – práticas que poderiam ser adaptadas à nossa época e servir como a base de uma nova forma de espiritualidade –, Foucault frequentemente se referia a textos greco-romanos e às práticas iniciais cristãs. Contudo, muitas dessas práticas também carregavam uma forte semelhança com aquilo que ele presenciou no Irã. Além disso, muitos acadêmicos se intrigaram com a guinada repentina de Foucault no mundo antigo greco-romano, nos volumes 2 e 3 da *História da Sexualidade*, e seu interesse em revelar práticas homossexuais masculinas daquela era. Sugerimos uma apropriação "oriental" aqui também. A descrição de Foucault de uma "ética do amor" masculina no mundo greco-romano lembra algumas práticas homossexuais masculinas no Oriente Médio e no Norte da África. A incursão de Foucault no mundo greco-romano poderia, portanto, estar relacionada à sua fascinação de longa data com a *ars erotica* e as artes eróticas do Oriente em particular, uma vez que ele algumas vezes combinava as discussões das práticas sexuais do Oriente contemporâneo com as da sociedade clássica greco-romana.

A experiência iraniana também levanta algumas questões sobre a abordagem geral de Foucault em relação à modernidade. Em primeiro lugar, os acadêmicos frequentemente consideram a suspeita de Foucault em relação ao utopismo; sua hostilidade para com grandes narrativas e universais, e sua ênfase na diferença e singularidade, em vez de na totalidade, o tornariam menos provável do que seus predecessores na esquerda a romancear uma política autoritária que prometia radicalmente refazer de cima para baixo as vidas e o pensamento de um povo devido aos seus benefícios ostensivos. Entretanto, seus escritos iranianos demonstraram que Foucault não estava imune ao tipo de ilusões que tantos esquerdistas ocidentais mantiveram com relação à União Soviética e, mais tarde, à China. Foucault não antecipou o nascimento de mais um outro Estado moderno onde velhas tecnologias religiosas de dominação poderiam ser refeitas e institucionalizadas; este foi um Estado que seguia uma ideologia tradicionalista, mas que se equipou com as modernas tecnologias de organização, vigilância, conflito armado e propaganda.

Em segundo lugar, o relacionamento altamente problemático de Foucault com o feminismo se torna mais do que uma lacuna intelectual no caso do Irã. Em algumas ocasiões, Foucault reproduziu declarações que ele tinha ouvido de figuras religiosas sobre as relações entre os sexos em uma futura república islâmica, mas ele nunca questionou a mensagem "separada, porém igual" dos muçulmanos. Foucault também descartou as premonições feministas de que a revolução estava caminhando para uma direção perigosa, e ele parecia encarar esses avisos como pouco mais do que ataques orientais ao Islã, portanto se esquivando de uma perspectiva mais equilibrada com relação aos eventos no Irã. Em um nível mais geral, Foucault permaneceu insensível em relação aos diversos modos pelos quais o poder afetava as mulheres, tanto quanto afeta os homens. Ele ignorava o fato de que os mais traumatizados pelas práticas disciplinares pré-modernas foram precisamente as mulheres e as crianças, as quais eram oprimidas em nome da tradição, obrigação ou honra. No capítulo 1, atribuímos essa indiferença em relação às mulheres iranianas aos casos problemáticos em relação ao sexo feminino em seus escritos mais conhecidos, enquanto nos capítulos 3 e 4, discutimos a resposta de Foucault aos ataques feitos pelas feministas iranianas e francesas sobre os seus próprios escritos iranianos.

Em terceiro lugar, um exame nos escritos de Foucault fornece mais apoio à crítica, frequentemente articulada, de que sua crítica unilateral da modernidade necessita ser seriamente reconsiderada, especialmente sob o ponto de vista privilegiado de muitas sociedades não ocidentais. De fato, existem algumas indicações de que o próprio

Foucault estava se voltando para essa direção. Em seu ensaio de 1984, *O que é Iluminismo?*, ele propõe uma posição sobre o Iluminismo mais matizada do que antes, também saindo de uma filosofia de duas vertentes preocupada com o conhecimento e o poder para uma com três vertentes que incluía a ética. Todavia, os limites de sua ética de moderação com relação ao sexo feminino e à sexualidade precisam ser explorados, e esse é o tema do último capítulo deste livro.

Da mesma maneira que contra Foucault, alguns esquerdistas franceses foram muito críticos em relação à Revolução Iraniana logo de início. Começando em dezembro de 1978 com uma série de artigos que apareceram na primeira página do *Le Monde*, o famoso acadêmico especializado no Oriente Médio e também comentarista de esquerda Maxime Rodinson, conhecido por sua biografia clássica de Maomé, publicou algumas duras críticas ao islamismo no Irã como "um tipo de fascismo arcaico" ("O Islã Ressurgente?", Ap., p. 378). Tal como Rodinson mais tarde revelou, ele estava especificamente atingindo Foucault nesses artigos, que se inspiravam na noção de carisma de Max Weber, nos conceitos de Marx de classe e ideologia e em uma gama de estudos sobre o Irã e o islamismo. Em março de 1979, os escritos de Foucault sobre o Irã passaram a sofrer crescentes ataques em decorrência das execuções de homossexuais praticadas pelo novo regime e, especialmente devido às grandes demonstrações feitas por mulheres iranianas nas ruas de Teerã contra as diretivas de Khomeini sobre a utilização compulsória dos véus. Ademais, a feminista mais famosa da França, a filósofa existencialista Simone de Beauvoir, protestou contra a supressão do regime de Khomeini dos direitos das mulheres e enviou uma mensagem de solidariedade às mulheres iranianas ("Discurso de Simone de Beauvoir", Ap., p. 399-400). Foucault se recusou a responder aos novos ataques, emitindo somente uma leve crítica sobre os direitos humanos no Irã, que evitou quaisquer menções aos direitos das mulheres ou dos *gays*, e logo se calou sobre o Irã.

Na França, a controvérsia sobre os escritos de Foucault sobre o Irã é bem conhecida e continua a minar a sua reputação. Por exemplo, durante o debate sobre os ataques terroristas em Nova York e Washington em 11 de setembro de 2001, um comentarista proeminente francês se referiu polemicamente e sem nenhuma necessidade aparente de uma explanação adicional a "Michel Foucault, defensor do khomeinismo no Irã e, portanto, teoricamente, dos seus abusos" em um artigo de primeira página no *Le Monde* (Minc, 2001).[5] Mesmo os comentaristas franceses mais simpáticos a Foucault reconheceram a natureza extremamente problemática de seu posicionamento com relação ao Irã. O biógrafo Didier Eribon, ele próprio editor no *Le Nouvel Observateur* e amigo de Foucault, escreveu "a crítica e o sarcasmo que saudaram o 'erro' de Foucault com relação ao Irã aumentaram o seu desânimo depois daquilo que ele considerava uma recepção crítica qualificada" do volume 1 de *História da Sexualidade*. Eribon acrescentou: "por muito tempo depois, Foucault raramente fez comentários sobre política ou jornalismo" (1991, p. 291). Eribon nos propiciou o que é até hoje a discussão mais detalhada e equilibrada sobre Foucault e o Irã. Uma outra biógrafa, Jeannette Colombel, que também era amiga de Foucault, se refere ao "erro dele" sobre o Irã e conclui que a controvérsia "o magoou" (1994, p. 216).

No mundo de língua inglesa, houve menos crítica a Foucault com relação ao seu envolvimento com o Irã. Uma exceção é a biografia crítica feita pelo filósofo político James Miller, que caracterizou o episódio do Irã de Foucault como uma "insensatez" (1993, p. 309). Miller foi o único biógrafo a sugerir que o fascínio de Foucault pela morte desempenhou um papel parcial no seu entusiasmo pelos muçulmanos iranianos, que enfatizavam o martírio coletivo. Em uma discussão sobre o livro de Miller, o filósofo social Mark Lilla abordou esse tema,

---

[5] A não ser que seja indicado de outra forma, as traduções no texto de fontes em francês ou em persa foram feitas pelos autores.

escrevendo que durante o episódio do Irã, Foucault tinha "novamente ouvido o canto da sereia de uma 'experiência limite' em política" (2001, p. 154). O teórico político Mitchell Cohen sugeriu que os escritos de Foucault sobre o Irã foram "um sintoma de alguma coisa errada no tipo de pensamento de esquerda que mistura pós-modernismo, terceiro mundismo simplista e inclinação não liberal" (2002, p. 18).[6] David Macey, o autor da mais abrangente biografia de Foucault até o momento, foi mais ambíguo. Macey considerava os ataques franceses a Foucault sobre o Irã exagerados e de má vontade, porém ele ainda assim admitia que Foucault estava tão "impressionado" pelo que viu no Irã em 1978 que interpretou mal "os prováveis desenvolvimentos futuros que ele estava testemunhando" (1993, p. 410).

Em outros lugares, no mundo de fala inglesa, onde os escritos de Foucault sobre o Irã foram traduzidos apenas de forma seletiva e as respostas contemporâneas francesas não chegaram a ser traduzidas, os escritos de Foucault sobre o Irã foram tratados de maneira mais delicada. Seus dois últimos artigos sobre o Irã, em que ele fez algumas críticas tardias sobre o regime islâmico em face dos ataques contra ele feitos por outros intelectuais franceses, foram os mais amplamente circulados entre os que apareceram em língua inglesa. James Bernauer, um acadêmico jesuíta simpático a Foucault, traduziu um desses artigos há mais de duas décadas (Foucault, 1981). Esse artigo e um outro levemente crítico, ambos um tanto como exceções entre os escritos de Foucault sobre o Irã, são os únicos exemplos de seu trabalho sobre o Irã que aparecem em uma seleção abrangente, em língua inglesa, sobre seus escritos menos volumosos (Foucault, 2000a). Em uma revisão desse volume, o crítico literário Edward Said, durante antipático a Foucault,

---

[6] Contudo, a tentativa de Cohen neste artigo para mostrar que a obra *Império* (2000), de Michael Hardt e Antonio Negri, também abraçou o islamismo militante não é muito convincente. Tjark Kunstreich (2004) também dá algumas pinceladas, mas faz certas conexões válidas com o conceito de autenticidade de Heidegger.

buscou se distanciar dos dois escritos sobre o Irã incluídos nessa obra sugerindo que eles "pareciam muito ultrapassados" (2000b, p. 16-17).

Um outro fator que minimizou as discussões sobre os escritos de Foucault sobre o Irã no mundo de fala inglesa foi a tendência dos acadêmicos simpáticos a ele de agrupar os escritos do Irã com um número de outros escritos sobre temas políticos durante o mesmo período. Macey também o fez em sua biografia de 1991. Logo depois, James Bernauer e Michael Mahon escreveram que a Revolução Iraniana e o Solidariedade da Polônia eram "dois eventos no campo político" sobre os quais Foucault teceu comentários durante os seus últimos anos (1994, p. 144). Na sua introdução aos escritos mais curtos de Foucault sobre o poder, James Faubion ampliou essa lista para incluir a intervenção que Foucault fez em 1979 em favor dos refugiados vietnamitas (Foucault, 2000a, p. xxxvi).

Embora não queiramos de forma alguma minimizar a importância política dessas intervenções em favor da Polônia e dos refugiados vietnamitas, que exerceram um impacto na política francesa, mantemos a nossa opinião de que elas tiveram um caráter muito diferente dos escritos de Foucault sobre o Irã. Quantitativamente, ele simplesmente escreveu muito mais sobre o Irã do que sobre a Polônia, e menos ainda sobre os refugiados vietnamitas. Qualitativamente, houve também diferenças principais entre seus escritos sobre o Irã e sobre essas outras intervenções. Sobre os refugiados vietnamitas, uma questão que veio à tona na primavera de 1979 foi que Foucault se juntou a outros intelectuais luminares, como Jean-Paul Sartre e Raymond Aron, para exigir asilo às pessoas que estavam fugindo de uma ditadura repressora stalinista. Com relação à Polônia, ele trabalhou durante 1981 e 1982 com o bem conhecido sociólogo Pierre Bourdieu e a famosa atriz Simone Signoret, entre outros, para apoiar o Solidariedade, que havia sido forçado à clandestinidade em dezembro de 1981. Diante disso, ele não se empenhou em criar para si próprio uma posição distintiva nessas questões, e ele pode, de fato, ter usado essas intervenções para reconquistar sua posição no mundo intelectual parisiense após os embaraços causados pelo episódio iraniano de 1978 a 1979. Além disso, sobre a Polônia e o Vietnã, as posições dele faziam parte de uma mudança mais ampla dentro da esquerda intelectual francesa, após décadas de inclinação em direção às versões de comunismos russo e chinês. Com relação ao Irã, entretanto, Foucault ficou praticamente sozinho.

Em vez de fundir seu episódio iraniano com essas outras, menos controversas, intervenções políticas, destacamos, portanto, sua *singularidade*, para usar um termo favorito de Foucault. Acreditamos que, com exceção de suas mais intensas e organizadoras atividades de longo prazo, do movimento de apoio aos prisioneiros durante o início dos anos 70, seus escritos sobre o Irã representam o compromisso político mais significativo e passional de toda a sua vida. Foi um episódio que terminou em fracasso, como ele próprio parece ter reconhecido no seu silêncio sobre o Irã após maio de 1979. Acreditamos que, tal como seus escritos e ativismo relativos às modernas formas de punição, os escritos iranianos expressam aspectos característicos da visão de mundo de Foucault.

Não conseguimos localizar nenhuma discussão de Foucault sobre a Revolução Nicaraguense de 1979, que apresentou uma forma de espiritualidade política, a teologia da libertação, mais aberta e humanista do que o islamismo iraniano. A teologia da libertação latino-americana não desenvolveu um culto ao martírio e à morte, nem era um movimento autoritário. O exemplo da teologia da libertação é também importante por outra razão. Houve numerosas formas de espiritualidade política no século passado. Algumas, como a teologia da libertação, o gandhismo, ou muito do Movimento pelos Direitos Civis nos Estados Unidos, favoreceram uma política de democracia, tolerância, humanismo e, em certo grau, dos direitos das mulheres.[7]

---

[7] Gostaríamos de agradecer a Michael Löwy por sua ajuda no esclarecimento deste ponto.

O mesmo poderia ser dito sobre os pensadores muçulmanos progressistas que se juntaram ao Movimento Reformista Iraniano desde 1997. Outros, como o Islamismo Iraniano de 1978-1979, eram movimentos autoritários que visavam a atingir minorias religiosas e étnicas, bem como as mulheres. Na nossa exploração presente do relacionamento de Foucault com o islamismo iraniano, limitamos nossa crítica da espiritualidade política a tais formas autoritárias. No mundo islâmico atual, elas podem ser comparadas ao fundamentalismo cristão ocidental, às correntes extremistas dentro do sionismo ou ao renascimento hindu autoritário na Índia contemporânea.

Alguns dos que apoiavam Foucault no mundo de língua inglesa tentaram conter os danos à imagem de Foucault em suas discussões sobre o episódio do Irã.[8] Contudo, os acadêmicos do mundo de língua inglesa, simpáticos a Foucault e oriundos do campo de estudos religiosos, abordaram seus escritos iranianos com um pouco mais de cuidado. Jeremy Carrette, que redigiu dois volumes sobre Foucault e religião, se distanciou do apoio não crítico de Foucault aos aiatolás iranianos e escreveu "houve claramente enormes erros de cálculo sobre o Irã e o Islã no trabalho jornalístico de Foucault, porém a força de seu interesse no poder da subjetividade religiosa na moldagem da vida humana é clara" (Carrette, 2000, p. 140; ver também Carrette, 1999). O filósofo baseado em Amsterdã Michiel Leezenberg argumentou que "Foucault corretamente

---

[8] Georg Stauth (1991) escreveu que, em vez de apoiar os islamistas iranianos, Foucault estava meramente analisando o seu movimento (ver também Olivier e Labbé, 1991). Um outro partidário de Foucault, Keating, observou que "Foucault terminou por estar horrivelmente enganado sobre a Revolução Iraniana", mas que, apesar disso, os seus escritos sobre o Irã ofereceram algo importante. Isso porque eles revelaram uma "teoria de resistência amplamente desarticulada" (Keating, 1997, p. 181-82). Para análises críticas muito úteis do relacionamento do pensamento de Foucault com relações de alteridade cultural envolvendo Japão, Irã e Islã, ver Fuyuki Kurasawa (1999) e Ian Almond (2004).

viu a importância decisiva do Islã político nos protestos" de 1978, mas a sua perspicácia foi "prejudicada, todavia, por uma série de observações seriamente equivocadas ou por excessiva simplificação sobre o xiismo" (1998, p. 79). A noção de que Foucault fez alguns "cálculos errados" sobre o Irã geralmente se refere ao fato de que o regime dos aiatolás rapidamente se tornou uma teocracia brutal, algo que Foucault não antecipou. Contudo, um questionamento mais profundo do entusiasmo generalizado de Foucault pela "política espiritual" islâmica e sua rejeição veemente por outras alternativas ao regime do xá, fossem elas liberal, nacionalista ou social-democrática, não se encontra aqui.

Uma outra questão com relação ao próprio projeto de Foucault é a indagação sobre se seu interesse pela revolução iraniana estava ligado a uma busca por formas alternativas de modernidade não ocidental que poderiam combinar espiritualidade e política.

As tentativas mais comuns de qualificar os escritos de Foucault sobre o Irã como "erros de cálculo", algumas vezes com a implicação de que não foram realmente foucaultianos, nos remete àquilo que o próprio Foucault havia criticado em seu bem conhecido ensaio de 1969, *O que é um Autor?*. Quando incluímos certos trabalhos da carreira de um autor e excluímos outros que foram escritos em "um estilo diferente", ou foram "inferiores" (Foucault, 1969, p. 111), criamos uma unidade estilística e uma coerência teórica. Fazemos isso privilegiando certos escritos como autênticos e excluímos outros que não se encaixam nas nossas opiniões sobre aquilo que o autor deveria ser: "O autor é, portanto, a figura ideológica pela qual se marca a maneira como temermos a proliferação do significado" (Foucault, 1969, p. 119). Por essas razões, bem como por aquelas mencionadas anteriormente, convidamos o leitor a se juntar a nós na exploração dos escritos de Foucault sobre a Revolução Iraniana. Escrevemos essas linhas em 2004, no vigésimo aniversário da morte de Michel Foucault e no vigésimo quinto ano da Revolução Iraniana.

PARTE I

O Discurso de Foucault: Altos e Baixos

Capítulo 1 | O Mundo Paradoxal de Foucault

AS ORDENS SOCIAIS MODERNAS E TRADICIONAIS

Por que Foucault decidiu viajar duas vezes ao Irã e escrever sobre a Revolução Iraniana em 1978 a 1979 quando ele não tinha exibido nenhum interesse similar pela Revolução Nicaraguense e havia demonstrado apenas um interesse um pouco maior pelo movimento Solidariedade na Polônia? Por que, em seus escritos sobre a Revolução Iraniana, ele concedeu seu apoio exclusivo à ala islâmica? Certas modalidades na obra de Foucault pareciam ressoar com o movimento revolucionário que estava se desenrolando no Irã. Havia uma afinidade perplexa entre esse filósofo pós-estruturalista, esse crítico europeu da modernidade, e os radicais islâmicos antimodernistas nas ruas do Irã.[1] Ambos estavam buscando uma nova forma de espiritualidade política como um contradiscurso a um mundo totalmente materialista; ambos se agarraram a noções idealizadas de ordens sociais pré-modernas; ambos eram desdenhosos dos sistemas modernos liberais judiciais; e ambos admiravam indivíduos que arriscavam morrer em tentativas de alcançar uma existência mais autêntica. A afinidade de Foucault com os muçulmanos iranianos, frequentemente considerada o seu "erro" com relação ao Irã, pode também revelar algumas das ramificações maiores de seu discurso nietzschiano-heideggeriano.

---

[1] Naturalmente, tal como discutido a seguir, tanto Foucault como os islamistas, empregaram numerosos elementos de modernidade. Para os islamistas, isso significava utilizar todas as alavancas do poder de um estado moderno após a revolução.

Este capítulo começa com uma exploração sobre as contribuições originais de Foucault sobre o poder, o discurso e o corpo. Examinamos sua atração pelas formas orientais de especulação ascética e sugerimos que seus comentários sobre a última, ainda que esporádicos, contudo, formam um subtexto importante de sua obra. A seguir voltamos ao método genealógico de Foucault, que, ele alegava, rompeu com o método supra-histórico da historiografia. Argumentamos, todavia, que a metodologia de Foucault pode ser vista, ela própria, como uma grande narrativa supra-histórica. A diferença entre a grande narrativa foucaultiana e as liberais ou marxista é que aquela privilegia não a modernidade, e, sim, as ordens tradicionais sociais. Em particular, examinamos os escritos de Foucault sobre a literatura cristã monástica, incluindo as palestras que ele deu antes de suas viagens ao Irã e enquanto ele se preparava para escrever os volumes 2 e 3 de *História da Sexualidade*. Na tradição de Martin Heidegger, Foucault estava interessado em uma leitura secular, hermenêutica, do cristianismo, especialmente sobre aqueles rituais e técnicas que poderiam ser reinventados para uma nova espiritualidade, uma forma moderna de penitência. Foucault também se apropriou de um outro conceito heideggeriano, "liberdade em relação à morte", como um espaço liminar para a criatividade artística e política. A última seção deste capítulo retorna ao Irã de 1978, quando o aiatolá Khomeini, líder da Revolução Iraniana, ajudou a convencer milhões a arriscarem a vida na luta contra o xá. Para Foucault, ele parecia ter se tornado a personificação do "desejo de poder" de Nietzsche.

A CONTRIBUIÇÃO ORIGINAL DE FOUCAULT: O PODER, O DISCURSO E O CORPO

O que torna Foucault um tal pensador irresistível, mesmo para muitos de seus críticos, são suas formulações originais sobre o poder e aquilo que ele chama de os discursos da modernidade. O poder moderno não é apenas repressivo, negativo e restritivo, ele argumentava; é também positivo, produtivo e criativo. "O poder produz realidades" e estabelece "rituais da verdade", ele escreveu em *Vigiar e Punir*. Os jogos se manifestam não apenas nas relações entre o Estado e seus súditos, ou entre membros de várias classes sociais. O poder moderno é muito mais penetrante. Ele verte através da rede de todas as relações sociais, políticas e econômicas até "as grandes profundezas da sociedade" (Foucault, 1977a, p. 27). Toda uma geração de feministas e teóricos pós-coloniais salientaram que as formas de conhecimento não são independentes do poder. Foucault articulou essa noção em uma formulação teórica clara: "Não há relação de poder sem a constituição correlata de um campo de conhecimento, nem algum conhecimento que não pressuponha e constitua ao mesmo tempo relações de poder" (1977a, p. 27).

Como é bem conhecido, nos seus estudos históricos sobre a instituição mental, os militares, a escola, o hospital e a prisão, Foucault argumentava que as modernas "tecnologias de poder" criavam corpos dóceis e utilitários. Os instrumentos do poder moderno são simples: um "método de observação hierárquico" é estabelecido com os militares, na escola ou na prisão, "tornando possível em uma simples olhada fixa ver tudo constantemente" (Foucault, 1977a, p. 173). Um "julgamento normalizante", um conjunto de regras que requer observação contínua, é, então, colocado em prática. Estudantes, soldados, pacientes mentais e prisioneiros internalizam essas regras. Todos agora são sujeitos a um pequeno mecanismo penal. Ele "compara, diferencia, hierarquiza, homogeneíza e exclui. Em suma, ele *normaliza*" (1977a, p. 183; ênfase original).

Finalmente há o "exame", o processo altamente ritualizado que recompensa os conformistas e penaliza os não conformistas. Dessa forma, o poder moderno opera ostensivamente mediante a reunião de um corpo de conhecimento sobre os indivíduos (estudantes, pacientes mentais, soldados e prisioneiros) através do qual eles são constantemente monitorados. O sistema se torna mais bem-sucedido uma vez que o novo "poder disciplinador" é exercido não apenas pelo professor, o sargento ou o guarda, mas também pelo cidadão individual que o internalizou.

O propósito do poder moderno é, de um lado, lograr a "intensidade máxima" e, de outro, fazê-lo a um custo mínimo, tanto em termos econômicos como políticos. O objetivo é agregar grandes números de indivíduos a uma instituição, e ainda assim empregar métodos discretos e invisíveis de controle para gerar "pequena resistência". Em suma, o propósito da nova tecnologia do poder é "criar a docilidade e utilidade de todos os elementos do sistema" (Foucault 1977a, p. 218). Na maior parte de seus escritos antes de 1976, Foucault sugeriu que não poderia haver desafio bem-sucedido ao poder unitário e disciplinar da modernidade. Mais tarde, porém, a sua matriz de poder não ficou completamente livre de resistência, como visto em *História da Sexualidade*, publicada primeiramente em 1976. Uma vez que o poder opera nos níveis micro da sociedade, pontos de resistência que "estão presentes em todos os lugares na rede de poder" (Foucault, 1978a, p. 95), ele seria também local, se manifestando em práticas do dia a dia. Múltiplos sítios de resistência poderiam romper normas e impedir a criação de sociedades hegemônicas e homogeneizadas. Ele se referia também à "pluralidade de resistências": "As resistências não derivam de alguns princípios heterogêneos; mas tampouco são uma atração ou uma promessa que inevitavelmente será traída. Elas são o termo ímpar nas relações de poder; elas estão inscritas nas relações de poder como um *oposto irredutível*" (p. 96; ênfase acrescentada). Dois anos depois, os escritos de Foucault sobre o Irã se centravam no movimento islâmico, que, como veremos, ele acabou por caracterizar como uma forma de resistência "irredutível" à hegemonia ocidental.

Um dos desafios mais provocantes de Foucault ao liberalismo, e pelo menos ao marxismo ortodoxo, foi sua rejeição às alegações emancipadoras do Iluminismo. Ele argumentava que as classes dominantes das sociedades ocidentais gradualmente abandonavam as formas tradicionais e mais violentas de poder, não porque as elites tivessem se tornado mais "civilizadas" e solícitas, mas porque haviam desenvolvido uma "tecnologia de sujeição" mais sutil por volta do século XVIII, que era mais eficaz e produtiva do que a punição bruta. Na visão de Foucault, o "Iluminismo", que descobriu a liberdade, também inventou as disciplinas" (1977a, p. 222). A moldura mais igualitária jurídica da Revolução Francesa mascarava os mecanismos mais insidiosos de controle que operavam na fábrica, nos militares, na escola e na prisão:

> O desenvolvimento e a generalização dos mecanismos disciplinares constituíram o outro lado negro desses processos. A forma jurídica geral que garantia um sistema de direitos que eram igualitários, em princípio, era apoiada por esses mecanismos pequenos, diários e físicos, por todos os sistemas de micropoder que são essencialmente não igualitários e assimétricos, os quais chamamos de disciplinas. E embora, em um modo formal, o regime representativo torne possível, direta ou indiretamente, com ou sem revezamento, o desejo de todos de formar a autoridade fundamental da soberania, as disciplinas providenciam, na base, uma garantia da submissão de forças e corpos. As disciplinas reais, corporais, constituem a base da liberdade formal e jurídica (p. 222).[2]

---

[2] Duas décadas antes, o neomarxista Herbert Marcuse exprimiu uma visão mais ou menos similar em sua obra *Eros e Civilização*: "Não existe liberdade da administração e suas leis porque elas aparecem como as principais garantidoras da liberdade. A revolta contra elas seria o crime supremo contra – desta vez não contra o animal despótico que proíbe a gratificação, e, sim, contra a sábia ordem que assegura os bens e serviços para a progressiva satisfação das necessidades humanas. A rebelião agora aparece como um crime contra toda a sociedade humana e, portanto, acima da recompensa e acima da redenção. Contudo, o próprio progresso da civilização tende a tornar essa racionalidade espúria. As liberdades existentes e as gratificações existentes estão ligadas às necessidades da dominação; elas próprias se tornam instrumentos de repressão". Diferentemente de Foucault, Marcuse acreditava

O posicionamento altamente crítico de Foucault com relação à modernidade e ao Iluminismo tem sido debatido por décadas. O seu adversário intelectual mais proeminente, Jürgen Habermas, também criticou a racionalidade instrumental do Iluminismo e sua dominação tecnológica. Habermas, porém, não estava desejoso de rejeitar as realizações do Iluminismo e modernidade. Em vez disso, ele argumentou que o método genealógico de Foucault ao escrever a história foi construído em cima de lacunas importantes e omissões. Por que será que quando Foucault falava das reformas da era do Iluminismo no século XVIII e início do século XIX, ele escolhia questões como os problemas da teoria kantiana da moralidade, o desenvolvimento do sistema de justiça penal e a formulação de uma filosofia utilitarista, ainda assim falhando em discutir de qualquer forma substancial o estabelecimento de formas constitucionais de governo que transferiu o poder do Estado "ideologicamente da soberania do príncipe para a soberania do povo"? (Habermas, 1995, p. 289).

Além do mais, por que será que Foucault viu tão pouca importância naquelas leis modernas, nos últimos dois séculos, que expandiram significativamente a liberdade civil para muitos cidadãos privados dos direitos civis da sociedade, tanto as mulheres como as minorias? Por que ele via tais códigos meramente como fontes de enganação: "Não deveríamos ser iludidos por tudo que as constituições emolduraram pelo mundo afora desde a Revolução Francesa, os códigos escritos e revistos, toda uma atividade legislativa contínua e clamorosa: essas foram as formas que tornaram um poder essencialmente normalizador aceitável" (Foucault, 1978a, p. 144). Habermas concordava que os mecanismos legais que garantem a liberdade para os cidadãos no moderno estado de bem-estar são os mesmos que "colocam em perigo a liberdade de seus beneficiários presumidos". Porém, ele argumentou

---

que o sistema se mantinha pela manipulação da consciência do indivíduo, incluindo a promoção de "atividades de lazer que prescindem de raciocínio" e um relaxamento dos tabus sexuais (1962, p. 85-86).

que em vez de abordar criticamente esses problemas e construir sobre os "impulsos emancipatórios" do Iluminismo, Foucault "simplifica tanto a complexidade da modernização", de tal maneira que tais diferenças simplesmente desaparecem de seus estudos arqueológicos fragmentares (Habermas, 1995, p. 290).

UM SUBTEXTO ORIENTALISTA HEIDEGGERIANO?

Talvez mais do que qualquer outra posição filosófica, a crítica da tecnologia e da modernidade de Martin Heidegger influenciou o trabalho de Foucault. Heidegger tinha tentado se distanciar das tradições metafísicas e racionais, científicas e tecnológicas do Ocidente. Ao mapear uma nova perspectiva ontológica e anti-historicista, ele empregava muitos conceitos teológicos romanos católicos na sua ostensivamente secular investigação sobre a "queda" do homem moderno (Heidegger, 1962). Ele caracterizava a modernidade pela subjetividade, um afastamento dos valores teocráticos e tradicionais que tinham definido a ética e a política por séculos. Na ausência de tradições que haviam dado sentido, estrutura e certeza ao mundo; o sujeito moderno dependia da percepção humana sobre o sentimento e a racionalidade. O domínio sobre a natureza através da ciência e do trabalho se tornou o objetivo da vida. As investigações históricas modernas produziram uma noção de progresso baseada na aquisição de tecnologia e no controle sobre a natureza. Para Heidegger, contudo, essa busca sem fim pelo domínio dos objetos (e por definição sobre outros sujeitos) teve consequências catastróficas. A busca da humanidade no mundo moderno produziu uma grave "desumanidade". A subjetividade e a modernidade culminaram em uma "tecnologia mundial totalitária", seja nas suas versões americana, soviética ou nazista, ainda que Heidegger não rejeitasse esta última (Steiner, 1987, p. 28; ver também Gillespie, 1984, p. 127-28). Somente através do reconhecimento das limitações humanas, através do enfrentamento da realidade de sua própria morte eventual, os seres humanos poderiam se libertar do dogma da ciência e tecnologia e viver vidas autênticas.

A chamada de consciência de Heidegger e o questionamento da modernidade ocidental foram comparados a formas orientais de meditação, incluindo as tradições japonesas de especulação asceta (Steiner, 1987, p. 33; Gillespie, 1984, p. 174). Isso também foi ligado a Foucault. Diversos comentaristas, especialmente Ua Schaub, observaram a preocupação de Foucault com várias formas de misticismo (cristão e judeu), bem como com mágica, hermetismo e gnosticismo (Schaub, 1989, p. 306). Outros se perguntaram se uma preocupação com o pensamento oriental, incluindo o budismo, jaz por baixo da crítica de Foucault sobre as tecnologias ocidentais de poder e a moralidade ocidental. Schaub sugere que o questionamento constante de Foucault sobre os limites e suas explorações sobre a transgressividade foram influenciados por um "contradiscurso que se apropria de tradições orientais em oposição às estratégias ocidentais de controle", um Oriente que permaneceu supostamente incompreensível ao mundo europeu moderno e racional (p. 308). De fato, de forma semelhante a um romântico passional, Foucault pode ter exorcizado e admirado o Oriente a distância, enquanto permanecia um ocidental em sua própria vida (Brinton, 1967, p. 206).

No prefácio original de *História da Loucura na Idade Clássica* (1961), contudo, Foucault criticou as noções do Oriente como o "outro" absoluto do Ocidente expansionista racional:

> Na universalidade da razão ocidental, há esta divisão que é o Oriente; o Oriente como a origem, sonhada como o ponto estonteante que é o local do nascimento, da nostalgia e promessas de retorno, o Oriente que se oferece à razão colonizadora do Ocidente, mas que é indefinidamente inacessível, pois ele permanece sempre como uma fronteira, a noite do começo em que o Ocidente foi formado, mas onde ele desenhou uma linha divisória, o Oriente é para o Ocidente tudo que o

Ocidente não é, e ainda assim é aqui que ele tem que procurar qualquer que seja a sua verdade originária. É necessário fazer a história dessa grande divisão (Foucault, 1961, p. iv).

Apesar disso, o próprio trabalho de Foucault sofre de um tipo similar de dualismo.

Em uma guinada incomum, entretanto, o "Oriente" de Foucault parece incluir o mundo greco-romano, assim como o Oriente moderno, uma vez que o contraste que ele pinta é principalmente entre a tradição e a modernidade em vez do Oriente e do Ocidente como tais. Uma taxonomia um pouco relacionada aparece em *Genealogia da Moral*, de Nietzsche, em que ele inclui em sua categoria de "raças nobres" – e em sua descrição das manifestações necessárias de violência – um número bem variado de sociedades pré-modernas:

> Não se pode deixar de ver no fundo de todas essas raças nobres essa besta, a esplêndida *besta loira* rondando furtivamente ávida na busca de espólio e vitória; este coração escondido precisa surgir vez por outra, o animal tem que sair novamente e voltar para o primitivo: as nobrezas romana, árabe, germânica e japonesa, os heróis homéricos, os *vikings* escandinavos, todos compartilhavam essa necessidade (1967, p. 40-41).

Em Foucault, emerge um dualismo no qual a ordem social pré-moderna (que ele supôs também operar em muitas sociedades de hoje no Oriente Médio, África e Ásia) é privilegiada sobre a ordem moderna ocidental. Essa noção é problemática, não apenas porque Foucault assume um Oriente prístino e idílico contra um Ocidente "racional", mas também porque a historiografia sem a abordagem de Foucault e o Oriente idealizado reproduzem padrões androcêntricos de discurso. Em uma entrevista de 1982, por exemplo, Foucault combinou uma admiração pelo Oriente com uma certa nostalgia pelo sistema aristocrático, ostensivamente paternalista de se tomar conta dos subordinados, que a modernidade substitui com uma forma grosseira de individualismo. Tais tradições hierárquicas regulavam as relações entre adultos e jovens, homens e mulheres e classes altas e baixas nas sociedades pré-modernas, alguma coisa sobre a qual Foucault aparenta ignorar alegremente no seguinte encômio ao silêncio:

> O silêncio pode ser um modo muito mais interessante de ter um relacionamento com as pessoas... Eu penso que o silêncio é uma daquelas coisas que foram infelizmente extirpadas de nossa cultura. Não temos uma cultura do silêncio; não temos também uma cultura de suicídio. Os japoneses têm, penso eu. Os jovens romanos ou jovens gregos eram ensinados a manter o silêncio em maneiras muito diferentes de acordo com as pessoas com as quais eles estavam interagindo. O silêncio era então uma forma específica de experimentar uma relação com os outros. Isso é algo que eu creio que realmente valha a pena cultivar. Sou a favor do desenvolvimento do silêncio como um etos cultural (apud Carrette, 1999, p. 40).[3]

Aqui novamente, existem ecos de Heidegger, que escreveu em *Ser e Tempo* que o discurso através do qual o sujeito é finalmente trazido de volta da conversa ociosa alta dos outros, e a consciência é adquirida, é o do silêncio. "Permanecer em silêncio tem sido caracterizado como uma possibilidade essencial de discurso... o discurso da consciência nunca se torna explícito" (Heidegger, 1962, p. 246). Como veremos ao longo do curso deste estudo, na medida em que há um subtexto orientalista no trabalho de Foucault, não é nem geográfico nem espacial, mas filosófico e temporal, um discurso que se move ao longo da divisão Oriente/Ocidente e depende duramente tanto de Nietzsche

---

[3] Foucault adota duas atitudes aparentemente contraditórias com relação ao conceito de silêncio no volume 1 da obra *História da Sexualidade*. De um lado, como anteriormente, ele enaltece a cultura pré-moderna do silêncio, "em que os segredos do sexo não são expelidos" (1978a, p. 59), contrastando com o "regime da verdade" estabelecido após o século XVII na Europa. De outro lado, contudo, ele critica o silêncio imposto às crianças com relação a sua própria sexualidade na era moderna, que resulta em pais e educadores falando em nome das crianças nessas matérias (p. 27). O que ele não percebe é que os silêncios pré-modernos também são impostos e forçados, especialmente às mulheres.

como de Heidegger. O "Oriente" de Foucault implicitamente privilegia a intuição e o silêncio (leia-se o silêncio da maioria dos jovens, mulheres e as classes mais baixas nas ordens sociais pré-modernas) como os modos preferidos de discurso e abre a possibilidade de que formas pré-racionais de pensamento poderiam ser confundidas como supranacionais.[4]

Para Foucault, o silêncio era especialmente valioso no discurso oriental sobre o sexo feminino (ou seja, aquilo que as feministas trabalhando no Oriente estão apenas começando a desafiar). Em *História da Sexualidade*, ele escreveu que havia dois grandes procedimentos para a produção da verdade sobre o sexo feminino. O Ocidente produziu uma *scientia sexualis*, procedimentos para se dizer a verdade sobre os sexos que foram preparados para ser uma forma de conhecimento como o poder, enquanto o Oriente produziu alguma coisa bastante diferente. Note-se, contudo, como Roma está aqui agrupada com as culturas asiáticas e do Oriente Médio:

> China, Japão, Índia, Roma, as sociedades árabe-muçulmanas (...) que se dotaram de uma *ars erotica*. Na arte erótica, a verdade é extraída do próprio prazer (...) Esse conhecimento deve ser mantido em segredo, não por causa de um elemento de infâmia que possa ser ligado ao seu objeto, mas por causa da necessidade de mantê-lo na maior reserva, uma vez que, de acordo com a tradição, ele perderia a sua efetividade e sua virtude ao ser divulgado. Consequentemente, o relacionamento com os mestres que mantêm os segredos é de importância fundamental; somente ele, trabalhando sozinho, pode transmitir essa arte de uma maneira esotérica (Foucault, 1978a, p. 57-58).

Disso, poder-se-ia concluir que, para Foucault, aqueles que questionaram esse romanceio da *ars erotica*, ou desejavam descobrir tal silêncio, simplesmente produziram as atitudes ocidentais

---

[4] Michael Gillespie levanta um ponto importante quando escreve que a rejeição de Heidegger da razão categórica em favor do puro intuicionismo corre o risco de "confundir o sub-racional com o suprarracional" (1984, p. 174).

modernas em relação à sexualidade. Se orientalismo significa estereotipar o Oriente e seu modo de vida (seja ao glorificá-lo ou vilificá-lo), se significa romancear a sexualidade exótica do Oriente (heterossexual ou homossexual), então Foucault foi provavelmente um orientalista. Esse é o caso mesmo que suas simpatias intelectuais e políticas aparentassem estar no lado do Oriente, por causa de seu estilo de vida pré-tecnológico e a sua vitimação pelo imperialismo ocidental.

Uma segunda consequência dessa visão de mundo binária aparece na análise de Foucault das sexualidades europeias modernas, também em *História da Sexualidade*. Ao explorar as origens das novas tecnologias da sexualidade nos séculos XVIII e XIX, Foucault brevemente mencionou o impacto do colonialismo em alegações científicas e analisou o racismo como era expresso no Ocidente. Como Ann Stoler argumentou, o discurso europeu moderno de sexualidade foi construído, pelo menos em parte, na base de certas práticas sociais que foram o resultado do imperialismo ocidental. De fato, muitos outros aspectos da economia, política e culturas europeias do sexo foram formadas através desse relacionamento também. Stoler escreve que as identidades burguesas, tanto nas colônias como na metrópole imperial, eram "enfaticamente codificadas por raça" e refletiam um número de ansiedades que se originavam das margens porosas entre a elite europeia e seus sujeitos súditos coloniais, com brancos pobres e crianças de sangue misto definindo aquela fronteira arbitrária. Os novos conceitos de sexualidade foram feitos para traçar uma linha entre essas taxonomias sociais em constante mutação (Stoler, 1995, p. 100).[5]

Foucault, contudo, argumentava que nas novas tecnologias ocidentais o discurso do sexo não visava à escravização e à exploração

---

[5] Como veremos a seguir, Foucault, de fato, explorou a regulação da fertilidade no Ocidente e as visões racistas sobre genética e povos colonizados que a acompanharam. Aqui, novamente, a sua ênfase foi no Ocidente.

do outro (a classe trabalhadora ou colonizada), mas à afirmação da própria burguesia. Ainda que ele tenha chegado, de forma quase torturante, muito próximo do reconhecimento de que o corpo burguês tinha que ser "isolado" desses "outros", Foucault não identificou a natureza racializada do que equivalia ao medo da *métissage*:

> A preocupação primária não era a repressão do sexo nas classes a serem exploradas, e, sim, o corpo, vigor, longevidade, ascendência e descendência das classes que "governavam" (...) Ela deve ser vista como a autoafirmação de uma classe, e não como a escravização de outra... [A burguesia] providenciou a si própria com um corpo que tinha que ser cuidado, protegido, cultivado e preservado dos muitos perigos e contatos, a ser isolado dos outros de modo que ela pudesse reter seu valor diferencial (Foucault, 1978a, p. 123).

Como Stoler observa, o uso de Foucault da voz passiva nessa sentença escondia o fato de que esse afago e cultivo do corpo burguês requeriam toda uma série de empregadas, serventes, mordomos e amas de leite, que desempenhavam essas funções nas colônias. Essas novas tecnologias do corpo dependiam de "um conjunto íntimo de relações exploradoras sexuais e de serviço entre os homens europeus e as mulheres nativas, entre as mulheres europeias e os homens nativos, moldados pelas políticas sexuais de classe e raça" (Stoler, 1995, p. 111).

Mas por que Foucault evitou uma discussão mais profunda da cultura colonial, quando um número de intelectuais franceses contemporâneos estava engajado precisamente em tal projeto? O fascínio de Foucault pelas normas sociais mais tradicionais do Oriente e pela distinção binária que ele mantinha entre as ordens modernas e pré-modernas podia ter impedido que ele explorasse as raízes coloniais das tecnologias europeias de sexualidade. Uma exploração mais próxima do imperialismo teria exigido uma discussão sobre a transformação gradual do Oriente pela modernidade e pelas modalidades ocidentais, bem como pelas relações sexuais inter-raciais entre intelectuais ocidentais, colonialistas ou turistas e entre a população indígena. Tudo isso poderia tê-lo conduzido a repensar seriamente o seu projeto. Portanto, uma troca mais porosa, fluida e híbrida entre o Oriente e o Ocidente está faltando no discurso de Foucault, ainda que possa ser encontrada nos escritos de vários de seus contemporâneos, incluindo Frantz Fanon e Albert Memmi, cujas observações psicanalíticas sobre sexo ao longo da divisão racial dependeu de Freud e Lacan, bem como de Hegel, Marx e Sartre (ver Fanon, 1967; Memmi, 1965).

A GRANDE NARRATIVA DE FOUCAULT

Como Foucault escreveu em 1971, em *Nietzsche, Genealogia, História*, o mundo social exibia uma repetição interminável do processo de dominação, que culminava em "rituais que impunham direitos e obrigações" (Foucault, 1971, p. 85). A busca pela verdade na história não foi possível. O desejo pelo conhecimento, a tarefa final da história, era inútil e até destrutiva, uma vez que "pode ser que a humanidade irá mais tarde perecer devido a essa paixão pelo conhecimento" (p. 96). Portanto, o ponto principal ao fazer história era descobrir descontinuidades. Nesse nova forma de escrever a história, que ele alternativamente chamava de "genealogia" ou "história efetiva", Foucault sugeriu que o genealogista não finge que ele pode voltar no tempo apenas para "restaurar uma continuidade não interrompida". O seu trabalho não se parecia com "a evolução das espécies", nem estava ele interessado em mapear "o destino de um povo". Em vez disso, a preocupação dele ou dela era com acidentes e "desvios pequenos" com "erros" que deram origem aos modernos eixos de poder e conhecimento (p. 81). Portanto, na tradição de Nietzsche, Foucault clamava por um tipo diferente de história e uma ruptura com o que ele chamava de historiografia "supra-histórica".

Porém, uma olhada mais de perto nos escritos genealógicos de Foucault sugere que ele frequentemente substituía as grandes narrativas anteriores da modernidade pela sua própria metanarrativa, uma construção binária em que ordens sociais tradicionais eram privilegiadas em detrimento das modernas. Foucault substituiu as narrativas liberais, marxistas e psicanalíticas históricas por um discurso sobre poder, saber e prazer (e algumas vezes resistência), o eixo central do qual era um contraste binário ou construção entre as sociedades modernas e pré-modernas. Em cada uma de suas explorações empíricas genealógicas, Foucault tentava mostrar o processo pelo qual as formas físicas pré-modernas de restrição e punição foram substituídas por formas psicológicas e discursivas mais modernas. Essas novas formas de constrangimento pareciam ser mais humanas, mas eram, de fato, mais permanentes e poderosas porque categorizavam, rotulavam, diagnosticavam e monitoravam de acordo com um regime.

Em *História da Loucura na Idade Clássica* (1961), Foucault argumentou que na Europa ocidental, na época da Renascença, a loucura era um fato mundano da vida e era até dotada de um certo respeito. Ele citou Shakespeare e Cervantes para mostrar que os insanos levavam "uma existência fácil e errante" no campo aberto ou a bordo de um "navio de tolos" (Foucault, 1965, p. 8). A loucura assumia uma posição liminar nessas sociedades. Algumas vezes, ela se tornava uma janela para a sabedoria e o conhecimento, dando a alguém um vislumbre de um outro mundo. Somente quando ele se tornou louco, o Rei Lear, de Shakespeare, reconheceu a verdadeira natureza de suas filhas grosseiras e a insensatez com que ele havia tratado sua filha mais jovem, Cordelia. Lady Macbeth revelou a verdade de seu crime quando entrou na insanidade. Em outras ocasiões, a loucura era o destino trágico que merecia a nossa simpatia, como foi o caso de Ofélia, em *Hamlet*. No mundo pré-moderno, a loucura quase sempre abria uma janela para a imaginação; e a própria "invenção das artes" devia muito às "imaginações alucinadas" de poetas, pintores e músicos (p. 29).

No começo do século XVII, os insanos passaram a ser encarcerados, torturados e atormentados. Durante e após a Revolução Francesa, Foucault argumentava, o tormento físico diminuiu, mas foi substituído por outro psicológico. Como Miller observa, para Foucault, a aplicação aparentemente humana do conhecimento científico se tornou, de fato, uma "nova forma sutil e insidiosa de controle social" (1993, p. 14). Na França e na Inglaterra, os loucos foram libertados das correntes e levados para asilos. Foucault não fez nenhuma menção de apoio aos dois grandes reformadores desse período, o *quaker* William Tuke (1732-1822), na Inglaterra, e o francês revolucionário Phillippe Pinel (1745-1826). Os dois reformadores tinham simplesmente sujeitado os insanos à observação intensa dos "outros". Gradualmente, através de trabalho regimentado, observação, vigilância e a alternância de recompensa e punição, eles tinham instalado um sistema de auto-observação e autodisciplina. O propósito desse novo tratamento não era compreender o doente mentalmente melhor ou até mesmo libertá-lo de seus traumas. Era controlar seu comportamento e conduta a fim de torná-lo mais adepto dos códigos de normalidade da sociedade e moralidade apropriada. Aqui novamente, Foucault seguiu Nietzsche na sua avaliação negativa da Revolução Francesa. Enquanto Nietzsche argumentava que a revolução representava o triunfo da moralidade escrava, de "nivelamento" e de "querer estabelecer os direitos supremos da maioria" (Nietzsche, 1967, p. 54), Foucault criticou o poder normativo da Revolução Francesa e de suas novas instituições.[6]

---

[6] Foucault frequentemente exclui fatos que possam minar as suas teorias. Por exemplo, ele não menciona que depois da Revolução Francesa, o código penal de 1791 descriminalizou a homossexualidade e somente reconheceu um tipo de crime sexual, o estupro de uma mulher. A França, portanto, tornou-se o primeiro país europeu a ab-rogar as leis antissodomia. Isso não quer dizer que todas as penalidades contra a homossexualidade desapareceram, muito menos o estigma que a acompanhava (Sibalis, 1996). O mesmo código penal também removeu algumas das sanções contra o suicídio, ainda que os líderes

Foucault apresentou um argumento semelhante em 1963, em *O Nascimento da Clínica*, em que escreveu que um novo "olhar" médico emergiu no século XVIII, rompendo com a forma de medicina anterior, tradicional, que tinha dependido da classificação das doenças e da cura de um tipo particular de doença. Em vez disso, a medicina começou a se concentrar nos sintomas do indivíduo. Essa transformação aconteceu como resultado do novo clima sociopolítico da Revolução Francesa. Uma vez que o paciente seja tratado como indivíduo, uma nova concepção de vida e morte também emerge: "A doença se liberta da metafísica do mal, com a qual ela havia sido ligada por séculos" (Foucault, 1994a, p. 196). Essa nova ciência empírica da medicina imediatamente define os seres humanos pelos seus limites. A mágica da moderna medicina é que ela repudia indefinidamente a morte: "a saúde substitui a salvação" e os cientistas se tornam filósofos. A medicina "está totalmente engajada com o *status* filosófico do homem". O pensamento contemporâneo ainda estava nessa camisa de força empírica: "Estamos somente começando a separar uns poucos dos fios da meada que ainda são tão desconhecidos para nós que imediatamente os consideramos maravilhosamente novos ou absolutamente arcaicos" (p. 199).

Em *As Palavras e as Coisas*, publicado primeiramente em 1966, Foucault desenvolveu perspectivas semelhantes, dessa vez se concentrando na evolução da linguagem e em sua relação com a busca científica no século XVII. Até o período moderno, os seres humanos haviam suposto que existia um relacionamento de "simpatia e semelhanças" entre os objetos da natureza e seu propósito. Por exemplo, ele observou que a forma da castanha era semelhante a uma cabeça humana e, portanto, as castanhas eram consideradas uma cura para várias formas de doenças na cabeça. A renascença e a

---

da Revolução Francesa condenassem o suicídio e considerassem o corpo de um suicida propriedade do Estado.

introdução da imprensa elevaram a linguagem à mesma posição sagrada. O conhecimento sobre um objeto envolvia uma combinação de discursos racionais e mágicos.[7] Cada texto tinha interpretações infinitas, e cada interpretação era o objeto de uma leitura discursiva adicional. Depois, no século XVII, houve uma grande ruptura – a mutação no pensamento. Foucault escreveu nostalgicamente sobre aquilo que se perdeu nesse período, quando, com a introdução das ciências empíricas, a "profunda relação da língua com o mundo" terminou e as pessoas "começaram a se perguntar como um sinal poderia ser ligado àquilo que ele significava?" (1973, p. 42-43). A linguagem se tornou arbitrária, representando alguma outra coisa. Então Hobbes, Berkeley, Hume e Condillac lideraram o caminho em direção à criação de um novo domínio científico, com o homem em seu centro. Novas teorias nos campos da gramática, história natural e economia logo "derrubaram todo o pensamento ocidental", e minaram o relacionamento intrínseco que tinha existido entre a natureza e seus objetos, e entre as palavras e as coisas (p. 239).[8] Somente no reino da literatura, nos escritos de Friedrich Hölderlin, Stéphane Mallarmé e outros como Antonin Artaud, a linguagem manteve uma "existência autônoma" fora do mundo empírico (p. 44). Foucault, de maneira famosa, terminou *As Palavras e as Coisas* proclamando a morte do sujeito humanista moderno: "Uma vez que o homem foi constituído em um tempo quando a linguagem estava

---

[7] A nova ênfase na palavra escrita e o distanciamento da palavra falada tinham um subtexto machista também. A palavra falada agora se tornou "meramente a parte feminina da linguagem". O intelecto ativo estava associado à escrita e o intelecto passivo, à fala. A "escrita era o 'princípio masculino' da linguagem" e continha a "Verdade" (Foucault 1973, p. 39). Luce Irigaray e outras feministas francesas pós-estruturalistas elaboraram mais sobre esse ponto.

[8] Para uma crítica instigante das suposições e observações empíricas, históricas e científicas de Foucault que demonstram que a sua cronologia estava errada em um século na maioria dos casos, ver Rousseau (1972-1973).

condenada à dispersão, será que ele não será dispersado quando a linguagem reconquistar a sua unidade? Pode-se seguramente apostar que o homem seria eliminado, como uma face desenhada na areia na beira do mar" (p. 386-87).

Foucault apresenta um argumento semelhante em *Vigiar e Punir*, publicado pela primeira vez em 1975. O livro começou com a descrição de uma execução grotesca que ocorreu em 1757, em Paris, mediante tortura, que Foucault, então, contrastou com as tabelas metódicas das modernas prisões ocidentais. À primeira vista, o leitor poderia supor que Foucault estava condenando o tormento corporal horrível do sistema de justiça pré-1789, mas não era esse o caso. Aqui novamente, ele parecia ecoar Nietzsche, que tinha celebremente declarado "quando a humanidade não estava ainda envergonhada de sua crueldade, a vida na terra era mais alegre do que é agora" (1967, p. 67). Foucault construiu uma narrativa histórica em que ele argumentava o seguinte: nosso mundo moderno substituiu a tortura pública por um sistema penal menos visível que finge ser mais humano e menos cruel, mas é de fato o oposto. A sociedade moderna inventou novas práticas disciplinares que são mais sutis, mas também mais insidiosas. Esses métodos de controlar o corpo e a mente não são limitados às prisões, mas permeiam nossa sociedade inteira, no exército, nas escolas, nas fábricas e em outros locais de trabalho. Além do mais, as práticas disciplinares da sociedade moderna são internalizadas pelos cidadãos, que se autopoliciam. Para Foucault, essas práticas disciplinares modernas, de fato, permitem menos liberdade do que as punições físicas antigas aos insanos ou aos criminosos. Isso ocorre porque na era pré-moderna os indivíduos pelo menos tinham a liberdade de se considerarem ofendidos e tratados desumanamente. A era moderna retira essa defesa com a sua medicalização do desvio e sua transformação de punição de um ato aberto e público para um que fica escondido da visão.

No volume 1 de *História da Sexualidade*, Foucault empurrou a linha do tempo adiante, mas o argumento básico permaneceu bastante similar. A sociedade europeia pré-moderna, como muitas outras tradicionais, estava engajada na "feitura de alianças". Por exemplo, o casamento era baseado em *status*, laços familiares e outras ligações não individualistas entre os parceiros. Dentre as classes dominantes, o casamento era principalmente um veículo para a transferência do nome da família e propriedade. O século XVIII sobrepôs ao velho padrão um novo aparelho, que Foucault chamou de "o emprego da sexualidade". O casamento monogâmico, heterossexual, que se supõe ser baseado no amor e na afeição, tornou-se a nova norma. Ele foi imposto primeiro à burguesia e depois, gradualmente, às classes trabalhadoras.

Foucault dizia que esses padrões, desenvolvidos nos séculos XVIII e XIX, tiveram ramificações de longo alcance nas sociedades ocidentais modernas porque penetraram e controlaram o corpo e construíram novas definições de sexualidade de uma forma cada vez mais detalhada, as quais incluíam quatro técnicas de sensualização, que correspondiam a quatro tipos de anormalidades: (1) dentro da medicina, a "histerização dos corpos das mulheres" tão completamente saturada com sexualidade (Foucault, 1978a, p. 104); (2) a proibição da masturbação pelas crianças; (3) a regulação da fertilidade e a construção de declarações pseudocientíficas sobre sangue, hereditariedade e povos colonizados; (4) a psiquiatrização da resposta societária ao prazer perverso. Como resultado, o papel da família era o de "ancorar a sexualidade e dar a ela um apoio permanente", dessa forma tornando-se um "lugar obrigatório de afeto, sentimento, amor" (p. 108).

Foucault demonstrou perceptivamente como a nova "família" não poderia arcar com a camisa de força imposta a ela e, gradualmente, se abriu ao escrutínio dos doutores médicos, padres, ministros e psiquiatras. De repente, toda uma gama de "anormalidades" foi descoberta. O novo campo da psicologia assumiu sozinho a tarefa de amoldar os indivíduos de modo que voltassem a se encaixar em padrões de vida "normais". Aqui, ele examinou os trabalhos do poder disciplinador como "biopoder". Os novos discursos médicos, psiquiátricos, penais e pedagógicos monitoravam, classificavam, canalizavam, moldavam e "tratavam" o comportamento individual. Estabeleceram novas distinções normativas: legal/ilegal, saudável/doente e normal/anormal. Dessa forma, o que parecia ser uma liberalização – mais conversa sobre sexo, mais abertura nas relações sexuais e a remoção das restrições tradicionais sobre práticas sexuais – não era, no fim das contas, tão liberalizante, uma vez que os novos discursos estavam envolvidos na construção de novas formas de "desvios". Em suma, a nova perspectiva de Foucault buscava atacar as teorias da época (incluindo algumas formas de feminismo) que se equiparavam ao período pós-iluminismo com a emergência de uma democracia maior e maior liberdade, pelo menos para as classes médias.

Assim, em cada um de seus principais escritos Foucault privilegiou as relações sociais pré-modernas em relação às modernas. Em *História da Loucura na Idade Clássica*, ele argumentou que a Renascença considerava a loucura um fato da vida e até a dotava de um certo montante de sabedoria e criatividade. Em *Vigiar e Punir*, ele mantinha a ideia de que as práticas disciplinares aparentemente mais brutais, prevalecentes até meados do século XVIII, exerciam menos controle sobre a mente e o corpo do que as formas modernas de punição. E em *História da Sexualidade*, ele argumentava que os casamentos pré-modernos da elite, que eram baseados em alianças políticas e econômicas, permitiam maior liberdade sexual, incluindo relações entre o mesmo sexo, e eram, portanto, mais desejáveis quando comparados com os casamentos monogâmicos, heterossexuais, da sociedade burguesa moderna e seu poder de normalização. A crítica unilateral de Foucault sobre modernidade e a sua minimização das práticas ásperas e confinantes do mundo pré-moderno – incluindo aquelas que aprisionavam a sexualidade da mulher – podem explicar o seu relacionamento problemático com a questão dos direitos das mulheres, um tema ao qual nos dedicaremos agora.⁹

---

⁹ O relacionamento de Foucault com o marxismo, talvez a perspectiva dominante dos intelectuais franceses desde o final da década de 1940 até meados da década de 1970, também deve ser mencionado no contexto de seus escritos sobre o Irã. Apesar de ele ter-se filiado brevemente ao Partido Comunista na sua juventude, em 1966 estava escrevendo sobre as limitações de Marx na sua obra *As Palavras e as Coisas*: "O marxismo existe no pensamento do século XIX como um peixe na água: isto é, incapaz de respirar em qualquer outro lugar" (1973, p. 261). Jean-Paul Sartre, que tinha ele próprio se declarado um marxista uma década antes, lançou um ataque a Foucault, acusando-o de "rejeição da história" e estando aprisionado a uma "sucessão de imobilidades" estruturalistas, chamando o argumento em seu livro de "o último recurso que a burguesia pode lançar contra Marx" (apud Macey, 1993, p. 175). Contudo, tais polêmicas públicas mascaravam algumas afinidades mais sutis entre o pensamento de Foucault e algumas variedades de marxismo, pelo menos ao longo da década de 1970. Isso ocorreu porque a divisão entre os intelectuais franceses do pós-guerra em humanistas e anti-humanistas foi provavelmente tão importante quanto a divisão entre marxistas e não marxistas. No lado humanista, tanto existencialista quanto marxista, ficaram Sartre, Simone de Beauvoir, Henri Lefebvre e Lucien Goldmann, enquanto no lado anti-humanista, o lado de Foucault, se encontravam estruturalistas e pós-estruturalistas como Claude Lévi-Strauss, Gilles Deleuze, Jacques Lacan, Louis Althusser e Pierre Bourdieu. (Para discussões, ver Dosse [1991-1992] e Anderson [1995].) Foucault reteve alguns laços com o marxismo althusseriano até pelo menos 1977, quando começou a atacar e descartar a noção marxista de ideologia, porque na sua visão ela implicava não apenas uma dicotomia rígida entre a verdade e a falsidade, mas também "alguma coisa da ordem de um cidadão" (1977b, p. 60). Essa declaração era uma rejeição não apenas do marxismo em geral, mas especificamente do althusserianismo, que Foucault agora considerava culpado do próprio conceito que Althusser tinha trabalhado tão arduamente para remover do marxismo, a subjetividade. (Para um estudo de como novos pensadores estruturalistas e pós-estruturalistas tenderam a acusar os antecessores de ainda se apegarem a formas de humanismo e de sujeito, ver Soper [1986].) Nos escritos iranianos de Foucault de 1978-1979, podemos discernir o uso implícito dos conceitos marxistas de classe ou imperialismo, mesmo em meio à explícita rejeição do marxismo como uma ideologia modernista. Para uma exploração mais geral das dimensões marxistas implícitas no pensamento de Foucault, incluindo os muitos lugares em que ele usou Marx sem mencioná-lo, ver Paolucci (2003).

FOUCAULT E O FEMINISMO: UM CASO DE AMOR NÃO CORRESPONDIDO?

Há muito pouco nos escritos de Foucault sobre as mulheres ou sobre os direitos das mulheres. Ao mesmo tempo, os escritos teóricos de Foucault exerceram imensa influência em uma geração de acadêmicos feministas, ainda que a sua atitude em relação ao feminismo fosse ambígua e algumas vezes até de repúdio. Como muitos dos contribuintes ao volume de 1988 de Diamond e Quinby argumentaram, o feminismo e Foucault convergem em diversos pontos concernentes a teorias do poder. Ambos identificam o corpo como o local do poder, uma localização sobre a qual a dominação é estabelecida e a docilidade é obtida. Ambos apontam para as operações detalhadas do poder em todas as esferas da vida (família, economia, ciência, direito, literatura, etc.) em vez de se concentrarem no poder do Estado ou capital apenas. Ambos falam de um papel crucial de discurso na construção do poder hegemônico e na exploração de desafios potenciais que poderiam emergir dos discursos marginalizados.[10] Como consequência, uma quantidade de feministas achou a perspicácia dos trabalhos teóricos de Foucault, como *Vigiar e Punir* e o volume 1 de *História da Sexualidade*, extremamente importante para o seu próprio trabalho (Bartky, 1990; Bordo, 1988; Deveaux, 1994; Sawicki, 1988; Hekman, 1990; Butler, 1990). Outras feministas consideraram o conceito de Foucault das tecnologias do eu, que apareceu em seus trabalhos posteriores à década de 80, útil, uma vez que Foucault saiu de um foco exclusivo

---

[10] Diamond e Quinby sugerem um outro ponto de convergência em que tanto o feminismo quanto Foucault criticam as pretensões ao universalismo nas proclamações da elite masculina ocidental sobre a verdade, liberdade e natureza humana (1988, p. ix-xxii). Contudo, argumentamos que o discurso de Foucault também pode ser interpretado como uma meta narrativa, que tenta competir com a tradição do Iluminismo e estabelecer os seus próprios rituais de verdade.

nas formas dominantes de poder, ou tecnologias de dominação, para um conceito mais difuso de poder. Esse último conceito focava a produção do poder através de certas práticas sociais e culturais. Essas tecnologias visavam à criação da vida das pessoas como se estivessem criando um trabalho de arte. Esse novo conceito de poder reconhecia que os indivíduos exerciam um certo nível de autonomia e agendamento em sua vida diária. As pessoas escolhiam certas práticas no repertório disponível das tradições sociais e culturais a fim de mudá-las, "para tornar sua vida uma obra que carrega certos valores estéticos e vai ao encontro de certos critérios estilísticos" (Foucault, 1985, p. 10-11). Os interstícios entre as "tecnologias de dominação" e "tecnologias do eu" formavam um ponto de equilíbrio multifacetado, em que as tecnologias que impunham coerção sobre o corpo coexistiam com as tecnologias autoimpostas.[11] Lois McNay escreve que a noção de Foucault sobre as tecnologias do eu é um conceito útil para as políticas feministas de diferença, em que as mulheres não são mais vistas como "as vítimas indefesas e inocentes das estruturas sociais patriarcais" (1992, p. 67). Não apenas no Ocidente, mas também no Oriente Médio, as próprias mulheres têm estado envolvidas na subjugação de outras mulheres, utilizando privilégios de classe, raça, etnicidade e idade associadas à ordem patriarcal. Elas também usaram diferentes práticas de si para refazer sua vida em novas formas, nem sempre de acordo com as sensibilidades feministas (Kandiyoti, 1991; Afary, 2001).

No entanto, historiadores e filósofos também criticaram o trabalho de Foucault por causa de suas inexatidões factuais sobre o gênero na Europa moderna e pelo seu repúdio às preocupações feministas, especialmente nas questões sobre pedofilia, estupro e

---

[11] Sobre esse ponto, nossos agradecimentos a Nancy J. Holland pelo seu trabalho não publicado *A Verdade como Força: Michel Foucault sobre a Religião, o Poder do Estado e o Direito*.

casamento monogâmico.[12] A filósofa feminista britânica Kate Soper argumenta que apesar do envolvimento mínimo de Foucault com os escritos feministas, até quando comparados com Lacan e Derrida, seu distanciamento clínico encobre uma "visão de mundo mais centrada nos valores masculinos que lhe conferiam uma posição menos que objetiva". Essa "androcentricidade velada" torna-o indiferente ou insensível às preocupações feministas (Soper, 1993, p. 29). Soper observa que a sexualidade e o corpo são mediados culturalmente, mas gênero e sexo não são construções inteiramente culturais. Existem realidades pré-discursivas que deveriam ser reconhecidas. Foucault ignora as formas específicas em que o poder é exercido em qualquer "sociedade sexualmente hierarquizada" (p. 39). Como Sandra Bartky (1990) também sugeriu, Foucault ignora as diferenças entre os procedimentos disciplinares na forma como operam no corpo das mulheres e na forma como operam no corpo dos homens. Foucault é atraente por causa de sua "ruptura iconoclasta com as duas 'grandes narrativas' do marxismo e da psicanálise" nas quais as feministas se basearam. O paradigma de Foucault liberou as feministas do determinismo da economia e da experiência da infância, mas seu conceito de poder não foi teorizado o suficiente. Há um choque entre "o impulso existencialista de seu argumento e a sua desconstrução implacável do tema autônomo do Iluminismo" (Soper, 1993, p. 36). Nessa concepção individualista do sujeito, é

---

[12] Além disso, MacCannell e MacCannell rejeitam a noção de Foucault de que o poder das tecnologias é neutro e "pode ser aberto a todos mesmo quando ele parece ser detido por uns poucos". Eles observam que aqueles que exercem o poder historicamente se apresentaram como neutros a fim de "justificar o seu uso da violência" (1993, p. 204). Eles também questionam a visão de Foucault de que estejamos passando por um declínio histórico na violência física, que está sendo substituída por um poder capilar, um poder que opera nos níveis mais básicos do corpo e é internalizado pelo cidadão. Eles sugerem que a violência não diminuiu e que quando o cidadão oferece resistência aos poderes legais, penais, administrativos ou patriarcais, é garantido que a violência ocorrerá (p. 212).

desejável se livrar de todos os deveres e obrigações na busca do prazer. É um tipo de "mônada sexual" que "presta conta apenas aos ditados de nossos gostos pessoais" e é inteiramente abstraída de questões de necessidade impessoal. Soper conclui que Foucault advoga uma "concepção individualista e narcisista de liberação" em *História da Sexualidade*. Isso não é necessariamente paralelo à concepção feminista de emancipação; ao contrário, é uma outra versão da "teoria liberal familiar, isolada e individual" (p. 36).

A discussão de Foucault sobre a hipótese repressiva em *História da Sexualidade* merece atenção particular, especialmente com relação à sua noção individualista de liberdade e à sua falta de vontade de explorar as dinâmicas do poder em uma sociedade sexualmente hierarquizada.[13] Foucault escreve que, em 1867, um trabalhador rural simplório na aldeia de Lacourt foi denunciado ao prefeito por "uns poucos carinhos recebidos de uma menininha, como ele havia feito antes e tinha sido visto fazendo pela rapaziada da aldeia... que iriam jogar o jogo familiar chamado 'leite coalhado'". Os pais da menina reclamaram com o prefeito. Os gendarmes foram informados, e o homem foi examinado por um médico, trazido perante um juiz e indiciado, embora mais tarde ele tenha sido absolvido. O que é mais perturbador a respeito dessa história, contudo, não é tanto o incidente em si, que aconteceu há mais de um século, mas os comentários de Foucault sobre ele em 1976:

---

[13] Foucault rejeita a noção freudiana de que uma moral pudica e repressiva era dominante na Europa antes do século XX. Ele argumenta que, desde o século XVII, ocorreu uma quase explosão de discursos sobre o tema sexual (1978a, p. 17-35). Roy Porter discorda de Foucault aqui, observando que muita conversa sobre sexo não significa igual acesso ao discurso do sexo. Porter, que estava escrevendo na década de 1980 em meio ao movimento *antiapartheid*, nos traz um exemplo de sua época. Ele observa que não poderíamos dizer que os negros sul-africanos não eram oprimidos só porque havia "tanta conversa sobre liberdade na África do Sul". Foucault não nos diz "*quem* podia dizer *o quê*, e *quem* estava proibido e dissuadido de dizer *o quê*, e *quem* tinha *que* tipos de poderes para impor os tabus" (1991, p. 67).

O que é a coisa significativa a respeito desta história? A pequenez de tudo; o fato de que essa ocorrência diária na vida da sexualidade da aldeia, esses prazeres bucólicos inconsequentes, acabaram por se tornar, a partir de um certo tempo, o objeto não apenas de uma intolerância coletiva, mas de uma ação judicial, uma intervenção médica, um exame clínico, e toda uma elaboração teórica (1978a, p. 31).

Sabemos que a luta contra o abuso sexual e o molestamento tem estado no coração do movimento feminista. Será que Foucault estava tentando minar o discurso feminista contemporâneo chamando os protestos contra o molestamento de crianças um exemplo de "intolerância coletiva"?[14] Ou será que a sua hostilidade ao poder do Estado moderno, e especialmente a sua regulação da sexualidade, era tão unilateral que ele era capaz de se opor à intervenção estatal até mesmo desse tipo? E nem é esse um exemplo isolado da posição de Foucault sobre essas questões. Durante a campanha para criminalizar atos sexuais entre adultos e crianças abaixo da idade de quinze anos na França, Foucault tinha se oposto à campanha, argumentando que a sexualidade não era o negócio da lei (Alcoff, 1996).

Uma leitura mais cuidadosa dos dois volumes subsequentes de *História da Sexualidade*, ambos primeiro publicados em 1984 e subtitulados O *Uso dos Prazeres* e O *Cuidado de Si*, demonstrarão, de modo similar, que as ruminações breves de Foucault sobre os molestamentos às crianças citadas anteriormente não foram uma aberração. Pode-se argumentar que quando o tema sob discussão é sexo, e aqueles que iniciam o sexo são adultos, enquanto os corpos discursivos com os quais o sexo é praticado pertençam a crianças ou a

---

[14] Tanto Kate Soper (1993) como Amy Richlin comentam sobre o tom dessa seção. Richlin faz troça com o retrato simpático que Foucault fez dos agricultores e observa que as posições submissas da garotinha e de seus guardiães são totalmente deixadas de fora no relato de Foucault. Ela acrescenta sarcasticamente que uma declaração mais clara que a expressão bucólica "brincando com o jogo familiar chamado 'leite coalhado'" poderia ter sido dizer que "ele obteve o que é comumente conhecido como 'punheta'" (1998, p. 141).

adolescentes (meninos e meninas), Foucault subitamente abandona sua perspicácia brilhante sobre o corpo, assim como a localização em que a docilidade é atingida mediante operações detalhadas de poder.[15]

Nancy Fraser entra nesse debate apontando múltiplas ambiguidades no conceito de poder de Foucault. Ele sublinhou que o poder permeia tudo, que "culturas livre de poder, práticas sociais e conhecimentos são, em princípio, impossíveis". Também argumentou que sua própria descrição do poder moderno era "normativamente neutra". Contudo, as descrições de Foucault do eixo poder/saber modernos estão repletas de frases como "dominação" e "subjugação" (Fraser, 1989, p. 29). Mesmo quando se concorda que todas as práticas culturais envolvem relações de poder, Fraser vê alguns problemas sérios na conceptualização de poder de Foucault:

> Daí não se supõe que todas as formas de poder sejam normativamente equivalentes, ou que quaisquer práticas sociais sejam tão boas quanto quaisquer outras. De fato, é essencial para o próprio projeto de Foucault que seja capaz de distinguir melhor dentre os piores conjuntos de práticas e formas de constrangimento. Mas isso requer recursos normativos maiores do que os que ele possui (p. 32).

Fraser compara, de maneira desfavorável, Foucault a Max Weber e Habermas. Contrastando com Weber, Foucault não fez distinções sistemáticas entre as várias formas de poder, como "autoridade, força, violência, dominação e legitimação". Entretanto, na tradição de Nietzsche e dos teóricos iniciais da Escola de Frankfurt Theodor Adorno e Max Horkheimer, Foucault criticou a racionalidade ocidental. Isso o levou a um beco sem saída, por duas razões, Fraser conclui.

---

[15] Isso será discutido no capítulo 5. Ann Stoler também salienta uma implicação inexplorada do discurso de Foucault sobre as sociedades colonizadas. Os pais europeus, principalmente aqueles que vivem nas colônias, temiam as relações sexuais entre seus filhos e seus empregados. Nas colônias, não era apenas o desejo sexual pelos nativos que eles temiam, mas também a identificação pessoal e política com a cultura nativa (1995, p. 159).

Primeiro, ele não propôs nenhum critério para distinguir formas de poder que dominam e subjugam daquelas que expressam impulsos emancipatórios. Segundo, ele endossou "uma rejeição unilateral e total da modernidade" sem sugerir nada que pudesse ser colocado em seu lugar (p. 33). Essa posição não foi muito diferente da "dialética negativa" do falecido Adorno.

A tensão entre feminismo e Foucault também pode ser localizada em seu trabalho sobre estudos sobre sexualidade. Foucault recorreu à genealogia das relações homossexuais (masculinas) no mundo greco-romano em seus dois últimos livros publicados. Mas não foi um apoiador entusiástico do movimento de liberação de *gays* e lésbicas na França, na Europa Ocidental, nos anos 1970. Ele não compartilhou o novo entusiasmo pelo "orgulho *gay*". Ele temia que uma nova ênfase no estilo de vida *gay* sustentaria a divisão binária entre o heterossexual (normal) e o homossexual (patológico) no mundo moderno. Segundo ele, se alguém mantiver uma identidade *gay*, isso significará reconhecer a sua própria patologia, pois "trair as leis da normalidade significa continuar a reconhecer a sua existência" (apud Nye, 1996, p. 234). Seria necessário que alguém tivesse que romper totalmente com as noções de um prazer homossexual específico e adotar um "polimorfismo" que recusasse quaisquer limites sobre os objetos de desejo sexual de alguém. Somente dessa forma seria possível depor os velhos "regimes do desejo" (Nye, 1996, p. 235).[16]

---

[16] Essa questão permanece muito contestada nos estudos sobre *gays* e lésbicas. A noção de que a sexualidade é socialmente construída se tornou amplamente aceita. Ao mesmo tempo, o reconhecimento social e jurídico de um estilo de vida homossexual (casamento, custódia dos filhos, herança) continua sendo um tópico importante na agenda de ativistas *gays*, lésbicas, bissexuais e transexuais (GLBT). Vitórias significativas foram obtidas em certos países nessa arena, uma direção que durante a sua vida Foucault nem trilhou nem apoiou (Nye, 1996). Foucault, naturalmente, não era o único que advogava um tal polimorfismo na época. Marcuse (1962) fez algo semelhante. Parte do conflito entre o movimento feminista do início dos anos 1970 e esse tipo de política

CONFISSÕES MESSIÂNICAS

O quão longe podemos esticar o dualismo na obra de Foucault? Será que podemos também sugerir um subtexto teológico emergente em seu discurso? No final dos anos 1970, Foucault estava explorando uma nova "espiritualidade política", mais notavelmente em seus escritos iranianos. Ele próprio mergulhava na literatura monástica cristã e nos textos religiosos orientais. Esse material aparentemente se destinava a um quarto volume projetado de *História da Sexualidade*, que permanece não publicado, uma vez que Foucault determinou que não houvesse "publicações póstumas" (apud Carrette, 1999, p. 46).

Jeremy Carrette, editor de *Religion and Culture: Michel Foucault* (1999), e o filósofo jesuíta James Bernauer, que escreveu a introdução a esse livro, ambos sugerem que Foucault estava, de fato, mapeando uma nova espiritualidade. Bernauer caracterizava isso como "um estilo cristão de liberdade, que combinava um cuidado com o sujeito com um sacrifício e mortificação desse sujeito" (Bernauer, em Carrette, 1999, p. xiv). Essa nova espiritualidade não evitava o mundo; tratava-se de uma "existência espiritual" que expunha as pessoas aos mistérios de si próprias e dos outros (p. xv).[17] Foucault rejeitava a noção de que o mundo cristão pré-moderno foi uma época de austeridade sexual. "Nunca a sexualidade desfrutou de uma compreensão mais imediatamente natural e nunca conheceu maior 'felicidade de expressão' no mundo cristão de corpos caídos e de pecado" (Foucault, 1963, p. 57). O interesse de Foucault na Revolução Iraniana estava claramente relacionado com o seu fascínio mais amplo pelo conceito

---

sexual, advogada no início da década de 1960, era que essas formas machistas de liberação sexual não foram tão liberalizantes para as mulheres.

[17] O romancista Maurice Clavel, um amigo de Foucault, sugeriu que a noção da "morte do homem" proclamada em *As Palavras e as Coisas* era mais bem entendida como a de um "homem sem Deus" (apud Carrette, 1999, p. 15).

de "espiritualidade política". Ele desejava explorar essa nova ideia, não apenas pelo retorno às práticas e aos rituais da Igreja antiga, mas também pela busca por ela em sociedades não cristãs (Carrette, 1999, p. 43). Por volta de 1979, Foucault estava desenvolvendo uma nova hermenêutica do cristianismo, uma leitura dos rituais cristãos e técnicas que envolviam um novo conceito de espiritualidade, um que ele esperava que pudesse acomodar as atitudes do final do século XX em relação à sexualidade (Hadot, 1992).

Em abril de 1978, somente meses antes de ele ter visitado o Irã, Foucault apresentou as linhas gerais de seu futuro trabalho em uma palestra na Universidade de Tóquio. Ele reiterou o seu contraste familiar entre o Oriente, aqui novamente incluindo o mundo greco-romano como parte do Oriente, e o Ocidente. Logo chegou, sem reserva, à seguinte conclusão: o discurso sobre sexualidade tinha rapidamente se desenvolvido em um discurso científico no Ocidente, ao passo que, no Oriente, foi moldado em torno de métodos que intensificaram o prazer, daí constituir "sexualidade como uma arte". O Oriente tinha artes eróticas, e o Ocidente tinha ciência sexual.

Esses foram "dois discursos completamente diferentes, pertencendo a dois tipos igualmente diferentes de sociedade" (Foucault, 1978b, p. 119).

Nessa formulação a respeito de "dois discursos completamente diferentes", Foucault estava certamente no domínio do orientalismo. Essa noção de dois discursos separados era, naturalmente, inexata com relação ao Oriente Médio. Para dar um exemplo, os escritos de cientistas e filósofos como Avicena (980-1037 E.C.) sobre anatomia eram ensinados em instituições médicas europeias até o século XVII. Portanto, Foucault estava impondo um tipo de homogeneidade no pensamento oriental que parecia não estar de acordo com sua rejeição frequentemente expressada pelas metas narrativas. Por volta de 1978, em tom de zombaria, dividiu a história da sexualidade ocidental em três períodos: greco-romana, cristã e burguesa:

O primeiro momento: a antiguidade grega e romana, em que a sexualidade era livre, se expressava sem dificuldades, e se desenvolvida efetivamente, era devotada, de qualquer forma, a um discurso na forma de uma arte erótica. Depois a cristandade interveio, cristianismo que, pela primeira vez na história do Ocidente, imporia uma grande proibição à sexualidade, que dizia "não" ao prazer e, da mesma maneira, ao sexo. Esse "não", essa proibição, conduziu a um silêncio sobre a sexualidade, um silêncio sobre a sexualidade fundamentado essencialmente nessas proibições morais. A burguesia, porém, começando a partir do século XVI, se encontrando em uma situação hegemônica, uma situação de domínio econômico e hegemonia cultural, de alguma forma recapturou para si própria, a fim de reaplicá-lo – *mais severamente e com meios mais rigorosos* –, esse ascetismo cristão, essa recusa cristã à sexualidade e, em consequência, a prolongou até o século XIX, em que, finalmente, em seus últimos anos, começamos a levantar o véu com Freud (Foucault, 1978b, p. 120; ênfase acrescentada).

Aqui, Foucault seguramente reconheceu as limitações que o cristianismo havia imposto à sexualidade. Mas também observou que a cultura romana já tinha instituído muitas das proibições que atribuímos ao cristianismo, e que a moderna burguesia tinha aplicado essas proibições com um rigor meticuloso que não tinha sido tencionado na era cristã: "Poligamia, prazer fora do casamento, valorizações do prazer, indiferença [sexual] em relação às crianças, já tinham essencialmente desaparecido do mundo romano antes do cristianismo" (p. 121). Somente uma pequena e rica elite se recusava a aderir a essas proibições. Ao aumentar a responsabilidade dos conceitos éticos tanto romanos como burgueses para as modernas proibições sobre a sexualidade, estaria Foucault tentando reduzir a carga da Igreja pela instituição dessas proibições e esperando apresentar uma visão mais favorável sobre o cristianismo medieval?

Anteriormente, no primeiro volume de *História da Sexualidade*, Foucault havia enfatizado a continuidade entre os métodos cristãos de confissão e as técnicas modernas de psicanálise e pedagogia. Ele havia argumentado que as técnicas confessionais do cristianismo, incluindo a necessidade de revelar todos os pensamentos transgressivos e maus a um monge, gradualmente perderam a sua dimensão ritualística. Ela também perdeu a sua exclusividade, espalhando-se através de outros relacionamentos, independentemente dos relacionamentos das "crianças e pais, estudantes e educadores, pacientes e psiquiatras [ou] delinquentes e especialistas". Dessa forma, por volta do século XIX, havia "discurso em demasia ao invés de insuficiente" sobre a sexualidade (Foucault, 1978a, p. 65). Somente dois anos mais tarde, em 1978, Foucault pareceu ter mudado o seu foco anterior na continuidade entre os métodos cristãos confessionais ou penitentes e a técnica moderna de confissão. Naquela época ele estava mais interessado nas diferenças entre as técnicas disciplinares monásticas e modernas.

O pastor exigia a obediência de seu rebanho, e exigia-se que os crentes confessassem toda a verdade ao pastor. Foucault, porém, enfatizava agora que, em contraste com o psiquiatra moderno, o monge não rotulava as pessoas de anormais.[18] A suposição de que todos os seres humanos poderiam ser enganados pelo demônio significava que o arrependimento poderia ser obtido através da confissão verdadeira. O cristianismo parecia, agora, que tinha construído uma "moralidade moderada" entre o ascetismo e a sociedade civil:

> A carne cristã nunca foi concebida como um mal absoluto da qual tínhamos que nos livrar, mas como uma fonte perpétua, dentro da subjetividade, dentro dos indivíduos, de tentação que arriscava conduzir o indivíduo além dos limites colocados pela moralidade comum: casamento, monogamia, a sexualidade da reprodução e a limitação e desqualificação do prazer (Foucault, 1978b, p. 126).

---

[18] Até certo ponto, isso estava correto. Santo Tomás de Aquino escreveu sobre a "inclinação natural à virtude" do ser humano, que era também corruptível pelo "pecado". Contudo, Santo Tomás de Aquino considerava que a homossexualidade era contra a natureza, uma "perversão [que] necessitava ser corrigida" (1953, p. 41, 52).

Foucault também fez distinção entre os métodos verbais de confissão e os métodos físicos de penitência. Ele tentou formular novas "tecnologias do eu" que se inspiravam e eram baseadas nos rituais cristãos. Dada a sua nova leitura do cristianismo, o interesse de Foucault pela dimensão religiosa da Revolução Iraniana foi certamente mais do que uma curiosidade jornalística. Como veremos no capítulo 2, ele estava compelido tanto pela mensagem política da revolução como pela sua utilização dos rituais de penitência, que eram, em alguns aspectos, semelhantes às práticas cristãs que ele havia começado a explorar.

LIBERDADE EM RELAÇÃO À MORTE: UM ESPAÇO LIMINAR PARA A CRIATIVIDADE

Foucault pertence a um grupo de pensadores ocidentais, de Schopenhauer aos existencialistas, para os quais a realidade da morte não apenas tem que ser reconhecida, mas também abraçada pelos vivos. O "super-homem" de Nietzsche (*Übermensch*) permaneceu "alegre e orgulhosamente" a par da morte como o final apropriado ao desempenho de sua vida. Para Freud e Heidegger, a vida genuína surgia de uma consciência da morte. Somente com essa constatação, e no senso de urgência que ela produzia entre nós, é que poderíamos atingir uma existência autêntica (Olson, 1967, p. 306-09).

O débito de Foucault com Freud era penetrante, embora por vezes não reconhecido, visto que o projeto de Foucault visava essencialmente virar Freud de cabeça para baixo.[19] Em sua obra *O Mal-estar*

---

[19] A crítica da psicanálise de Foucault é bem diversificada. Ele reconhece, por exemplo, o desafio de Freud às teorias racistas com base na biologia (Foucault, 1978a, p. 150), mas não reconhece a extensão pela qual muitas de suas próprias ideias foram inicialmente levantadas por Freud. Por exemplo, Freud prontamente reconheceu que os seres humanos tinham uma "inconfundível

na Civilização, escrita em 1930, Freud tinha argumentado que além dos impulsos psíquicos da humanidade por comida e sexo, havia também um impulso em relação à morte. A civilização lidava com esses impulsos agressivos e destrutivos através de um processo de sublimação, canalizando-os para o trabalho e criação de cultura. Enquanto isso, o superego controlava o ego e limitava as demandas insaciáveis do id, como Freud escreveu em uma metáfora militar célebre: "A civilização obtém o domínio sobre o desejo perigoso do indivíduo de agressão mediante o seu enfraquecimento e desarmamento, ao criar uma agência dentro dele para vigiá-lo, tal como uma guarnição em uma cidade conquistada" (Freud, 1989, p. 84).

Em sua libertária celebração do impulso da morte, Foucault alegava que o projeto da civilização tinha de ser revertido. A sua celebração dos experimentos de quase morte foi construída sobre a suposição de Freud de que a supressão de nosso impulso à morte resulta no esmagamento de nosso impulso imaginador e instintivo. Freud tinha argumentado que a humanidade paga um preço muito alto pela civilização, que nossa "infelicidade interna permanente" é oriunda dessa renúncia e da sensação de culpa sempre presente que nos aflige (Freud, 1989, p. 89). Foucault queria fazer nada menos do que uma reversão desse curso.[20]

---

disposição bissexual" (Freud, 1989, p. 61), que a civilização normalizou a sexualidade humana, que a sexualidade das crianças era reprimida, que formas polimorfas de sexualidade eram proibidas, que toda atividade sexual era canalizada para as relações heterossexuais e monogâmicas, e que isso constituía um trauma psicológico imensamente danoso resultante em neurose. Diferentemente de Foucault, Freud acreditava que tais restrições eram um preço necessário a ser pago a fim de estabelecer a civilização moderna, para se atingir uma medida de paz e segurança, e para controlar os impulsos agressivos.

[20] Para uma outra discussão sobre Freud e Foucault, ver Stoler (1995). Anteriormente, Nietzsche tinha bradado contra "aquela inclinação ao autoflagelo, que empurrava a crueldade inata do bicho-homem para o seu interior, assustando-o, tornando-o a criatura aprisionada pelo 'Estado' de modo que pudesse ser domesticado" (1967, p. 92).

O desafio de Foucault ao impulso à morte de Freud foi construído sobre a categoria mais central de Heidegger: "ser em direção à morte". Aqui, somos lançados nesse mundo; não temos escolha pessoal no tema. O mundo existe antes que nós e continuará a existir depois de nós. Nem sabemos em que direção a que fim entramos nesse mundo. Vivemos de maneira não autêntica porque vivemos de acordo com os ditados dos outros e sua "conversa ociosa". Não devemos ser culpados por essa vida não autêntica. Essa "queda" é uma parte necessária da existência. Como George Steiner observa, para Heidegger, "a reforma social ou revolução não eliminará a falta de autenticidade, nem a terapia ou a psicologia irão consertar a nossa personalidade", seja nas tradições de Marx, seja nas de Freud (1987, p. 108). Mas havia a possibilidade de uma transcendência dialética, uma maneira de romper com esse estado absolutamente necessário de "queda" conduzindo a uma compreensão mais autêntica do mundo. Ao fazer as pazes com a morte, através de "atenção" e "solicitude", poderemos experimentar um "chamado", uma certa "ressurreição". Em última instância, poderemos alcançar um estágio em que aceitamos a possibilidade da nossa própria morte, um estágio de "liberdade em relação à morte" que é liberada das ilusões dos outros (Heidegger, 1962, p. 264-66).

Foucault parece ter vivido a "liberdade em relação à morte" de Heidegger – e não apenas intelectualmente. O biógrafo James Miller (1993) sugeriu que as declarações de Foucault sobre a questão da morte e o seu fascínio pela dor e morte formaram um aspecto central de seu pensamento. Mark Lila escreveu que a influência de intelectuais surrealistas e outros *avant-garde*, como Georges Bataille, Antonin Artaud e Maurice Blanchot, na geração de Foucault, é frequentemente ignorada pelos leitores fora da França: "Neles, Foucault viu a possibilidade de explorar pessoalmente o que jazia além das fronteiras da prática burguesa ordinária, para buscar aquilo que ele chamava de 'experiência limite' no erotismo, loucura, drogas, sadomasoquismo, até mesmo suicídio" (Lila, 2001, p. 143-44). De fato, muitos exemplos na vida de Foucault apontam nessa direção: suas tentativas de suicídio na juventude, seu envolvimento pessoal com sadomasoquismo na Califórnia e em outros lugares; seu quase encontro com a morte em um acidente de carro, que, embora deva ter sido uma experiência muito dolorosa, ele mais tarde a descreveu como "um dos prazeres mais intensos de sua vida" (Miller, 1993, p. 306). Parece que nesses espaços liminares que existem entre a vida e a morte, nessas experiências de quase morte, Foucault reconheceu a possibilidade extraordinária da criatividade artística e sensual, incluindo as ocorridas em sua própria vida.

Foucault permaneceu, de forma semelhante, fascinado pelos temas de morte, suicídio e martírio em seus escritos genealógicos, e falava com paixão sobre a ligação entre a loucura e a morte. A loucura, como o estágio final antes da morte, oferece ao indivíduo liberdade do medo da morte. Na terminologia de Foucault, a loucura era o estágio mais próximo do Gólgota, o monte de Jerusalém considerado o local onde Jesus teria sido crucificado. Foucault escreveu que Jesus não tinha sido cercado apenas por loucos, ele também escolheu se passar por um: "A loucura, portanto, se tornou a forma última, o grau final de Deus na imagem do homem, antes do término da entrega da Cruz" (Foucault, 1965, p. 80). De maneira similar, Foucault tinha em alta conta trabalhos artísticos, musicais e literários que lidavam com o conceito da morte. Em *O que É um Autor?*, Foucault falava da relação contínua da literatura com a morte. No épico grego, o herói que falava estava desejoso de morrer jovem, trocando a vida pela imortalidade. Com relação à obra árabe *As Mil e Uma Noites*, em que a história havia se tornado uma maneira de evitar a morte, ele escreveu: "A narrativa de Sherazade é um esforço, renovado a cada noite, de manter a morte fora do círculo da vida" (Foucault, 1969, p. 102).

Foucault abraçava o autor ou artista que empurrasse as bordas da racionalidade e explorasse as experiências de quase morte.

Ao se distanciar tanto da possibilidade de adquirir conhecimento absoluto e da dialética hegeliana do reconhecimento mútuo, Foucault, em vez disso, celebrava o autor francês Marquês de Sade. Ele admirava Sade porque através dele o "homem redescobre uma verdade que ele havia esquecido", que o desejo de morte e paixões imorais são, de fato, bastante naturais e, portanto, racionais. Ecoando Sade, ele escreveu: "Que desejo pode ser contrário à natureza se ele foi dado ao homem pela própria natureza?" (Foucault, 1965, p. 282; Sade, 1992).

A discussão de Foucault sobre o pintor espanhol Francisco de Goya seguia a mesma lógica. Goya havia sido celebrado por ele pelas suas duas séries de estudos conhecidos como os *Caprichos* (1799) e *Os Desastres da Guerra* (1810-1820). A maioria dos críticos enxerga *Caprichos* como a incorporação dos melhores ideais do Iluminismo. As caricaturas satíricas de monges, bruxas e demônios sugerem que a humanidade pode ser melhorada através da ciência, que a razão pode erradicar a superstição e o dogma religioso. Na obra *Os Desastres da Guerra*, um comentário sobre a guerra peninsular entre a Espanha e a França napoleônica é, por sua vez, considerada uma crítica magnífica à violência e à brutalidade da guerra, e aos limites da modernidade e do Iluminismo. Finalmente em alguns de seus últimos trabalhos, Goya se voltou para o tema do canibalismo (Licht, 1979).[21] O interesse de Foucault era nas representações da loucura e da insanidade nesses trabalhos como uma experiência liminar. No trabalho de Goya, "a loucura tinha se tornado a possibilidade de o homem abolir tanto o homem como o mundo" (Foucault, 1965, p. 281). Através de Sade e Goya, "o mundo ocidental recebeu a possibilidade de transcender sua razão em violência e de recuperar experiências trágicas além das promessas da dialética" (p. 285).

---

[21] Recentemente, alguns especialistas atribuíram *Os Desastres...* ao filho de Goya, mas a prova é inconclusiva.

O "DESEJO DO PODER" NAS RUAS DE TEERÃ

A preocupação de longa data de Foucault com a experiência de quase morte como um lócus para a criatividade humana encontraria um espírito irmão no desenrolar diário da Revolução Iraniana. Na Pérsia (Irã), os princípios dualísticos da religião antiga de Zoroastro foram primeiramente formulados aproximadamente três mil anos atrás, em torno da luta entre as forças do bem (*Ahura Mazda*) e as forças do mal (*Ahriman*). No Islã xiita iraniano, aspectos da religião persa antiga encontrariam uma nova articulação. Como veremos no capítulo 2, os teólogos xiitas viam uma reencenação dessa luta entre o bem e o mal em uma guerra que ocorreu em 680 E.C. entre dois homens, o santo Hussein (neto do profeta Maomé) e o supostamente mau Yazid, seu rival. A batalha terminou no massacre de Hussein e seus seguidores e o martírio de Hussein, que é comemorado anualmente no mês de Muarrã pelos xiitas no mundo todo.

Em 1978, o aiatolá Ruhollah Khomeini, um clérigo muçulmano asceta conhecido pela sua oposição intransigente a Muhammad Reza Xá Pahlavi (que governou o Irã entre 1941 e 1979), emergiu como o líder do movimento revolucionário. Ele se atribuiu o papel de Hussein e colocava o xá na figura de Yazid. Ele também reencenou o velho épico, que agora vinha combinado com uma retórica poderosa anti-imperialista.[22] A tendência islâmica e até a de muitos esquerdistas iranianos da época compartilhavam alguma coisa do "orientalismo" peculiar de Foucault, no sentido de que eles também privilegiavam um passado idealizado, pré-moderno – o período inicial do Islã – sobre a modernidade. Muitos deles também estavam buscando uma nova forma de espiritualidade política no final do século XX. Os muçulmanos e muitos outros que se juntaram à Revolução Iraniana pareciam acreditar que ao adotarem uma atitude de "liberdade em relação à

---

[22] Para uma discussão da representação visual desses papéis simbólicos, ver Chelkowski e Dabashi (1999).

guerra", ao reconhecerem e se submeterem à finitude e à limitação de sua própria existência humana insignificante, e ao aspirarem a uma causa maior do que si próprios, eles poderiam materializar a existência coletiva autêntica da comunidade iraniana. Foucault foi uma testemunha dessa reencenação de um grande velho épico, em que o "desejo de poder" nietzschiano parecia ganhar ascendência sobre o "desejo de existir" sob opressão.

Como um grande admirador de Nietzsche, Foucault poderia ter sido mais cauteloso com relação ao apoio a uma revolução liderada por um asceta religioso. Em seu *O que Significam Ideais Ascéticos?*, Nietzsche havia dado muitos avisos sobre o ascetismo de padres, que ele considerava "o melhor instrumento para o exercício do poder [e] também a licença suprema para o poder" (Nietzsche, 1967, p. 97). O "grande truque do monge asceta" era a exploração do sentimento de culpa do crente. A vida era uma "estrada errada", e era obrigação do crente corrigi-la seguindo escrupulosamente o seu conselho. Para o monge asceta, a própria vida era uma contradição, uma vez que ele desejava "dominar não alguma coisa *na* vida, e, sim, *acima* da própria vida, acima de suas condições mais profundas, poderosas e básicas". O monge voltava as suas costas para todas as manifestações de beleza e alegria da existência física e abraçava tudo aquilo que negava a vida. Ele celebrava a morte, "automortificação, autoflagelação e autossacrifício" (p. 118). O asceta não era motivado por escrúpulos morais, nem escolhia o seu estilo de vida porque sentia repulsão pelo prazer. A sua capacidade de se controlar, sua poderosa força de vontade, ganhava a admiração e o respeito dos outros. O domínio sobre si mesmo acabava conduzindo ao domínio sobre os outros. Em retrospecto, a essência do ideal asceta de Khomeini não poderia ter sido mais bem descrito. Talvez, porém, Foucault estivesse também impressionado com Khomeini, porque ele foi além do papel de um monge asceta. Khomeini sabia como explorar o sentimento de culpa religioso, o *ressentimento* público, em mais de uma forma.

Ele o fazia com relação às expressões pessoais de arrependimento através da autoflagelação (um ritual básico do islã xiita) e em atos exteriores políticos de autossacrifício revolucionário. Os milhões de crentes que se juntaram a Khomeini nas ruas (muitos dos quais eram estudantes esquerdistas seculares) pareciam exemplificar a "liberdade em relação à morte" heideggeriana, uma vez que buscavam uma vida coletiva mais autêntica.

De algumas maneiras, Khomeini foi a personificação de "desejo de poder" de Nietzsche, uma figura histórica implacável com um autodomínio santo. Ele era um homem que ousava pensar no impensável e convencia milhões de outros a arriscarem a própria vida. Com certeza, ao desencadear a paixão pela morte e o desejo de ir além da vida, Khomeini não estava, de modo algum, advogando uma liberação nietzschiana de paixões, uma que desafiaria a ética dominante judeo-cristão-islâmica a fim de abraçar os prazeres da vida. Mas Khomeini foi capaz de se tornar o líder carismático de milhões que alegremente lançaram "o dado da morte", e colocaram em ação nas ruas do Irã um movimento em que "a vida se sacrifica – em nome do poder" (Nietzsche, 1976, p. 228).

Capítulo 2 | Procissões, Encenações de
Paixão e Ritos de Penitência

FOUCAULT, XIISMO E RITUAIS ANTIGOS CRISTÃOS

Os motivos de dor e sofrimento causados pela injustiça, bem como os rituais que glorificam o martírio, estiveram no coração do xiismo iraniano desde o século XVI.[1] Esses rituais de penitência, contudo, encontraram um significado político novo no curso da Revolução Iraniana, quando o aiatolá Khomeini se apropriou deles para colocá-los a serviço de seu movimento para estabelecer um governo islâmico. No outono de 1978, milhares de pessoas se reuniram nas encenações anti-xá nas ruas de Teerã, vestindo mantos brancos como um sinal de seu desejo de enfrentar a morte. Os manifestantes carregavam fotos de prisioneiros políticos martirizados e entoavam *slogans* exigindo que as mortes deles fossem vingadas. Mesmo as organizações seculares e esquerdistas desse período construíam a sua legitimidade pelo número de mártires que eles haviam dado à causa revolucionária. Muitos jornais do período revolucionário, especialmente aqueles do esquerdista islâmico Mujahedeen Khalq e do marxista-leninista

---

[1] No dia 13 de julho de 2002, uma peça teatral de devoção xiita, ou *Ta'ziyeh*, foi encenada no Lincoln Center em Nova York. A encenação foi precedida por uma conferência que teve um dia inteiro de duração, cujo título era: *Ta'ziyeh: Performing Iran's Living Epic Tradition* [*Ta'ziyeh*: Encenação da Tradição Épica Viva do Irã], na Asia Society and Museum, com estudiosos líderes dos campos da encenação e de estudos iranianos. Este capítulo se beneficiou da encenação e dos relatórios gerados por esse evento.

Fedayeen-i Khalq, apareciam repletos de fotos de jovens mártires que haviam perdido a vida nas prisões do xá.[2]

Os escritos de Foucault sobre as "práticas de si" nas comunidades cristãs antigas fornecem-nos um modo muito útil de compreender o fenômeno da Revolução Iraniana, especificamente sobre a utilização dos muçulmanos das narrativas e práticas rituais xiitas.

Foucault era fascinado pelas encenações em massa que ele testemunhou no Irã, especialmente pelas apropriações muçulmanas dos rituais xiitas para criar aquilo que ele chamou de "espiritualidade política". Nos cantos rítmicos dos manifestantes, a autoflagelação dos manifestantes e a exuberância das multidões que desafiavam a morte – os homens vestidos com camisas negras, as mulheres com véus negros –, Foucault deve ter se lembrado dos rituais nos primórdios do cristianismo. De fato, nos seus escritos posteriores sobre os ritos cristãos ressoavam fortemente algumas práticas do islã xiita. Foucault e o movimento islâmico no Irã pareciam compartilhar três paixões: (1) oposição às políticas imperialistas e colonialistas do Ocidente; (2) rejeição de certos aspectos culturais e sociais da modernidade que haviam transformado os papéis dos sexos e das hierarquias sociais tanto no Oriente como no Ocidente; e (3) fascínio pelo discurso da morte como um caminho em direção à autenticidade e à salvação, um discurso que incluía ritos de penitência e visava a remodelar a si próprio. Foucault reconhecia o fascínio do público iraniano pelos rituais aparentemente arcaicos do Islã xiita. Ele se comoveu com a participação ativa dos clérigos no movimento anti-xá e estava intrigado com o uso de processões religiosas e ritos com fins ostensivamente políticos. Cada vez que os soldados do governo atiravam e

---

[2] Poucos anos depois da revolução, esses mesmos jornais estavam repletos de fotografias dos mártires que tinham perdido a vida nas cadeias da República Islâmica. Mesmo as organizações de estudantes iranianos nos Estados Unidos auferiam a sua legitimidade política em função do número de mártires que eles deram para a causa. Sobre essas questões, ver especialmente Abrahamian (1999).

matavam manifestantes nas ruas, como resposta ocorriam maiores encenações. Como era costumeiro no Irã, novas procissões eram organizadas no quadragésimo dia após as matanças, homenageando os mortos. Foucault captou o enorme fascínio das multidões pela morte e a confiança na liderança religiosa militante que isso implicava. Ele compreendeu que as reuniões religiosas, as procissões e as apresentações teatrais do xiismo, como seus equivalentes no cristianismo, eram cerimônias politicamente impregnadas que forjavam novas formas de solidariedade comunal. O que Foucault viu nas ruas de Teerã pode ter sido, portanto, uma realização de algumas de suas fantasias e desejos.

Apesar de sua familiaridade com a direita fascista europeia, Foucault nunca relacionou a leitura seletiva islâmica da "modernidade", nem a equalização deles da "modernidade" à perda da espiritualidade a invocações políticas semelhantes feitas pela direita na Europa quatro décadas antes. Existem muitos exemplos de tais manipulações políticas na Europa, e uma comparação delas com a experiência iraniana poderia haver desmistificado qualquer noção de que o movimento islâmico e as suas técnicas de propaganda fossem distintivamente um "fenômeno oriental". Talvez a leitura do Irã de Foucault fosse "orientalista" porque ele falhou ao salientar que as narrativas xiitas, como outras tradições inventadas e identidades ao redor das quais comunidades nacionais ou religiosas são formadas, são adequadas a múltiplas leituras (Anderson, 1983). Ao contrário, Foucault fez uma abstração do Islã e do xiismo, nunca explorando o fato de que um grupo de clérigos de oposição e intelectuais havia adotado uma leitura particular do xiismo no curso da revolução. Nem ele prestou atenção ao fato de que a posição de Khomeini "antimodernista" envolvia inovações, bem como invenções, de tradição. O que Foucault testemunhou no Irã foi o resultado de uma versão cuidadosamente deslanchada de xiismo que tinha sido primeiramente desenvolvida nas décadas de 1960 e 1970 como uma resposta à modernização autoritária do governo de Muhammad Reza Xá. Essa foi uma leitura militante e política do xiismo e suas celebrações anuais do Muarrã, uma leitura que para alguns intelectuais islâmicos, como Ali Shariati, também foi influenciada pelos discursos filosóficos ocidentais (Boroujerdi, 1996). Era uma síntese do marxismo ortodoxo, do existencialismo, do heideggerianismo e de uma forma militante do Islã xiita tradicional. Nesse discurso híbrido, os ritos de prece e jejum, e até o cuidado pelos muçulmanos, órfãos e viúvas, foi negligenciado. O "Islã autêntico" foi definido como o desejo de enfrentar o martírio a fim de obter um mundo ostensivamente melhor para os outros.

Neste capítulo, exploramos um único aspecto dos escritos de Foucault sobre o Irã: sua preocupação com os ritos xiitas de martírio na forma do festival, de vários séculos, do Muarrã. Delinearemos três questões: (1) o lugar de Muarrã na cultura iraniana; (2) o uso político de Muarrã pelos muçulmanos em 1978; e (3) os escritos de Foucault sobre o Muarrã e os ritos cristãos de penitência. Começamos com a narrativa central do Islã xiita, a história da Karbala,[3] que é lembrada e reencenada todos os anos no mês de Muarrã.

O PARADIGMA DA KARBALA

Em oposição à maioria do ramo sunita do Islã, a alegação dos xiitas era que após a morte de Maomé (632 E.C.), a liderança da *umma* muçulmana (a comunidade de crentes) deveria ter sido investida na família de Maomé e seus descendentes, começando com o primo de Maomé e genro, Ali Ibn Abu Talib (morto em 661). Em vez disso, após a morte de Maomé, Abu Bakr, seu sogro, se tornou o primeiro califa (governante) da comunidade muçulmana. O governo curto de Abu Bakr (632-634) foi seguido pelo de Umar (que reinou entre 634 e 644) e Uthman (reinou entre 644 e 656). Umar e Uthman foram

---

[3] A frase "o paradigma de Karbala" foi cunhada por Michael Fischer (1980).

ambos assassinados, e os oponentes de Ali o acusaram de ter tido alguma participação no assassinato de Uthman. O conselho tribal, por fim, elegeu Ali como o quarto califa (reinou entre 656 e 661). Após cinco anos como califa, Ali também foi assassinado, e a liderança da comunidade foi transferida para o guerreiro influente Omíada (reinou entre 661 e 680), um membro da família proeminente Omíada e do governador da Síria.

Durante o seu reinado de vinte anos, Omíada construiu um império, combateu os bizantinos e desenvolveu um exército enorme e disciplinado. A inimizade entre o clã da família de Maomé e o clã da família dos Omíadas era profunda. Omíada havia se oposto ao Profeta até que praticamente todo mundo em Meca já tinha se convertido à nova fé. Ele, então, recuou e se juntou a Maomé como seu secretário. Omíada havia sido também um forte inimigo de Ali e o culpou pelo assassinato de Uthman.

Omíada queria manter a liderança na sua família. Ele concluiu um pacto com o primeiro filho de Ali Hassan (morto em 670), que se retirou da política.

Mas após a morte de Omíada, o segundo filho de Ali, Hussein, resolveu fazer valer a sua alegação e desafiou o filho de Omíada, Yazid, que estava preparado para se tornar o sexto califa. Hussein contou com o apoio dos residentes da cidade de Kufah (hoje no sul do Iraque), onde seu pai, Ali, havia governado como califa e onde os exércitos árabes que tinham sido enviados ao leste para conquistar o Irã estavam aquartelados (Richard, 1995, p. 28). De acordo com a lenda, Hussein, com 72 seguidores e suas famílias, se dirigiu rumo a Kufah. O mais politicamente influente Yazid conquistou para si o apoio da liderança de Kufah e forçou Hussein e a sua comitiva a acamparem fora da cidade no deserto de Karbala. Liderado por 'Umar Ibn Sa'ad, o exército de Yazid cercou o acampamento, cortando o seu acesso às águas do próximo rio Eufrates. O cerco durou dez dias. No décimo dia de Muarrã (10 de outubro de 680 E.C.), comemorado pelos xiitas como o dia de lamentação *Ashura*, o exército de Yazid massacrou Hussein e seus seguidores. As mulheres e crianças foram vendidas como escravas. Yazid, então, assumiu o poder como o califa, governando a partir de Damasco de 680 a 683.

Os seguidores de Hussein, conhecidos como xiitas Ali (O Partido de Ali), se recusaram a reconhecer os Omíadas como os califas legítimos. Nos séculos que se seguiram, a Karbala se tornou um ponto de peregrinação para os xiitas ao redor do mundo e mais tarde também um centro de ensino teológico. As doutrinas xiitas incluíam todas as crenças principais do Islã, como a unicidade de Deus, o reconhecimento de Maomé como um mensageiro de Deus, a ressurreição dos mortos no Dia do Juízo Final e a crença na justiça de Deus. Mas os xiitas também alegam que os descendentes diretos de Maomé são designados por Deus como os líderes verdadeiros da comunidade (Momen, 1985, p. 176-77). Na religião oficial do Irã, chamada de Xiismo dos Doze Imames, o termo imame é reservado a Ali, seus dois filhos, Hassan e Hussein, e aos subsequentes nove descendentes do clã de Ali, que se tornaram líderes da comunidade xiita. Os Quatorze Muito Puros – o Profeta Maomé, sua filha Fátima e os doze imames que o sucederam – são também considerados infalíveis (Richard, 1995, p. 6).

Os xiitas dos Doze Imames alegam que os inimigos e grupos rivais assassinaram os primeiros onze imames e que o décimo segundo imame teve que se esconder em 874 E.C. Ele reaparecerá no final do mundo com o Mahdi (ou seja, o messias/o prometido), declarará o juízo de Deus e reinstalará a justiça.[4] Um grande número de feriados no calendário xiita é devotado às comemorações dos imames martirizados, cujas histórias são contadas em sermões inumeráveis. Enquanto nem todos os xiitas seguem a linha dos Doze Imames da sucessão dos imames, no Irã, Líbano, sul do Iraque, Bahrein, Kuwait,

---

[4] Os xiitas do Irã também se referem aos líderes designados das preces de sextas-feiras como imame *jom'eh*. No Islã sunita, o termo imame é usado mais rotineiramente e pode se referir a qualquer alto clérigo (Richard, 1995, p. 27-29).

Paquistão e partes do Afeganistão e Índia, o aniversário do martírio de Hussein permanece como o evento cerimonial mais importante do ano dentre as várias denominações xiitas.

O xiismo dos Doze Imames não se tornou a religião oficial do Irã até a dinastia Safávida (1501-1722), quando as dissensões sunitas-xiitas ajudaram a estimular conflitos políticos e militares entre os otomanos sunitas e os safávidas xiitas. O fundador da dinastia safávida, xá Isma'il (1501-1524), alegou ser um descendente do sétimo imame xiita, bem como um representante do Imame Escondido, em uma época em que poucos iranianos proeminentes eram seguidores do xiismo. Seu sucessor, xá Tahmasb (1524-1576), fez muito para encorajar uma interpretação ortodoxa do xiismo dos Doze Imames. Os clérigos conhecidos como *mujtahids* ganharam o direito de interpretar o Corão e a *shariat* (a lei islâmica), ao passo que os centros de ensino xiitas no Iraque atual ganharam o direito de nomear os líderes das preces comunais em todas as cidades e aldeias. Eles abertamente amaldiçoaram os primeiros três califas muçulmanos e perseguiram os sunitas. Essas ações levaram, por sua vez, à perseguição dos xiitas em Meca e em Medina pelos muçulmanos sunitas. Os safávidas conquistaram os templos xiitas de Najaf e Karbala (Iraque), uma vitória política com imenso valor simbólico, e expandiram os templos xiitas em Qom e Mashhad dentro do Irã.

Muitos dos rituais mais sangrentos de Muarrã (ferimentos na testa com facas e espadas ou queimando o corpo) foram gradualmente introduzidos nos séculos XVI e início do XVII. Sob o xá Abbas I (reinou de 1588 a 1629), os ritos do mês de Muarrã se tornaram elaborados festivais civis e religiosos que também tomaram emprestadas algumas tradições das velhas cerimônias persas de ano-novo *Now Rouz* que haviam se originado no Irã pré-islâmico. O xá Abbas encorajou "encenações de gladiadores", uma forma de luta de facções entre gangues rivais, como parte das festividades. Dessa forma, o descontentamento sociopolítico entre as entidades corporativas, como artesãos, membros de guildas e grupos étnicos, era canalizado para esses espetáculos públicos controlados. A anexação de Najaf e Karbala, bem como a reconstrução dos templos de Qom e Mashhad, criou novos espaços públicos, os quais foram usados para corridas de cavalo, polo, desfiles militares, lutas de animais e execuções públicas, bem como ritos religiosos (Calmard, 1996, p. 164). Na época do xá Suleiman I (reinou de 1666 a 1694), as características espetaculares das cerimônias do mês de Muarrã alcançaram o ponto em que os "festivais tendiam a mudar de assembleias de pura devoção ao entretenimento público em que encenações de influência social faziam parte do *show*" (Calmard, 1996, p. 158).

Em 1687, Muhammad Baqir Majlisi, um teólogo líder e autor de numerosos trabalhos em persa e árabe, se tornou o poder por trás do trono do sultão puritano Hussein Xá (reinou de 1694 a 1722). Majlisi suprimiu todas as tendências sufi e filosóficas dentro do Islã xiita e sancionou a perseguição implacável aos sunitas. Ele propagou uma leitura dogmática e legalista do xiismo dos Doze Imames e enfatizou o papel dos imames como "mediadores e intercessores entre o homem e Deus" (Momen, 1985, p. 117). Essa nova interpretação visava a transferir a devoção pública da mística sufi aos doze imames xiitas. Um édito de 1695 proibiu todas as atividades não aprovadas pelo *shariat*. Os vinhos das bodegas da corte real foram destruídos, e cafés foram fechados. Música, dança, jogos de azar, gamão, xadrez, ópio e ervas que induziam alucinações se tornaram ilegais. O xá também baniu muitas práticas previamente aceitáveis para as mulheres. Dali para a frente, por exemplo, as mulheres não podiam sair às ruas a não ser que tivessem uma razão válida e legítima: "Elas só deveriam caminhar em jardins e em vias públicas na presença exclusiva de seus maridos. Elas não deveriam participar de reuniões públicas (*ma'rika*). Elas somente poderiam sair de seus haréns privados mediante permissão de seus maridos ou de seus guardiães masculinos legais" (Babayan, 1996, p. 117-18).

Majlisi foi o primeiro teólogo importante a traduzir para o persa uma grande série de livros e manuais da teologia xiita, história e ritos, em vez de deixá-los em arábico, a linguagem do Corão. Ele também encorajou a viagem aos templos e sítios de peregrinação, como a Karbala, uma atividade que a expansão do Império Safávida tinha tornado possível. Ambas as medidas difundiram o xiismo e seus rituais muito além da região (Taremi, 1996, p. 98; Browne, 1956, vol. 4, p. 404). Hoje, membros das várias denominações xiitas representam algo em torno de cem milhões de pessoas e equivalem a mais ou menos 10% da população muçulmana mundial.

UMA GENEALOGIA DOS RITOS DO MÊS DE MUARRÃ

Os conceitos gêmeos de *jihad* (em sua definição ampla, indo de lutar por uma melhoria religiosa pessoal à guerra santa na defesa e expansão da fé) e a *shahadat* (o martírio) aparecem no Corão (sura 5, verso 35; sura 25, verso 52). Há também um grande corpo de literatura sobre as condições e circunstâncias sob as quais a *jihad* (em sua definição estreita de guerra santa) é requerida e o martírio é encorajado (Abedi e Legenhausen, 1986). No xiismo, porém, por causa da narrativa central de Muarrã, os temas de martírio e usurpação injusta do poder por governantes laicos são, ainda, mais pronunciados do que no Islã sunita.

Os xiitas iranianos devotos comemoram e reencenam os eventos da Karbala e o martírio de Hussein e Ali em três modos. Primeiro, há uma narrativa dramática da vida e o sofrimento dos santos, o *rowzeh khvani*. Este é um encontro social de parentes, vizinhos e membros da guilda no jardim da casa de alguém. Um *mullah* (no *hall* dos homens) ou uma *mullah baki* (no *hall* das mulheres) recita a tragédia de Hussein ou lamenta os eventos da Karbala, usando passagens de um livro do século XVI, conhecido como *The Garden of the Martyrs*.[5]

---

[5] *The Garden of the Martyrs* (*Rowzat al-Shohada*) foi o primeiro desses relatos em língua persa e foi escrito por Va'ez Kashefi (d. 1504/1505), que era, na realidade, um muçulmano sunita (Momen, 1985, p. 118-19).

A audiência lamenta e chora em memória de Ali e Hussein. Enquanto isso, o anfitrião serve chá e café, e algumas vezes são servidas algumas rodadas de água. Por fim, os convidados são entretidos com um banquete generoso.

Em segundo lugar, os xiitas iranianos comemoram os eventos de Karbala através de um *sinehzani* público, um ritual predominantemente masculino de autoflagelação e lamentação.[6] Trata-se de uma procissão funeral em que os participantes, vestidos de negro, marcham através das ruas e bazares durante os dez dias do mês de Muarrã. À frente da procissão fica um caixão ou uma efígie encoberta representando o imame martirizado Hussein. Os homens cantam elegias e batem nos peitos e nas costas ritmicamente, na maioria das vezes com correntes, paus ou espadas. Essas procissões também incluem elementos festivos, que ajudam a compreender a enorme popularidade e a resiliência desses ritos.[7]

O terceiro é a encenação teatral conhecida pelo nome de *Ta'ziyeh*, que é semelhante às encenações da paixão de Cristo, tendo sido influenciada por elas. É uma representação teatral dos eventos de Karbala. *Ta'ziyeh* é uma das formas mais antigas de teatro na região, e os cidadãos comuns ansiosamente esperam pelas encenações anuais. Essa encenação altamente melodramática, que é uma fusão das primeiras duas tradições anteriormente mencionadas com as tradições teatrais europeias, é feita por grupos locais através do país perante audiências maiores. As encenações destacam o sofrimento do

---

[6] Autoflagelação em público, com correntes e outros instrumentos afiados que tiram sangue, é uma tradição exclusivamente masculina. As mulheres batem nos peitos ritmicamente, em locais internos de reunião chamados de *rowzeh khvani*, na época das comemorações de Muarrã, porém, o derramamento de sangue delas é abominado (Hegland, 1983).

[7] Para ver a melhor discussão desses rituais no Irã, ver Chelkowski (1979). Para um tratamento do Muarrã na Índia, ver Pinault (1992). Para uma discussão fascinante da evolução das procissões de Muarrã que passaram a ser os festivais "Hosay" em Trinidad, ver Thaiss (1994).

entourage de Hussein, especialmente o das mulheres e o das crianças, no dia de Ashura. O narrador e os atores descrevem com muitos detalhes a sede da comunidade cercada no calor do deserto de Karbala e a trapaça de Yazid, que escolheu a tarde de sexta-feira, o período da prece comunal muçulmana, para assassinar seus rivais. A audiência chora amargamente durante as últimas cenas da peça e é lembrada da traição e culpa da comunidade de Kufah, que não ficou do lado de seu salvador Hussein, permitindo, dessa forma, que o tirano Yazid pudesse cometer o seu feito covarde. Esses rituais de Muarrã, muito mais do que uma crença única ou dogma, definem as comunidades xiitas (Halm, 1997, p. 41; Mahjub, 1979, p. 142; Momen, 1985, p. 240; Fischer, 1980).

A maioria dos estudiosos acredita que os rituais de Muarrã têm origem pré-islâmica. O antropólogo William Beeman argumenta que são semelhantes àqueles que marcam a morte de Dionísio na Grécia Antiga, ou Osíris no Egito Antigo, que simbolizam a renovação e renascimento cósmico. Muarrã também remonta aos rituais mesopotâmicos antigos, que contribuíram para o nascimento de tradições similares no maniqueísmo, judaísmo ou cristianismo (Beeman, 1979). O ritual das lamentações, choro e autoflagelação é praticado em todas essas religiões como um meio de purificar o corpo e toda a comunidade (Halm, 1997, p. 41-85). O historiador Ehsan Yarshater apoia a teoria de uma origem pré-islâmica iraniana para esses rituais, especialmente na história mítica de *Siyavosh*, filho de *Key Kavus*. Essa história é recontada no épico persa *Shahnameh* (Livro dos Reis), a obra-prima de 1010 E.C., que é uma compilação de muitas histórias épicas antigas e marca o fundamento da literatura nacional iraniana. Tal como Hussein, *Siyavosh* tinha 72 companheiros. O rei de Turan o assassinou, com o seu *entourage*. Em partes do Irã, a celebração da *Ashura* ainda é chamada de *Suvashun*, em função de *Siyavosh* (Yarshater, 1979; Curtis, 1993, p. 74-75; Abedi e Legenhausen, 1986, p. 228). Mahmoud Ayoub escreve que a *Ashura* pode ter sido, originalmente, um dia de celebração, em que se comemorava o "dia em que Deus perdoou Adão" ou o dia em que "Deus aceitou o arrependimento de Davi", uma vez que existem referências a tradições que o consideram o "dia de alegria e festividade". Ayoub também sugere uma origem judaica possível pelo feriado de *Yom Kippur* (Ayoub, 1988, p. 258-59).[8]

No Irã, a reencenação dos eventos de Karbala como uma peça teatral tem tido sua origem identificada no século XVI. Em meados do século XVIII, os rituais de lamentação haviam se desenvolvido em novas formas de peças teatrais. No século XIX, numerosas guildas de atores e artistas foram organizadas com o apoio da corte real e da elite (Chelkowski, 1991, p. 214). Diplomatas europeus e estudiosos que observaram as encenações frequentemente ficavam muito impressionados. O diplomata francês Joseph-Arthur de Gobineau viajou ao Irã duas vezes entre 1855 e 1863. O autor do notório *Essai sur l'Inegalite dês Races Humaines* (1854) achou *Ta'ziyeh* uma peça teatral altamente criativa, superior ao teatro romano e ao moderno teatro europeu. Gobineau ficou particularmente comovido porque o *Ta'ziyeh* atingia uma audiência de massa, ao passo que o teatro contemporâneo europeu somente atraía um pequeno grupo de elite (Manafzadeh, 1991, p. 317). O diplomata britânico do final do século XIX Sir Lewis Pelly também ficou igualmente encantado com a recepção pública do *Ta'ziyeh*: "Se o sucesso do drama tiver que ser medido pelos efeitos que ele produz nas pessoas para as quais é composto, ou sobre as audiências perante as quais é representado, nenhuma peça jamais ultrapassou a tragédia conhecida no mundo muçulmano como a de Hassan e Hussein" (1970, p. iii). No final do século XIX, Naser al-Din Xá (reinou de 1948 a 1996) construiu um grande teatro, conhecido como *Takyeh*, para as

---

[8] O primeiro mês do calendário judeu é chamado de Tishri, e o décimo dia desse mês é chamado de Yom Kippur, um dia de observância e jejum. O décimo dia do primeiro mês do calendário muçulmano (Muarrã) é chamado de Ashura; daí a sugestão de que haja uma origem judaica para o feriado muçulmano xiita.

encenações de *Ta'ziyeh*. Havia, talvez, pelo menos trinta outros *takyehs* em Teerã e cada um acomodava cerca de mil pessoas. Portanto, multidões muito grandes, até mesmo pelos padrões correntes, atendiam às encenações anuais Ta'ziyeh (Khaki, 1991, p. 256).

O Reza Xá Pahlavi (reinou de 1925 a 1941), que tentou secularizar e modernizar a nação, proibiu muitos rituais de Muarrã, incluindo as procissões marcadas pela autoflagelação e automutilação. Ocorre, porém, que o público nunca realmente abandonou as cerimônias, incluindo as encenações de *Ta'ziyeh*. Em 1941, quando a Grã-Bretanha e a Rússia forçaram o xá a abdicar, esses rituais foram revividos, ainda que em formas menos elaboradas. A publicação da obra *Theater in Iran* (1965), de Bahram Bayza, atraiu as comunidades acadêmicas e artísticas do Irã para as encenações de paixão de *Ta'ziyeh*. Em 1976, no festival de artes de Shiraz, que foi patrocinado pela corte real, *Ta'ziyeh* se transformou em uma experiência teatral da elite e foi abraçado pelas comunidades literárias e artísticas do Irã, mesmo o governo tendo continuado a desencorajar encenações locais (Ghafary, 1991).

MUARRÃ E AS PRÁTICAS DE SI

Os eventos do Muarrã e os rituais que o acompanhavam no mês de *Safar*, bem como as procissões de lamentações do mês de *Ramadã* no aniversário do martírio de Ali, ocupam aproximadamente dois meses de todos os anos. Nesse período, as mensagens subliminares de Muarrã são esculpidas nos corações e nas mentes dos participantes, auxiliando a moldar sua visão de mundo. Muito do apelo do *Ta'ziyeh* reside nas ligações físicas, espirituais e emocionais forjadas entre os atores e a audiência, bem como entre os membros da audiência. Hussein Esma'ili descreve os modos pelos quais todos os sentidos são invocados e engajados, tanto nas procissões de lamentações como nas encenações nos teatros de *takyeh*. O cheiro de água de rosa, ramos de arruda (para evitar o mau olhado) e incenso se misturam com a fumaça do tabaco dos canos de água e suor das multidões apertadas. A comida é uma parte importante das festividades, e o compartilhamento da comida faz parte do ritual. O aroma dos quibebes suculentos preparados no carvão incandescente se mistura com a doce fragrância do pudim de arroz com açafrão, o xarope de cereja fermentada e o chá de cardamomo que são servidos constantemente. Os sons dos vários instrumentos musicais – tambores, tamborins, trompetes, cornetas e flautas – enchem o ar, com os cantos e cantorias dos artistas (Esma'ili, 1991). O *Ta'ziyeh* é baseado em material literário na origem e embelezado por coloquialismos. Os heróis cantam, enquanto os vilões falam e todo o roteiro do *Ta'ziyeh* é rimado (Elwell-Sutton, 1979).

As festividades também atraem os olhos. As decorações de cristal, as luzes brilhantes, os figurinos suntuosos e adereços fascinam tanto os jovens como os velhos. Os protagonistas estão vestidos de verde e preto, as cores do Islã; os antagonistas estão vestidos de vermelho, a cor do sangue e da paixão. Os anjos de Deus possuem asas nas costas; os demônios seguram maças com cravos. Os imames portam rosários de preces e acenam com cópias do Corão, enquanto Yazid e seus comparsas seguram taças simbólicas de vinho (proibido pelo Islã) nas mãos, sugerindo as suas más intenções. O espetáculo é especialmente animado para as crianças. Alguns atores galopam ao redor da plataforma em cavalos ágeis, outros se vestem de animais (frequentemente um leão). Tem também muita palhaçada, e muitas das peças de *Ta'ziyehs* incluem comédias grotescas e histórias épicas com pouca conexão com a história de Karbala.

O teatro *Ta'ziyeh* continuamente transgride as fronteiras temporais e espaciais dos mundos real e imaginário.[9] Esse artifício dramático,

---

[9] Quando os atores se movem no palco em linha reta, eles estão encenando em tempo real, mas quando circulam pela plataforma (frequentemente montados em cavalos), viajam longas distâncias (Beeman, 2002).

conhecido como *goriz* (diversão), permite que os atores encenem uma peça dentro de outra peça. Hussein pode viajar à Índia para ajudar um rei local pouco antes de sua morte. E os fantasmas dos primeiros profetas bíblicos aparecem e dão a ele as "boas novas" de que ele logo se tornará um mártir. Peter Chelkowski, o acadêmico mais importante do teatro *Ta'ziyeh*, escreve que nenhuma época ou local é real ou definido. O que acontece no ano 61 da era muçulmana (680 E.C.), nos campos de batalha de Karbala, torna-se uma realidade hoje: "O *Ta'ziyeh* rompe as barreiras de tempo e espaço". O passado e o presente se encontram, e a "audiência está tanto aqui como no deserto de Karbala" (Chelkowski, 1991, p. 220). De acordo com o bem conhecido dramaturgo Peter Brook:

> Vi em uma aldeia iraniana remota uma das coisas mais fortes que já presenciei no teatro: um grupo de quatrocentos aldeões, a população inteira do local, sentado sob uma árvore e passando de explosões de gargalhadas direto para o choro – ainda que eles todos soubessem perfeitamente qual seria o final da história –, enquanto eles presenciavam [Hussein] sob o perigo de ser assassinado, e então enganando os seus inimigos, e depois sendo martirizado. E quando ele foi martirizado, o teatro se tornou uma verdade – não havia diferença entre passado e presente. Um evento que foi contado como tendo acontecido na história há 1300 anos, de fato se tornou uma realidade naquele momento (apud Chelkowski e Dabashi, 1999, p. 80).

Yann Richards conduz o nosso olhar para a multidão e as procissões de lamentações nas ruas. Ele escreve sobre os jovens barbados, vestidos de negro, muitos com mantos brancos a fim de mostrar o desejo de morrer. Alguns esfregam sujeira nas testas, indicando a ansiedade em serem enterrados por Hussein. Eles golpeiam os peitos ritmicamente, algumas vezes com uma pequena corrente, cortam os escalpos em momentos de frenesi e parecem ignorar qualquer sentido de dor. Na frente da procissão, que se move lentamente através das ruas sinuosas, há um emblema grande, pesado, decorado, de metal.

De tempos em tempos, os jovens que carregam o pesado símbolo param e executam feitos acrobáticos ousados com ele. Eles escalam a sua parte superior, batem com o umbigo nele e tentam impressionar as mulheres jovens (e homens) na multidão, que lhes assistem com grande ânimo e admiração (Richard, 1995, p. 97-99).

Os rituais do mês de Muarrã rotineiramente transgridem as barreiras do sexo. As comemorações de Muarrã têm sido uma ocasião para que indivíduos que não sejam parentes do sexo oposto se encontrem em público (Calmard, 1996, p. 170).[10] Nas semanas que precedem as procissões Muarrã, muitos homens jovens frequentam as academias tradicionais de musculação. As mulheres jovens frequentemente enviam propostas de casamento para líderes bonitos de procissão.[11] Em uma sociedade em que a acusação de feminilidade é uma grande afronta aos homens, os atores do teatro *Ta'ziyeh*, incluindo muitos amadores, se vestem de mulheres de bom grado e desempenham os papéis femininos (Chelkowski, 1991).[12] Uma energia sexual não mencionada, porém claramente palpável, é liberada nas ruas. Richard relata:

---

[10] Mari Hegland descreve a situação em Peshawar, Paquistão, onde as mulheres xiitas eram incapazes de demonstrar resistência através de um discurso verbal direto, mas "elas desenvolveram e expressaram a sua resistência às restrições ao sexo feminino implicitamente através do corpo e especificamente mediante o seu engajamento em atividade de ritual". Dessa forma, "as mulheres formaram, transformaram e sutilmente contestaram a significação, a identidade e as restrições ao sexo feminino" (Hegland, 1998, p. 242, 252).

[11] Nossos agradecimentos a Ahmad Sadri por essa informação.

[12] No período Qajar, meninas abaixo da idade da maioridade receberam certos papéis menores na peça. A princesa Qamar al-Saltaneh e outras mulheres de elite do harém patrocinavam as encenações do *Ta'ziyeh*, na qual as mulheres desempenharam papéis de liderança, e eunucos tocavam os instrumentos musicais. As personagens femininas apareciam sem o véu nessas encenações "somente para mulheres"; elas portavam espadas e andavam a cavalo, e também encenavam os "personagens masculinos principais fantasiados e com barba postiça" (Mottahedeh, 2002).

Todos os meus informantes confirmam que Ashura é um dia de carinhos afetuosos furtivos e flertes. Subitamente toda a natureza sexual desse festival da morte me atinge. O poste do emblema majestático apoiado na barriga e levantado aos céus para ser exibido à visão das mulheres [e homens]; a exibição de virilidade de macho para atrair compaixão e admiração; a doçura dos xaropes, o afeto dos olhares roubados, de amor por Hussein e seus companheiros; o ritmo enfeitiçador das procissões, geralmente em flagelações cadenciadas quatro vezes três flagelações e uma pausa, ou três flagelações balançadas ligeiramente e um passo adiante é mais como uma dança do que uma marcha fúnebre; e o chicote e as pequenas correntes que os homens brandem para ferir os ombros subitamente se assemelham aos cachecóis multicoloridos que as mulheres tribais acenam sobre as cabeças enquanto dançam ligeiramente em seus trajes mais finos de casamento (Richard, 1995, p. 99-100).[13]

Os rituais xiitas de lamentação também desempenham um papel psicológico crucial. Em uma cultura em que livrar a cara e esconder as falhas de alguém são costumes sociais importantes, os pesares e lamentos comunais fornecem alívio psicológico importante. A participação nos encontros de *rowzeh khvani* é uma forma aceitável de se expressar pesar. Um relato recente de um desses encontros, mantido no aniversário do martírio de Ali (no décimo nono dia do mês de Ramadã), indica como esse encontro social rotineiro pode renovar a identidade religiosa e agir como catarse:

> Em um apartamento bem localizado de Teerã, cerca de 60 mulheres, vestidas dos pés à cabeça de negro, se sentam no chão, olhando na direção de Meca. Uma cantora nênia... lamenta em um microfone. Ela pediu às mulheres que colocassem pequenos exemplares do Corão sobre as cabeças e pede a Ali que atenda aos seus desejos. Elas fecham os olhos e erguem as mãos ao ar como se o estivessem convocando. Então a cantora começa a pressionar os botões. Ela conta a história de Zainab, a filha

---

[13] Muitos líderes religiosos criticam atos excessivamente zelosos de autoflagelação. Para as razões do clero para a sanção de tais rituais, ver Mahjub (1979, p. 151).

de Ali, vendo-o morrer: "A filha está olhando seu pai que está morrendo, cujos olhos estão se tornando opacos, ele está morrendo, esta é Zainab, que está presenciando a morte de seu pai e que está limpando a cabeça ferida de seu pai, ela está dizendo baba, baba, pai, pai, fale comigo, abra os olhos e fale comigo". Uma mulher, a seguir duas, então dúzias começam a chorar, como se o que estivesse sendo descrito fosse a morte de seus próprios pais. "Todos chorem, chorem", a cantora pede. "Se vocês não verterem lágrimas suficientes, seus pecados não serão perdoados." As mulheres choraram como se a vida delas após a morte dependesse disso. Caixas de lenços de papel circulavam pela sala. As preces terminaram em um ritmo, e as mulheres começaram a bater nos peitos para acompanhá-lo. Eram 1h30 da madrugada e ainda houve diversas horas mais de preces e choros antes que as mulheres pudessem atacar uma mesa que as esperava cheia de comida (Waldman, 2001, p. A5).

Esses rituais de penitência eram endereçados às necessidades espirituais dos crentes de uma forma muito concreta. Ao se apelar a Hussein e à sua família, pode-se esperar pela rápida solução de seus problemas. Como Mari Hegland argumentou de forma semelhante, a figura do imame Hussein serviu como "um intercessor entre Deus e os seres humanos".[14] O martírio de Hussein concede-lhe um lugar especial na hierarquia celestial. Ele é abençoado com o poder santificado de perdoar os pecados e atender aos desejos dos crentes, não importando o quão mundanos eles possam ser.

FOUCAULT NO DISCURSO DA MORTE E OS RITUAIS CRISTÃOS DA CONFISSÃO

No outono de 1978, durante os estágios iniciais da Revolução Iraniana, uma variedade de estudantes nacionalistas e esquerdistas

---

[14] Hegland também observa que no curso da Revolução Iraniana essa interpretação de Hussein como "intercessor" perdeu chão para outra que via Hussein como um "exemplo" de coragem, bravura e desafio à morte (Hegland, 1983, p. 221).

se juntou aos muçulmanos em fortes demonstrações contra o regime. Logo, porém, a ala islâmica dominou o movimento. O esforço contra o xá foi feito como uma reencenação da batalha histórica entre Hussein e Yazid, e as demandas ostensivamente nacionalistas e esquerdistas de muitos dos manifestantes foram articuladas em uma vestimenta religiosa e através dos rituais do mês de Muarrã. Em nome da unidade nacional, os muçulmanos assumiram o controle de todos os *slogans* revolucionários e exigiram que as mulheres mais seculares vestissem o véu como uma expressão de solidariedade para com as mais tradicionais.

Foucault comparou as reencenações políticas dos rituais xiitas feitas pelos islâmicos durante a Revolução Iraniana de 1978 a 1979 aos ritos cristãos europeus de penitência:

> Em 2 de dezembro, as celebrações Muarrã começarão. A morte do imame Hussein será celebrada. É um grande ritual de penitência (há pouco tempo, era possível ainda ver os participantes se autoflagelando). Mas o sentimento de pecado que nos lembraria do cristianismo está indissoluvelmente ligado à exaltação do martírio em nome de uma boa causa. É a hora em que as multidões estão prontas para avançar em direção à morte na intoxicação do sacrifício. Durante esses dias, o povo xiita se torna enamorado ao extremo ("A Revolta no Irã se Espalha em Fitas Cassete", Ap., p. 351).

Foucault, que pessoalmente tinha observado as demonstrações anti-xá, estava fascinado pela nova atitude das massas nas ruas com relação à morte. Para ele, os xiitas iranianos tinham um "regime de verdade" diferente, uma atitude inteiramente diversa em relação à vida e à morte. Isso os colocava longe da lógica do Ocidente moderno.

Foucault estava interessado tanto nas manifestações festivas dos rituais de lamentação como em seu poder de cura. Durante uma visita a um templo de um imame, ele escreveu:

> Em volta do mausoléu há muita correria e empurrões. O europeu está provavelmente errado ao buscar discernir que parte é feira de rua e que

parte é devoção. O presente monarca tentou, de fato, canalizar para si um pouco dessa corrente. Muito próximo daqui ele erigiu o túmulo de seu próprio pai. O pai, Reza Xá, também projetou uma grande avenida e desenhou plataformas de concreto onde antes só havia hortas. Ele fez festas e recebeu delegações estrangeiras, tudo por nada, pois na rivalidade entre os mortos, o tataraneto do imame ganha, todas as sextas-feiras, do pai do rei ("Teerã: A Fé contra o Xá", Ap., p. 322).

Foucault estava também intrigado com o relacionamento entre o discurso do martírio e a nova forma de espiritualidade política à qual os muçulmanos aspiravam. Ele achava que o mundo ocidental havia abandonado essa forma de espiritualidade desde a Revolução Francesa. No Cemitério Paraíso de Zahra, o maior próximo de Teerã, debates políticos rotineiramente eram seguidos de rituais de lamentação.

Para Foucault, parecia que o xiismo tinha uma abordagem diferente para com a morte. Ela não era vista como um fim, mas simplesmente como um estágio a mais no drama da vida. Em uma conversação imaginária com um sociólogo iraniano, ele resumiu esta visão de mundo:

> O que preocupa vocês, ocidentais, é a *morte*. Vocês lhe pedem que os retire da vida, e ela ensina-lhes como desistir. Já para nós, nós cuidamos dos *mortos*, porque eles nos ligam à vida. Estendemos as mãos a eles para que eles nos liguem à permanente obrigação por justiça. Eles nos falam do que é certo e da luta que é necessária para que o que é certo triunfe ("Teerã: A Fé contra o Xá", Ap., p. 325).

Foucault temia que os historiadores futuros reduzissem a Revolução Iraniana a um mero movimento social, com a elite religiosa juntando as massas para tratar de agravos sociais, econômicos e políticos. Essa atitude ignoraria o ponto, ele avisava. A força motriz da Revolução Iraniana era religiosa e cultural, ele sustentava. Isso poderia ser visto na nostalgia pública pelos ritos e discursos do xiismo, tradições que muitos iranianos tinham abandonado em uma assimilação forçada da modernidade. Essa foi uma avaliação correta, pelo menos em parte, mas Foucault também fez a afirmativa altamente questionável de que o discurso islâmico usado no curso da Revolução Iraniana não era uma ideologia e que não "mascarava contradições". Nem era uma "união sagrada" constituída de "interesses políticos divergentes". Saindo de um discurso de imperialismo cultural para um paradigma discursivo mais universal da tirania da modernidade, Foucault argumentava que o discurso xiita era alguma coisa mais intrínseca e não mediado, "o vocabulário, o cerimonial, o drama eterno em que se pode encaixar o drama histórico de um povo que arriscou a própria existência contra a de seu soberano" ("Irã: O Espírito de um Mundo sem Espírito", Ap., p. 409-10).

Nos anos seguintes, após o seu retorno do Irã, e provavelmente sob a influência de sua estada lá, Foucault retornou a esses temas. Diversas declarações espalhadas pelos seus escritos, palestras e entrevistas no início da década de 1980 demonstram seu interesse pelas práticas rituais cristãs iniciais do sujeito, práticas que os crentes adotavam para moldar o próprio pensamento a fim de ganhar um "certo estado de perfeição, de felicidade, de pureza e de poder sobrenatural" (Foucault, 1980, p. 162).

Falando no outono de 1980, Foucault observou que nos primórdios do cristianismo havia dois tipos de confissão, duas práticas para a punição do sujeito. Somente a primeira destas o comovia. Tratava-se da prática da *exomologese*, uma manifestação pública de penitência, que envolvia jejum, vestir roupas esfarrapadas, despindo o peito, despejando cinzas sobre a cabeça e arranhar o próprio corpo. Os penitentes tinham que "provar o seu sofrimento e mostrar a sua vergonha, tornar visível a sua humildade e exibir a sua modéstia". Dizia-se a verdade, não pela confissão verbal de um pecado, porém mediante o jejum, a automutilação e diversas outras formas de manifestação pública de pesar. Não havia uma enunciação verbal nesse ritual particular e nenhuma análise do pecado por uma autoridade maior. A confissão não envolvia reprodução gráfica do que se havia feito ou a concentração nos detalhes das transgressões corporais, familiares ou religiosas. Tal como um banho de limpeza, esse método de confissão apagava o pecado da pele da pessoa e "reinstalava a pureza prévia". O pecador havia cometido um tipo de suicídio espiritual. Portanto, o seu arrependimento era "a representação teatral do pecador, que desejava a sua própria morte como um pecador". Tratava-se de uma autorrenúncia muito dramática: "A exomologese obedecia a uma lei de ênfase dramática e de teatralidade máxima". O pecador expressava um senso de "martírio ao qual tudo seria testemunhado" e através desse ato, reinstalado (Foucault, 1980, p. 172-73).

Na semana antes da Páscoa, certos dias eram reservados a esse ritual público e coletivo. Os pecadores se reuniam e agiam em função de seu pesar e vergonha. Foucault cita um relato de São Jerônimo (331-420 E.C.) descrevendo os rituais sofridos por Fabíola, uma mulher nobre romana que tinha casado novamente antes da morte de seu primeiro marido e havia se arrependido desse pecado:

> Durante os dias que precediam a Páscoa, Fabíola era encontrada entre os penitentes. O bispo, os padres, o povo, todos choravam com ela. Seus cabelos despenteados, a face pálida, as mãos sujas, a cabeça coberta com cinzas, ela golpeava o peito nu e a face com a qual havia seduzido seu segundo marido. Ela revelou a todos a sua ferida, e Roma, em lágrimas, contemplava as cicatrizes em seu corpo emaciado (Foucault, 1980, p. 172).

Os Pais da Igreja justificavam esse método de arrependimento usando uma linguagem médica. Os pacientes tinham que mostrar suas feridas ao médico se quisessem ser curados. Mais importante, contudo, era que a Igreja usava o modelo de martírio como justificativa. Os mártires preferiam enfrentar a morte a abandonar a fé: "O pecador abandona a fé a fim de manter a vida aqui embaixo; ele será readmitido somente se, por sua vez, ele se expuser voluntariamente a um tipo de martírio a que todos testemunharão e que é penitência, ou penitência como exomologese" (p. 173). É interessante que Foucault aqui escolhe citar Jerônimo, certamente um dos mais duros Pais da Igreja, cuja teologia incluía a busca e a perseguição dos hereges, bem como aversão às mulheres e à sexualidade de qualquer tipo, mesmo dentro do casamento.

O segundo tipo de confissão cristã, aquela que Foucault não gostava, era o que ele chamava de "uma verbalização analítica e contínua do pensamento" ao padre (Foucault, 1980, p. 179). Um monge era solicitado para controlar todos os seus pensamentos, não apenas as suas ações e feitos, de modo que seu coração, sua alma e seus olhos estivessem puros para receber Deus. Ele conseguia isso confessando tudo ao seu pai espiritual. Ele confessava não apenas seus feitos pecaminosos, mas também pensamentos, sonhos e aspirações. Essa segunda forma de confissão, desenvolvida nas ordens monásticas, era chamada de *exagoreuse*. Foucault acreditava que essa segunda prática era um modelo para as nossas formas modernas de controle disciplinar social, em que os professores e psiquiatras substituíram o monge.

Em ambos os rituais, tinha-se que se sacrificar para aprender a verdade sobre si próprio. Foucault apontava a teologia complexa cristã do sujeito, a noção de que "nenhuma verdade sobre o sujeito [era possível] sem o sacrifício do sujeito" (Foucault, 1980, p. 180). Essa renúncia do sujeito era na carne (que Foucault parece ter preferido e estava possivelmente ligado ao seu interesse no sadomasoquismo como forma de descobrir o sujeito através da dor), ou em palavras que Foucault criticava com as técnicas disciplinares modernas.

A crítica que Foucault fazia à cultura moderna ocidental era a de que ela havia tentado estabelecer uma hermenêutica do sujeito, mas não uma que estivesse baseada nos princípios do cristianismo inicial (ou, poderíamos acrescentar, do islamismo) de sacrifício do sujeito. A moderna hermenêutica do sujeito se baseava em uma *emergência teórica e prática do sujeito*. As práticas médicas e psiquiátricas, a teoria política e filosófica, tudo caminhava nessa direção.

A subjetividade era a raiz de um sujeito positivo. Havia uma tentativa de substituir "a figura positiva do homem pelo sacrifício que para o cristianismo era a condição para a abertura do sujeito como um campo de interpretação indefinida". Foucault achava que isso poderia ter sido um curso de ação errado: "Necessitamos, realmente, desta hermenêutica do sujeito?" (Foucault, 1980, p. 181). Ele sustentava que as práticas modernas do sujeito deveriam, em vez disso, ser modificadas. Foucault sugeria uma revisão da prática da exomologese, do arrependimento corporal, não em sua exata forma medieval, mas através de rituais públicos e privados (não verbais) de autocontrole, um ponto inicial através do qual se poderia refazer a cultura ocidental.[15]

A leitura de Foucault dos ritos cristãos de penitência pode explicar a permanência de rituais de penitência, bem como a sua afinidade com os ritos semelhantes de penitência do Islã xiita. No mês de Muarrã, autoadulação, automutilação e o "desnude da carne e do corpo" não são atos individuais e solitários de arrependimento. Ao contrário, eles ocorrem como parte de um festival coletivo dramático e público. A comunidade se junta nesse drama de arrependimento e representação da morte. A penitência, que é também uma forma de autopurificação e uma renúncia à culpa, é combinada com uma variedade de cerimônias que escravizam o corpo no sentido físico, emocional e espiritual, conduzindo a uma experiência enormemente gratificante. A penitência anual de Muarrã é um tempo para o pecador individual colocar sob os olhos de todo mundo o corpo e a carne que cometeram o pecado, não apenas o pecado histórico da

---

[15] Aqui, como em muitas outras áreas de seu trabalho, Foucault reverte Freud, que considerava a penitência pública um "estágio infantil original da consciência [individual]" e da civilização (Freud, 1989, p. 88). Mas, como mencionado antes, seria errado supor que o projeto de Foucault é inteiramente hostil à psicanálise. Também, o interesse de Foucault em rituais não verbais não se distancia tanto das discussões de Kristeva de semiótica (Kristeva, 1997).

traição de Hussein, mas também o próprio pecado individual, sem a necessidade de uma confissão individual, verbal. Ao chorar por Hussein, ganha-se também a absolvição do Todo-Poderoso de sua própria culpa pessoal.

Os participantes, em encontros religiosos sociais, procissões de rua ou nas encenações do teatro *Ta'ziyeh*, são rotineiramente encorajados a lembrar (mas não articular) seu pecado e pesar individuais.[16] Eles são orientados a comparar as próprias tragédias e perdas na vida ao sofrimento experimentado por Hussein e sua família, e a concluir que a tragédia de Kufah foi muito maior. A peça também se destina a confortar a audiência lembrando-a que a morte repentina acontece até aos melhores de nós e que, portanto, devemos todos estar preparados para aceitar a vontade de Deus. No final da encenação de *Ta'ziyeh*, os membros da audiência confirmam e renovam suas profundas expressões de pesar e culpa com relação aos eventos que eles testemunharam. O desempenho anual, portanto, cria uma sensação de comunidade em que os participantes "ritualmente renovam seu compromisso com uma ordem religiosa e ideológica da qual já são parte integral" (Beeman, 1979, p. 30). O indivíduo é, portanto, envolvido em um ato de confissão pública. Em vez de uma verbalização dos pecados pessoais e defeitos de cada um, trata-se de uma manifestação pública de penitência. Os participantes experimentam uma sensação de salvação e esperança, ao acreditarem que o Todo-Poderoso agora os redimirá como resultado de seus apelos em favor do clã de Hussein.

---

[16] Ao longo da peça, os artistas se comunicam com a audiência. Eles clamam a Deus que interceda em favor daqueles que estão doentes, possuem uma fraqueza, ou que queiram fazer um voto. Frequentemente um dos atores faz circular um saco grande entre os membros da audiência, solicitando-lhes que escrevam seus votos em um pedaço de papel e o depositem no saco (com algum dinheiro). Espera-se que Hussein carregará esses votos a seu Pai após a sua (imaginária) morte na peça.

APROPRIAÇÕES INQUIETANTES DAS ENCENAÇÕES XIITAS E CRISTÃS

O que muitas discussões contemporâneas falham ao mencionar é que a mensagem de Karbala não é apenas sobre adoração e veneração do bem. As peças medievais de paixão na Europa contrastam a pureza, decência e amor de Jesus com as ações diabólicas e maliciosas dos judeus, que eram responsabilizados pela sua morte. Da mesma forma, nas encenações de paixão xiita, as qualidades santas dos líderes xiitas são contrastadas com a conduta antiética e vil dos líderes sunitas iniciais, que supostamente roubaram o manto de liderança injustamente, tomando-o de Hussein e demonstrando não ter misericórdia com relação a sua família, incluindo os infantes.

Os rituais de Muarrã condenam os fundadores da dinastia Omíada e, por consequência, seus seguidores, ou seja, a maioria dos muçulmanos sunitas. Cospe-se nas efígies de palha dos inimigos do clã de Maomé, incluindo o do segundo califa, Umar, que é altamente respeitado no mundo sunita, e depois elas são queimadas. Em partes do Irã, certos dias são designados como os dias "da matança de Umar", a quem os xiitas também veem como um usurpador. Frequentemente a peça inclui um personagem cristão (o embaixador estrangeiro), que assiste ao martírio de Hussein e fica tão comovido que se converte ao Islã. A implicação é clara: os não muçulmanos se converterão ao Islã se forem expostos à verdade de Karbala. A audiência também é informada de que todos os seres celestiais (incluindo o diabo) e todas as pessoas mortas ou vivas (incluindo todos os profetas bíblicos) se ofereceram para salvar Hussein antes de sua morte predestinada. Essas cerimônias e procissões lembram os iranianos não xiitas e não muçulmanos de seu *status* marginal e precário. As procissões frenéticas de Muarrã algumas vezes terminam em violência. Frequentemente, quando duas facções rivais (*dasteh*) que estão encenando o *sinehzani* (os rituais de autoflagelação) se encontram face a face em alguma rua estreita, nenhuma delas cede à outra o direito de passagem. Como resultado, algumas vezes ocorrem explosões violentas, resultando em feridos e mesmo mortos, e as comunidades não xiitas são por vezes aterrorizadas (Mazzoui, 1979, p. 232).

As festividades de Muarrã também dizem respeito à obediência total às autoridades religiosas mais elevadas. Não se trata de um roteiro em que o pai se sacrifica pelo filho, ou que o filho estabelece sua autoridade sobre o pai. Trata-se, ao contrário, como na história de Abraão e seu filho, da criança que é solicitada a dar vida voluntariamente pela glória do pai e, de maneira diferente da história de Abraão, uma criança é sempre martirizada na encenação. A autoridade do patriarca é continuamente relembrada. As mulheres são reconhecidas por dois atributos: elas são as geradoras de mártires (como irmãs, esposas e mães dos homens que morrem) e as vítimas eventuais na peça. As mulheres de Hussein nunca falam, mas Zainab, a irmã de Hussein, é glorificada porque aceita o destino inevitável de seu irmão, ajuda a prepará-lo para a sua última batalha e, no fim, consegue sobreviver para contar a história. A ética e a política de Muarrã, como as camisas negras e os mantos brancos dos pranteadores, não são ambíguas. Hussein e o clã inteiro de Maomé são bons, decentes, éticos e puros, enquanto o inimigo é malvado, impuro, antiético e imoral. Somente um pecador ou um infiel perguntaria se o clã de Hussein tinha justificativa para a sua reivindicação à eterna liderança de toda a comunidade muçulmana pela virtude de seu direito de nascimento.

Nos seus relatos dos rituais cristãos e muçulmanos, as omissões de Foucault são surpreendentes e perturbadoras. Ele pertencia a uma geração que estava bem a par dos usos que os movimentos fascistas tinham feito dos rituais cristãos de martírio e encenação de paixão. Por que não houve nenhuma referência sobre isso em seus escritos sobre o Irã de 1978 a 1979, que foram escritos muito mais tarde e distantes do frenesi do momento revolucionário? Essas omissões são ainda mais surpreendentes, dada a agenda política do khomeinismo, com a sua intolerância em relação às religiões e etnicidades minoritárias, a sua hostilidade para com os esquerdistas "ateus" e seculares, e a sua rejeição pelos direitos das mulheres.

Para os cristãos criados na história da crucificação de Jesus e encenações de paixão correlatas, a história do martírio do imame Hussein soa notavelmente familiar.[17] Se compararmos as encenações do teatro *Ta'ziyeh* com as encenações de paixão mais antigas que sobrevivem na Europa, aquelas que são executadas na aldeia de Oberammergau (Alpes bávaros) desde 1634, encontramos numerosas semelhanças. As encenações de paixão em Oberammergau se centram em Jesus e seus seguidores, enquanto as do *Ta'ziyeh* são centradas em Hussein e seu clã. Jesus é traído por aqueles que inicialmente são leais a ele, enquanto Hussein é traído por aqueles que uma vez haviam sido leais a ele, os habitantes de Kufah. A peça cristã é devotada à "paixão" de Jesus, significando seu sofrimento e morte horrível, exatamente como o *Ta'ziyeh* é devotado ao trágico sofrimento e morte de Hussein e sua família. Uma parte significativa de ambas as histórias lida com pesar, bem como com coragem, das mulheres, seja Maria que chora pela perda de seu filho, ou Zainab, que sobrevive para contar a história do martírio de seu irmão (Pinault, 1998; Humayuni, 1979). Ambas as peças incluem *flashbacks* de histórias do Velho Testamento, como a expulsão de Adão e Eva do Jardim do Éden, o quase sacrifício do filho de Abraão e Moisés, liderando os hebreus no cruzamento do mar vermelho. Como Gordon Mork observa, Jesus não é retratado como um "vingador poderoso". Ao contrário, ele é visto como um "servidor sofredor" de Deus, que permitiu o seu sacrifício para limpar os pecados de todo o mundo" (Mork, 1996, p. 154-55). De maneira semelhante, Michael Fischer sugere que Hussein "tinha que testemunhar pelo Islã

---

[17] Desnecessário dizer, existem também algumas diferenças, uma vez que os cristãos consideram Jesus divino, enquanto os xiitas consideram Hussein um mortal designado por Deus como o líder da comunidade (Browne, 1956, 4, p. 172-94).

e, dessa forma, chocar o povo de volta para a trilha verdadeira, para servir como um exemplo ao longo do tempo de que algumas vezes a morte pode criar um testamento duradouro do qual as pessoas se lembrarão" (1980, p. 72).

As semelhanças entre as encenações de paixão cristãs e muçulmanas incluem a sua apropriação para fins políticos também. Os católicos romanos desempenharam um papel importante em um número de movimentos nacionalistas e democráticos ao redor do mundo, incluindo a cultura opositora do movimento polonês Solidariedade, as greves de fome dos prisioneiros do Exército Republicano Irlandês no Norte da Irlanda e, naturalmente, a teologia da libertação no Caribe e na América Latina. Mas os rituais cristãos, como aqueles do Islã, se destinam a múltiplas leituras, incluindo aquelas que demonizam o "outro". A tentativa de moldar, dar forma e de manipular as encenações de paixão não se limitaram ao Irã do século XX. O fascismo europeu não foi, como algumas vezes supõe-se que seja, inteiramente anticristão ou anticlerical. Os movimentos fascistas húngaros, eslovacos e croatas beberam dos símbolos e rituais cristãos, bem como das crenças cristãs milenares. A Guarda de Ferro e a Legião de São Miguel Arcanjo na Romênia tinham algumas similaridades com os movimentos militantes xiitas do Irã do final do século XX. As organizações fascistas romenas empregavam os padres e as igrejas em seus apelos às massas e extraíam a sua inspiração de ícones religiosos. Também eram caracterizados pelos "extraordinários cultos de sofrimento, sacrifício e martírio" e consideravam seu objetivo final a "ressurreição em Cristo" (Arjomand, 1988, p. 208-09).

Mesmo os nazistas, que glorificavam as tradições germânicas pré-cristãs e eram, de alguma forma, antirreligiosos, perceberam que na ausência de uma herança cultural unificadora, rituais religiosos poderiam ser reapropriados para seus propósitos. Adolf Hitler estava agudamente ciente da mensagem política da encenação de paixão de Oberammergau e encorajava seu partido a usar a encenação para disseminar o antissemitismo. Ele foi assistir a essas encenações duas vezes, em 1930 e em 1934, e declarou que essa encenação era "um tesouro nacional alemão". Ele acrescentou que a encenação tinha que ser mantida viva por causa da sua caracterização dos judeus altamente negativa: "Uma das mais importantes tarefas será a de salvar as gerações futuras de um destino político semelhante e de preservar neles para sempre um conhecimento vigilante quanto à ameaça do judaísmo. Por essa razão apenas, é vital que a encenação da paixão seja continuada em Oberammergau" (Hitler, 1953, p. 457). Em 1939, o ministro da propaganda nazista, que apoiava a encenação, declarou o evento "importante para o Reich", enquanto um membro importante do partido anunciou que "a encenação da paixão é a peça mais antissemita de que estamos a par" (apud Mork, 1996, p. 157).

REINVENTANDO TRADIÇÕES: MARTÍRIO E AUTENTICIDADE

A comparação precedente entre o fascismo e o islamismo iraniano não é arbitrária. Muito tem sido escrito sobre alguns intelectuais europeus do final do século XIX e início do século XX que, em sua rejeição do individualismo, racionalismo e democracia, se voltaram a uma nova identidade cristã, que tomava emprestado alguns elementos do socialismo e do nacionalismo e, mais tarde, contribuiu para o nascimento do fascismo europeu (Sternhell, 1996; Birnbaum, 1996). Um processo semelhante ocorreu no Irã. Nos anos 1960 e 1970, uma geração de intelectuais iranianos esquerdistas com inclinações religiosas gradualmente esculpiu um novo discurso militante do Islã, que também tomava emprestado conceitos do Ocidente. Era uma síntese estranha de marxismo soviético e chinês, o existencialismo de Sartre, Kierkegaard e Heidegger, e uma forma militante de Islã tradicional. Esse novo discurso surgiu sob um governo que não tolerava nenhuma oposição política ou mesmo dissensão. O novo discurso também expressava solidariedade para com diversas figuras religiosas mais tradicionais, especialmente para com o aiatolá Khomeini, o qual se opunha ao governo de Muhammad Reza Xá e sua agenda de reforma.

Em 1963, o xá fez um referendo nacional para um novo programa de reforma política e social chamado de "Revolução Branca", em um contraste óbvio com as revoluções "vermelhas" russa e chinesa. A proposta incluía reforma agrária, o estabelecimento de um corpo nacional de alfabetização e o sufrágio das mulheres. Quase todos os principais clérigos, bem como a mais secular Frente Nacional, iniciaram um boicote ao referendo, por várias razões. Khomeini foi além dos outros atacando o xá, alegando que a Revolução Branca minava o Islã. O xá ordenou um assalto ao Seminário Teológico *Fayziyeh*, o quartel-general de Khomeini, matando diversos estudantes e prendendo outros. Ele rotulava Khomeini e seus seguidores de "reacionários negros" e cortou os fundos governamentais para os clérigos superiores. Ele também ordenou que o exército recrutasse os jovens estudantes de teologia (Áqeli, 1993, vol. 2, p. 153-54).

Em 3 de junho de 1963, no dia da Ashura durante o Muarrã, quando milhares de crentes convergiam para a cidade sagrada de Qom para escutar sermões religiosos, Khomeini escalou seus ataques verbais, fazendo uma das declarações mais incendiárias que já haviam sido pronunciadas contra o xá. Ele comparou o xá com Yazid, o inimigo de Hussein e a figura mais odiada na tradição xiita: "Agora é a tarde de Ashura. Algumas vezes quando me recordo dos eventos de Ashura, uma questão me ocorre: se os Omíadas e o regime de Yazid, filho de Omíada, desejavam fazer guerra contra Hussein, por que eles cometeram crimes tão selvagens e desumanos contra mulheres indefesas e crianças inocente?" (Khomeini, 1963, p. 177). Ele próprio respondeu à pergunta. O clã dos Omíadas desejava erradicar toda a família do profeta e o próprio Islã. Khomeini, então, estendeu essa polêmica ao xá e chegou a acusar seus soldados de destruírem o Corão. "Se o regime tirânico do Irã simplesmente desejasse se (...) opor ao ulama, que negócio ele teve com essa coisa de rasgar o Corão em pedaços (...) que negócio ele teve com a madraça [escolas religiosas] ou com seus estudantes?" Da mesma forma que os Omíadas, o xá era "fundamentalmente oposto ao próprio Islã e à existência da classe religiosa" (p. 177).

O discurso de Khomeini de junho de 1963 marcou o início de um novo discurso na política iraniana em relação a outro aspecto também. Os iranianos estavam acostumados com a luta pelo poder de longa data entre o Estado e a ulama (o estabelecimento dos clérigos), bem como com os ataques esquerdistas e nacionalistas aos governos ocidentais por suas intervenções imperialistas. O novo elemento no discurso de Khomeini, que ajudou a estimular um movimento de oposição de massa, foi a introdução inteligente da mitologia xiita nessas denúncias do imperialismo ocidental. Além disso, ele ligou seu ataque a Israel, que estava também se tornando um item indispensável do discurso esquerdista e nacionalista às denúncias das minorias e feministas iranianas. Numa época em que os líderes nacionalistas árabes como Gamal Abdel Nasser, do Egito, se mantinham firmes em sua rejeição radical ao estado judeu, a neutralidade oficial do governo iraniano e a aliança oficiosa com Israel eram uma fonte de humilhação nacional e religiosa para muitos muçulmanos iranianos. Khomeini reconheceu a fraqueza ideológica do regime nesse ponto e se apropriou dela para seus próprios propósitos de forma muito competente.[18] Ele reacendeu vezos religiosos que estavam hibernando que intelectuais progressistas tinham tentado apagar por décadas. Khomeini disse que o xá estava executando os desejos do estado judeu, um governo que planejava erradicar o Islã e tomar a economia, com a ajuda das minorias iranianas. Dessa forma, ele ligava a oposição ao Ocidente a Israel, ao xá e às minorias iranianas não muçulmanas, especialmente

---

[18] Algumas fontes da realeza até mesmo sugeriram que ele foi financeiramente apoiado por Nasser e outros oponentes do xá (Hashemi, 1994).

os *Baha'is* e os judeus, que haviam ganhado novos direitos sob o regime de Pahlavi: "Daqui para a frente, judeus, cristãos e os inimigos do Islã e dos muçulmanos iriam decidir sobre os negócios, a honra e a pessoa dos muçulmanos". Ele, então, perguntou retoricamente se de fato o xá não era um "judeu" (Khomeini, 1963, p. 175). Khomeini foi rapidamente preso como resultado desse discurso, mas sua prisão desencadeou protestos em todo o país. O exército treinado pelos americanos deslanchou ataques brutais contra os manifestantes em Qom, Teerã, Shiraz, Mashhad, Isfahan, Kashan e outras cidades que se tornaram sangrentos e deram mártires ao movimento.[19] O xá mandou Khomeini ao exílio em Najaf, Iraque, onde ele desenvolveu planos para um novo estado islâmico no Irã.

Sem o apoio de alguns intelectuais esquerdistas dentro do Irã, contudo, os planos de Khomeini para uma revolução islâmica poderiam ter permanecido no estágio de rascunho. Jalal Al-Ahmad (1923-1969), autor do agora clássico livro de 1963, *Plagued by the West*, foi um desses, o primeiro esquerdista a contribuir para o novo discurso do Islã militante. No início dos anos 1960, Al-Ahmad via o Islã como a única barreira restante contra o capitalismo ocidental e o consumismo desenfreado. *Plagued by the West* misturava uma crítica nietzschiana da tecnologia moderna com a do trabalho alienado marxista, também atacando a hegemonia cultural do Ocidente.[20] O texto estava

---

[19] As estimativas dos mortos variam. Os islamistas publicaram os nomes de quatro mártires, mas eles alegam que muitos milhares morreram. O governo admitiu que 86 foram mortos, e a Embaixada Americana estima o número ao redor de duzentos (Cottam, 1988, p. 129).

[20] Este livro tem alguma semelhança com o livro de Frantz Fanon intitulado *Black Skin, White Masks: The Experiences of a Black Man in a White World* (1967) [Pele Negra, Máscara Branca: as Experiências de um Negro em um Mundo Branco]. Tal como Fanon, Al-Ahmad ligou o casamento inter-racial entre os nativos e os europeus brancos a um desejo de adotar a cultura ocidental. Contudo, Al-Ahmad ignorou a expressão que ficou famosa e foi cunhada pelo mesmo Fanon, em um outro livro chamado *The Wretched of the Earth* [Miseráveis da Terra] (1968, p. 148): "as armadilhas da consciência

condimentado com referências a Albert Camus, Eugene Ionesco, Jean-Paul Sartre e Franz Kafka, que tinham escrito sobre os impulsos contraditórios da modernidade em tratados filosóficos, novelas e peças. Para Al-Ahmad, as pragas e os demônios nos trabalhos desses autores se referiam ao capitalismo moderno tecnocrático que havia escapado ao controle. Era um mundo que havia abandonado toda a fé e todas as ideias, exceto as da ciência e do materialismo. Essa visão de mundo científica tinha desembocado na era atômica, começando com a destruição de Hiroshima e Nagasaki: "Entendo que todos esses destinos ficcionais sejam presságios antevendo a Hora do Julgamento, avisando que o demônio da máquina, se não for colocado sob arreios e colocado de volta na garrafa, colocará uma bomba de hidrogênio no final da estrada para a humanidade" (Al-Ahmad, 1982, p. 111).

Al-Ahmad acreditava que a moderna tecnologia só poderia ser domesticada através de um retorno aos dois conceitos de martírio e *jihad*, esse último em seu significado estritamente combativo. Por aproximadamente dois séculos, ele escreveu, uma variedade de campos nacionalistas no Irã, Egito e no Império Otomano haviam usado o Islã como uma arma para resistir ao colonialismo ocidental no Oriente Médio. Mas o mundo muçulmano havia sido enfraquecido pela divisão xiita-sunita e, especialmente, pela institucionalização do xiismo no Irã sob os Safávidas. O xiismo havia perdido a sua vitalidade e exuberância uma vez que os discursos de *jihad* e martírio haviam sido abandonados. A partir do "dia em que descartamos a possibilidade do martírio e limitamo-nos a prestar homenagens aos mártires, reduzimo-nos ao papel de porteiros de cemitérios" (Al-Ahmad, 1982, p. 68).

---

nacional". Al-Ahmad dirigiu críticas pesadas contra acadêmicos ocidentais especializados no Oriente e os considerava agentes do imperialismo, de forma mais ou menos semelhante a *Orientalismo*, de Edward Said. Existem várias traduções para o inglês desse livro, com o título algumas vezes traduzido como *Westoxication*. Sobre a influência da filosofia ocidental, incluindo a de Heidegger, no Irã daquele período, ver Boroujerdi (1996), bem como Gheissari (1998); Mirsepassi (2000); e Vahdat (2002).

Ali Shariati (morto em 1977), um dos pensadores muçulmanos mais influentes de sua geração, foi outro intelectual esquerdista que contribuiu para essa nova linha de raciocínio. Era um teólogo muçulmano laico, filho de um clérigo, que esteve envolvido no movimento internacional pela independência da Argélia quando estudava na França (Keddie, 1981, p. 294). Shariati, que tinha obtido Ph.D. em Filologia Persa na Sorbonne, estimulava a juventude, ajudando a pavimentar o caminho para a hegemonia de Khomeini sobre o movimento revolucionário em 1978-1979. A reinterpretação de Shariati da *jihad* e martírio foi influenciada pelos seus estudos filosóficos na França, não obstante o fato de que ele também alegasse representar um "Islã autêntico".

Ao considerarmos Al-Ahmad e Shariati aqui, não devemos nos esquecer de que um número muito maior de estudantes e intelectuais iranianos nos anos 1960 era fascinado pelas escolas ocidentais de pensamento, como marxismo e existencialismo, e não estavam interessados na política islâmica. Porém, homens como Al-Ahmad e Shariati modernizaram as velhas narrativas religiosas conectando-as a alguns dos temas do pensamento esquerdista, dessa forma os tornando mais palatáveis aos estudantes e intelectuais. Logo depois de seu retorno ao Irã em 1964, Shariati ganhou uma reputação como um palestrante poderoso. Quando Husseiniyeh Ershad, um seminário teológico relativamente moderno, foi aberto em Teerã em 1969, Shariati deu palestras lá e logo encontrou uma massa de seguidores. Suas palestras foram gravadas e distribuídas, e suas ideias controversas foram amplamente discutidas, apesar da inveja e ressentimento do clero xiita tradicional. No final das contas, o regime havia permitido algum espaço limitado a um discurso oposicionista dentro da comunidade religiosa, enquanto esmagava de forma muito mais dura a esquerda secular. Isso fazia parte da moldura mental geral da Guerra Fria, que via o "comunismo internacional" como a principal ameaça ao poder estabelecido. Ainda que Shariati tenha sido autorizado a fazer palestras por alguns anos, ele abandonou o país em 1977, após uma série de confrontações com o regime. Ele morreu logo depois de ataque cardíaco em Londres e tinha apenas 44 anos. Rumores envolvendo o regime na sua morte logo o igualaram a um *shahid* (mártir). Mais do que qualquer outra pessoa, com exceção do próprio Khomeini, Shariati, através de seus escritos e discursos, se tornou a inspiração ideológica da revolução de 1978-1979 (Dabashi, 1993, p. 102-46).

Shariati introduziu uma leitura existencialista na narrativa de Karbala que também continha elementos do trabalho de Heidegger. Ele elevou o conceito de martírio acima de tudo e o chamou de o momento de definição do xiismo (1970, p. 154). Ele clamava por um conceito revolucionário do Islã, que pudesse desafiar a monarquia e trazer uma nova geração de pensadores muçulmanos como ele ao poder. Na sua busca por aquilo que considerava uma "autêntica" interpretação do Islã, Shariati castigava as influências externas no Islã, que haviam sido muitas ao longo de mil anos de rica fermentação intelectual e fertilização cruzada. Em particular, ele desejava extirpar a filosofia grega, a indiana e o misticismo iraniano, bem como a teologia cristã e a judaica. Ele também rejeitava as interpretações mais tolerantes do Islã encontradas na poesia persa (ou seja, Omar Khayyam), na filosofia muçulmana (Farabi [al-Farabi], 870-950; Avicena, 980-1037) ou mesmo no misticismo sufista (p. 174). Finalmente, e de maneira mais controversa para a juventude esquerdista iraniana, ele rejeitava o marxismo como uma "falácia ocidental", destacando o humanismo de Marx para ataques particulares (Shariati, 1980).

O novo "Islã autêntico" de Shariati era centrado em uma reinterpretação da história de Karbala. Ele escreveu que o martírio de Hussein havia ocorrido porque os muçulmanos xiitas permaneceram passivos e ignorantes em relação às questões políticas e ideológicas. Se os iranianos pudessem recapturar o significado revolucionário original do Islã xiita e o conceito do homem e mulher "ideal", eles poderiam derrotar um outro Yazid (o xá) e introduzir uma sociedade baseada nos verdadeiros valores muçulmanos. Shariati chamava a sua interpretação revolucionária do xiismo de "xiismo de Ali", distinguindo este "xiismo alávida" do mais conservador "xiismo safávida", o xiismo institucionalizado no Irã desde a época da dinastia Safávida. Para Shariati, esse "xiismo alávida" era o Islã "verdadeiro", o que não criava divisões "entre intelectuais e o povo" (apud Dabashi, 1993, p. 111-12; ver também Shariati, 1986).

Shariati fez uma de suas palestras mais comoventes em 1970, às vésperas da *Ashura*, numa época em que diversos de seus estudantes, que eram membros do Mujahedeen do Povo, haviam sido mortos pela polícia do xá. Shariati não mencionou os temas comumente invocados nos sermões dos clérigos, como o assassinato e a escravização das mulheres e crianças do clã de Hussein após a batalha de Karbala, a crueldade de Yazid, a traição dos aliados de Hussein ou a promessa de paraíso para o clã santificado de Maomé e os crentes verdadeiros. Em vez disso, ele enfatizou quase exclusivamente o desejo de Hussein de abraçar o martírio. Os teólogos convencionais haviam diminuído a significação desse tipo de *jihad* no Islã. Havia oito portões para os céus, e a *jihad* era apenas um deles – um que poderia ser evitado. Eles diziam a seus seguidores:

> Você não é obrigado a entrar exclusivamente pelo portão da *jihad*. A *jihad* é simplesmente uma das chaves que abre as portas do paraíso. Orações, outras formas de adoração e encantamento são chaves mais seguras, e você pode usá-las sem dano, perda, perigo ou risco! Existem muitos temas caridosos que o conduzirão ao mesmo lugar, como alimentar os necessitados, cuidando de famílias pobres, visitar os lugares santos, preces, ascetismo, piedade, fazer votos, dedicação, ajudar o vizinho, encantação, cerimônias de preces, lamentação e intercessão. Você atingirá o mesmo fim que uma pessoa que escolhe a *jihad*, então para que causar a si mesmo sofrimento e dor ao escolher a ação muito mais difícil da *jihad*? (Shariati, 1970, p. 183).

Shariati ridicularizava tais noções, bem como algumas das práticas do Muarrã. O paraíso não poderia ser conquistado de forma tão barata através das preces, jejum e rituais! Somente através de uma reencenação contínua da tragédia de Karbala poder-se-ia viver uma vida de um muçulmano genuíno. Essa reencenação não poderia ser atingida frequentando-se as encenações de *Ta'ziyeh* ou as procissões de Muarrã, nem se tratava de uma "*jihad* mental" ou intelectual. O paraíso só poderia ser conquistado através da adoção do martírio pessoal nos dias atuais (p. 173).

Para Shariati, o ponto-chave na história de Karbala era a escolha existencial de Hussein. Hussein não poderia lutar e vencer o mais poderoso Yazid, nem poderia permanecer em silêncio. Portanto, ele escolheu uma terceira opção, a morte, que abria a possibilidade de um Islã xiita autêntico para os outros. O martírio, tal como definido por Shariati, era uma experiência mítica, repleta de carga erótica e além da "ciência e da lógica". A história do martírio de Hussein era "tão excitante que ela empurra o espírito em direção ao fogo. Ela paralisa a lógica. Ela enfraquece o espírito. Ela até mesmo torna o ato de pensar difícil". O martírio era a combinação de "um amor refinado e uma sabedoria profunda e complexa" (Shariati, 1970, p. 154). O mártir era um "modelo" e um "exemplo" para outros seres humanos; a eficácia e a ressonância do martírio eram "mais amplas, mais profundas, mais contínuas do que as da *jihad*, mesmo a daquela que é vitoriosa" (p. 194, 207). O martírio era um privilégio porque se convidava a morte na hora que se quisesse escolher. Tratava-se de "uma escolha, em que o guerreiro se sacrifica no portal do templo e no altar do amor e é vitorioso" (p. 193). Apesar da alegação de que ele estava apresentando um "Islã autêntico", a leitura de Shariati estava muito influenciada pelo pensamento ocidental, incluindo algumas das formas mais virulentas de cristianismo antissemita. Por exemplo, ele se referia aos "judeus adoradores de dinheiro" e aos "rabinos mentirosos assassinos de Cristo" (p. 208). Muitos líderes clérigos e até mesmo alguns intelectuais muçulmanos seculares desse período compartilhavam esses sentimentos.

Mas havia também uma apropriação filosófica e hermenêutica mais forte de aspectos do pensamento ocidental no trabalho de Shariati. Em *Ser e Tempo*, Heidegger tinha reinterpretado a crucificação e ressurreição de Jesus para chegar a um novo significado filosófico. Quando confrontado com a possibilidade da própria morte, adotava-se uma atitude de liberdade em relação à morte e, portanto, experimentava-se uma vida autêntica, ele havia escrito. Shariati foi influenciado por esta e leituras semelhantes hermenêuticas do cristianismo. Mas a sua noção de autenticidade visava à comunidade em vez de ao indivíduo. Quando os xiitas enfrentaram um inimigo formidável do Islã, que não poderia ser derrotado, eles tinham duas opções: (1) permanecer em silêncio e permitir que a opressão continuasse, ou (2) escolher a morte e pelo menos criar a possibilidade de uma vida (muçulmana) autêntica para os outros. Em um apelo mórbido à juventude, homens e mulheres jovens, Shariati argumentava que esse tipo de morte era tão bonita quanto um "colar" em torno do pescoço de uma jovem e bonita garota, e que tal martírio desse tipo era "um adorno para a humanidade" (1970, p. 177).

Shariati também se separou dos teólogos cristãos que tinham argumentado que Jesus "havia se sacrificado pela humanidade" (1970, p. 209). Uma leitura semelhante da história de Karbala poderia ter sugerido que as forças de Yazid haviam também agido de acordo com o desejo de Deus e, portanto, mereceriam alguma misericórdia. Mas no discurso cáustico de Shariati não havia lugar para misericórdia ou perdão. A missão da *Ashura* era "revolta e *jihad* pela devastação do regime de Yazid" (p. 209). Ele escreveu que Hussein sabia que a morte nas mãos de seus inimigos iria marcá-los para o resto da vida. Eles se tornaram "transgressores", que haviam assassinado o neto de Maomé. Hussein percebeu que poderia obter mais enfrentando o martírio nas mãos de seus inimigos (e manchando a reputação deles) do que vivendo. Essa não era um tipo de morte através da qual Deus perdoou os pecados da humanidade; era uma que abria o caminho para a vingança, uma morte que marcava o inimigo como um pecador horrível: "É desta forma que a morte de um ser humano garante a vida de uma nação" (p. 213).

De acordo com Shariati, o martírio era, portanto, "a única razão para a existência" e "um objetivo em si mesmo". Era um "convite a todas as gerações, em todas as épocas, se você não pode matar o seu opressor, então morra". O martírio era tão nobre no Islã que o corpo não demandava nenhum banho de ritual. O mártir também não tinha nenhuma obrigação de "prestar contas de si mesmo no dia do Julgamento" (Shariati, 1970, p. 214). O martírio era uma passagem direta para os céus.[21] Tal pensamento logo se tornou influente entre os esquerdistas. Em janeiro de 1974, quando Khosrow Golsorkhi, poeta e jornalista, foi julgado e condenado por um tribunal militar pelo atentado à vida do xá, ele usou a ocasião para declarar que os objetivos do marxismo e do Islã eram os mesmos. Ele chamou o santo xiita Ali "o primeiro socialista do mundo" e argumentou mais, da seguinte forma:

> A vida do imame Hussein é semelhante à nossa, que estamos sendo julgados nesta corte, desejosos de sacrificar nossas vidas pelo povo

---

[21] Um outro escritor que ajudou a construir uma nova narrativa sobre as comemorações de Muarrã foi o estudante de Khomeini Ne'matollah Salehi Najafabadi. Sua obra *Shahid-i Javid* (Mártir Eterno) gerou debates acalorados nos círculos religiosos do Irã. No final do seu relato de Karbala, Najafabadi concluiu: (1) É preciso que o povo se oponha a governantes que queiram impor-lhe uma forma ilegal (não islâmica) de governo. (2) Essa oposição deve ser feita mediante consulta ao povo e com a preparação militar adequada. (3) Se uma vitória militar não for possível, então os líderes virtuosos deverão aguardar até o momento em que tiverem força apropriada para propagar o verdadeiro Islã. (4) Se o líder da rebelião for cercado pelo inimigo, deverá reagir e lutar, e até enfrentar o martírio, em vez de se submeter a uma morte humilhante (Najafabadi, 1982, p. 361-66). Como pôde ser visto anteriormente, a linguagem do teólogo laico Shariati era muito mais dura.

despossuído de nossa nação. Ele era uma minoria, enquanto Yazid governava na corte real, tinha um exército, um governo e poder. [Hussein] aguentou firme e foi martirizado. Ainda que Yazid ocupasse um breve momento na história, o que permaneceu para sempre foi a trilha percorrida por Hussein e não o governo de Yazid. Mas massas continuaram e continuarão na perseverança de Hussein, não no governo de Yazid... Dessa forma, em uma sociedade marxista, o Islã genuíno pode ser justificado como uma superestrutura, e aprovamos um tal Islã, o Islã de Hussein e o Islã do imame Ali (apud Nabavi, 2001, p. 263).

A REENCENAÇÃO DO PARADIGMA DE KARBALA: A REVOLUÇÃO

Após a morte de Shariati em 1977, Khomeini, longamente respeitado por sua oposição ao xá e por seu estilo de vida austero no exílio, rapidamente assumiu o manto da liderança dentro da oposição islâmica.[22] O xá por muito tempo vinha sendo criticado pela comunidade internacional por suas extensivas violações dos direitos humanos, incluindo a prisão e tortura de oponentes políticos. Em 1977, após a eleição de Jimmy Carter à presidência dos Estados Unidos, o xá também passou a ser criticado por esse país. Nos anos 1970, um movimento vibrante, porém clandestino, nacionalista e esquerdista, estava ativo com o islâmico, que incluía membros da Frente Nacional, o Partido *Tudeh*, os *Fedayeen* e as organizações guerrilheiras *Mujahedeen* do Povo, e uma variedade de grupos de estudantes nacionalistas e esquerdistas (incluindo os pró-soviéticos e pró-chineses), que estavam envolvidos na Confederação dos Estudantes Iranianos no exterior.

---

[22] Já em 1970, uma série de suas palestras tinha aparecido sob o título "Governo Islâmico", em que ele delineava as linhas gerais de uma teocracia islâmica e a sua teoria de *Velayat-i Faqih* (Governo dos Juristas). Utilizando princípios Usuli anteriores ao xiismo, que exigiam que os clérigos de alto nível chamados *mojtahed* fossem dotados de autoridade jurídica e religiosa, Khomeini declarou em termos inequívocos que "era o dever de um sábio religioso estabelecer um governo islâmico" (Khomeini, 1970, p. 37).

Gradualmente, os islâmicos, que pegaram a deixa de Khomeini, passaram a dominar o movimento anti-xá. Os estudantes radicais de Shariati, incluindo muitos seguidores do *Mujahedeen*, passaram para o lado de Khomeini e concederam a ele o título de "imame". Essa designação insinuava uma importância semelhante à do Décimo Segundo Imame, o qual, rezava a tradição, retornaria da ocultação para anunciar o Dia do Julgamento. À medida que o movimento oposicionista contra o xá ganhava impulso dentro do Irã, o exilado Khomeini ordenava a seus confidentes próximos dentro do Irã que organizassem uma forma de passeata de rua que tomasse emprestado muitos elementos das procissões de Muarrã.

O que aconteceu no Irã em 1978 foi, portanto, o resultado de um conjunto de duas apropriações: o renascimento dos velhos e, algumas vezes proibidos, rituais do Muarrã e, simultaneamente, uma nova interpretação das tradições xiitas, que enfatizavam o martírio. Na sua reinterpretação dos rituais xiitas, Khomeini removeu as fronteiras entre a audiência e os atores, transformando o país inteiro em um palco para as suas encenações. Ele imbuiu as velhas encenações de paixão com ódio passional pelo xá, por Israel, pelos Estados Unidos, pelo Ocidente, pelos iranianos não muçulmanos, especialmente pelos *Baha'is,* e pelos judeus (estes últimos que estavam no Irã desde 500 A.E.C.) e pelos advogados dos direitos das mulheres. Explorando alguns preconceitos longamente mantidos pela teologia xiita com relação ao sexo e aos direitos dos não muçulmanos, e em um linguajar que era reminiscente da propaganda fascista dos anos 30, Khomeini e um grupo de teólogos embarcaram em uma interpretação militante beligerante do incidente de Karbala, com dimensões abertamente políticas. A ênfase já não era mais na inocência de Hussein. Era no desejo de Hussein fazer o supremo sacrifício de dar a sua vida em favor da justiça. Os muçulmanos deveriam seguir o exemplo de Hussein de dar a sua vida pela causa da justiça tal como definida por Khomeini, que tinha acusado o xá de agir como um moderno Yazid e de apoiar os judeus e os *Baha'is*. Ele, portanto, sancionou uma insurreição religiosa contra o regime.

Em 9 de janeiro de 1978, soldados invadiram a casa do aiatolá Kazem Shariatmadari em Qom, onde um grupo de manifestantes estudantes de teologia havia tomado um santuário. Shariatmadari era um clérigo moderado e pró-constitucionalista, mas não um crítico aberto da monarquia. Os soldados atiraram nos estudantes, matando um e ferindo diversos outros. A liderança islâmica tinha agora um mártir. De acordo com as tradições xiitas, quarenta dias depois uma comemoração para os estudantes martirizados foi feita em uma mesquita em Tabriz, a base de Shariatmadari na cidade. Quando a polícia novamente invadiu a mesquita, matando muitas pessoas mais, o ciclo de procissões de lamentações e comemorações, modeladas pelo Muarrã, foi iniciado.

Khomeini continuou a lembrar o público das glórias do martírio, do que Hussein tinha feito pelo Islã e da necessidade de dar a vida pela glória da Revolução Iraniana. A procissão memorial de 18 de fevereiro conduziu a uma passeata sangrenta em que uma centena mais de manifestantes foi morta. Quarenta dias mais tarde passeatas em memória dos mártires de fevereiro resultaram em mais tumultos e greves ao longo do país. Os eventos memoriais de março-abril, por sua vez, levaram a tumultos em 34 cidades. No dia 9 de maio, dois estudantes de Teologia foram mortos. Esse evento desencadeou novas demonstrações em Qom e em outras cidades principais. No dia 8 de setembro, forças do governo atiraram em manifestantes que haviam se juntado na Praça *Jaleh* em Teerã, matando pelo menos 250 pessoas e ferindo outras mil (Ashraf e Banuazizi, 1985).

Esse evento, conhecido como o "Massacre da Sexta-Feira Negra", radicalizou ainda mais o movimento e acabou com a possibilidade de que um campo moderado de reformistas pudesse assumir a liderança do movimento (Milani, 1998, p. 250). Khomeini encorajava as mulheres e crianças a marcharem na frente das procissões.

> Nossas bravas mulheres abracem suas crianças e enfrentem as metralhadoras e tanques dos carrascos deste regime... irmãs e irmãos, sejam resolutos, não demonstrem fraqueza e falta de coragem. Vocês estão seguindo a trilha do Todo-Poderoso e seus profetas. Seu sangue é derramado na mesma estrada dos profetas [martirizados], imãs e seus seguidores. Vocês, juntem-se a eles. Esta não é uma ocasião para pesar, e, sim, para comemorar (Khomeini, 1999, vol. 3, p. 510-12).

Ele sempre recordava as imagens de Karbala:

> Meus queridos, não temam concederem mártires, dando a vida e a propriedade a Deus, a Islã e à nação muçulmana. Este é o costume de nosso grande profeta e seu clã. Nosso sangue não é mais precioso do que o sangue dos mártires de Karbala... Vocês, que se decidiram pelo Islã e devotaram a vida e propriedade a ele, estão agora nas fileiras dos mártires de Karbala, pois seguem essa doutrina (vol. 4, p. 155).

Mas Khomeini também combinava esse tipo de discurso xiita militante com um anti-imperialista que se distanciava também dos regimes russo e chinês, incorporando, portanto, um tom nacionalista independente.

Em 19 de setembro de 1978, logo após o massacre da Sexta-Feira Negra em Teerã, Khomeini declarou:

> Hoje, a assim chamada China Vermelha revolucionária, os Estados Unidos, que apoiam a opressão internacional, a União Soviética, que é fonte de mentiras e enganação, e a Grã-Bretanha, este velho patife do colonialismo, se juntaram para defender o xá e demolir uma nação que deseja caminhar com os próprios pés em vez de depender do Oriente ou do Ocidente. Sob essas circunstâncias, o xá, sem vergonha, acusa o povo iraniano indefeso de ser uma mistura de comunistas vermelhos e reacionários negros. Contudo, estou convicto de que a vitória de nossa nação é certa (Khomeini, 1999, vol. 3, p. 476-77).

Foi nesse momento que Foucault fez a sua primeira visita ao Irã.

PARTE II

Os Escritos de Foucault sobre a
Revolução Iraniana e Depois Dela

Capítulo 3 | As Visitas ao Irã e as Controvérsias com "Atoussa H." e Maxime Rodinson

Em 16 de setembro de 1978, Foucault chegou ao Irã para uma visita de 10 dias, numa época em que o levante estava começando a tomar corpo. Afora a onda de raiva dentro do país, o massacre do dia 8 de setembro em Teerã também tinha provocado uma demonstração de quinze mil pessoas contra o xá em Paris ("Quinze mille", 1978). Antes de 1978, Foucault, de vez em quando, assinava algumas declarações contra o regime de Pahlavi. Ele também estava familiarizado com alguns dos ativistas anti-xá franceses e iranianos em Paris, incluindo o líder da Frente Nacional, Ahmad Salamatian. Este último relatou que seus contatos com Foucault se iniciaram em 1973 e que ele tinha visitado a casa de Foucault diversas vezes ao longo dos anos. Foucault havia sido extremamente modesto durante esses encontros e teve a paciência de escutar cuidadosamente aquilo que seus interlocutores iranianos tinham para dizer (comunicação pessoal com Ahmad Salamatian, 12 de dezembro de 2002). Também em 1978, os editores de *Corriere della Sera* haviam pedido a Foucault que escrevesse regularmente para a sua publicação, o jornal italiano mais respeitado. Foucault convocou um grupo de intelectuais mais jovens para que fossem trabalhar com ele, entre os quais seu amante Thierry Voeltzel, André Glucksmann e Alain Finkielkraut. Esse grupo aceitou a sua proposta de escrever relatórios sobre os eventos mundiais como um trabalho coletivo. Além do artigo de Foucault sobre o Irã, o único outro resultado dessa iniciativa foi um artigo de Finkielkraut em novembro de 1978 sobre a América de Carter, para a qual Foucault escreveu uma introdução. O biógrafo David Macey sugeriu que a proprietária do *Corriere della Sera*, Publicações Rizzoli, também estava contemplando "uma publicação subsequente em forma de livro" desses relatórios, alguma coisa que nunca se materializou. De qualquer forma, os editores do jornal trataram os artigos de Foucault como um evento principal. Em uma declaração de primeira página acompanhando seu primeiro despacho do Irã, os editores do *Corriere della Sera* escreveram entusiasmadamente que o artigo de Foucault daria início a uma "série de artigos... que representará alguma coisa nova no jornalismo europeu e será intitulada 'Michel Foucault Investiga'" (apud Macey, 1993, p. 406).

Na preparação para a sua viagem ao Irã, Foucault se encontrou com Thierry Mignon, um advogado de direitos humanos, ativo nas questões iranianas, e sua esposa, Sylvie Mignon. Além disso, Salamatian forneceu a Foucault livros, panfletos e, mais importante, contatos dentro do Irã. Foucault também se encontrou duas vezes com Abolhassan Bani-Sadr, o exilado iraniano educado na Europa que se tornaria o primeiro presidente da República Islâmica (em 1981, ele teve que fugir de volta para Paris para não ser assassinado). Anos mais tarde, Bani-Sadr relatou que o interesse de Foucault no Irã em 1978 se concentrava em duas questões. Em primeiro lugar, ele tinha perguntado sobre as condições em que um grande movimento espontâneo poderia se formar e se engajar em um processo para fazer uma revolução, tudo isso fora dos partidos políticos tradicionais. Em segundo lugar, recontou Bani-Sadr, ele havia expressado interesse em um nível mais geral sobre a maneira pela qual um discurso de sujeição ao poder estava sendo substituído por um de resistência. Bani-Sadr foi adiante para sugerir que o encontro com o Irã foi um momento decisivo crucial no pensamento de Foucault e, como resultado dos eventos iranianos, ele passaria a ter mais interesse em noções sobre a ação humana e resistência (comunicação pessoal, 11 de dezembro de 2002).

Em 6 de outubro, três semanas depois que Foucault chegou ao Irã, Khomeini recebeu autorização para se transferir de seu exílio no Iraque para um subúrbio de Paris chamado Neauphle-le-Châteu, a partir daí se tornando foco de intensa atenção da mídia internacional. Em meados de outubro, os dois grupos de oposição interna mais importantes, o Movimento pela Liberdade (liderado pelo seguidor de Khomeini, Mehdi Bazargan), e o secular Frente Nacional (liderado por Karim Sanjabi), haviam anunciado o seu apoio à liderança de Khomeini ao movimento contra o xá. Em setembro, contudo, a situação política dentro do Irã ainda estava mais ou menos fluida, e nem todos os observadores reconheciam a profundidade e seriedade da oposição. Por exemplo, a Agência de Inteligência de Defesa dos Estados Unidos concluiu naquele mês que o xá permaneceria no poder por mais uma década. Dentro de semanas, contudo, ataques mantidos nas comunicações, água, estradas de ferro, fábricas e, especialmente, nos setores petrolíferos mudariam aquele prognóstico. Durante setembro e outubro, o governo nomeado pelo xá, conduzido pelo primeiro-ministro, Já'far Sharif-Imami, tentava desesperadamente manter o regime libertando prisioneiros políticos. Dentre os libertados estavam dois seguidores-chave de Khomeini, aiatolá Hussein Ali Montazari e aiatolá Mahmud Taleqani. No final de outubro, funcionários públicos irritados arrancaram fotos do xá e de sua esposa das paredes das repartições públicas. O ex-primeiro-ministro, Ali Amini, tentou negociar um compromisso, encorajando o xá a renunciar e deixar o país. Em 6 de novembro, o governo de Sharif-Imami renunciou. Em um discurso televisionado a toda a nação, o xá relutantemente tomou uma medida de reconhecimento em relação ao movimento revolucionário. Ele nomeou o general Gholamreza Azhari como o chefe de um novo governo militar, mas o avisou de que não queria um novo banho de sangue nas ruas de Teerã. Tentando ganhar tempo, o governo agora prendeu alguns funcionários proeminentes e também prometeu mudar todas as leis que fossem "contrárias ao Islã" (apud Menashri, 1980, p. 491). No dia 8 de novembro, o líder da Frente Nacional, Sanjabi, visitou Khomeini em Paris, onde ele declarou que a monarquia era "ilegítima" e deu aprovação condicional à ideia de um "governo islâmico". Khomeini estava, neste momento, tornando-se o líder inconteste da oposição ao xá, que enfraqueceu a posição de clérigos mais idosos e mais moderados como o aiatolá Shariatmadari.

Durante outubro e novembro, os seguidores de Khomeini na França estavam orientando-o sobre como amenizar a severidade de seu discurso islâmico. Ele fez isso um pouco, também clamando pela independência, liberdade e democracia no Irã. Dentre aqueles que orientavam Khomeini em Paris estava Bani-Sadr. De sua parte, o xá alertava terrivelmente para os perigos de um golpe comunista, uma possibilidade que provocava uma séria preocupação nos Estados Unidos. No dia 26 de novembro, apenas a uns poucos dias antes de o mês de Muarrã começar, soldados do governo atiraram em um grupo de protestantes que havia buscado santuário no Templo do imame Reza em Mashhad. Khomeini e três outros grandes aiatolás, aiatolá Golpaygani, aiatolá Marashi Najafi e aiatolá Shariatmadari, declararam esse dia uma data de luto nacional. No final de 1978, Khomeini começou a vocalizar de forma mais intensa a sua demanda por um "governo islâmico". Nas ruas de Teerã e outras cidades principais, o apoio por Khomeini se intensificou. Uma nova estratégia empregada pelos protestantes consistia em subir nos telhados de noite e cantar "Allah o Akbar" (Deus é Grande). O barulho vibrante intenso era um golpe tremendo para a moral dos soldados, enfraquecendo o seu apoio ao xá.

Em dezembro, o regime Pahlavi começou a cair. No dia 2 de dezembro, começaram as celebrações de um mês de duração do Muarrã, e como vimos no capítulo 2, os clérigos astutamente as transformaram em uma mobilização em massa contra o xá. A mobilização religiosa atingiu o seu pico nos dias 10 e 11 de dezembro, quando demonstrações em massa envolvendo centenas de milhares comemoraram a Ashura nas ruas de Teerã e em outras cidades. Durante esses dias, greves lideradas pelos trabalhadores na área petrolífera também levaram a uma paralisação total da economia. No dia 13 de dezembro, em sua primeira admissão pública de derrota, o xá ofereceu o cargo de primeiro-ministro ao oponente secular do regime mais proeminente, Karim Sanjabi, da Frente Nacional. Sanjabi publicamente rejeitou a oferta. Depois que diversos outros também a rejeitaram, Shapour Bakhtiar aceitou a posição. Bakhtiar foi imediatamente expulso da Frente Nacional e denunciado por toda a oposição.

UMA NOTA BREVE SOBRE SEXO E POLÍTICA NO IRÃ, 1906-1978

Para os iranianos e aqueles familiarizados com a história do país, o levante revolucionário de 1978 a 1979 fez parte de uma série de eventos turbulentos que começaram em 1906, em que os temas de democracia *versus* autocracia, nacionalismo *versus* imperialismo, socialismo *versus* capitalismo, secularismo *versus* clericalismo e a emancipação das mulheres *versus* tradição vieram à tona em diversos momentos importantes. Neste esboço rápido, salientaremos as políticas de sexo, um tópico em que Foucault era, em grande parte, ignorante, mas é um tema importante para a análise dos eventos de 1978-1979.[1]

Os democratas iranianos, fossem eles liberais ou socialistas, geralmente viam a Revolução Constitucional de 1906-1911 como o

---
[1] Sobre as relações de gênero e cultura no século XX no Irã, ver Sanasarian, 1982; Vatandoust, 1985; Haeri, 1989; Kar, 1987; Moghadam, 1991; Tohidi, 1991; Friedl, 1991; Najmabadi, 1993; Paidar, 1995; Moghissi, 1996; Matin-Daftari, 2001; e Afkhami, 2002.

momento fundador, um momento em que a nação chegou à frente do mundo muçulmano em sua luta pela democracia, igualdade e soberania nacional. Inspirados pela Revolução Russa de 1905, em que trabalhadores e mercadores imigrantes iranianos em Baku haviam participado (naquela época Baku fazia parte do império russo e hoje faz parte da República do Azerbaijão), os constitucionalistas iranianos conquistaram o direito de formar um *majlis* (parlamento). Eles criaram uma monarquia constitucional nas linhas europeias que limitava a autoridade real e a clerical, e estabeleceram direitos iguais para todos os cidadãos (homens) independentemente de religião ou etnicidade. A revolução também tinha uma dimensão mais radical, social e democrática, e apesar de as mulheres certamente não terem conquistado a igualdade, ocorreram ganhos importantes, especialmente quanto à educação das mulheres.[2]

Uma nova esfera pública democrática incluía jornais em que intelectuais líderes de ambos os sexos defendiam os direitos das mulheres e um fim à poligamia, o uso dos véus, a reclusão das mulheres e um divórcio masculino fácil. A ala conservadora do clero xiita se opunha à revolução, centrando sua oposição principalmente nas reformas quanto ao sexo feminino. O membro mais proeminente da oposição no clero, o realista xeque Fazlullah Nuri, foi julgado e executado por um tribunal revolucionário em 1908, tornando-o um mártir aos olhos dos islamistas posteriores, incluindo Khomeini. O período revolucionário chegou ao fim em 1911, quando a Grã-Bretanha e a Rússia intervieram militarmente e ajudaram a restabelecer o poder real. Mesmo no ápice de seu poder, contudo, a Revolução Constitucional havia concordado em 1907 com uma lei suplementar que permitia que um conselho de clérigos xiitas vetasse quaisquer leis que considerasse "ofensivas" ao Islã.

---

[2] Para estudos sobre a Revolução Constitucional, ver Martin, 1989; Bayat, 1991; e Afary, 1996. Sobre o seu impacto na diplomacia europeia, ver Bonakdarian, 1991.

Em meados da década de 1920, o Irã estava percorrendo uma trilha diferente, a da modernização autoritária vinda de cima. Em 1925, Reza Khan, um oficial de meio escalão que havia reprimido um levante comunista, assumiu o título de Reza Xá com o apoio dos britânicos, os principais clérigos e os remanescentes do parlamento de 1906-1911. Tomando como modelo Mustafa Kemal (Ataturk), porém sem as credenciais anti-imperialistas dele, Reza Xá criou uma burocracia de Estado e forças armadas modernas. Além de ter esmagado completamente a esquerda, ele reduziu os poderes do clero e silenciou o parlamento.[3] Reza Xá também encorajou um sentido mais forte de identidade nacional, que glorificava o passado pré-islâmico. Ele promulgou um código jurídico mais secular, mas deixou a maioria das questões de gênero sexual e de família para os tribunais religiosos. As mulheres que tiveram acesso à educação ganharam alguns direitos. De maneira mais dramática, em 1936 ele emitiu um decreto formal ordenando que as mulheres deixassem de usar o véu, esmagando violentamente resistências esporádicas das forças religiosas conservadoras.

Em 1941, os aliados depuseram Reza Xá por causa das simpatias pró-Eixo de seu governo, colocando o seu filho, que então tinha apenas 22 anos, no trono como Muhammad Reza Xá. Os anos de 1941 a 1953 testemunharam a emergência das forças democráticas e esquerdistas. Durante essa década, o Partido *Tudeh* pró-soviético também despontou como uma força importante. O clima político mais aberto permitiu que a *ulama* reaparecesse no cenário político também. Como um clérigo júnior, Khomeini publicou a obra *Kashf al-Asrar (The Unveiling of Secrets)* em 1943, um livro que advogava o retorno da supervisão do clero a todo o código jurídico, o retorno do véu, bem como a punição física do Corão. Ao mesmo tempo, em uma

---

[3] Para uma visão geral sobre o período de Reza Xá, ver Banani, 1961; e Niyazmand, 1996. Sobre as reformas militares desse período, ver Cronin, 1997. Sobre as reformas do vestuário e relações de gênero, ver Chehabi, 1993; e Amin, 2002.

inovação para a política clerical, Khomeini desejava tomar o poder em vez de desmantelar o aparato estatal construído por Reza Xá.[4]

De 1951 a 1953, o primeiro-ministro de centro-esquerda, Muhammad Mossadeq, liderou uma coalizão social democrata nacionalista, a Frente Nacional, cuja liderança incluía alguns clérigos nacionalistas. O governo de Mossadeq foi derrubado em 1953 em uma confrontação com os Estados Unidos e Grã-Bretanha. Essas duas potências, ultrajadas pela imensamente popular nacionalização das vastas propriedades da *Anglo-Iranian Oil Company* levada a cabo por Mossadeq, conspiraram com os militares e partes do clero. A CIA orquestrou um golpe que derrubou Mossadeq e devolveu ao xá o poder absoluto.[5] Como foi demonstrado pelas historiadoras feministas Parvin Paidar (1995) e Maryam Matin-Daftari (2001), uma questão frequentemente ignorada, porém crucial, no rompimento da coalizão de Mossadeq antes do golpe, foi o crescente movimento em favor do sufrágio feminino, que por volta de 1952 tinha conquistado direitos de votação para as mulheres nas eleições locais.

Depois de 1953, a política prévia de modernização autoritária vinda de cima foi tentada novamente. De um lado, a SAVAK, a polícia política treinada pelos Estados Unidos, implacavelmente esmagava toda a oposição, enquanto, por outro, muitas mulheres de classe média, urbanas, conquistavam novos direitos. Por volta de 1960, milhares de mulheres haviam conquistado diplomas universitários e assumido posições profissionais, no funcionalismo público e em empresas privadas. No âmbito cultural, a mídia estava repleta de imagens de mulheres vestindo saias curtas e outras roupas "provocantes". Isso

---

[4] Sobre o papel dos clérigos antes da Revolução Islâmica, ver Fischer, 1980; Arjomand, 1984a; Akhavi, 1980; Floor, 1983; Kazemi, 1999; Richard, 1995; e Keddie, 2003.

[5] Para uma visão geral dos anos 1941-1953, ver Abrahamian, 1982; Bill e Louis, 1988; Katouzian, 1993; Atabaki, 1993; e Tavakoli-Targhi, 2001. Sobre relatos detalhados do golpe de 1953, ver Gasiorowski, 1987; e Kinzer, 2003.

conduziu não apenas os clérigos, mas também muitos estudantes universitários de primeira geração a acreditarem que a "corrupção ocidental" tinha se infiltrado na cultura xiita muçulmana.[6] Como vimos no capítulo anterior, o clero xiita, agora liderado por Khomeini, organizou protestos contra o xá na Revolução Branca de 1963. Um fator principal aqui foi a oposição da *ulama* ao sufrágio universal, que apesar disso foi instituído. Na década após 1963, o país passou por um forte crescimento econômico, bem como por uma polarização de classe crescente. Em 1966, o regime estabeleceu a Organização das Mulheres do Irã (OMI). Dentro do contexto do estado autoritário, a OMI lutou por reformas para as mulheres, principalmente pela aprovação da Lei de Proteção à Família de 1967. O divórcio iniciado pela mulher agora passava a ser possível e, com as emendas à lei feitas em 1975, passou a haver também o direito limitado da mulher pela custódia da criança.

Foi durante a década de 1970 que Ali Shariati e, mais tarde, Khomeini começaram a conquistar uma massa de seguidores entre a juventude urbana e educada com uma forma de política islâmica anti-imperialista discutida no último capítulo.[7] Esmagados pelo xá, que recusava qualquer tipo de abertura democrática, os remanescentes da Frente Nacional e o *Tudeh* ou se compromissavam com o regime ou gravitavam na direção da nova oposição islâmica, que pelo menos tinha permissão para manter alguns refúgios em mesquitas e seminários.

---

[6] Por uma visão geral da era Pahlavi, ver Keddie, 2003. Sobre as reformas educacionais do período Muhammad Reza Xá, ver Menashri, 1992, e Matthee, 1993; sobre reforma agrária, ver Hooglund, 1982, e Ashraf, 1996; sobre sindicatos, ver Ladjevardi, 1985; sobre minorias, especialmente judeus, ver Sarshar, 2002; sobre a prática de tortura, ver Abrahamian, 1999.

[7] Muitos dos discursos e escritos do aiatolá Khomeini podem ser encontrados em Khomeini, 1999. Para uma tradução para o inglês dos seus principais trabalhos, ver Khomeini, 1981. Sobre a ascensão de Khomeini e as origens da revolução, ver Abrahamian, 1982, 1993; Ashraf e Banuazizi, 1985; Sick, 1985; Arjomand, 1984b, 1988; Bakhash, 1990; Milani, 1994; Chelkowski e Dabashi, 1999; e Martin, 2000.

Um terceiro elemento numericamente muito inferior, os jovens esquerdistas dos movimentos de guerrilha *Mujahedeen* e *Fedayeen*, ambos (e especialmente esses últimos), influenciados pelo maoismo, também desempenharam um papel. De forma crescente, os discursos esquerdistas começaram a enfatizar que o xá tinha sido instalado e era mantido pelos Estados Unidos. Isso conduziu a uma política predominantemente anti-imperialista que via o regime não como um desenvolvimento autóctone, e, sim, como uma criação do imperialismo ocidental. Nesse período, os nacionalistas seculares e esquerdistas argumentavam que as reformas do xá em favor das mulheres não tinham nada a ver com a busca de uma igualdade verdadeira entre os sexos e eram simplesmente um exemplo da influência ocidental imperialista.[8]

UMA CONVERSAÇÃO NO IRÃ SOBRE INTELECTUAIS E REVOLUÇÃO

Logo depois de sua chegada ao Irã, Foucault, acompanhado por Voeltzel, viajou para diversas cidades e se encontrou com vários setores envolvidos no movimento revolucionário, incluindo aiatolá Shariatmadari. Em um diálogo durante a sua estada no Irã com o escritor Baqir Parham, Foucault explicou o seu fascínio pelo movimento islâmico e as suas razões para ir ao Irã. Ele sustentava que a Europa e o Ocidente haviam testemunhado duas "dolorosas" sublevações nos últimos dois séculos, movimentos em que filósofos e intelectuais haviam tomado parte. A primeira delas foi constituída pelas revoluções liberais dos séculos XVIII e XIX, que foram influenciadas pelos filósofos franceses, ingleses e alemães. Locke, Rousseau, Kant e, mais tarde,

---

[8] Para uma análise de classe da Revolução de 1979, ver Parsa, 1989. Para uma discussão dos partidos políticos de esquerda durante a Revolução, ver Behrooz, 2000; Matin-Asgari, 2001; e Shahidian, 1994. Sobre um relato pessoal das políticas das relações de gênero dentro dos *Fedayeen*, ver Moghissi, 1996.

Hegel elaboraram princípio de bom governo. Contudo, de dentro de suas esperanças e aspirações por um mundo equilibrado e justo surgiu a monstruosidade do capitalismo industrial. Superando até mesmo os marxistas em seu ataque ao capitalismo, Foucault o chamou de "a sociedade mais dura, mais selvagem, mais egoísta, mais desonesta e opressora que se poderia imaginar" ("Diálogo entre Michel Foucault e Baqir Parham", Ap., p. 297).

A segunda sublevação, que Foucault chamava de "trágica", era a dos movimentos socialistas e comunistas do século XX. Aqui novamente, de dentro dos sonhos de Marx e outros socialistas do século XIX, e de seus desejos por uma sociedade mais racional, havia emergido uma segunda monstruosidade, o comunismo totalitário. Os intelectuais não foram diretamente responsáveis por nenhum desses eventos dolorosos, mas seus escritos haviam contribuído para o processo. Foucault achava que mesmo nos movimentos perfeitamente justificáveis contra o colonialismo ou o imperialismo americano nos países do Terceiro Mundo, como no Vietnã ou especialmente no Camboja, "uma luta que era justa e correta nos seus fundamentos" tinha gerado sociedades altamente autoritárias em que "a liberdade, uma sociedade sem classes e uma sociedade não alienada" estavam totalmente ausentes ("Diálogo", Ap., p. 298).

Foucault disse a Parham que ele estava no Irã porque acreditava que todos os princípios filosóficos e políticos tinham que ser repensados. Cada princípio que tinha contribuído para a opressão tinha que ser reexaminado. Ele declarou que em 1978 a humanidade estava na "estaca zero" no que tangia ao pensamento político e que o Irã agora oferecia uma nova esperança ("Diálogo", Ap., p. 298). Nenhum "intelectual ocidental com [alguma] integridade" poderia se permitir permanecer indiferente ao que estava acontecendo no Irã, uma nação que tinha chegado a "becos sem saída" em um número de frentes sociais e políticas e que estava fazendo precisamente esse tipo de repensamento (ibidem, p. 298). Os revolucionários iranianos desejavam criar uma sociedade que era o "outro" absoluto na relação com o mundo moderno ocidental. Eles não desejavam pegar nada da "filosofia ocidental nem de seus fundamentos jurídicos e revolucionários. Em outras palavras, eles tentam apresentar uma alternativa baseada nos ensinamentos islâmicos" (ibidem, p. 298). Foucault disse que estava no Irã para observar e aprender. Tendo já mergulhado na história do cristianismo ocidental, ele esperava poder levar de volta para a Europa alguma coisa do movimento revolucionário do Irã.

Quando Parham perguntou a ele sobre o papel da religião no pensamento moderno social e político, Foucault apresentou uma de suas explicações mais claras sobre essa questão. Ele sugeriu que os movimentos revolucionários religiosos – independentemente de ser do tipo dos que ele estava testemunhando nas ruas de Teerã em 1978, ou daquele que a Europa tinha experimentado como parte da Revolução Inglesa do século XVII – poderiam fornecer um novo ponto de partida tanto no pensamento como na prática. Foucault relatou que um número de pessoas no Irã havia dito a ele que a declaração de Marx de 1843 de que a religião era "o ópio do povo" ou era errada ou não aplicável no caso daquela sociedade predominantemente xiita. Khomeini estava fazendo declarações semelhantes durante esse período, como visto na sua denúncia de 30 de outubro do marxismo que visava a atingir os estudantes iranianos no exterior:

> Eles dizem que o Islã é um ópio! Que a religião como um todo é um ópio!... [Quando na realidade] o profeta do Islã e outros muçulmanos lutaram contra os ricos. Agora [a oposição de esquerda] injetou o pensamento [nas mentes das pessoas] de que foram os ricos que introduziram a religião! Todas essas maquinações são feitas para que eles possam separá-los uns dos outros e do Corão (Khomeini, 1999, vol. 4, p. 240).

Foucault indicou que havia alguma coisa especial sobre o xiismo, aqui relembrando algumas das declarações do teórico islamista Ali Shariati. Foucault sugeriu que o xiismo tinha desempenhado um papel-chave em "incitar e fomentar um despertar político" no Irã, bem como um "papel de oposição" ("Diálogo", Ap., p. 299). O cristianismo tinha desempenhado um papel opositor semelhante em certos períodos da história europeia, especialmente nos movimentos religiosos e políticos do início do período moderno. Os movimentos religiosos tinham algumas vezes lutado contra os lordes feudais, contra o Estado e com os camponeses revolucionários. Aqui, Foucault destacou o movimento anabatista e seu papel nos levantes dos camponeses alemães do século XVI. Ele declarou que os anabatistas "rejeitaram o poder do Estado, da burocracia governamental, das hierarquias sociais e religiosas, tudo" (ibidem, p. 300). Eles também apoiavam o direito à consciência individual, bem como a independência de pequenos grupos religiosos, bem como a história da religião e a sua conexão com a política, que tinham que ser reestudadas, para fornecer uma base alternativa para um novo tipo de movimento revolucionário social. Foucault concluiu que a declaração de Marx sobre a religião como o ópio do povo estava correta para um período particular da história, a ascensão do capitalismo na Europa, quando o Estado e as Igrejas haviam entrado em conluio para induzir os trabalhadores a "aceitarem o seu destino". Contudo, na sua visão, a declaração de Marx não poderia ser considerada "uma afirmação geral válida para todas as eras do cristianismo ou para todas as religiões" (ibidem, p. 301).

A PRIMEIRA REPORTAGEM DE FOUCAULT DO IRÃ: OS CLÉRIGOS E OS CONSELHOS LOCAIS

A primeira reportagem de Foucault sobre o Irã, "O Exército – Quando a Terra Treme", foi publicada no dia 28 de setembro de 1978 no *Corriere della Sera*, poucos dias após o seu retorno à França (todas as suas reportagens no *Corriere* apareciam como tendo sido redigidas em Teerã, apesar de terem sido escritas em Paris após o seu retorno). Ele estava profundamente comovido com as organizações populares locais, que foram estabelecidas pelo clero xiita para socorrer as vítimas de um terremoto que tinha sacudido a cidade de Tabas um pouco antes de sua chegada ao Irã. Ele recordou um incidente em 1968 após um terremoto em Ferdows em que 26 mil pessoas morreram. Sob a liderança de um clérigo xiita, a comunidade local tinha-se desviado de uma equipe de ajuda que tinha sido enviada pelo governo realista:

> De um lado, havia a administração da cidade, o Ministério da Habitação e os notáveis. Mas um pouco além, os artesãos e os fazendeiros reconstruíram a sua própria cidade, em oposição a todos aqueles planos oficiais. Sob a direção de um clérigo, eles coletaram os fundos, construíram e cavaram com as próprias mãos, abriram canais e poços e construíram uma mesquita. No primeiro dia eles ergueram uma bandeira verde. A nova aldeia é chamada Islamiyeh. Enfrentando o governo e contra ele, Islã: já com dez anos de idade ("O Exército – Quando a Terra Treme", Ap., p. 305).

Foucault relacionava essa história ao terremoto presente em Tabas. Em 1978, os mulás também tiveram êxito em passar a mensagem de que as pessoas deveriam canalizar as suas contribuições de ajuda através deles e não através do governo. Ele considerava isso um desafio altamente importante ao regime Pahlavi modernista, que, de fato, tinha cuidado de forma muito insatisfatória da ajuda depois do terremoto em Tabas. Um repórter britânico observou que o exército tinha estocado os suprimentos de ajuda, mas se recusava inexplicavelmente a distribuí-los. Enquanto isso, os clérigos tinham rapidamente organizado programas de ajuda eficazes, incluindo cozinhas de campanha. As pessoas "em todas as ruas diziam o quanto o clero estava realizando, e quão pouco o governo estava fazendo". Contudo aquele jornalista também notou uma coisa que estava faltando totalmente no relato de Foucault, a presença de uma "terceira facção", que não era nem o exército nem o clero:

> Uma terceira facção consistia em estudantes radicais da Universidade de Mashhad, liderados pela Faculdade de Medicina. Eles estavam ocupados ministrando vacinas contra tifo, prestando primeiros socorros

e verificando os suprimentos de água, mas foram rápidos em criticar os esforços do clero como "propaganda", enquanto eram ainda mais críticos com relação ao esforço de ajuda oficial (Cooper, 1978, p. 38).

As associações populares possuem uma longa e complexa história no Irã do século XX, começando com a Revolução Constitucional de 1906-1911. Por um lado, quando um novo espaço democrático foi criado, seja em 1906-1911 ou em 1941-1953, muitos conselhos populares (*anjomans*) haviam feito demandas progressistas, democráticas, baseadas em classe, seculares ou até mesmo feministas. Por outro lado, desde a Revolução Constitucional, os clérigos xiitas opostos ao movimento democrático também tinham instituído seus próprios conselhos populares, frequentemente chamados de *islamiyehs*. Durante a Revolução Constitucional, os *islamiyehs* eram instituições culturais altamente conservadoras que abasteciam os clérigos com grupos de vigilantes para confrontações com os constitucionalistas, que eram apoiados por um grande corpo de mulás progressistas.[9] Os *islamiyehs* se opunham às demandas das associações populares mais liberais e esquerdistas e, abertamente, faziam campanha contra as minorias não muçulmanas do Irã e os democratas seculares. Em 1908, por exemplo, o conselho *islamiyeh* de Tabriz, no Azerbaijão, tinha sido o quartel-general das forças opostas à Revolução Constitucional. Em 1953, o aiatolá Abulqasem Kashani contava com sociedades populares islâmicas semelhantes na sua luta contra o regime nacionalista de Mossadeq, derrubado naquele ano pela CIA. Desde o seu exílio em 1963, Khomeini havia encorajado a formação de milhares de Conselhos de Coalizão Islâmicos, que agora existiam por todo o país. Essas associações populares levantavam dinheiro para os necessitados, mas também propagavam uma interpretação autoritária e intolerante do Islã. Infelizmente, Foucault pareceu não estar a par dessa história complicada.

---

[9] Para mais detalhes, ver Afary, 1996, capítulo 8.

O XÁ E O "PESO MORTO DA MODERNIDADE"

O segundo artigo de Foucault sobre o Irã, publicado em 1º de outubro, mostra uma conexão mais óbvia com os temas mais amplos de seu trabalho, especialmente a sua crítica da modernidade. O título proposto por Foucault para essa segunda peça, "O Peso Morto da Modernidade", modificado pelos editores do jornal para um título mais modernista, "O Xá Está Cem Anos Atrás dos Tempos", sugeria uma continuidade substancial entre a sua crítica geral da modernidade e seus escritos sobre o Irã. Esse foi o artigo que os estudantes iranianos iriam traduzir ao persa e colocar nos muros da Universidade de Teerã.

Nesse artigo, Foucault salientou a natureza dependente da modernização do Irã e o sucesso limitado do Reza Xá na construção de uma política coerente de nacionalismo e secularismo:

> [O Reza Xá] tinha três objetivos que tomou emprestado de Mustafá Kemal: nacionalismo, secularismo e modernização. Os Pahlavis nunca foram capazes de alcançar os primeiros dois objetivos. Quanto ao nacionalismo, eles nem puderam nem souberam como se livrar das limitações da geopolítica e da riqueza do petróleo. O pai se colocou sob o domínio inglês a fim de manter distante a ameaça russa. O filho substituiu os ingleses pelo controle político, econômico e militar dos americanos para evitar a penetração soviética. Para o secularismo, as coisas estavam igualmente difíceis ("O Xá Está Cem Anos Atrás dos Tempos", Ap., p. 317).

Embora correto, em sua avaliação, de que o projeto de modernização do Reza Xá tinha sido muito menos bem-sucedido do que o de Ataturk na Turquia, Foucault parecia negar o fato de que Reza Xá tinha sido capaz de gerar um grau de apoio para a sua agenda dentro do Irã.

De forma mais significativa, a objeção de Foucault não era contra a natureza limitada dessa modernização, mas contra o próprio princípio de modernização. Ele argumentava que no que dizia respeito ao povo iraniano, essa modernização é que está sendo agora totalmente rejeitada, não apenas por conta dos problemas que eles tiveram, mas também por causa do seu próprio princípio. Com a presente agonia do regime, testemunhamos os últimos momentos de um episódio que começou há quase sessenta anos, a tentativa de modernizar os países islâmicos de acordo com um estilo europeu ("O Xá...", Ap., p. 317-18).

A referência anterior de Foucault sobre "sessenta anos atrás" foi muito importante, porque foi em maio de 1919, quase exatamente sessenta anos antes, que Ataturk tinha começado a dominar a política turca. Portanto, Foucault estava descartando toda uma era no mundo islâmico como um mero "episódio" que tinha agora acabado. Além das reformas na Turquia e no Irã, essa era havia incluído reformas radicais educacionais e sociais nas sociedades predominantemente muçulmanas na Ásia Central dominada pelos soviéticos e reformas em outros lugares no Oriente Médio, indo do Egito ao Afeganistão. Onde tudo isso deixava os leitores com uma mente secular no mundo muçulmano não era claro.

Foucault também zombava dos "ambiciosos" tecnocratas iranianos, que "não entenderam que no Irã de hoje é a modernização que é o peso morto" ("O Xá...", Ap., p. 318). A cola que mantinha inteiro o regime de Pahlavi, essa estranha mistura de despotismo e modernização, chamava-se "corrupção". Ela descontentava todo mundo desde a elite agrária aos mercadores dos bazares:

> É verdade que todos os grandes esforços levados a cabo pelo regime desde 1963 estão sendo agora rejeitados, por todas as classes sociais. Não são apenas os grandes proprietários de terra que estão descontentes com a reforma agrária, mas também os pequenos agricultores, que assumem dívidas assim que recebem um pedaço de terra e, depois, são forçados a emigrar para a cidade. Os artesãos e os pequenos fabricantes estão descontentes, porque a criação de um mercado interno beneficiou principalmente os produtos estrangeiros. Os mercadores dos bazares estão descontentes porque as formas

atuais de urbanização os sufocam. As classes ricas, que contavam com um certo nível de desenvolvimento industrial nacional e que agora só podem imitar a casta governante colocando o seu capital nos bancos californianos ou em imóveis parisienses, também estão descontentes (ibidem, p. 316).

Antes que ele deixasse a França, todo mundo lhe dizia que o "Irã estava passando por uma crise de modernização" em que membros de sua "sociedade tradicional" não queriam seguir este caminho, e, sim, "buscar abrigo em um clero retrógrado" (ibidem, p. 314).

Em relação a isso, Foucault concluiu, implicitamente se colocando em uma posição pós-moderna, que a modernização havia se tornado um "arcaísmo":

> Então senti que tinha compreendido que os eventos recentes não significavam um recuo em face da modernização por elementos extremamente retrógrados, e, sim, a rejeição, por toda uma cultura e todo um povo, de uma *modernização* que é ela própria um *arcaísmo*. O azar do xá foi ter desposado esse arcaísmo. Seu crime é ter mantido, por meio de um sistema corrupto e despótico, aquele fragmento do passado em um presente que não mais o quer. Sim, modernização como um projeto político e um princípio de transformação social é uma coisa do passado no Irã ("O Xá...", Ap., p. 315-16).

Portanto, o plano do xá de secularização e modernização, herdado de seu pai Reza Xá, um ditador brutal conhecido por "seu famoso olhar", era em si retrógrado e arcaico ("O Xá...", Ap., p. 318). Aqui a alusão a sua obra *Vigiar e Punir* era bem clara: os xás Pahlavi eram os guardiães de um Estado disciplinar modernizador que sujeitava todo o povo do Irã ao olhar intenso de seus suseranos, mais recentemente através da SAVAK.

Alguns intelectuais franceses, porém, eram mais críticos com relação ao movimento islâmico. Um exemplo é um trecho publicado em 30 de setembro em *Le Monde* intitulado "O Futuro É Fundamentalista", escrito pelo novelista e poeta Gabriel Matzneff, que tinha vivido por muitos anos na Tunísia e em outras terras árabes.[10]

Como Foucault, ele reconhecia que o islamismo estava avançando rapidamente, "das areias da Líbia às cidades do Irã". Contrariamente a Foucault, entretanto, Matzneff (1978) tocava uma nota discordante quando ele se referia às "belezas severas do Corão" e apontava que "o Corão e o Livro do Levítico apresentam uma semelhança de família". O capítulo 20 do Livro de Levítico, devemos recordar-nos, determinava a pena de morte para o adultério e a homossexualidade, bem como a morte por apedrejamento por bruxaria. Embora o tom negativo do comentário de Matzneff tenha sido uma exceção (Rezvani, 1978; Bromberger e Digard, 1978), poucos comentaristas franceses naquele momento foram tão acríticos em relação ao movimento islâmico como foi Foucault. Diversos outros (Jospin, 1978; Gueyras, 1978) deram uma atenção muito maior e mais favorável à oposição secular do que ele estava fazendo no *Corriere della Sera*.

"FÉ CONTRA O XÁ"

No dia 20 de setembro, durante a sua primeira visita ao Irã, Foucault viajou a Qom para encontrar o aiatolá Shariatmadari, que na ocasião era o membro mais proeminente da oposição islâmica operando abertamente dentro do país. Enquanto ele havia se aliado a Khomeini naquele momento, Shariatmadari era menos entusiasta da ideia de uma República Islâmica. Por exemplo, como

---

[10] Em Túnis, Matzneff se tornou amigo de Jalila Hafsia, a proprietária de um café literário que, como discutiremos no capítulo 5, também era amiga de Foucault durante a sua estada na Tunísia durante a década de 1960. Ver Hafsia, 1981, onde ela registra as suas conversações sobre política e cultura com Foucault, Matzneff, Maxime Rodinson, Georges Balandier, Anaïs Nin e outros intelectuais notáveis que passaram por seu café.

um tradicionalista, ele se recusava a excluir a possibilidade de uma monarquia constitucional. Claro, ele queria algumas restrições em nome do Islã, como um fim à coeducação e à venda de álcool, mas também sugeria que depois da saída do xá, os clérigos deveriam se retirar da política.[11] No final de 1979, ele começou a expressar reservas quanto à natureza do novo regime islâmico, após o qual ele foi colocado de lado e sob prisão domiciliar.

De acordo com uma testemunha, seu filho, Hassan Shariatmadari, e membros do Comitê pela Defesa da Liberdade e Direitos Humanos estavam lá, no dia 20 de setembro, e encenando uma participação na residência do aiatolá. Foucault chegou no meio de tudo isso e testemunhou a polícia romper com essa participação violentamente (comunicação pessoal de Hassan Shariatmadari, 12 de dezembro de 2002). O próprio Foucault pode ter apanhado da polícia (comunicação pessoal de Ahmad Salamatian, 12 de dezembro de 2002). Durante a conversa de Foucault com Shariatmadari, Mehdi Bazargan, o fundador do Comitê para a Defesa da Liberdade e dos Direitos Humanos, e o futuro primeiro-ministro da República Islâmica, que, como Shariatmadari, foi colocado de lado mais tarde por ser muito moderado, serviu como intérprete. Em retrospecto, Hassan Shariatmadari reclamou que Foucault havia ignorado as reservas que seu pai tinha expressado durante aquela conversação sobre a noção de uma República Islâmica.

Em "Teerã: A Fé Contra o Xá", um artigo de 8 de outubro no *Corriere della Sera* com base, em grande parte, nesse encontro, Foucault observou que as políticas de modernização do Irã tinham expulsado os camponeses para as cidades. Lá, ele observou perceptivamente

---

[11] Para detalhes sobre essas diferenças com Khomeini, ver especialmente a contribuição de Richard para Keddie, 1981. Ver também Hussain, 1985. Em uma entrevista de outubro de 1978 para um repórter americano, Shariatmadari mostrou alguma hostilidade para com a igualdade das mulheres, mas também um grau de tolerância em relação às minorias religiosas (Kraft, 1978).

que eles muitas vezes encontravam apenas desemprego, mais tarde buscando refúgio nas mesquitas:

> "A esta altura, que mais sobrou para eles?" é uma pergunta frequente. Eles foram expelidos de sua existência tradicional. Sem dúvida, a vida deles era limitada e precária. Contudo, ao arrancá-los de suas terras e de suas oficinas, ao lhes prometerem um salário que só podia ser encontrado nos serviços de terraplanagem ou na construção civil (e isso apenas esporadicamente), eles acabam expostos ao desemprego permanente. Deslocados dessa maneira, que refúgio lhes sobra a não ser o que eles encontram na mesquita e nas comunidades religiosas? ("Teerã: A Fé Contra o Xá", Ap., p. 322).

Foucault continuou a observar o dilema dos camponeses deslocados e sua gravitação ao redor do movimento islâmico: "Onde se pode buscar proteção, isto é, quando ela pode ser encontrada, senão neste Islã, que por séculos governou a vida diária, os laços de família e as relações sociais com tanto cuidado?" (ibidem, p. 323; ênfase acrescentada). Aqui Foucault havia fundido a busca por uma identidade pessoal autêntica – o encontro daquilo "que se é" – com um retorno ao Islã tradicional.

Agora ele começou a resumir os comentários de um sociólogo iraniano sobre o Islã:[12] "O seu rigor e sua imobilidade não constituíram a sua boa fortuna? Um sociólogo me falou sobre o seu 'valor como um refúgio'". Foucault, inspirado como ele estava pelo poder mobilizador do Islã xiita, criticou a expressão do sociólogo iraniano sobre a "imobilidade" do Islã: "A mim me parece, todavia, que este homem, que conhecia bem o seu país, pecou (por discrição, talvez, na frente do europeu que sou) por uma excessiva ocidentalização" ("Teerã...", Ap., p. 323). A essa altura, alguma coisa chocante emergiu dos escritos de Foucault sobre o Irã. De um lado, quando confrontado com uma voz iraniana que era menos religiosa, mais esquerdista ou

---

[12] Provavelmente Ehsan Naraghi, que é discutido neste capítulo e depois no capítulo 5.

mais "ocidental", Foucault parecia sugerir que tal pensamento não era autenticamente iraniano. Por outro lado, ele parecia ver como autênticos aqueles iranianos (incluindo os ex-esquerdistas e secularistas) que haviam passado a apoiar Khomeini acriticamente. Foucault via somente esse último grupo como a voz verdadeira e autóctone iraniana. "E sei de um estudante, 'de esquerda', de acordo com as nossas categorias, que tinha escrito em letras garrafais 'Governo Islâmico', no cartaz em que tinha escrito as suas demandas e que estava agora segurando com os braços esticados." (ibidem, p. 324).

Considerando os sermões raivosos do clero xiita, ele os comparava com os daquele líder religioso italiano Girolamo Savonarola do século XV e dos primeiros revolucionários protestantes:

> Nas mesquitas durante o dia, os mulás faziam um discurso furioso contra o xá, os americanos, o Ocidente e seu materialismo. Eles conclamavam as pessoas a lutarem contra todo o regime em nome do Corão e do Islã. Quando as mesquitas ficaram pequenas demais para a multidão, alto-falantes foram colocados nas ruas. Essas vozes, que soavam tão terríveis quanto deve ter soado a voz de Savonarola em Florença, as vozes dos anabatistas em Münster ou às dos presbiterianos à época de Cromwell, ecoavam por toda a aldeia, por toda a vizinhança ("Teerã...", Ap., p. 324-25).

Foucault também registrou os rituais de martírio que eram usados para homenagear os jovens muçulmanos mortos na luta contra o regime: "Lanternas brancas, vermelhas e verdes foram acesas ao cair da noite em grandes galhos de árvores na frente de centenas de casas. Eram os 'leitos nupciais' dos rapazes recém-assassinados" (ibidem, p. 324). As cores eram as da bandeira nacional do Irã, cujo verde representava o Islã, ao passo que "os leitos nupciais" dos jovens que haviam morrido sem se casarem era um costume funerário comum nas comunidades muçulmanas.

A religião, Foucault argumentava, era o princípio de definição do povo iraniano e o seu modo peculiar de resistência:

Sabe qual é a frase que irrita mais os iranianos, aquela que parece a eles a mais idiota, a mais burra? "A religião é o ópio do povo." Até a época da presente dinastia, os mulás pregavam com uma arma ao seu lado nas mesquitas. Cerca de 90% dos iranianos são xiitas. Eles aguardam o retorno do Décimo Segundo Imame, que criará o reino da ordem verdadeira do Islã sobre a terra. Enquanto esse credo não anuncia todos os dias que o grande evento ocorrerá amanhã, ele também não aceita indefinidamente toda a miséria do mundo. Quando encontrei o aiatolá Shariatmadari (ele é indubitavelmente a maior autoridade espiritual no Irã hoje), uma das primeiras sentenças que ele balbuciou para mim foi: "*Estamos aguardando o Mahdi, porém todos os dias lutamos por um bom governo*". O xiismo, em face dos poderes estabelecidos, confere aos fiéis uma inquietação incansável. Ela instiga neles um ardor em que a política e a religião estão lado a lado. (ibidem, p. 325-26; ênfase acrescentada).

Todavia, ele escolheu ignorar a frase anterior muito cuidadosamente formulada de Shariatmadari, clamando por "bom governo" agora, enquanto se aguardava o aparecimento posterior do *Mahdi* ou salvador, que era de alguma forma diferente do clamor de Khomeini pelo estabelecimento imediato de um governo islâmico.

Foucault também parecia ver os sermões dos clérigos em 1978 como a expressão não mediada do desejo popular das massas: "Esses homens da religião são como muitas chapas fotográficas em que a raiva e as aspirações da comunidade são gravadas" (ibidem, p. 327). Além disso, Foucault salientava "a sabedoria e os sacrifícios exemplares dos imames", que tinham sido perseguidos pelo governo corrupto dos califas, esses aristocratas arrogantes que tinham esquecido o velho sistema de justiça igualitário (ibidem, p. 326). Não apenas Foucault estava enrabichado pela retórica revolucionária do xiismo militante, como também papagaiava os preconceitos xiitas contra os muçulmanos sunitas. Dentre estes estava a alegação de que os imames xiitas (os doze descendentes do Profeta Maomé, começando com Ali) eram todos líderes religiosos igualitários, ao passo que os primeiros califas sunitas eram todos corruptos.

Depois de muitos outros elogios para os imames xiitas e clérigos, Foucault parecia finalmente qualificar o seu argumento levemente, em uma tentativa aparente de evitar soar ingênuo aos seus leitores: "Não vamos enfeitar as coisas. O clero xiita não é uma força revolucionária" (ibidem, p. 327). Ele reconhecia que era parte do estabelecimento e observou que um deles, o aiatolá Abulqasem Kashani, tinha feito oposição a Mossadeq em 1953. Ele parecia ver esse incidente como uma aberração, contudo, pois ele agora repetia essa explicação que os islamistas tinham evidentemente dado a ele, de que isso violava o espírito vigente na maioria dos clérigos, que estavam "muito frequentemente do lado dos rebeldes" (ibidem, p. 327).

O xiismo, ele continuava, era a própria linguagem do descontentamento e revolta de massa, não apenas em 1978, mas também ao longo da história iraniana:

> É muito mais do que um simples vocabulário por meio do qual as aspirações, incapazes de encontrar outras palavras, têm que passar. É hoje o que foi diversas vezes no passado, a forma que a luta política assume tão logo ela mobilize as pessoas comuns. Ela transforma milhares de formas de descontentamento, ódio, miséria e desespero em uma *força*. Ela as transforma em uma força porque é uma forma de expressão, um modo de relações sociais, uma organização elemental flexível e amplamente aceita, um modo de estarem juntos, um modo de falar e de ouvir, alguma coisa que permite que alguém possa ser ouvido por outros e de aspirar a alguma coisa que está neles, ao mesmo tempo que eles aspiram a ela ("Teerã...", Ap., p. 327-28).

Infelizmente, ele parecia não estar a par do fato de que o xiismo foi primeiro imposto à maioria da população tão tarde quanto a dinastia Safávida do século XVI. Ele também ignorou o fato de que, apesar dos choques ocasionais sobre influência e autoridade, as instituições religiosas permaneceram ostensivamente comprometidas com os governantes. Os seus desafios ao Estado foram frequentemente sobre reformas sociais e políticas que ameaçavam minar a classe existente, religiosa ou a hierarquia no sexo.

Em vez disso, Foucault continuava batendo na mesma tecla, sugerindo que os mulás eram uma força de oposição profundamente enraizada, até mesmo "irredutível" aos poderes constituídos, e não apenas em 1978:

> A Pérsia tem tido um destino surpreendente. No alvorecer da história, inventou o Estado e o governo. Ela deu ao Islã os seus modelos de Estado e governo, e seus administradores administraram o império árabe. Desse mesmo Islã, porém, ela derivou uma religião que, ao longo dos séculos, nunca deixou de conferir força *irredutível* a tudo que vem das profundezas de um povo que pode se opor ao poder do Estado (ibidem, p. 328; ênfase acrescentada).

Aqui todos os qualificadores foram removidos, e o clero xiita ficava sozinho como uma força popularmente enraizada que tinha lutado contra a tirania ao longo dos séculos. Além do mais, ao usar o termo *irredutível*, para se referir ao Islã xiita, Foucault parecia fazer um ponto filosófico. Como veremos a seguir, ele iria empregar o termo *irredutível* em diversas conjunturas cruciais em seus escritos sobre o Irã, usando-o, por exemplo, como um adjetivo se referindo a Khomeini. Dois significados básicos provavelmente ele queria usar aqui: (1) Alguma coisa que é irredutível não pode ser reduzida (essencializada) a alguma coisa mais básica, ou separada em elementos constituintes; portanto, o islamismo não era uma mera ideologia por trás da qual pairavam contradições "reais" econômicas ou sociais, como um marxismo "reducionista" poderia sugerir. (2) Alguma coisa que é irredutível não pode ser facilmente cooptada, subjugada ou conquistada, no sentido de uma fortaleza que não pode ser reduzida por seus inimigos. E como vimos no capítulo 1, a noção de irredutibilidade já tinha se tornado um aspecto crucial na teoria de resistência de Foucault, articulada dois anos antes em sua obra *História da Sexualidade*.

O ENCONTRO DE FOUCAULT COM O AIATOLÁ KHOMEINI E A "ESPIRITUALIDADE POLÍTICA"

Quase imediatamente após a chegada de Khomeini à França em 6 de outubro, Foucault foi ver Bani-Sadr, esperando que lhe fosse concedida uma entrevista com o aiatolá. De acordo com o seu biógrafo, Didier Eribon, "Foucault pediu a Bani-Sadr que explicasse ao aiatolá que seria melhor evitar denunciar o xá muito violentamente porque ele poderia se arriscar a uma expulsão imediata" (1991, p. 285-86). Khomeini, de fato, suavizou a sua linguagem nessa e em outras questões, como mencionado anteriormente. Alguns dias mais tarde, foi concedida a Foucault uma entrevista com Khomeini em sua residência fora de Paris:

> Durante a visita a Neauphles com Ahmad Salamatian e Thierry Mignon, Foucault testemunhou um pequeno incidente. Um mulá do *entourage* de Khomeini queria impedir uma jornalista alemã de entrar no jardim porque ela não estava usando um véu. Salamatian protestou: "Essa é a imagem que você quer transmitir de seu movimento?". O filho do aiatolá e o seu genro intervieram, censurando o mulá por ser excessivamente zeloso. A jornalista alemã foi autorizada a entrar. Durante a sua viagem de retorno no carro, Foucault comentou o quão impressionado ele tinha ficado, enquanto estava no Irã, em ver como o uso do véu havia se tornado um gesto político; as mulheres que não tinham o hábito de usá-lo insistiam em fazê-lo para participar das passeatas (Eribon, 1991, p. 286).

Essa breve visita pareceu apenas intensificar o entusiasmo de Foucault por Khomeini e pela ala islâmica do movimento.

Entretanto, apesar de suas tentativas de projetar uma imagem mais tolerante e moderada de si mesmo em suas entrevistas em Neauphle-le-Château, mesmo nessa conjuntura Khomeini ocasionalmente revelava a profundidade de sua hostilidade para com a Frente Nacional, a esquerda e as minorias iranianas não muçulmanas (incluindo os zoroastrianos), e qualquer um que ele achasse que estava atrapalhando a caminhada em direção a um governo islâmico. Em um discurso feito em 8 de outubro aos estudantes iranianos no início do ano escolar, Khomeini denunciou os professores que não apoiavam a sua visão de revolução:

> Se vocês virem que seus professores, seus mestres ou líderes da nação estão se afastando de suas obrigações nacionais e religiosas, à frente das quais está a obrigação de erradicar este regime decrépito, vocês precisam protestar veementemente e *mostrar a eles o modo da nação, que é o modo de Deus*. Se eles não aceitarem [o argumento], então os evitem e claramente expliquem seu desvio de comportamento às pessoas inocentes. [Digam] que [os professores] são traidores da religião, da nação e do país, que eles querem o xá e seus donos, os ladrões internacionais, para continuarem a saquear e a manter a nação pobre e atrasada (Khomeini, 1999, vol. 3, p. 486; ênfase acrescentada).

Em uma entrevista em 12 de outubro à BBC, Khomeini deu a entender que tinha em mente um caminho autoritário para o Irã, quando declarou que não tinha nenhuma intenção de restaurar a Constituição de 1906-1907. Ele a chamou de "uma coisa velha e reacionária", acrescentando que "a lei islâmica é a lei mais progressista" (ibidem, vol. 3, p. 514-15).

Em 26 de outubro novamente falando em persa, Khomeini castigou o regime por conceder liberdades civis aos zoroastrianos, declarando que o governo do xá tinha

> resultado no desenvolvimento da idolatria ao fogo [zoroastrianismo] e ao fortalecimento dos adoradores do fogo e ao aprofundamento dos princípios da injustiça, principalmente no Irã... Da mesma forma, os zoroastrianos dos Estados Unidos... o agradeciam. Eles escreveram que "nenhum outro líder havia apoiado e glorificado a nossa religião como sua alteza o fez". Agora, quando tudo isso vai acabar. Graças a Deus, nossa nação despertou, ainda que um pouco tardiamente, e não permitiu que ele continuasse com tais ações (Khomeini, 1999, vol. 4, p. 161-62).

Aqui, Khomeini estava continuando com seus ataques anteriores aos judeus, aos *Baha'is* e a outros iranianos não muçulmanos.[13]

Durante esse período, quando as greves nacionais começaram, Foucault decidiu publicar suas opiniões sobre o Irã em francês pela primeira vez. Intitulado "Com o que os Iranianos Estão Sonhando?", seu artigo apareceu em 16 de outubro na revista semanal de esquerda de ampla circulação *Le Nouvel Observateur*, cujo editor principal era amigo de Foucault desde os anos 1960.[14] *Le Nouvel Observateur* nomeou Foucault como seu "correspondente especial" no Irã. Com uma foto de um Khomeini contemplativo, presumivelmente do lado de fora de sua nova residência na França, os editores resumiram o ponto principal de Foucault de forma provocante, debaixo do título: "Talvez os súditos rebeldes do xá estejam no processo de busca por aquilo que nós nos esquecemos por tanto tempo na Europa: uma espiritualidade política".

No artigo, Foucault mencionou uma observação feita por um opositor iraniano: "Eles nunca irão nos libertar por vontade própria. Da mesma forma que eles fizeram no Vietnã". Sublinhando a importância estratégica do Irã para Washington, Foucault acrescentou:

---

[13] O caráter da intolerância religiosa de Khomeini podia ser visto em um ensaio anterior, "Governo Islâmico" (1970): "Temos que gritar e conscientizar as pessoas de que os judeus e seus patrocinadores ocidentais são opostos à essência do Islã e querem formar um governo judeu mundial. Porque eles são um povo malicioso e industrioso, eu receio, que Deus não permita que algum dia eles possam atingir o seu objetivo. Em outras palavras, nossas fraquezas poderão trazer um dia em que um governador judeu nos governe, que Deus jamais traga este dia!... Em nossa Teerã, centros missionários cristãos, sionistas e *baha'i* são formados para desviar as pessoas dos ensinamentos do Islã. Não será a nossa responsabilidade destruir tais centros que ferem o Islã?" (p. 153).

[14] As memórias de Jean Daniel atestam os seus laços próximos intelectuais e pessoais com Foucault, que está entre aqueles que ele "consultava mais" sobre questões difíceis (Daniel, 2002, p. 77). Em 1979, Foucault escreveu um prefácio para um dos livros de Daniel. Após a morte de Foucault, Daniel escreveu o prefácio de uma reimpressão de 1989 de *As Palavras e as Coisas*.

Eu queria responder que eles estão menos prontos para saírem do Irã do que do Vietnã por causa do petróleo, por causa do Oriente Médio. (...) Será que os americanos irão forçar o xá em direção a uma nova demonstração de força, uma segunda "Sexta-feira Negra"? O reinício das aulas na universidade, as greves recentes, os distúrbios que estão começando uma vez mais e os festivais religiosos do mês seguinte poderiam criar tal oportunidade. O homem com a mão de ferro é Moghadam, o líder atual da SAVAK. Este é o plano B, que, no momento, não é nem o mais desejável nem o mais provável ("Com o que os Iranianos Estão Sonhando?", Ap., p. 329).

Contrário a esse sistema de poder, Foucault escreveu, havia "um imenso movimento vindo debaixo" que tinha enfrentado os tanques do xá. Seus *slogans* incluíam não apenas "Morte ao xá", mas também "Islã, Islã, Khomeini, iremos te seguir" ("Com o que os Iranianos Estão Sonhando?", Ap., p. 331). Foucault descreveu a luta corrente quase que em termos míticos: "A situação no Irã pode ser entendida como uma grande luta sob emblemas tradicionais, a do rei e a do santo, o governante armado e o exilado destituído, o déspota enfrentado pelo homem que está com as mãos nuas e que é aclamado por um povo" (ibidem). Aqui há a evocação de um motivo cultural que capturava a teatralidade do conflito, mas permanecia fora da história.

Foucault escreveu que entre o xá e as massas olhando para Khomeini havia um grupo apaziguador que queria confinar o movimento dentro de categorias modernistas. Para Foucault, aqui ecoando a posição islâmica, estas incluíam a esquerda secular, bem como as forças próximas ao regime:

> Independentemente de serem assessores do xá, peritos americanos, tecnocratas do regime ou grupos da oposição política (sejam eles da Frente Nacional ou aqueles mais "orientados ao socialismo"), durante essas últimas semanas, todos concordaram mais ou menos de bom grado em tentar uma "liberalização interna acelerada" ou deixar que ela ocorra ("Com o que os Iranianos Estão Sonhando?", Ap., p. 330).

Os "políticos" da oposição, ele escreveu, ainda que se a ditadura fosse abolida, tomariam o controle, e Khomeini teria, então, que recuar para os bastidores. Esses políticos pensavam que Khomeini não tinha nenhum programa, que ele tinha ascendido a uma proeminência temporária porque todos os partidos políticos tinham sido abolidos desde 1963. Ao atacar essas avaliações, Foucault estava, de fato, interpretando o equilíbrio de forças de forma muito mais correta do que a maioria dos oposicionistas seculares e seus apoiadores ocidentais.

Foucault observou que tinha falado não com "políticos profissionais", mas sim com "líderes religiosos, estudantes, intelectuais interessados nos problemas do Islã e também com ex-guerrilheiros que tinham abandonado a luta armada em 1976 e tinham decidido trabalhar de forma totalmente diferente, dentro da sociedade tradicional". Ele tinha achado que essas pessoas não estavam falando de "revolução", mas muito frequentemente de "um governo islâmico" ("Com o que os Iranianos Estão Sonhando?", Ap., p. 332). Algumas características específicas do Islã xiita explicavam esse apoio de massa pela política islâmica, ele concluía:

> De fato, o Islã xiita exibe um número de características que provavelmente dará ao desejo por um "governo islâmico" uma coloração particular. Com relação à sua organização, há ausência de hierarquia no clero, certa independência dos líderes religiosos em relação aos outros, mas uma dependência (mesmo financeira) daqueles que os escutavam e uma importância dada à autoridade puramente espiritual. O papel, tanto de ressonância como de liderança, que o clero tem que desempenhar a fim de sustentar a sua influência – é disso que a organização se trata. Quanto à doutrina xiita, há o princípio de que a verdade não foi concluída e selada pelo último profeta. Após Maomé, um outro ciclo de revelações se inicia, o ciclo não terminado dos imãs, os quais, pelas suas palavras e seu exemplo, bem como por seu martírio, carregam a luz, sempre a mesma e sempre mudando. É essa luz que é capaz de iluminar o direito por dentro. Este último é feito não apenas para ser

conservado, mas também para liberar ao longo do tempo o significado espiritual que detém. Ainda que invisível antes de seu retorno prometido, o Décimo Segundo Imame não está nem radical nem fatalmente ausente. São as próprias pessoas que farão com que ele volte, à medida que a verdade que as desperte as ilumine ainda mais (ibidem, p. 333).

Como já era previsto, Foucault estava delineando um contraste com a Igreja Católica, que apontava seus clérigos de cima, ao passo que a liderança no Islã xiita era baseada na educação, treinamento, base financeira de apoio e influência. Além disso, Foucault sugeriu que tudo isso conduziria a uma sociedade mais aberta, notando que quando encontrou Shariatmadari, o aiatolá "estava cercado por diversos membros do Comitê sobre os Direitos Humanos do Irã" (ibidem, p. 334).

Resumindo o que um "líder religioso" havia dito a ele sobre um "governo islâmico", Foucault informou entusiasmadamente:

> Uma coisa tem que ficar clara. Por "governo islâmico", ninguém no Irã entende um regime político em que os clérigos teriam um papel de supervisão ou controle. Para mim, a frase "governo islâmico" parecia apontar para duas ordens de coisas.
> "Uma utopia", alguns me disseram sem nenhuma implicação pejorativa. "Um ideal", a maioria deles me disse. De qualquer forma, é alguma coisa muito velha e também muito longe no futuro, uma noção de retorno àquilo que o Islã era na época do Profeta, mas também em avançar em direção a um ponto luminoso e distante onde seria possível renovar a fidelidade em vez de manter obediência. Na busca desse ideal, a desconfiança para com o legalismo parecia ser essencial, com fé na criatividade do Islã.

Foucault continuava desta maneira efusiva:

> Uma autoridade religiosa me explicou que ainda iria demandar um longo trabalho pelos especialistas civis e religiosos, acadêmicos e crentes, a fim de lançar luz sobre todos os problemas para os quais o Corão nunca disse que tinha uma resposta precisa. Mas é possível encontrar algumas direções gerais aqui: o Islã valoriza o trabalho; ninguém pode ser privado dos frutos do seu trabalho; aquilo que tem que pertencer a

todos (água, o subsolo) não pode ser apropriado por ninguém.[15] Com relação às liberdades, serão respeitadas à medida que o seu exercício não prejudique outros; as minorias serão protegidas e livres para viverem como quiserem sob a condição de que não prejudiquem a maioria; entre homens e mulheres não haverá desigualdade com respeito às leis, mas diferença, uma vez que há uma diferença natural. Com relação à política, as decisões devem ser tomadas pela maioria, os líderes devem ser responsáveis pelas pessoas e cada pessoa, como exposto no Corão, deve ser capaz de se erguer e exigir que os governantes prestem contas de seu governo (ibidem, p. 334-35).

Os críticos de Foucault iriam citar diversas das formulações anteriores.

Em sua própria defesa, em debates posteriores Foucault enfatizaria que ele também tinha mencionado em seu artigo que alguns dos pronunciamentos anteriores não eram "muito tranquilizadores". É importante, porém, especificar a natureza de suas dúvidas, ou seja: "As definições de um governo islâmico (...) parecem para mim ter uma clareza familiar, mas preciso dizer, não muito reconfortante. 'Essas são as fórmulas básicas para a democracia, seja ela burguesa ou revolucionária', eu disse. 'Desde o século XVIII até agora, não cessamos de repeti-las, e vocês sabem aonde isso nos levou'" (ibidem, Ap., p. 335). Portanto, o problema de Foucault com a visão islamista que ele tinha evocado anteriormente não estava centrado nos direitos das mulheres, ou no perigo de um autoritarismo clerical. Em vez disso, o perigo que ele via pairando debaixo da sublevação iraniana era o de democracia liberal. Aparentemente, as suas dúvidas fluíam de suas duas décadas de trabalho teórico expondo as características confinantes e opressivas das modernas formas de poder político e social que haviam crescido com a democracia liberal.

Foucault também aludia ao movimento islâmico como "uma forma de 'vontade política'" e a sua espiritualização da política:

---

[15] Trata-se aparentemente de uma referência aos depósitos de petróleo.

Não me sinto confortável falando de governo islâmico como uma "ideia" ou mesmo como um "ideal". Ele me impressionou como uma forma de "vontade política". Ele me impressionou nos seus esforços de criticar estruturas que são inseparavelmente sociais e religiosas em resposta aos problemas atuais. Ele também me impressionou em sua tentativa de abrir uma dimensão espiritual na política (ibidem, p. 337).

Foi este elemento, "uma dimensão espiritual na política", que estava no centro do interesse de Foucault pela Revolução Iraniana. Também crucial aqui foi uma outra noção, a da "vontade política" do povo iraniano, que ele logo iria descrever como perfeitamente unificada. Ele concluiu seu artigo se referindo ao lugar crucial da "espiritualidade política" no Irã e à perda de tal espiritualidade nos primórdios da Europa moderna. Isso era uma coisa, ele escreveu, "cuja possibilidade nos esquecemos desde a Renascença e as grandes crises do cristianismo". Preparado para as respostas rigorosas que ele sabia que essas opiniões receberiam no mundo altamente carregado do debate intelectual parisiense, ele disse que já podia "ouvir os franceses rindo" de tal formulação. Mas, redarguiu, "eu sei que eles estão errados" (ibidem, p. 338). Essa evocação de "espiritualidade política" certamente estava destinada a provocar controvérsia na França, um país cuja cultura política e intelectual era a mais determinantemente secular de qualquer país ocidental.[16] E mais ainda, Foucault não havia limitado as suas observações sobre o Irã, que por si só já teriam sido controversas o suficiente para os leitores franceses, mas também sugeriu que a própria França tinha lições para aprender da espiritualidade política iraniana.

---

[16] Essa não foi a primeira vez que Foucault havia utilizado a frase "espiritualidade política". Em uma mesa-redonda em maio de 1978, que foi relativamente ignorada, sobre *Vigiar e Punir* com um grupo de historiadores franceses, ele tinha mencionado a "espiritualidade política" como uma alternativa à hiperracionalidade do aparato disciplinador moderno (1978c, p. 30).

A falta no artigo de uma crítica sustentada ou mesmo de um questionamento sobre o khomeinismo era o mais impressionante. Mesmo nesse período inicial, quando o caráter repressivo e obscurantista do khomeinismo ainda não era aparente e muitos comentaristas esquerdistas e liberais também estavam expressando entusiasmo pela revolução que estava ocorrendo no Irã, os escritos de Foucault se destacam dentre aqueles de seus contemporâneos com seu entusiasmo acrítico pelo movimento islâmico do Irã.

O DEBATE COM "ATOUSSA H.", UMA IRANIANA DA ESQUERDA

A sugestão de Foucault de que o seu artigo no *Le Nouvel Observateur* geraria controvérsia mostrou ser correta, talvez mais do que ele havia antecipado. Um de seus amigos mais próximos, o editor da Gallimard, Claude Mauriac, mais tarde se recordou de uma conversa particular em que ele havia expressado reservas a Foucault com relação ao seu apoio pela "espiritualidade política". Mauriac relembrou essa conversação em suas memórias, em uma entrada para o dia 23 de novembro de 1978:

> MAURIAC: Eu li o seu artigo no *Le Nouvel Observateur*, mas não sem surpresa, tenho que dizer. Eu falo da última sentença [citando-a]. FOUCAULT: E você riu? Você está dentre aqueles que eu já podia ouvir rindo? MAURIAC: Não (...) eu apenas disse a mim mesmo que quanto à espiritualidade e política, já vimos o que isso nos deu. FOUCAULT: E a política *sem* a espiritualidade, meu caro Cláudio? (Mauriac, 1986, p. 322-23).

Essa conversação indica que até um de seus amigos mais íntimos tinha dúvidas quanto à posição de Foucault sobre o Irã. Também indica o grau em que os escritos de Foucault sobre o Irã eram parte de uma crítica maior da cultura moderna secular, uma crítica que estava imersa em uma noção de espiritualidade política.

Durante essas semanas, o sociólogo da Universidade de Teerã, Ehsan Naraghi, que Foucault havia visitado em setembro, escreveu um artigo dando a sua opinião ao *Le Monde*. Publicado em 3 de novembro, o artigo de Naraghi expressava o desejo, então extremamente popular, de um retorno da Constituição de 1906-1907 que, ele observava, "dava aos líderes religiosos a segurança de leis não em contradição com o Islã". Ao mesmo tempo, ele deixou vazar que ele tinha algumas reservas com relação à proposta para uma República Islâmica, acrescentando que a constituição também "permitia que grupos políticos bem como todos os iranianos participassem da vida nacional". Enquanto ele não dizia isso abertamente, isso sugeria direitos iguais para as minorias não muçulmanas e grupos seculares. Argumentando que "o povo iraniano" tinha sido "um exemplo de tolerância para o mundo muçulmano", Naraghi chamava a atenção dos líderes religiosos contra "o erro de tentar destruir uma constituição que estava baseada na separação dos poderes" (Naraghi, 1978).

Em 6 de novembro, *Le Nouvel Observateur* publicou trechos de uma carta de "Atoussa H.", uma iraniana que vivia no exílio em Paris, que se constituiu em uma forte exceção à posição acrítica de Foucault com relação aos islamistas. Ela declarou: "Estou profundamente irritada com a atitude imperturbável dos esquerdistas franceses com relação à possibilidade de um 'governo islâmico' que poderia substituir a tirania sangrenta do xá". Foucault parecia "comovido pela 'espiritualidade muçulmana' que iria, vantajosamente, substituir, de acordo com ele, a ditadura capitalista feroz que está desabando hoje". Por que, ela continuava, aparentemente se referindo à derrubada de Mossadeq, precisa o povo iraniano, "após 25 anos de silêncio e opressão", ser forçado a escolher entre 'a SAVAK e o fanatismo religioso'"? Atoussa H., então, acrescentou um verso bem conhecido do Corão sobre as mulheres, que dizia, "suas esposas são para vocês um campo; venham então aos seus campos como desejarem". Isso, ela escreveu, mostrava "claramente" que "o homem é o senhor, a esposa, o escravo; ela pode ser usada de acordo com as suas vontades; ela não pode dizer nada". As mulheres sem véus já estavam sendo insultadas nas ruas, e os seguidores de Khomeini tinham deixado claro que "no regime que eles queriam implantar, as mulheres deveriam se comportar ou, então, serem punidas". Com respeito às declarações de Foucault de que as minorias étnicas e religiosas teriam os seus direitos "sob a condição de que não prejudicassem a maioria", Atoussa H. perguntou sensatamente: "Em que ponto as minorias começam a 'prejudicar a maioria'?" ("Uma Iraniana Escreve", Ap., p. 340).

Retornando à noção problemática de um governo islâmico, Atoussa H. observou as formas brutais de justiça na Arábia Saudita: "Mãos e cabeças rolam, para ladrões e amantes". Ela concluía:

> Parece que para a esquerda ocidental, que não tem humanismo, o Islã é desejável... para os outros povos. Muitos iranianos ficam, como eu, perturbados e desesperados só em pensar em um governo "islâmico". Sabemos o que isso significa. Em todos os lugares fora do Irã, o Islã serve como um disfarce para a opressão feudal ou pseudorrevolucionária. Frequentemente também, como é o caso na Tunísia, no Paquistão, na Indonésia e em casa, o Islã – ai! – é o único modo de expressão de um povo amordaçado. A esquerda ocidental liberal precisa saber que a lei islâmica pode se tornar um peso morto nas sociedades com fome de mudança. A esquerda não deveria se deixar seduzir por uma cura que talvez seja pior do que a doença ("Uma Iraniana Escreve", Ap., p. 340).

Essa crítica foi extremamente dura porque veio de uma iraniana que se opunha fortemente ao regime, sendo da esquerda e muito familiarizada com as questões-chave, especialmente às ligadas à questão do sexo feminino, que Foucault tinha evitado em seus escritos sobre o Irã.

Foucault, em uma curta réplica publicada na semana seguinte no *Le Nouvel Observateur*, apresentou dois argumentos contra Atoussa H. Primeiro, ele disse, "ela não leu o artigo que ela critica", porque ele nunca alegou que a espiritualidade islâmica fosse superior à ditadura do xá. Foucault mencionou que havia apontado para "diversos elementos" na sublevação iraniana que "não me pareciam muito reconfortantes" ("A Resposta de Foucault a Atoussa H.", Ap., p. 341). Mas ele não aproveitou a oportunidade para detalhar que elementos eram esses. Em particular, ele ignorou as questões que ela havia levantado sobre os direitos das mulheres.

Seu segundo argumento foi mais consistente, contudo. O que era "intolerável" sobre a carta de Atoussa H., ele escreveu, foi como ela "funde" todas as formas de Islã em uma só e depois passou a "desdenhar" do Islã rotulando-o de "fanático". Certamente foi presciente da parte de Foucault notar, como ele notou, que o "Islã como força política é uma força essencial na nossa época e pelos próximos anos". Mas essa previsão muito inquietante foi seriamente minada pela sua recusa forte em compartilhar a crítica dela sobre as implicações de uma política islamista, mesmo com relação à Arábia Saudita. Em vez disso, ele concluía sua réplica ensinando a Atoussa H. "A fim de abordar o [Islã] com um mínimo de inteligência, a primeira condição é não começar trazendo ódio" ("Resposta de Foucault a Atoussa H.", Ap., p. 341). Conquanto não estejamos a par de nenhum outro ataque público na França aos escritos de Foucault sobre o Irã naquela época, devemos observar que nenhum de seus seguidores veio publicamente em sua defesa, como fizeram em diversas ocasiões prévias quando ele tinha sido atacado. Em março e abril de 1979, uma vez que as atrocidades do regime de Khomeini começaram contra as mulheres e homossexuais, essa troca começaria a voltar para assombrá-lo.

A atitude de Foucault de descartar Atoussa H. fez com que até mesmo alguns de seus maiores seguidores se encolhessem. Um deles mais tarde escreveu sobre aquela "notavelmente forte rejeição de um comentário feito por uma mulher inteligente e preocupada" (Stauth, 1991, p. 266). O mistério sobre a identidade de Atoussa H. também levou a algumas leituras criativas sobre aquela troca por feministas iranianas contemporâneas. Uma delas, a artista visual Gita Hashemi, salientou como o *Le Nouvel Observateur* tinha diminuído a carta de Atoussa H.,[17] também evocando a resposta curta de Foucault:

> Tem esse editor: sentado em sua mesa, cortando pedaços da carta de Atoussa, provavelmente pensando que eles não fossem importantes, talvez irrelevantes, definitivamente demandando muito espaço. Subjetivo, ele (pois é muito provável que esse editor seja um homem) deve estar pensando. Talvez ela tenha feito acusações mais fortes, porém eu nunca saberei... isso porque a carta não foi publicada *in totum*. E aqui, nesta sala, não posso evitar senão pensar no poder do qual o escritor foi investido e que o editor com a autoridade de cortar a sua voz, de silenciá-la, decide que parte do que ela disse poderia ser ouvido e contestado e o que não. Mas isso era o tipo de teatro de que se constituía a Revolução. Os homens falando. Atrás de portas fechadas, na imprensa, nas ondas do ar (Hashemi, 2000, p. 30).

O seu tema central era o silenciamento das mulheres, não apenas no Irã, mas também no restante do mundo: "Em que língua nós não fomos chamadas de estúpidas por ousarmos dizer o que pensamos? Em todas as línguas eles nos amordaçaram: corpo e mente. Público e privado" (ibidem, p. 25).

NOVEMBRO DE 1978: "A PRIMEIRA GRANDE INSURREIÇÃO CONTRA OS SISTEMAS GLOBAIS"

Durante estes mesmos dias, em 5 de novembro, *Corriere della Sera* publicou um outro artigo de Foucault sobre o Irã intitulado "Uma Revolta com as Mãos Vazias". Aqui ele começou contrastando a Revolução Iraniana com as outras anteriores na China, em Cuba e no Vietnã, chamando o movimento iraniano de "uma onda tsunâmica sem liderança militar, sem vanguarda,[18] sem partido" (Ap., p. 342).

---

[17] Lembre-se de que seu principal editor, Jean Daniel, era amigo pessoal de Foucault.
[18] Como foi revelado mais tarde, Khomeini tinha desde 1965 organizado no exterior um movimento secreto razoavelmente grande baseado em células Hay'at

Ele apelava para a conscientização de seus leitores ao fato de que os movimentos vanguardistas tinham frequentemente levado a ditaduras de partido único após uma vitória revolucionária. Mas para desiludir aqueles que poderiam comparar o Irã em 1978 com a mais espontânea e difusa revolta dos estudantes e trabalhadores na França em 1968, Foucault rapidamente acrescentou que a Revolução Iraniana era muito diferente da que ocorreu na França em 1968. Isso "porque os homens e mulheres que protestam com faixas e flores no Irã possuem um objetivo político imediato: eles culpam o xá e seu regime, e nos dias recentes, estão no processo de derrubá-los" (ibidem).

Foucault argumentava que o sucesso do movimento anti-xá residia em sua habilidade de manter uma coalizão muito ampla de interesses altamente diversos, incluindo estudantes, prisioneiros políticos recém-liberados, trabalhadores petrolíferos, mercadores de bazar e até os nossos setores industriais em um "desejo claro, obstinado, quase unânime" por trás de uma única liderança clériga:

> A revolta se espalhou sem rachaduras ou conflitos internos. A reabertura das universidades poderia ter colocado nas primeiras fileiras os estudantes que são mais ocidentalizados e mais marxistas do que os mulás do interior. A liberação de mais de mil prisioneiros políticos poderia ter criado um conflito entre os oposicionistas velhos e novos. Finalmente, e o mais importante, a greve feita pelos trabalhadores do petróleo poderia ter, de um lado, preocupado a burguesia do bazar e, de outro, iniciado um ciclo de demandas estritamente voltadas ao trabalho. O setor industrializado moderno poderia ter se separado do setor "tradicional" (aceitando imediatamente pagar salários mais altos – o governo estava contando com isso). Mas nada disso aconteceu ("Uma Revolta com as Mãos Vazias", Ap., p. 343).

Foucault novamente atacou os velhos partidos seculares como a Frente Nacional e, mais genericamente, "a renovação da vida política, incluindo os partidos políticos" (ibidem, p. 345). Claramente,

---

de dez pessoas, que operavam de uma maneira classicamente vanguardista.

ele estava preocupado com o fato de que um compromisso corrupto pudesse manter o regime no poder.

Contudo era mais do que isso. O que parecia estar em questão era a rejeição plena da política em qualquer forma. A posição de Foucault aqui espelha a das oposições islamistas e da esquerda radical, essa última incluindo grupos como os Mujahedeen e os Fedayeen, que desejavam evitar uma solução de "compromisso" a qualquer custo. Ele especialmente aplaudiu a forma como todas as questões políticas concretas foram sendo adiadas de maneira que a "manobra política" dos partidos não podia assumir a direção do movimento ("Uma Revolta com as Mãos Vazias", Ap., p. 346). Uma vez que os clérigos eram supostamente uma expressão direta da "vontade coletiva", presumivelmente somente a política islâmica servia para assegurar um resultado plenamente justo e democrático. Ele castigou o processo político liberal democrático e sua "política". Muitos antes de Foucault tinham descrito movimentos de massa revolucionários como expressões de uma vontade coletiva não diferenciada, mas é muito surpreendente encontrar esse tipo de linguagem nos escritos de um filósofo tão identificado com os conceitos de diferença e singularidade. Evidentemente, ao conceitualizar a sociedade e cultura iranianas como o foco de diferença radical e singularidade *vis-à-vis* a Europa Ocidental, Foucault tinha permitido a esse senso de dicotomia esmagar qualquer esforço para discernir diferença e singularidade – seja de classe, sexo, etnicidade ou orientação sexual – dentro da própria sociedade iraniana.

De novo e de novo, Foucault aplaudiu os modos pelos quais Khomeini e a liderança islâmica dentro do Irã tinham mantido o movimento fora da "política" e jogaram para escanteio as demandas dos partidos seculares a fim de centrar tudo em uma única questão cara aos clérigos, uma "República Islâmica":

> O aiatolá Khomeini e os clérigos que o seguem querem forçar a saída do xá exclusivamente mediante o poder do movimento popular que

eles organizaram, sem conexão com os partidos políticos. Os clérigos forjaram, ou de qualquer forma sustentaram, uma vontade coletiva forte o suficiente para manter a distância até mesmo a monarquia mais repleta de policiais do mundo (...) Khomeini acabou de propor nesta manhã mesmo um tipo diferente de referendo. Ele seria feito depois que o xá fosse forçado a sair somente pela pressão do movimento atual e ele centraria no estabelecimento de um "governo islâmico". Os partidos políticos ficariam, então, em uma posição muito embaraçosa. Esses partidos ou teriam que rejeitar um dos temas essenciais do movimento popular (os políticos teriam, então, que se opor aos líderes religiosos e certamente não ganhariam) ou teriam que amarrar as próprias mãos adiantadamente, ao aceitarem uma forma de governo sob a qual os partidos políticos teriam uma pequena e preciosa margem de manobra ("Uma Revolta com as Mãos Vazias", Ap., p. 345-46).

A última alternativa mencionada antes foi, naturalmente, o que aconteceu logo no início da República Islâmica, na primavera de 1979, depois que o referendo dos dias 30 e 31 de março ratificou a República Islâmica. Logo, todos os partidos políticos no Irã tiveram que provar as suas credenciais "islâmicas" para serem autorizados, uma situação que perdura até hoje. No início de novembro de 1978, quando Foucault estava escrevendo esse artigo, ele observou os objetivos hegemônicos do movimento de Khomeini, mas pareceu não ver nenhum perigo nisso. Além do mais, ele, de fato, aplaudiu a hegemonia dos islamistas como um rompimento com as políticas de modernidade, fossem liberais ou socialistas.

O *Corriere della Sera* publicou outro de seus artigos, "O Desafio à Oposição", dois dias depois, em 7 de novembro. Nesse artigo, Foucault uma vez mais empregou o termo *irredutível*, agora com relação ao próprio Khomeini: "O xá enfrenta os líderes religiosos, os mulás e o *irredutível* aiatolá" (Ap., p. 350; ênfase acrescentada). Em 5 de novembro, mais tarde chamado de "Domingo Negro", uma sublevação eclodiu em Teerã e em outras cidades. Multidões atacaram e incendiaram delegacias de polícia e prédios governamentais. Em um gesto de desafio dramático, recolheram quadros do xá dos escritórios e os queimaram nas ruas em grandes fogueiras. Como mencionado anteriormente, em 6 de novembro, o primeiro-ministro, Sharif-Imami, abruptamente, renunciou e foi substituído pelo general Azhari, mas isso não diminuiu a onda da revolta.[19]

NOVEMBRO DE 1978: A SEGUNDA VIAGEM DE FOUCAULT AO IRÃ

Antes de sua segunda viagem ao Irã em nome do *Corriere della Sera*, de 9 a 15 de novembro, Foucault teve um outro encontro longo com Bani-Sadr, que recordou, "ele queria entender como esta revolução era capaz de ser produzida, desenvolvendo nenhuma referência com nenhuma potência estrangeira, e envolvendo toda uma nação, apesar da distância entre as cidades e as dificuldades de comunicação. Ele queria refletir sobre a noção de poder" (apud Eribon, 1991, p. 286).

Em seu artigo seguinte, "A Revolta no Irã se Espalha em Fitas Cassete", publicado no *Corriere della Sera* em 19 de novembro, Foucault discursou sobre o aprofundamento da revolta e, especialmente, sobre o papel da nova mídia na revolução. Ele escreveu com veemência sobre Khomeini, referindo-se a ele novamente como "um velho santo" (Ap., p. 354). Durante essa segunda visita ao Irã, Foucault encontrou-se com dois grupos de trabalhadores que estavam envolvidos no processo em andamento da implantação das greves nacionais contra o regime. Esses eram, de um lado, os relativamente abastados e

---

[19] Na França, Foucault não estava sozinho no desconto das preocupações que algumas pessoas estavam expressando sobre o caráter do movimento anti-xá e sua liderança clerical. Em um artigo de 8 de novembro em *Le Monde*, por exemplo, o notável estudioso de religião Jacques Madaule atacou os "realistas" políticos que "tinham excluído Deus e o povo iraniano de seus cálculos" (Madaule, 1978; ver também Chazi, 1978; Albala, 1978).

ocidentalizados pilotos de aviões e comissários de bordo, e, de outro, operários que estavam trabalhando nos ambientes muito mais difíceis da Refinaria de Petróleo de Abadan. Novamente, ele encontrou o que tinha previamente chamado de "vontade coletiva" e, dessa vez, carregando nas tintas, indo ao ponto de se referir a um "amor" universal por Khomeini:

> O ponto de conexão é encontrado fora do país, fora das organizações políticas, fora de todas as negociações possíveis. Esse ponto está em Khomeini, em sua recusa inflexível de chegar a qualquer compromisso, *e no amor que todos individualmente sentem por ele.* Foi impressionante escutar um piloto de Boeing dizer em nome de seus colegas de trabalho: "Na França vocês têm a coisa mais preciosa que o Irã possui desde o século passado. Depende de vocês protegê-la". O tom era de comando. Era ainda mais impressionante escutar os grevistas de Abadan dizerem: "Não somos particularmente religiosos". "Em quem confiar, então? Em um partido político?", perguntei. "Não, em ninguém." "Um homem?", perguntei. "Não, em nenhum, exceto Khomeini, e só nele." ("A Revolta no Irã se Espalha em Fitas Cassete", Ap., p. 355-56; ênfase acrescentada).[20]

Foucault mencionou os grupos marxistas envolvidos na greve de Abadan, mas somente de passagem. Ele também observou, sem comentar, os "gritos contínuos para que os estrangeiros abandonassem" o Irã, aqui mencionando não apenas "técnicos americanos" e "aeromoças francesas", mas também os "trabalhadores afegãos". Foucault poderia ter perguntado o que esse último grupo tinha a ver com a hegemonia ocidental.[21]

---

[20] A declaração sobre "amor" de "todos" por Khomeini parece estarrecedora inicialmente. Mas ela se torna menos estarrecedora quando considerada sob a luz de relatos anteriores por alguns esquerdistas ocidentais sobre a adulação de Stalin pelos russos ou de Mao pelos chineses.

[21] Como veremos no capítulo 4, Foucault expressou mais tarde algumas reservas sobre essa questão.

Ele terminou seu artigo com o uso de fitas cassete por islamistas para espalhar a mensagem deles. Ele chamou essas fitas de "a ferramenta por excelência da contrainformação", antes de se lançar em um devaneio com insinuações líricas:

> Mas pode-se encontrar, fora das portas da maioria das mesquitas provinciais, fitas cassete dos mais famosos oradores a um preço muito baixo. Encontram-se crianças caminhando pelas ruas mais movimentadas com gravadores nas mãos. Elas tocam essas vozes gravadas de Qom, Mashhad e Isfahan tão alto que abafam o som dos carros; os transeuntes não precisam parar para serem capazes de escutá-las. De cidade em cidade, as greves iniciam, morrem e começam novamente, como focos de incêndio às vésperas das noites de Muarrã ("A Revolta no Irã se Espalha em Fitas Cassete", Ap., p. 357).

O último artigo de Foucault na sua série do outono de 1978 para o *Corriere della Sera*, "O Líder Mítico da Revolta Iraniana", apareceu em 26 de novembro. Não tanto como uma reportagem sobre os eventos e mais como uma análise teórica sobre a importância da revolução, este artigo sublinhou o que Foucault viu, segundo seu caráter profundamente radical, e apontou como os revolucionários acreditavam que a saída do xá e o estabelecimento de um regime islamista iriam resolver seus problemas sociais, econômicos e políticos.

Foucault fez cinco observações astutas sobre a natureza do movimento revolucionário no Irã: (1) que a Revolução Iraniana não era um movimento cultural que visava à "liberação de desejos" na tradição do movimento dos anos 60 no Ocidente; (2) que a vasta coalizão antirregime foi mantida junta porque seu objetivo tinha sido definido tão estreitamente; (3) que Khomeini era um consumado líder político, uma vez que seu discurso amorfo, de pés no chão e ao mesmo tempo propositalmente obscuro, permitia que grupos diferentes supusessem que seus objetivos respectivos seriam realizados uma vez que o xá fosse derrubado; (4) que esta revolução aparentemente antimoderna dependia de meios modernos de comunicação (gravadores, transmissões de rádio no exterior, jornais) para disseminar as suas ideias; (5) que uma fusão de tradição e modernidade, de meios modernos de comunicação com rituais de penitência com séculos de idade, tornou possível paralisar o estado policial autoritário moderno dos Pahlavis, com centenas de milhares de protestantes nas ruas, bem como com uma greve geral.

Foucault concluiu que a Revolução Iraniana ia além da política, uma expressão de uma sociedade tolamente unificada que se enraizava em tradições culturais com mil anos de idade:

> Esse movimento não tem equivalente nem expressão na ordem política. O paradoxo, contudo, é que ele constitui um *desejo coletivo perfeitamente unificado*. Será surpreendente ver este país imenso, com uma população distribuída ao longo de dois enormes platôs desertos, um país capaz de arcar com as últimas inovações técnicas com *formas de vida imutáveis pelos últimos mil anos*, um país que está languidamente sob censura e ausência de liberdades públicas, e ainda assim demonstra uma unidade extraordinária apesar de tudo isso. (...) Alguma coisa como os estudantes europeus da década de 1960, os iranianos querem tudo isso, mas esse "tudo" não é uma "liberação dos desejos". Esse desejo político é um rompimento com tudo o que marca seu país e suas vidas diárias com a presença de hegemonias globais ("O Líder Mítico da Revolta Iraniana", Ap., p. 360-61; ênfase acrescentada).

Foucault assegurou aos seus leitores que não havia perigo nisso porque "não haverá um partido Khomeini; não haverá um governo Khomeini" (ibidem, p. 361).

Isso, naturalmente, se tornou um sério erro de julgamento político, ainda que compartilhado por muitos outros na esquerda, tanto dentro como fora do Irã. Contudo, poder-se-ia argumentar que houve um problema teórico igualmente importante na passagem anterior, não desconectado da posição filosófica geral de Foucault. Ao se referir a "formas de vida não modificadas pelos últimos mil anos", Foucault parecia cair naquilo que Sartre tinha uma vez chamado de "a rejeição da história".[22] Também houve algumas insinuações infelizes aqui do discurso orientalista de um "Oriente" imutável.

Foucault reconheceu o potencial global dos movimentos islamistas e a possibilidade de que se tornariam um exemplo de muitos outros países predominantemente muçulmanos no Oriente Médio, África do Norte e sul da Ásia. A Revolução Iraniana era "talvez a primeira grande insurreição contra sistemas globais, a forma de revolta que é a mais moderna e a mais insana" ("O Líder Mítico da Revolta Iraniana", Ap., p. 362). Ele julgava a revolução iraniana "insana", porque transgredia as fronteiras ocidentais de racionalidade. Talvez, como Foucault tinha expressado a esperança em *História da Loucura na Idade Clássica,* tal transgressão, não apenas no reinado do discurso, mas também na realidade, poderia romper a lógica binária da modernidade. Finalmente, uma questão surge com relação a essa caracterização do movimento islamista como "a forma da revolta que é a mais moderna". Será que ele estava tentando redefinir e reapropriar o conceito de modernidade sugerindo que poderia haver formas alternativas de modernidade – não as formas ocidentais (ou comunistas) que tinham se tornado "arcaicas", mas novas orientais que estavam reunindo espiritualidade e política?

A CRÍTICA A FOUCAULT DE MAXIME RODINSON: KHOMEINISMO COMO UM "TIPO DE FASCISMO ARCAICO"

Enquanto muitos intelectuais franceses proeminentes tinham sido pegos pelo entusiasmo da sublevação iraniana no final de 1978, nenhum, ao que saibamos, acompanhou Foucault, ficando do lado dos islamistas contra os marxistas seculares ou a esquerda nacionalista. Outros com mais conhecimento da história do Oriente Médio eram menos sanguíneos, notavelmente o principal especialista francês

---

[22] Para mais discussões sobre Sartre e Foucault, ver capítulo 1, nota 9.

sobre o Islã, Maxime Rodinson. Um historiador que tinha trabalhado desde os anos 1950 na tradição marxista, Rodinson era o autor da biografia clássica *Muhammad* (1980) e de *Islam and Capitalism* (1973). Ele tinha fortes credenciais esquerdistas e também era um dos mais proeminentes partidários franceses da causa palestina.[23]

O artigo presciente em três partes de Rodinson intitulado "O Despertar do Fundamentalismo Islâmico [Integrismo]?" apareceu na primeira página do *Le Monde* no início de 6 de dezembro de 1978, e mais tarde foi publicado em inglês como "O Islã Ressurgente?".[24] Como ele indicou alguns anos mais tarde, nesse artigo ele "queria responder a Foucault", especialmente à sua evocação de uma "espiritualidade política". Contudo, Rodinson escolheu não mencionar Foucault, escrevendo mais tarde que ele tinha feito a sua crítica "mais ou menos implicitamente" ("Crítica de Foucault sobre o Irã", Ap., p. 439).[25] Para aqueles na França que tinham seguido os

---

[23] Infelizmente, Maxime Rodinson (1915-2004) morreu um pouquinho antes de nosso livro ter sido finalizado. Para mais informações sobre a vida e o trabalho desse notável estudioso do mundo muçulmano, ver os seguintes tributos a ele após a sua morte: Alaoui, 2004; Coroller, 2004; Johnson, 2004; e Harbi, 2004. Para mais informações, ver Vidal-Naquet, 1993, 1998. Sobre a questão palestina, ver também Daniel, 2002.

[24] Uma tradução inglesa apareceu em Rodinson, 1981. Ela foi reimpressa no apêndice deste volume. O título original francês foi "Reveil de l'Integrisme Musulman?". Ver também a introdução de Rodinson à reimpressão de 1980 da edição inglesa de sua obra *Muhammad*, em que ele faz uma análise semelhante, porém menos detalhada, da Revolução Iraniana e a ascensão do islamismo de forma mais geral. Um quarto de século depois, o estudioso proeminente do Irã Yann Richard testemunhou quanto à importância da série de artigos em *Le Monde* de Rodinson: "Ele foi o único verdadeiramente capaz de delinear os perigos que estavam em fermentação; os próprios iranianos, hipnotizados pelo desejo de se livrarem do xá, não foram capazes de antecipar esta nova forma de totalitarismo ideológico" (Richard, comunicação pessoal, 28 de janeiro de 2004).

[25] Criticar um oponente sem citar o seu nome tem sido bastante comum no discurso intelectual francês, como pode ser visto nos escritos de Sartre ou de Althusser.

escritos de Foucault sobre o Irã, contudo, as referências de Rodinson em seu artigo de dezembro de 1978 foram claras o suficiente. Este foi especialmente o caso quando ele se referiu polemicamente "àqueles que chegam verdes ao problema com uma moldura mental idealista" e aos "europeus convencidos dos vícios da Europa e esperando encontrar em outro lugar (por que não no Islã?) os meios de assegurar um futuro mais ou menos radiante" ("O Islã Ressurgente?", Ap., p. 378, 383). Apesar das diferenças óbvias entre Rodinson e Foucault, aqui eles concordavam em um ponto pelo menos: o movimento revolucionário do Irã tinha um caráter muito diferente do das revoluções prévias esquerdistas ou nacionalistas.

Foi uma marca da estatura de Rodinson como o principal especialista no mundo islâmico que aqueles artigos tenham recebido mais espaço do que qualquer outra opinião que o *Le Monde* publicou sobre o Irã durante os meses anteriores e posteriores à revolução.[26] A sua série derramou água fria nas esperanças de muitos na esquerda que esperavam um resultado emancipador no Irã. Ele começou por mencionar o novo regime militar islamista no Paquistão, também observando os "excessos espetaculares" com os quais a lei do Corão tinha sido recentemente aplicada na Arábia Saudita e na Líbia ("O Islã Ressurgente?", Ap., p. 363). Ao longo dos últimos séculos, várias expressões do fundamentalismo tinham continuadamente emergido no mundo islâmico, ele escreveu. De forma diferente da Europa Ocidental moderna, ele acrescentou, "a lei religiosa permanece a autoridade suprema aos olhos das massas" (ibidem, p. 365). No Ocidente, os numerosos cismas e outras correntes intelectuais haviam desafiado a hegemonia da Igreja Católica a partir do início do período moderno. Contudo, ele escreveu, tal evolução, presente durante um certo tempo no mundo islâmico também, foi "interrompida dentro do Islã no

---

[26] Rodinson relatou que André Fontaine, o editor de *Le Monde*, tinha pedido a ele que escrevesse alguns meses antes um artigo sobre o islamismo (1993a, p. 261).

século XI pela reação sunita vigorosa", aqui se referindo aos ataques sobre os escritos dos neoaristotélicos Farabi (al-Farabi) e Avicena e à ascendência da ortodoxia (ibidem, p. 366).

Como resultado, um moralismo estrito que tinha culpado problemas societários sobre a falta de piedade entre os líderes não retrocedeu. Em vez disso, atacado pelo mundo cristão durante as Cruzadas, depois pelos mongóis e os turcos, e mais recentemente pelo imperialismo ocidental nos últimos dois séculos, o Islã, ele escreveu, passou a se ver como ameaçado. Ele via as ameaças externas de maneira que "só pode ser comparada ou com a paranoia católica no século XIX em face do aumento do declínio da religião (supostamente inspirada pela conspiração judeo-protestante-maçônica, liderada por Satã) ou com os temores análogos e obsessões sentidos pelo mundo comunista" ("O Islã Ressurgente?", Ap., p. 367). Ele observou que uma parte pequena das classes educadas no mundo islâmico tinha se tornado, sob influência ocidental, mais cética nos anos recentes, rapidamente acrescentando:

> Mas a conversão dessas pessoas a tais tendências ocidentais foi reforçada pelo apego ao Islã, em sua forma mais rigidamente tradicional, dentre as massas maiores. O pobre, levado ao limite da fome, ou a uma existência miserável, dirigia a sua raiva e recriminação contra os privilégios do rico e do poderoso – seus laços com estrangeiros, a sua moralidade baixa e seu desprezo pelos costumes muçulmanos, os mais óbvios sinais dos quais são o consumo de álcool, a familiaridade entre os sexos e o jogo (ibidem, p. 368).

Isso incluía ataques nos "locais de culto de 'heréticos' ou não muçulmanos" (ibidem). Aqui, houve um reconhecimento da profunda opressão e raiva das massas, mas, em forte contraste com Foucault, houve também uma análise das características retrógradas do islamismo.

Desde o século XIX, continuou Rodinson, muito da elite muçulmana tinha sido atraída para novas ideologias, como nacionalismo ou socialismo. Contudo, as massas frequentemente reinterpretaram essas ideologias em termos religiosos: "Aconteceu que a dominação estrangeira foi o trabalho de infiéis e que os exploradores eram infiéis ou, então, algum compatriota a soldo dos infiéis" ("O Islã Ressurgente?", Ap., p. 369). Contudo, houve também casos em que partes significativas da população tinham sido tocadas por ideais modernizantes. Como Rodinson também argumentou: "Em áreas do leste árabe, onde havia minorias religiosas, as lutas nacionais e sociais frequentemente ocorreram em comum por muçulmanos, cristãos e (até muito recentemente) judeus" (ibidem). Contudo, essas tendências seculares nacionalistas haviam perdido terreno nos anos recentes.

Além disso, Rodinson reviu os resultados esparsos dos movimentos seculares árabes nacionalistas no período pós-Segunda Guerra Mundial. Em 1978, os governantes dos países predominantemente muçulmanos foram frequentemente atraídos pelo estilo de vida ocidental e tecnologia. Contudo, a maioria mais religiosa estava irritada por aquilo que considerava "moralidade ímpia, devassidão e alcoolismo" ocidentais e "seu mau exemplo com relação à igualdade dos sexos, senão à dominação feminina" ("O Islã Ressurgente?", Ap., p. 372). Por causa disso, o nacionalismo no mundo muçulmano havia se tornado mais e mais islamizado. O tradicionalismo persistente do Islã tinha também reforçado a noção do domínio masculino: "Tal como no catolicismo latino no passado, por exemplo, a tradição religiosa pode ser explorada a fim de dominar o sexo que os homens inquestionavelmente consideram ser fraco e subordinado" (ibidem, p. 374). Rodinson não nutria nenhuma ilusão sobre um governo islamista e o via como um caminho direto ao despotismo. O islamismo tinha similitudes não com o nacionalismo progressista, mas sim com o fascismo: "*A tendência dominante é inquestionavelmente um tipo de fascismo arcaico*. Com isso quero dizer um desejo de estabelecer um Estado autoritário e totalitário cuja polícia política iria vigiar a ordem moral e social" (ibidem, p. 378; ênfase acrescentada).

Citando a bem conhecida historiadora do Irã Nikki Keddie,[27] Rodinson contrastou o Islã sunita, longamente dominado pelo Estado, com o xiismo iraniano. Já na Revolução Constitucional de 1906, os clérigos haviam ficado do lado dos revolucionários seculares contra o Estado. A oposição ao xá, bem como movimentos similares pela democracia em outras terras muçulmanas, tinha novamente se interessado por uma aliança com os clérigos. Rodinson chamou isso de "uma aliança provisória contra uma forma de despotismo que costumava abrigar entre seus membros pessoas que sonhavam com outras formas de despotismo" ("O Islã Ressurgente?", Ap., p. 381). Ele apontou modos específicos em que a ideologia de um Estado islâmico trazia em seu bojo muitas características reacionárias:

> O fundamentalismo muçulmano mínimo, de acordo com o Corão, exige o corte da mão de um ladrão e a diminuição pela metade da herança de uma mulher. Ao retornarem à tradição, como os homens de religião exigem, qualquer um que seja pego bebendo vinho tem que ser chicoteado, e um adúltero, chicoteado ou apedrejado (...)
>
> Nada é mais fácil ou mais perigoso do que esse costume honrado pelo tempo de acusar o seu adversário de "inimigo de Deus" (ibidem, p. 382, 383).

Ele concluiu abordando a noção de uma esquerda islâmica. O problema com esse tipo de noção era que a mesma ideologia que se opunha à América ou ao Ocidente também exercia "pressão para manter uma ordem moral arcaica" (ibidem, p. 385). Comentando as

---

[27] Um dos autores desse volume ouviu Keddie falar sobre os eventos no Irã na City University of New York Graduate Center em dezembro de 1978. Tal como Rodinson, Keddie derramou água fria no entusiasmo da audiência, em grande parte, composta de estudantes de esquerda, tanto iranianos como americanos, com relação à sublevação no Irã. Ela sugeriu sensatamente que as pessoas deveriam ler as declarações de Khomeini de 1963 contra os direitos das mulheres em vez de darem crédito a ele por suas declarações vagas de 1978 falando de democracia e pluralismo.

perspectivas do materialismo histórico, ele escreveu: "É surpreendente, após séculos de experiência comum, que ainda seja necessário recordar uma das leis mais comprovadas da história. Boas intenções morais, sejam ou não endossadas pela divindade, são uma base fraca para se determinar as políticas práticas dos Estados" (ibidem, p. 383).

Esses artigos de Rodinson foram publicados não em jornais especializados, mas na primeira página do *Le Monde* e, portanto, se tornaram disponíveis para a maioria do público francês. Os artigos de Rodinson e as dúvidas expressas pelos outros sobre os eventos no Irã teriam um efeito forte na resposta futura dentro da França aos escritos de Foucault sobre o Irã. Contudo, a maioria dos comentaristas franceses continuava a ser muito mais otimista sobre a revolução. Em 30 de dezembro, no mesmo dia em que Bakhtiar aceitou se tornar o primeiro-ministro, o historiador Jacques Julliard publicou um artigo sobre religião e política em *Le Nouvel Observateur*, da qual ele foi também editor. Talvez ele estivesse respondendo a Rodinson. O título, "Caminhando com as Duas Pernas", aludia à imagem familiar da cultura ocidental equilibrando-se em dois pilares: a tradição racionalista greco-romana e a cristã (Julliard, 1978). O ponto principal de Julliard foi questionar as noções do Iluminismo e do marxismo sobre a religião como uma força inerentemente reacionária. Apontando para o impacto do papa João Paulo II sobre o movimento pela democracia na Polônia, para crítica com base cristã de Alexander Solzhenitsyn sobre a União Soviética e para teologia da libertação latino-americana, e especialmente para os eventos recentes no Irã, Julliard escreveu que uma "situação extraordinária" tinha surgido, em que "a liberdade religiosa havia novamente se tornado um dos pilares da liberdade e dignidade humana". Ele chamou a versão polonesa desses acontecimentos de "um grande escândalo" para o "pensamento marxista arrogante, o legítimo e válido herdeiro do Iluminismo". Embora sem mencionar o artigo controverso de Foucault, de outubro, em *Le Nouvel Observateur*, que ele tinha concluído fazendo uma conclamação pela "política espiritual", Julliard acabou por se aproximar da posição de Foucault. Ele o fez quando escreveu usando a analogia dos dois pilares: "Para mim, a primazia do espiritual e a importância e a independência do político me pareceriam constituir duas regras inseparáveis em qualquer organização social sinceramente interessada em evitar o deslize em direção ao totalitário". Ao clamar pela "independência do político", contudo, Julliard estava exprimindo uma nota de cautela que havia faltado no artigo anterior deliberadamente provocador de Foucault.

A Ashura, o décimo dia do Muarrã, caiu em 11 de dezembro de 1978. A essa altura, os islamistas tinham iniciado a transformação da procissão tradicional de Muarrã em uma arma política formidável. Ao convite do aiatolá Taleqani, mais de um milhão de pessoas participaram de manifestações por todo o Irã. Os participantes se tornaram atores de uma reencenação maciça do *Ta'ziyeh*: "Em vez de infligirem ferimentos nos seus corpos na forma tradicional, eles permaneceram prontos para se exporem a baionetas e balas. Aqueles na vanguarda, que estavam totalmente prontos para o martírio, vestiam mantos fúnebres simbólicos para mostrar o seu desejo de sacrificar a vida" (Chelkowski e Dabashi, 1999, p. 83).

Em 4 de janeiro de 1979, no fórum econômico de Guadalupe, os líderes das potências ocidentais e o Japão pediram ao xá que abandonasse o Irã. Um dia depois, quando o exército estava começando a ruir, os Estados Unidos enviaram o general Robert E. Huyser, que conhecia muitos oficiais do exército pessoalmente, em uma missão especial ao Irã. O propósito era duplo: (1) impedir um golpe pró-xá, uma vez que os Estados Unidos consideravam a situação do xá irremediável e achavam que os esforços de Huyser poderiam facilitar as relações americanas com o novo regime; e (2) proteger equipamento militar americano restrito. Enquanto milhões celebravam nas ruas, o xá deixou o país em 16 de janeiro, e o enorme exército que ele tinha criado "se derreteu como neve" (Milani, 1998, p. 251). No exílio, Khomeini imediatamente estabeleceu um Conselho Revolucionário secreto que agiu como um governo paralelo. O procurador-geral americano general Ramsey Clark se encontrou com Khomeini em Paris e reconheceu o óbvio ao anunciar que não poderia haver solução para a crise iraniana sem a participação de Khomeini em um novo governo ('Aqeli, 1993, vol. 2, p. 397).

Como o nível de participação das massas no Irã atingiu o seu zênite durante as primeiras semanas de janeiro de 1979, muitos intelectuais franceses ficaram mais entusiasmados com a Revolução Iraniana. Entre esses estavam Matzneff, o qual, como vimos anteriormente, havia inicialmente expressado mais ceticismo. Em um artigo publicado em 13 de janeiro em *Le Monde*, intitulado "L'autel contre le trône" (O altar contra o trono), Matzneff comparou a irrelevância política dos líderes religiosos europeus com o modo como o clero iraniano xiita tinha sido capaz de arrebatar um movimento de massa. Referindo-se à noção do acadêmico proeminente do Islã, Louis Massignon, de que o xiismo era marcado pelo "desejo de justiça na terra e sede pela vida eterna", ele concluiu que se era assim, "nós todos deveríamos nos considerar um pouco xiitas" (Matzneff, 1979). Sentimentos similares foram expressados pelo estudioso da religião Jacques Madaule (1979).

Apesar disso, em meio ao entusiasmo, algumas vozes discordantes podiam ainda assim ser ouvidas na esquerda, tanto dentro como fora do Irã. O filósofo importante Mahmoud Enayat (1979) alertou para uma incipiente ditadura. Em 19 de janeiro, os *Fedayeen*, que tinham crescido consideravelmente nos últimos meses, emitiram uma carta aberta a Khomeini referindo-se a numerosos ataques físicos aos grupos anti-xá seculares pelos islamistas. Os *Fedayeen* avisaram que "se o propósito de se apelar ao Islã... é a repressão de todo pensamento, forma e opinião opositora, estamos convictos de que todo patriota liberacionista irá condená-lo e acreditamos que o povo também irá se rebelar para expô-lo, porque eles o verão como um truque do imperialismo e da reação" ("People's Fedayi", 1979, p. 31). Enquanto essa carta estava sendo publicada em persa, a Agência France Press também informou em 21 de janeiro que dez mil esquerdistas seculares tinham marchado em Teerã, entoando que eles "não tinham emergido de uma ditadura do xá para caírem em uma ditadura islâmica" ("Marxist Demonstration", 1979, p. 32).

Na França, o historiador proeminente Emanuel Le Roy Ladurie a essa altura entrou no debate, apontando os paralelos perturbadores entre os islamistas iranianos e alguns movimentos muito intolerantes na história ocidental. Le Roy Ladurie havia sido fortemente influenciado pelo estruturalismo, embora estivesse mais próximo da Annales School. Tal como Foucault, ele era professor no prestigioso Collège de France. Em um artigo em *Le Nouvel Observateur* de 22 de janeiro, ele escreveu, "o paradoxo iraniano é a aliança de forças que poderiam ser consideradas amplamente 'reacionárias', de um lado, e 'progressistas', de outro" (Le Roy Ladurie, 1979). Referindo-se a Khomeini e aos clérigos como advogados de "um islamismo chauvinista", Le Roy Ladurie argumentou que os clérigos xiitas de 1979 compartilhavam muitas características com os fanáticos católicos franceses do final do século XVI. Organizados em uma liga católica, eles tinham reagido violentamente contra a ameaça contínua do protestantismo, mesmo após o horrível massacre de milhares de protestantes no Dia de São Bartolomeu em 1572. Em 1588, a liga tinha conseguido mobilizar grandes setores da população urbana. Nesta e em suas "demandas democráticas", os islamistas iranianos se assemelhavam à liga. "A organização das massas, a ditadura dos comitês revolucionários secretos, a participação das pessoas comuns, mas também da classe média – mercadores de bazares em particular –, acentuavam a semelhança", acrescentou. Ele concluiu referindo-se "à figura de Khomeini, este letárgico e perigoso equivalente de nossos pregadores históricos da década dos anos de 1580". Entretanto, tais alertas fortes foram a exceção durante as tumultuosas semanas de janeiro de 1979.

Pesquisando os escritos de Foucault nos meses até o retorno triunfal de Khomeini em 1º de fevereiro e comparando-os com os de outros intelectuais franceses da época, vemos que ele tinha esculpido para si próprio uma praticamente única e muito problemática posição. Foucault percebeu que o movimento contra o xá incluía muitos elementos diversos, mas achou que a habilidade de Khomeini de manter o foco anti-xá era extraordinária. Ele também via a possibilidade de que o movimento islamista, através do seu uso dos modernos meios de comunicação, poderia desenvolver um alcance global. Por fim, ele celebrava o movimento islamista como rejeição de uma forma europeia de modernidade. Ele esperava que aquilo que chamava de seu discurso transgressivo "insano" iria fraturar as fronteiras de uma modernidade "racional". Se isso acontecesse, Foucault argumentava, a Revolução Iraniana se converteria no arauto de movimentos semelhantes tanto no Oriente como no Ocidente. Nesse sentido, ele não tinha nenhuma apreensão sobre o modo pelo qual os islamistas tinham chegado a dominar o movimento revolucionário, deslocando os marxistas e a esquerda nacionalista. No próximo capítulo, examinaremos a controvérsia pública que irrompeu em março e abril de 1979 sobre o apoio acrítico de Foucault aos islamistas iranianos.

Capítulo 4 | O Debate sobre o Resultado da Revolução, Especialmente Quanto aos Direitos das Mulheres

FOUCAULT E RODINSON RESPONDEM À TOMADA DO PODER POR KHOMEINI

Khomeini, que, neste momento, já era tratado pelo título honorífico de "imame",[1] retornou ao Irã em 1º de fevereiro de 1979, um evento celebrado nas ruas de Teerã por aproximadamente três milhões de pessoas. Ele foi diretamente ao Cemitério Paraíso de Zahra, onde tornou ilegais a monarquia, os *majlis* e o senado. Ele rotulou a mídia visual – televisão, rádio e cinema – de "centros de corrupção moral". Dirigindo-se às forças armadas, ele conclamou os soldados a abraçarem o "Islã" e a independência nacional. O Irã estava se libertando do jugo estrangeiro, ele disse (Khomeini, 1999, vol. 6, p. 15). Enquanto Khomeini se movia para tomar o poder do último primeiro-ministro do xá, Shapour Bakhtiar, a imprensa francesa começou a expressar preocupações a respeito do Irã. Em 3 de fevereiro, *Le Monde* escreveu

---

[1] Como mencionado anteriormente, no Islã sunita, um imame é simplesmente o líder das preces em uma mesquita, ao passo que no xiismo, o título é reservado apenas aos líderes originais da fé. A utilização do termo em 1979 implicava que Khomeini poderia ser o Mahdi (Messias), que deve chegar quando o mundo estiver para acabar.

em editorial que "a preocupação e algumas vezes a exasperação das forças seculares e da esquerda estão começando a surgir em face da emergência de uma República Islâmica que, apesar de suas declarações nobres, pode muito bem se tornar intolerante e opressora" ("Le Tout ou Rien", 1979). *Le Monde* também publicou uma reportagem sobre a perseguição disseminada e organizada aos *Baha'is*.

Em 6 de fevereiro, Khomeini formou um governo provisório liderado pelo islamista moderado Mehdi Bazargan. Isso deu ao regime clerical, ainda em formação, uma face relativamente benigna, levando muitos a prever que Khomeini, já então com 77 anos, estaria prestes a se recolher para uma vida contemplativa, permitindo que um governo de ampla coalizão, englobando partidos seculares, bem como religiosos, governasse. Em 8 de fevereiro, um milhão de pessoas, incluindo centenas de soldados, encheram as ruas de Teerã em uma demonstração exigindo que Bakhtiar renunciasse imediatamente em favor do governo que Khomeini havia nomeado. À medida que as Forças Armadas começaram a ruir, técnicos da Força Aérea passaram a apoiar Khomeini abertamente, enquanto os Imortais, uma unidade militar de elite, continuava a resistir. Barricadas agora começaram a ser erguidas nas ruas, e em 11 de fevereiro, os remanescentes finais de resistência, em favor do velho regime, desmoronaram, após Bakhtiar ter renunciado e fugido.

Foi nesse ponto, em 13 de fevereiro, que o último artigo de Foucault para o *Corriere della Sera*, "Um Barril de Pólvora Chamado Islã", apareceu. Ele escreveu que até aquele momento tinha sido difícil rotular os eventos no Irã como uma revolução no sentido tradicional da palavra. Com as barricadas nas ruas, "uma figura conhecida finalmente aparece", ele sugeriu ("Um Barril de Pólvora Chamado Islã", Ap., p. 387). Fazendo troça com o discurso marxista francês, ele continuou:

> Hoje, sentimos como se estivéssemos em um mundo mais familiar. Houve as barricadas; armas foram tomadas dos arsenais; e um conselho reunido rapidamente deixou os ministros apenas com o tempo

suficiente para renunciarem antes que as pedras começassem a quebrar as janelas e antes que as portas fossem arrombadas sob a pressão da multidão. A história acabou de pôr no pé da página o selo vermelho que autentica uma revolução. O papel da religião foi abrir a cortina; os mulás agora se dispersarão, decolando em uma grande revoada de robes brancos e pretos. A decoração está mudando. O primeiro ato está para começar: o da luta de classes, das vanguardas armadas e do partido que organiza as massas, e assim por diante (ibidem, p. 387).

A rejeição de Foucault das previsões de que os nacionalistas seculares ou a esquerda marxista iriam agora assumir uma posição central no palco certamente se provou correta.

Até mais importante, ele observou, um novo tipo de movimento revolucionário havia surgido, o qual teria um impacto muito além das fronteiras iranianas:

Talvez o seu significado histórico seja encontrado, não na sua conformidade com um modelo "revolucionário" reconhecido, e, sim, no seu potencial de derrubar uma situação política existente no Oriente Médio e, portanto, o equilíbrio estratégico global. A sua singularidade, que até agora constituiu a sua força, consequentemente ameaça conferir-lhe o poder de se expandir. *Portanto, é verdade que, como um movimento "islâmico", ele pode incendiar toda a região, derrubar os regimes mais instáveis e perturbar os mais sólidos. O Islã – que não é simplesmente uma religião, mas todo um modo de vida, uma aderência à história e uma civilização – tem boa chance de se tornar um gigantesco barril de pólvora, com centenas de milhões de homens.* Desde ontem, qualquer Estado muçulmano pode ser revolucionado desde dentro, baseado nessas tradições consagradas pelo tempo ("Um Barril de Pólvora Chamado Islã", Ap., p. 390; ênfase acrescentada).

Aqui novamente, Foucault demonstrou uma argúcia extraordinária quanto ao alcance global do islamismo. Durante os anos seguintes, movimentos islamistas deslanchariam sublevações e/ou conquistariam amplos seguidores em um número de países-chave no mundo muçulmano. Além disso, Foucault argumentou que o seu impacto global iria superar o do marxismo, que não era tão profundamente enraizado na sociedade, extraindo "o dinamismo de um movimento islâmico, alguma coisa mais forte do que o efeito de dar a ele um caráter marxista, leninista ou maoista" (ibidem, p. 390). Mas, como em seus escritos prévios sobre o Irã, não houve uma nota de crítica ou até de hesitação. Em vez disso, o seu tom era quase laudatório.

Em meados de fevereiro, o Irã havia atingido o palco central da política mundial. Isso deslanchou uma torrente de comentários de intelectuais franceses nos meses seguintes.[2] O debate alcançou um crescendo em março e abril, em decorrência dos protestos feministas no Irã e no exterior contra a ordem de Khomeini exigindo que as mulheres voltassem a usar o véu. Enquanto Foucault permaneceu em silêncio quanto ao Irã durante esses protestos feministas, seus escritos anteriores sobre o Irã passaram agora a ser atacados pelas feministas, esquerdistas e intelectuais liberais.

Com Khomeini agora começando a consolidar o seu governo, Rodinson deu sequência à sua crítica anterior sobre Foucault no Irã com um artigo na edição de 19 de fevereiro em *Le Nouvel Observateur* intitulado "Khomeini e a 'Primazia do Espiritual'". Ainda que Rodinson tenha declarado que estava respondendo ao artigo de Jacques Julliard, discutido no capítulo 3, que tinha terminado com uma noção semelhante à de Foucault, "a primazia do espiritual", o seu alvo real, mas ainda não admitido, era Foucault.[3] Como na sua série de artigos publicados em *Le Monde* em dezembro, Rodinson alertou sobre os perigos de um governo islamista. Utilizando o conceito de Marx de

---

[2] Mencionaremos algumas das mais importantes contribuições e controvérsias, focando especialmente os debates intelectuais franceses, mas ocasionalmente fazendo referência também à discussão feminista internacional.

[3] Como Rodinson indicou ao reimprimir este artigo em 1993, ele tinha respondido a Foucault "mais ou menos implicitamente" em seu artigo em *Le Monde* de dezembro de 1978, mas aqui, em *Le Nouvel Observateur*, a sua intenção tinha sido fazê-lo "de uma forma mais precisa e específica" ("Crítica de Foucault sobre o Irã", Ap., p. 439).

ideologia e a noção de Weber sobre o poder mobilizador do carisma religioso, ele também apontou para a "credulidade" dos intelectuais ocidentais com relação à Revolução Iraniana:

> Não há nem improbabilidade nem escândalo nas mobilizações revolucionárias que ocorrem em nome da religião. Elas podem ter mais êxito do que outras. Contudo, é necessário estar vigilante em relação a suas vitórias. É também necessário manter uma atitude crítica em relação tanto à propaganda dos intelectuais dentro desses movimentos como em relação à credulidade daqueles que estão fora deles. Uma tendência revolucionária pode facilmente continuar a ser mantida sob a bandeira do Islã. O xis da questão, porém, é que a religião oferece facilidades superiores para quem quiser dotar uma sociedade de opções conservadoras e reacionárias! As religiões não são perigosas porque pregam a crença em Deus, e, sim, porque o único remédio que têm à sua disposição com relação aos males inerentes da sociedade é a exortação moral. Quanto mais parecem ter esses remédios à disposição, mais tornam sagrado o *status quo* social que melhor convém aos seus clérigos. No poder, sucumbem muito frequentemente à tentação de impor, em nome da reforma moral, uma ordem do mesmo nome ("Khomeini e a 'Primazia do Espiritual'", Ap., p. 396).

Referindo-se aos revolucionários religiosos no início da Europa moderna, Rodinson sugeriu que Khomeini "poderia ser um Savonarola" ou talvez, se ele pudesse desenvolver "algumas ideias politicamente práticas, um Calvino ou um Cromwell". Contudo, Rodinson concluiu que também havia o perigo de que ele "pudesse se revelar um dupanloup se movendo em direção a um Torquemada" (ibidem, p. 396), aqui se referindo ao bispo francês liberal do século XIX Dupanloup e ao notório inquisidor espanhol do século XV. Esses últimos pontos também constituem uma réplica específica do artigo de Foucault de 8 de outubro para o *Corriere della Sera*, em que ele tinha escrito que as "vozes" raivosas dos clérigos iranianos eram "tão terríveis quanto deve ter soado a voz de Savonarola em Florença, as vozes dos anabatistas em Münster ou as dos presbiterianos à época de Cromwell" ("Teerã: A Fé contra o Xá", Ap., p. 321). Muitos intelectuais franceses continuaram a expressar simpatia pelo novo regime, até mesmo ocasionalmente com razões feministas. Em um artigo publicado em 1º de março em *Le Monde* intitulado "O Véu Não é a Única Marca de Opressão", duas antropólogas feministas argumentavam que o véu permitia às "mulheres afirmar o seu papel como ativistas, igual ao dos homens" (Desmet-Grégoire e Nadjamabadi, 1979).[4]

No final de fevereiro, o poder real no Irã estava nas mãos do Conselho Revolucionário, o grupo pequeno e secreto de clérigos em torno de Khomeini. Na superfície, o governo de Bazargan parecia relativamente pluralista, sem nenhum clérigo e quatro membros da Frente Nacional, incluindo Karim Sanjabi como Ministro das Relações Exteriores. Contudo, o conselho de Khomeini frequentemente contramandava suas ordens e mudava as suas políticas por decreto. O novo regime também começou a prender ex-funcionários do regime do xá, alguns dos quais executou após julgamentos sumários. Além disso, ele estabeleceu um controle rígido sobre a mídia transmissora e iniciou a prática de chibatadas públicas pelo consumo de álcool. Bazargan agora começou a desfechar ataques frequentes aos "marxistas", os quais ele ameaçava esmagar se eles tentassem desestabilizar o país, avisos que se destinavam principalmente aos *Fedayeen*, aos *Mujahedeen* e a outros grupos de extrema-esquerda, que haviam começado a criticar o novo governo. Esses últimos ingenuamente concentraram as suas críticas iniciais na maquiagem "liberal-burguesa" do regime de Bazargan, em vez de se concentrar nos clérigos da linha dura em torno de Khomeini. Uma outra fonte potencial de oposição, o Partido *Tudeh* pró-soviético, imediatamente anunciou o seu apoio incondicional a Khomeini.

---

[4] Para uma discussão sobre essa questão sob um ponto de vista teórico, ver Afary, 1997.

Já em 17 de fevereiro, *Le Monde* informava que o campus da Universidade de Teerã havia se tornado "um dos raros locais, talvez o único, em que as mulheres podiam ficar ao lado dos homens e discutir com eles em pé de igualdade" (Balta, 1979a). Em dia 25 de fevereiro, Ali Shaygan, um líder proeminente da Frente Nacional que tinha sido muito amigo de Mossadeq, retornou ao Irã após anos de exílio na França e nos Estados Unidos. Muitos esperavam que Shaygan, que também tinha desempenhado um papel-chave na coordenação das atividades anti-xá na Confederação dos Estudantes Iranianos nos Estados Unidos, fosse se tornar o primeiro presidente do Irã. Ele expressou sua aprovação por muitos projetos islamistas, como a proibição ao álcool. Porém, após o seu primeiro encontro com Khomeini, Shaygan externou fortes reservas sobre a direção da revolução: "O Irã não pode retornar ao primeiro século do Islã e precisa, em vez disso, criar um novo governo que vá ao encontro dos padrões internacionais" (Shaygan, 1979).

Em 1º de março, a Associação Iraniana de Escritores, com inclinações esquerdistas, alertou publicamente que "o caráter democrático da revolução precisa ser preservado". A associação reclamou que o governo provisório havia se recusado a reconhecer os conselhos eleitos de trabalhadores e funcionários públicos que haviam desempenhado um papel importante na consecução das greves gerais durante a revolução. A censura havia retornado, e limites à liberdade de expressão foram reinstituídos. Vigilantes intimidavam os jornais e visavam às demonstrações públicas e palestras ameaçando-as de recorrerem à violência. Eles "purgaram" livros nas bibliotecas, "abrogaram os direitos das mulheres, que tinham desempenhado um papel importante na revolução, e em nome de sentimentos religiosos, eliminaram a discussão sobre os festivais nacionais iranianos [não islâmicos] e rituais [como o *Now Rouz*] dos livros-textos" (Kanun-i Nevisandegan-i Iran, 1979).

Em 6 de março, a esquerda secular e os partidos nacionalistas foram capazes de mostrar a sua força em uma demonstração de massa comemorando o aniversário da morte de Mossadeq. Tal como reportado em *Le Monde*, a multidão naquele dia, compreendendo centenas de milhares, foi dominada pelos que apoiavam a esquerda. Ela incluía muitas mulheres, poucas das quais usavam o xador. Distanciando-se levemente de Khomeini, o aiatolá Taleqani fez um discurso importante clamando por tolerância e unidade dentro das forças que haviam apoiado a revolução. O neto de Mossadeq Hedayat Matin-Daftari fez o discurso mais dramático, clamando pela fundação de um novo grupo político, a Frente Nacional Democrática. Evocando princípios da Revolução Constitucional de 1906, ele exigia um debate verdadeiro em vez do plebiscito que havia sido anunciado para 30 a 31 de março sobre uma única questão, sobre se o Irã deveria se tornar uma República Islâmica. Matin-Daftari também advogou o fim da censura e da discriminação contra as mulheres, bem como autonomia cultural e política para as minorias iranianas (Balta, 1979b).

De sua parte, Khomeini rapidamente restringiu os direitos das mulheres. Em 27 de fevereiro ele emitiu uma carta ab-rogando a Lei da Proteção da Família, que tinha sido um marco nos direitos das mulheres (capítulo 3). Em 3 de março, o novo regime proibiu as mulheres de trabalharem no judiciário. No dia seguinte, Khomeini anunciou que dar início a um processo de divórcio só poderia ser uma prerrogativa exclusivamente masculina. Em 9 de março veio uma proibição às mulheres nos esportes, incluindo a equipe olímpica. Em 8 de março, ele ordenou que as mulheres usassem o xador, deflagrando controvérsias nacional e internacional.

A CONTROVÉRSIA DE MARÇO DE 1979 SOBRE OS DIREITOS DA MULHER NO IRÃ

Na passeata do Dia Internacional da Mulher do dia 8 de março, o caráter repressivo do novo regime islamista do Irã subitamente se tornou muito visível a muitos de seus partidários internacionais. Nesse dia, as ativistas iranianas e seus partidários masculinos fizeram passeatas em Teerã e em Qom contra a ordem de que as mulheres devessem voltar a utilizar o véu como o xador tradicional usado pelas mulheres altamente religiosas. As passeatas continuaram por cinco dias. No seu ápice, atraíram dezenas de milhares em Teerã, tanto homens como mulheres. Alguns homens esquerdistas formaram um cordão em torno das mulheres, combatendo os atacantes armados de um novo grupo, o Hezbollah ou "Partido de Deus". Os protestantes entoavam: "Não ao xador", "Abaixo a ditadura" e, até mesmo, um ocasional "Fora Khomeini". Uma faixa dizia: "Fizemos a revolução pela liberdade, mas obtivemos uma ditadura". O Hezbollah, por sua vez, cantava: "Vocês usarão o véu ou apanharão", mas a sua resposta tendia a ser principalmente não verbal: pedras, facas e até balas.

Uma figura importante no movimento feminista internacional testemunhou e participou desses movimentos. Kate Millett, a autora de *Sexual Politics* (1970), tinha chegado de Nova York poucos dias antes de 8 de março (feministas francesas também viajaram ao Irã nessa ocasião). Como parte do Comitê da Liberdade Artística e Intelectual do Irã nos anos anteriores à Revolução, Millett havia dado numerosas apresentações em *campi* ao longo dos Estados Unidos sobre os abusos aos direitos humanos cometidos pelo regime do xá que era apoiado pelo governo americano. Nesse momento, ela tinha vindo ao Irã a convite do Comitê e das feministas de Teerã. Mais tarde, publicou suas memórias sobre esses eventos, que, apesar de terem sido escancaradas e impressionistas, ainda assim em última instância foram muito comoventes, intituladas *Going to Iran* (Millett, 1982). O livro inteiro de Millett de 300 páginas é totalmente devotado a essa única semana, quando os temas das mulheres despontaram.[5]

---

[5] O relato de Millett não está despido de erros factuais, alguns deles divertidos. Em um ponto, por exemplo, ela dá o nome do aiatolá relativamente tolerante Taleqani fazendo um trocadilho não intencional como sendo "aiatolá

Os comentários dela serviram como um contraponto aos de Foucault. Ambos haviam demonstrado afinidade passional pelo povo iraniano e ambos haviam devotado uma parte significativa das próprias vidas como intelectuais que publicamente haviam tomado uma posição ostensiva pela causa anti-xá. Enquanto Foucault tinha acentuado o caráter totalmente unificado do movimento revolucionário, Millett tinha se detido na multiplicidade das forças envolvidas. O Irã de Millett era muito mais variado que o de Foucault. Ele era secular e religioso, feminino e masculino, *gay* e reto, não islâmico e islâmico. Onde Foucault via uma totalidade indistinta unida por trás de Khomeini, Millett via profundas contradições dentro do movimento que tinha derrubado o xá. Onde Foucault havia apoiado o movimento anti-xá apenas para ficar em silêncio quando essas contradições emergiram, Millett, que tinha sido até mesmo mais ativa que Foucault no movimento anti-xá, mergulhou nessas contradições, buscando acentuá-las de uma forma que apoiasse os direitos das mulheres, dos *gays*, dos trabalhadores e das minorias religiosas e étnicas.

Nos dias que levaram ao 8 de março, ativistas mulheres que tentaram organizar uma celebração do Dia Internacional da Mulher haviam sido atacadas pela imprensa. O jornal iraniano *Women's Re-Awakeninng* respondeu com determinação às alegações clericais de que o feminismo era uma conspiração ocidental:

> As palavras "mulher" e "internacional" provocam pesadelos de blasfêmia em seus pequenos cérebros e eles naturalmente concluem que "se trata de uma conspiração internacional feita por mulheres corruptas e promíscuas". Esses pensamentos, porém, estão longe de nossas mulheres conscientes e amantes da liberdade. Nossas mulheres militantes e sofredoras carregaram o peso de tais calúnias e intimidações, desde seus lares até suas fazendas, fábricas, escritórios e escolas. Hoje,

---

Tolerani". Aqui e em outros momentos, também nos baseamos nas análises desses eventos fornecidas por Tabari e Yeganeh (1982), Azari (1983) e Afary (1983), bem como nas fontes contemporâneas.

quando a maior fonte de intimidação e de ditadura nos últimos cinquenta anos, em nosso país, foi derrubada pelo esforço determinado e bravo dessas mulheres e de seus companheiros, elas não mais tolerarão a exploração nem a coerção (apud Azari, 1983, p. 194).

O *Komiteh*, uma força política e obscura controlada por Khomeini e outros mulás próximos a ele, tinha também importunado e vez por outra detido mulheres ativistas. Apesar dessas dificuldades, as feministas haviam continuado com os seus planos para a passeata do dia 8 de março. Millett mencionou os julgamentos sumários e as execuções de oponentes reais ou imaginários, bem como os açoitamentos pelo consumo de bebidas alcoólicas. Mas como ativista lésbica, ela ficou particularmente chocada com as matanças anti*gays* que estavam ocorrendo: "Quanto aos homossexuais, eles eram assassinados a tiro nas ruas, o julgamento levava segundos" (Millett, 1982, p. 109).

Na manhã em 8 de março, quando Khomeini deu a sua ordem notória que obrigava as mulheres a usarem o xador, centenas de feministas já tinham começado a se juntar no pátio da Universidade de Teerã para participarem da passeata do Dia Internacional da Mulher. Elas reagiram com escárnio amargo a essa notícia. Apesar da pressão verbal severa dos homens hostis no *campus*, umas cinco mil mulheres marcharam para fora da universidade indo para as ruas, onde contra-insurgentes islâmicos as importunaram fisicamente. Dois dias mais tarde, no sábado, 10 de março, muitos milhares marcharam pelos direitos das mulheres, depois que quinze mil mulheres organizaram uma demonstração na frente do Ministério da Justiça. A declaração que as mulheres apresentaram ao governo clamava por "liberdade" para todos, "independentemente de sexo, cor, raça, língua e opinião". Suas oito demandas incluíam a livre escolha de roupas, liberdade de opinião e a remoção de "todas as desigualdades entre homens e mulheres na lei nacional" ("Declaração das Mulheres Iranianas Protestantes", Ap., p. 397). A essa altura, o governo tinha anunciado que um novo código de vestimenta era uma recomendação, e não uma exigência, e que a Lei de Proteção da Família poderia ser restaurada, mas essas concessões acabaram sendo apenas temporárias. O *slogan* mais popular do dia era: "Na aurora da liberdade, não temos liberdade" (Millett, 1982, p. 139).

Claudine Moullard, do movimento feminista francês, também presente por convite das feministas iranianas, falou em uma conferência de imprensa em 11 de março, declarando que era "do grupo de liberação das mulheres na França chamado *Politique e Psychoanalysis*" e do jornal *Des Femmes en Mouvement*. Ela acrescentou: "A luta das mulheres é internacional: desde o primeiro dia. Quando as mulheres iranianas romperem os seus grilhões, mulheres de todo o mundo poderão avançar" (Millett, 1982, p. 160-62).

Em 12 de março, as passeatas das mulheres tinham se espalhado por numerosas cidades pelo país. Depois de um longo debate público na Universidade de Teerã, com os *Fedayeen* se esquivando de proteger as mulheres durante a marcha e outros grupos esquerdistas encorajando as mulheres a cancelarem a marcha, milhares foram às ruas novamente, ainda protegidas de alguma forma por numerosos esquerdistas masculinos que continuaram a formar um cordão de proteção contra os vigilantes islamistas. O dia 12 de março foi a última grande demonstração feminista. Logo depois, o movimento das mulheres cancelou suas demonstrações públicas, em sua maioria, por causa da pressão dos grupos esquerdistas como o *Fedayeen*, o grupo mais influente no campus da Universidade de Teerã. Os *Fedayeen* argumentavam que a questão principal agora era a necessidade de se evitar uma nova guerra civil dentro do campo revolucionário, em face de uma intervenção estrangeira possível ou de complôs dos realistas (Gueyras, 1979b).

A imprensa francesa cobriu as demonstrações das mulheres em grande detalhe, e *Le Monde* publicou que um "tribunal islâmico" tinha levado a cabo a execução de dois "corruptos" declarados culpados de "perversões sexuais" (Gueyras, 1979a). As feministas ligadas aos jornais *Des Femmes en Mouvement* e *Histoires d'Elles* agora organizavam grandes debates públicos sobre o Irã, de que participaram tanto mulheres francesas como iranianas. A trotskista Liga Revolucionária Comunista (LCR), o grupo maior à esquerda do Partido Comunista, clamava por "solidariedade" para com as mulheres iranianas, que tal como relatado em 14 de março no jornal esquerdista *Libération*: "estavam lutando pelo direito de controlar as próprias vidas e contra uma normalização islâmica que ameaça a liberdade de todos os trabalhadores, das minorias e dos homossexuais". Na sexta-feira, 16 de março, tal como relatado entusiasmadamente pelo *Libération*, mil pessoas apareceram para uma demonstração em Paris em apoio às feministas iranianas. Os *slogans* incluíam: "Não nos submeteremos nem ao xá nem ao aiatolá" e "O véu cairá, de Teerã a Casablanca". Entre os participantes estavam feministas iranianos e franceses, bem como ativistas *gays* e lésbicas (Delacour, 1979a). No Irã, naquele mesmo dia, cerca de cem mil protestantes, muitos dos quais mulheres vestidas em xadores negros, se juntaram em Teerã para defender Khomeini e denunciar as passeatas das mulheres da semana anterior. Essa passeata, muito maior que a demonstração feminina de 10 de março, contou com todo o apoio do regime, incluindo transporte de graça, e não teve que enfrentar ataques violentos nas ruas.[6]

Em Paris, Simone de Beauvoir convocou uma entrevista à imprensa em 19 de março para anunciar que uma delegação internacional composta de ativistas feministas e intelectuais estava se dirigindo ao Irã para colher informações. Enquanto ela própria teve que cancelar os seus planos de ir ao Irã por questões de saúde, fez uma declaração pública de solidariedade:

> Criamos o Comitê Internacional pelos Direitos das Mulheres (CIDF) em resposta a pedidos de um grande número de mulheres iranianas. A sua situação e a sua revolta nos comoveram muito (...) A primeira

---

[6] Para saber mais sobre o papel das mulheres islamistas durante esse período, ver Afary, 2001.

tarefa que assumimos é muito urgente. É a tarefa de colher informações sobre a luta das mulheres iranianas e comunicar essas informações e apoiar o seu esforço. Recebemos um apelo de um número muito grande dessas mulheres. Vimos também os seus esforços, as suas lutas e as suas ações. Estamos cientes da profundidade da enorme humilhação que outros querem infligir-lhes, e por isso resolvemos lutar em sua defesa (...) É bem possível que a missão fracasse, se eles nos mandarem de volta assim que chegarmos lá. Ainda assim, os dados terão sido lançados, e é importante haver uma demonstração – da parte de um número muito grande de mulheres ocidentais, mulheres francesas, italianas, entre outras – de solidariedade com a luta das mulheres iranianas ("Discurso de Simone de Beauvoir", Ap., p. 399).

De fato, todos os sinais sugeriam que a delegação não conseguiria fazer muito progresso, pois, naquele mesmo dia, Millett chegava em Paris, tendo sido expulsa pelo novo regime por "provocações contra a Revolução Islâmica" (Delacour, 1979b).

Em sua própria entrevista à imprensa no aeroporto de Orly, Millett expressou quão profundamente comovida tinha ficado com as demonstrações em Teerã: "As mulheres iranianas são seres humanos maravilhosos" e "armadas com grande coragem". Millett também testemunhou sobre a atmosfera crescentemente repressora no Irã (Delacour, 1979b; ver também Kempton, 1979). A proeminente feminista Gisèle Halimi, a editora da revista feminista popular *Choisir*, algumas vezes comparada à revista feminista americana *Ms.*, publicou um artigo em *Le Monde*, em 21 de março, em resposta à expulsão de Millett. Halimi perguntou: "Como é possível que tantas revoluções, movimentos de resistência à opressão e movimentos de independência em terras colonizadas ocorram em meio à exploração e ao escárnio pelas mulheres? Essas mulheres que são, no mínimo, iguais aos seus camaradas ao suportarem a tortura e na coragem de enfrentar a morte?". Halimi também observou o crescimento de um novo internacionalismo feminista após as passeatas no Irã: "Para as feministas hoje, os primeiros sinais concretos de uma solidariedade concreta estão começando a aparecer" (Halimi, 1979). A edição de abril da revista mensal feminista mais esquerdista *Histoires d'Elles* também fez uma defesa enérgica das feministas iranianas em um artigo intitulado "No Irã o Xador Avança, em Paris ele é Queimado", em que a escritora franco-argelina Leila Sebbar afirmava que as passeatas das mulheres iranianas representavam um movimento sem precedentes na história dos movimentos revolucionários. Isso porque as mulheres haviam dado um passo adiante como uma força independente que rejeitava quaisquer controles da parte da liderança masculina:

> Até agora, as revoluções (argelina, chinesa e vietnamita) fizeram as mulheres seguirem a reboque, as colocaram em seus lugares, ou as transferiram para um igualitarismo de ambos os sexos de acordo com a necessidade política, socialista ou nacionalista. Pela primeira vez, as mulheres iranianas estão em uma situação de insubordinação em relação a uma ordem revolucionária, a Revolução Islâmica (Sebbar, 1979).[7]

Outras feministas proeminentes internacionalmente também falaram em favor do Irã. Em Detroit, a feminista marxista Raya Dunayevskaya fez um forte pronunciamento em apoio às feministas iranianas em 25 de março. Ela protestou contra a expulsão de Millett feita por Khomeini: "A expulsão de Kate Millett é um símbolo de como ele tenciona fazer os ponteiros do relógio andarem para trás na sua tentativa de exorcizar todos esses espectros". Ela também se referiu aos esforços dele para "parar aqueles que lutavam pelo direito de autodeterminação com armas na mão, os curdos" (Dunayevskaya, 1979, p. 3).[8] Dunayevskaya primeiro destacou a auto-organização e a determinação das feministas iranianas. Tal como Millett, ela enfatizou a solidariedade dos esquerdistas masculinos:

---

[7] Gostaríamos de agradecer a Hélène Bellour, que trabalhava na *Histoires d'Elles* durante esse período, por nos entregar cópias do jornal e por informações valiosas sobre as respostas feministas francesas à Revolução Iraniana.

[8] Uma versão mais curta desse artigo foi publicada em Dunayevskaya, 1996.

Isso certamente foi um avanço em relação ao início da Revolução dos Cravos portuguesa de 1975 em que os esquerdistas masculinos combateram as demonstrações das mulheres com impunidade. O ano de 1979 mostrou que no Irã, pelo menos por uma e mesma vez, os revolucionários não permitiram ataques às mulheres revolucionárias, e as mulheres estavam oferecendo a sua própria contribuição para o aprofundamento do conteúdo da revolução (1979, p. 2-3).

Além disso, Dunayevskaya elogiou a abertura aos laços internacionais da parte das feministas iranianas. Ela situou a atual sublevação no contexto da Revolução Constitucional, citando o testemunho de Morgan Shuster sobre o que ela chamou de "papel histórico" das mulheres naquela conjuntura:

> As mulheres persas, desde 1907, haviam se tornado, de uma vez, as mais progressistas, senão as mais radicais do mundo. Que esta declaração entre em choque com as ideias em voga por séculos não faz diferença. É o fato (...) na sua luta por liberdade e suas expressões modernas, elas romperam com alguns dos costumes mais sagrados que pelos séculos passados haviam amarrado o seu sexo à terra iraniana (apud Dunayevskaya, 1979, p. 8-9).

Finalmente, ela escarneceu daqueles esquerdistas tanto dentro como fora do Irã, que colocavam a sua luta anti-imperialista na frente de tudo de tal maneira que isso acabava funcionando como uma desculpa para a opressão interna de uma *"mullocracia"* ascendente que estava esmagando os direitos das mulheres, dos trabalhadores e das minorias nacionais.

Na França e em outros países, contudo, nem todos os intelectuais de esquerda apoiavam essas críticas femininas sobre a revolução. Marc Kravetz escreveu em *Libération* que, de acordo com suas fontes entre as mulheres iranianas, "a situação das mulheres iranianas é mais complexa do que as visões expressadas em encontros em Paris". Ele também minimizou os relatos de execuções de homossexuais, escrevendo que ocorreram não em função "da homossexualidade como tal", mas sim pelo exercício da prostituição e da violência sexual contra menores", como se as acusações dos tribunais secretos de Khomeini devessem ser tomadas pelo seu valor de face (Kravetz, 1979). De maneira não surpreendente, o artigo de Kravetz logo recebeu uma forte repreensão de um ativista *gay* masculino, Lola Steel, que tinha participado da passeata de 16 de março em Paris: "Como homossexual, participei da passeata em apoio às mulheres iranianas porque tinha ouvido falar dos 'disparos' nos homossexuais". Steel não zombou das afirmativas de que essas execuções se tratavam de meras execuções de pedófilos. Ele observou que a homossexualidade existia em todas as sociedades, incluindo as islâmicas, ainda que se manifestasse de formas diferentes (Steel, 1979).

As críticas aos esforços internacionais para apoiar as feministas iranianas vieram de outros cantos também. Em meados de março, Edward Said tinha ido a um encontro organizado por Sartre e Beauvoir sobre o conflito árabe-israelense. Nesse encontro, Beauvoir parecia haver expressado a sua forte oposição à reintrodução dos véus para as mulheres iranianas. Em um relato um pouco condescendente publicado duas décadas depois, Said descreveu a sua atitude em relação às feministas iranianas:

> Beauvoir já estava lá com seu famoso turbante, fazendo proselitismo para quem quer que se dispusesse a ouvi-la a respeito de sua próxima visita a Teerã com Kate Millett, onde elas estavam planejando fazer demonstrações contra o xador; toda a ideia me pareceu condescendente e tola e ainda que eu estivesse ansioso em escutar o que Beauvoir tinha a dizer, também percebi que ela era bastante vaidosa e não estava disposta a dialogar no momento (...) Beauvoir tinha sido uma decepção séria, esperneando na sala e dizendo um montão de clichês sobre o Islã e a exigência das mulheres usarem véus (Said, 2000a).

Durante esses mesmos dias, Rodinson publicou um relatório sobre a crescente perseguição aos *Baha'is*: "Os *Baha'is* foram mortos, suas casas, queimadas, seus túmulos, profanados, suas crianças, sequestradas, e seus pais foram forçados a se converter ao Islã para que pudessem receber os seus filhos de volta". Isso tinha sido orquestrado pelo regime, ele concluiu, uma vez que a maioria dos templos *Baha'i* já tinha sido fechada pela polícia (Rodinson, 1979). Havia muito mais reportagens na imprensa francesa sobre as demandas por autonomia dos curdos iranianos, contra os quais o regime enviou helicópteros de ataque, antes de negociar uma trégua complicada.

A delegação de dezoito mulheres constituída, em sua maioria, de francesas que foi ao Irã em 19 de março retornou após duas semanas. Durante e após a viagem, algumas das delegadas tentaram transmitir uma face positiva com relação à sua viagem, adotando uma postura muito diferente da de Millett. Ao escrever na edição de 24 de março de *Le Matin de Paris*, um jornal de esquerda, a feminista teórica Catherine Clément reportou que muitas mulheres iranianas tinham sentimentos ambivalentes com relação à passeata de 8 de março, porque elas também apoiavam Khomeini. Clément citou uma mulher que havia participado da passeata que lhe disse quais elementos da direita haviam penetrado na marcha feminista no último dia. E essa mulher também atacou Millett: "Onde estavam essas mulheres americanas que vieram hoje ao Irã quando a SAVAK estava torturando quatro mil mulheres iranianas?" (apud Clément, 1979b; ver também Clément, 1979a; Brière e Macciocchi, 1979). Ela evidentemente não estava ciente dos anos de ativismo anti-xá de Millett em Nova York, algo que Clément também não se preocupou em informar aos seus leitores. Tais opiniões, porém, foram uma exceção entre os membros da delegação feminista internacional. A maioria dos relatórios feita pelas mulheres delegadas pintava um quadro muito sombrio sobre os direitos das mulheres no Irã (ver, por exemplo, Kaup, 1979; Macciocchi, 1979).

De sua parte, Millett continuou a enaltecer a coragem e a inteligência das feministas iranianas, sugerindo que sua luta ainda não tinha terminado:

Essas são as feministas mais determinadas que eu já vi. Meus Deus, elas são boas no que fazem. Elas lutaram contra o xá arriscando as próprias vidas e continuam lutando. Quando marchamos, voluntários homens – amigos, irmãos, maridos, namorados – fizeram um círculo em torno de nós para nos proteger. Eles compreenderam que os direitos das mulheres são direitos democráticos. Essas marchas corporificavam todo o espírito da insurreição (apud Kempton, 1979).[9]

"ESTOU SENDO 'INSTADO A RECONHECER MEUS ERROS'": FOUCAULT NA DEFENSIVA SOBRE O IRÃ

Foi neste ponto que Foucault começou a ser atacado pelo nome com relação aos seus escritos sobre o Irã. Em 24 de março, um artigo altamente polêmico contra Foucault foi publicado em *Le Matin*, um jornal de esquerda que tinha, com exceção dos artigos de Clément, sido muito crítico a Khomeini. Escrito pelos jornalistas veteranos de esquerda, Claudie e Jacques Broyelle, o ataque a Foucault foi intitulado "Com o que os Filósofos Estão Sonhando?". O título era uma óbvia alusão ao artigo de Foucault em *Le Nouvel Observateur*, de outubro de 1978, intitulado "Com o que os Iranianos Estão Sonhando?". Esse foi o único de seus artigos sobre o Irã que apareceu em francês, e ele já tinha gerado uma troca áspera com uma iraniana, "Atoussa H.", quando o artigo foi publicado (capítulo 3). O subtítulo era provocador: "Será que Michel Foucault Estava Errado sobre a Revolução Iraniana?". Embora nos últimos anos eles tenham se tornado muito mais conservadores, em 1978 os Broyelles tinham fortes credenciais feministas e esquerdistas. Em 1977, publicaram um relato mordaz das mulheres na China que haviam ajudado a deslocar a esquerda parisiense de suas simpatias iniciais pelos maoistas (Broyelle et al., 1980).

---

[9] Essas questões também afetaram o Irã rural. Para uma discussão sobre as mulheres das aldeias durante e após a revolução, ver Friedl, 1991.

Os Broyelles começaram por ridicularizar o elogio entusiasmado de Foucault pelo movimento islamista:

> Retornando do Irã há poucos meses, Michel Foucault declarou que estava "impressionado" com a "tentativa de se abrir uma dimensão espiritual na política" que ele discernia no projeto de um governo islâmico.
>
> Hoje existem menininhas todas vestidas de preto, cobertas dos pés à cabeça; mulheres esfaqueadas precisamente porque não querem usar o véu; execuções sumárias por homossexualidade; a criação de um "Ministério de Orientação de Acordo com os Preceitos do Corão"; ladrões e mulheres adúlteras são chicoteados. O Irã escapou por um triz. Quando se pensa que depois de décadas de uma ditadura feroz sob o xá e a SAVAK, este país quase caiu na armadilha de uma solução do "tipo espanhola", de um parlamento democrático, essas notícias são prova suficiente da boa sorte do país ("Com o que os Filósofos Estão Sonhando?", Ap., p. 400-01).

As duas últimas sentenças se referiam à transição de 1977 na Espanha de uma ditadura fascista para uma monarquia constitucional, na qual os partidos políticos de esquerda conseguiram a maioria no parlamento, da mesma forma que os sindicatos liderados pela esquerda na esfera econômica. Aqui, a conexão ao artigo de Foucault sobre o Irã residia no fato de que ele tinha atacado propostas para uma transição democrática semelhante no Irã.

Uma parte do argumento dos Broyelles também tocou na crítica de Foucault do sistema liberal moderno de justiça em trabalhos como o seu *Vigiar e Punir*. Eles sugeriam que a sua crítica da modernidade falhou em indicar o progresso que tinha sido realizado desde as resoluções democráticas no século XVIII e, portanto, minimizou o grau de opressão das formas pré-modernas de justiça. Aludindo à posição teórica geral de Foucault, bem como ao novo regime no Irã, os Broyelles se referiam ironicamente a "essa espiritualidade que disciplina e pune" ("Com o que os Filósofos Estão Sonhando?", Ap., p. 402). Eles ridicularizaram a prévia declaração dele sobre a "ausência de hierarquia no clero" e a noção dos islamistas da lei com base naquilo que Foucault tinha chamado de uma "luz espiritual que é capaz de iluminar (...) [a] lei" e uma necessária "desconfiança do legalismo" (ibidem).

A seguir, os Broyelles observaram que um grande número de intelectuais de esquerda havia desculpado os crimes de Stalin ou Mao e que os escritos de antissemitas direitistas como Léon Daudet tinham antecipado o Holocausto: "Não, o filósofo não é responsável pelo sangue que corre hoje no Irã (...) Ele não é mais responsável pelo Holocausto do que foi Léon Daudet, ou do que os intelectuais comunistas ocidentais pelos *gulags* socialistas" ("Com o que os Filósofos Estão Sonhando?", Ap., p. 403). Contudo, eles continuaram, o intelectual ocidental privilegiado, cujas ideias tinham algumas vezes desculpado o fascismo ou o comunismo totalitário, tinham uma responsabilidade: procurar e, então, sancionar a verdade. Foi nesse ponto que os Broyelles instaram Foucault a admitir que o seu pensamento sobre o Irã havia sido "um erro":

> Quando se é um intelectual, quando se trabalha com base em ideias e com as ideias, quando se tem a liberdade -- sem ter que lutar arriscando a própria vida para obtê-la – não para ser um escritor servil, então temos que ter algumas obrigações. A primeira delas é assumir a responsabilidade pelas ideias defendidas quando são finalmente colocadas em prática. Os filósofos da "justiça do povo" deveriam dizer hoje: "Vida longa ao governo islâmico!" e, então, ficaria claro que estão indo ao extremo final de seu radicalismo. Ou, então, deveriam dizer: "Não, não queria isso, estava enganado. Aqui está o que estava errado no meu raciocínio; aqui está onde o meu pensamento estava errado". Eles deveriam refletir. Afinal, este é o seu trabalho (ibidem, p. 404).

Em seguida a esse artigo, *Le Matin* rodou um anúncio de que uma resposta de Foucault apareceria na edição seguinte.

A resposta de Foucault, publicada dois dias depois, em 26 de março, foi de fato uma não resposta. Ele não iria responder, ele escreveu, "como ao longo de toda a 'minha vida' eu nunca tomei parte em polêmicas. Não tenho a intenção de começar a fazê-lo agora". Ele escreveu que "estou sendo instado a reconhecer os meus erros". Dando a entender que foram os Broyelles que estavam engajados no controle do pensamento com a maneira pela qual eles o instaram a se justificar, Foucault continuou: "Essa expressão e a prática que ela designa me lembram alguma coisa e muitas coisas contra as quais eu lutei. Não irei me prestar, nem mesmo 'através da imprensa', a uma manobra cuja forma e cujo conteúdo eu detesto. 'Você confessará ou gritará vida longa aos assassinos'". Ele aduziu que ele estaria desejoso "de debater aqui e agora a questão do Irã, tão logo o *Le Matin* me conceda a oportunidade" ("A Resposta de Foucault a Claudie e Jacques Broyelle", Ap., p. 405). Em uma nota explanatória, os editores de *Le Matin* indicaram que "nós esperamos publicar um artigo de Michel Foucault após o referendo de 30 de março no Irã". Esse referendo foi o que estabeleceu a República Islâmica.

A tentativa de Foucault de virar a mesa de seus críticos e sugerir que eles estavam conduzindo algum tipo de inquisição pareceu que saiu pela culatra. *Le Matin* rodou um segundo artigo altamente crítico contra Foucault na forma de uma longa carta ao editor três dias mais tarde, em 31 de março. Intitulado "Foucault, Irã e Responsabilidade", seu autor foi Paul Martin, um professor de Marselha que expressava afinidade com o filósofo esquerdista antiautoritário Cornelius Castoriadis. Martin acusou Foucault em sua resposta aos Broyelles de "se esconder por trás de um silêncio arrogante quando a dura realidade desmentiu o que ele disse". Com relação à réplica de Foucault, Martin acrescentou:

> Insinua-se que ao pedir que alguém se explique, para indicar onde ele está em erro (e como ele contribuiu ao erro uma vez que seu discurso foi público), é ser "stalinista", totalitário (é exatamente isso que Foucault quis dizer quando mencionou "alguma coisa e muitas coisas"). De fato, o que o texto todo de Michel Foucault prega é o direito de um intelectu-

al profissional de não dizer nada e nunca ter que ser assombrado pelos seus erros. Se pessoas obstinadas, destituídas de amnésia e, portanto, desrespeitadoras pedem explicações, nosso intelectual se esconde por trás de sua dignidade ofendida e grita inquisição. Aqui a intenção é fugir da verdade e da sua responsabilidade (Martin, 1979).

Nenhum outro artigo subsequente de Foucault sobre o Irã apareceu em *Le Matin*. Talvez ele tenha achado melhor cortar as suas perdas. Além do mais, Foucault enfrentava um desafio muito mais amplo nas revisões críticas de um livro sobre o Irã que continham uma longa entrevista com ele que agora aparecia em diversos jornais e revistas.

OS ESTILHAÇOS SOBRE A ENTREVISTA DE FOUCAULT NA OBRA *IRAN: THE REVOLUTION IN THE NAME OF GOD*

Um dos tratamentos mais longos de Foucault sobre os eventos no Irã foi em uma entrevista com Claire Brière e Pierre Blanchet que formou o apêndice de seu livro *Iran: The Revolution in the Name of God* [Irã: A Revolução em Nome de Deus]. Publicado no final de março de 1979, esse livro se baseou nas reportagens feitas por esses dois jornalistas no *Libération*. Eles tinham estado não apenas no Irã, como também próximos de Khomeini durante o seu breve exílio em Paris, em 1978, e Brière tinha retornado ao Irã no mesmo avião do aiatolá em fevereiro de 1979. A entrevista, que parece ter sido feita no final de 1978, foi intitulada "Irã: O Espírito de um Mundo sem Espírito". Infelizmente para a reputação de Foucault, essa discussão bem entusiasmada sobre o movimento islamista no Irã foi publicada logo depois das passeatas das mulheres em março e entre os crescentes relatos das atrocidades contra homens *gays*, os *Baha'is* e os curdos. O livro foi amplamente lido porque o momento em que apareceu foi muito oportuno e, meses mais tarde, *Iran: The Revolution in the Name of God* ainda estava sendo o título mais proeminentemente exibido sobre a Revolução Iraniana nas livrarias parisienses.[10]

Os editores de uma reimpressão subsequente em francês da entrevista de Foucault pareciam ter grandes cuidados em indicar que ele não deveria ser responsabilizado. Eles sugeriam que foram os jornalistas Brière e Blanchet, em vez de Foucault, que tinham ficado excessivamente entusiasmados sobre o movimento islamista no Irã (Foucault, 1994b, p. 745, nota do editor). Uma leitura mais de perto da entrevista sugere o oposto: que esses dois jornalistas foram eles próprios por diversas vezes repreendidos quando cutucaram Foucault sugerindo que ele tomasse uma posição mais clara e crítica em relação ao movimento islamista no Irã. Na entrevista, Foucault começou a sua análise do Irã reclamando que "o caso Irã e o modo como ele ocorreu não despertaram o mesmo tipo de simpatia automática que aconteceu, por exemplo, em Portugal ou na Nicarágua". Ele também achou erradas as ações de um editor de jornal (que ele não citou, mas possivelmente o editor do *Libération*), que tinha acrescentado a palavra "fanática" a uma frase de um repórter sobre a "Revolta Islâmica" ao publicar um despacho do Irã ("Irã: O Espírito de um Mundo sem Espírito", Ap., p. 406-07). Blanchet, então, criticou partes da esquerda francesa, "seja a do [Partido Socialista] ou (...) a esquerda mais marginal em torno do jornal *Libération*", que tinha tentado se distanciar da Revolução Iraniana. Esses grupos expressaram "irritação" com relação a dois pontos: (1) "a religião é o véu, é um arcaísmo, uma regressão pelo menos no que concerne às mulheres"; (2) "segundo, que não pode ser negado, porque se sente isso: se os clérigos algum dia chegarem ao poder e implementarem o seu programa, não deveríamos temer uma nova ditadura?" (ibidem, p. 407).

Não estava claro por que somente o segundo desses perigos era inegável, mas pelo menos Blanchet havia levantado para discussão

---

[10] Observação pessoal de um dos autores em junho de 1979.

uma crítica feminista ao movimento islamista. Em vez de reconhecê-los, contudo, Foucault levou a conversação de volta para onde ela havia iniciado: sua queixa de que a esquerda ocidental não havia sido muito entusiasta sobre o que estava acontecendo no Irã:

> Pode-se dizer que, por trás dessas duas irritações, há uma outra, ou talvez um assombro, um tipo de desconforto quando confrontado por um fenômeno que é, para nossa mentalidade política, muito curioso. É um fenômeno que pode ser chamado de revolucionário no amplo sentido do termo, uma vez que diz respeito à sublevação de toda uma nação contra um poder que a oprime. Agora, reconhecemos uma revolução quando podemos observar duas dinâmicas: uma é a das contradições nessa sociedade, a da luta de classes ou das confrontações sociais. Então há uma dinâmica política, isto é, a presença de uma vanguarda, classe, partido ou ideologia política, em suma, uma ponta de lança que carrega toda a nação consigo. Agora me parece que, no que está acontecendo no Irã, não podemos reconhecer nenhuma dessas duas dinâmicas que são, para nós, sinais distintivos e marcas explícitas de um fenômeno revolucionário. O que é, para nós, um movimento revolucionário em que não se pode situar as contradições internas de uma sociedade e no qual não conseguimos detectar também uma vanguarda? ("Irã...", Ap., p. 407-08).

Foucault continuou a ressaltar o caráter único dos eventos no Irã, bem como a sua profundidade. Novamente ele atacou a fraqueza da esquerda secular, mas tinha se recusado a discutir problemas dentro do próprio movimento islamista.

Foucault agora começou a caracterizar o lugar da religião na Revolução Iraniana:

> É verdade que a sociedade iraniana está repleta de contradições que não podem de maneira nenhuma ser negadas, mas é certo que o evento revolucionário que vem ocorrendo há mais de um ano e é, ao mesmo tempo, uma experiência interior, um tipo de liturgia constantemente recomendado, uma experiência comunitária, e assim por diante, tudo que está certamente articulado na luta de classe, mas que não encontra

uma expressão de forma imediata e transparente. Assim, qual é o papel da religião, então, com o controle formidável que ela exerce sobre o povo, a posição que ela sempre deteve em relação ao poder político, seu conteúdo, que faz dela uma religião de combate e sacrifício, e assim por diante? Não o de uma ideologia, que poderia ajudar a mascarar contradições ou formar um tipo de união sagrada entre interesses divergentes muito grandes. Ela realmente tem o vocabulário, o cerimonial, o drama eterno em que se pode encaixar o drama histórico de um povo que arriscou a própria existência contra a de seu soberano ("Irã...", Ap., p. 409).

Tratava-se de uma crítica válida à noção marxista vulgar da religião, como uma ideologia conservadora permanente que mascarava alguma coisa mais profunda, como um conflito de classe. Foucault, porém, via a religião como um discurso que poderia assumir diferentes significados políticos em épocas diferentes. Mas o que era curioso era como Foucault caracterizava o xiismo iraniano como um "eterno" sistema de discurso histórico-cultural unificado, que eliminava completamente aquelas "contradições" das quais, ele admitiu de passagem, a "sociedade iraniana" estava repleta.

Blanchet argumentou que enquanto em outubro de 1978 o movimento de massa parecia estar unificado, no início de 1979 isso estava começando a mudar: "Obviamente, depois disso, as coisas no Irã se assentarão e estratos diferentes, classes diferentes, se tornarão visíveis" ("Irã...", Ap., p. 410). Foucault discordou. Ele novamente enalteceu a "vontade coletiva absoluta" que havia testemunhado entre as massas iranianas. Ele comparou a Revolução Iraniana às prévias lutas anticoloniais e se referia aos Estados Unidos e a outros apoiadores ocidentais do xá. Tinha mais. A Revolução Iraniana expressava alguma coisa maior e mais profunda do que nacionalismo: "Mas o sentimento nacional foi, na minha opinião, apenas um dos elementos de uma rejeição ainda mais radical: a rejeição por um povo não apenas dos estrangeiros, mas de tudo que havia constituído, por anos, por séculos, seu destino político" (ibidem, p. 411). Aqui, o que Foucault percebia como temas profundamente antimodernistas da Revolução Iraniana chamaram a sua atenção.

Blanchet novamente alertou contra a euforia acrítica com relação aos eventos no Irã, referindo-se a sua própria e à experiência de Brière na China durante a Revolução Cultural. Em particular, Blanchet expressou ceticismo sobre a noção de Foucault a respeito de uma "vontade coletiva absoluta":

> Havia o mesmo tipo de vontade coletiva. (...) Depois, percebemos que tínhamos sido iludidos e, até certo ponto, os chineses também. É verdade que, até certo ponto, nós nos iludimos. E é por isso que, algumas vezes, hesitamos em permitir que sejamos iludidos pelo Irã. De qualquer forma, há alguma coisa semelhante nos carismas de Mao Tse-Tung e Khomeini; há algo similar na maneira como os militantes jovens islâmicos falam de Khomeini e no modo como a Guarda Vermelha falava de Mao ("Irã...", Ap., p. 411).

Uma vez mais, Foucault rejeitou as implicações de uma postura mais questionadora e crítica. Discordando diretamente de Blanchet, ele insistiu no caráter único dos eventos no Irã *vis-à-vis* aos da China:

> Dá no mesmo, a Revolução Cultural foi certamente apresentada como uma luta entre certos elementos da população contra outros, certos elementos no partido e certos outros, ou entre a população e o partido, etc. Agora, o que me impressiona no Irã é que não há luta entre elementos distintos. O que confere ao movimento iraniano essa beleza singular e lhe atribui ao mesmo tempo tal gravidade é que existe somente uma confrontação: entre todo o povo e o poder do Estado ameaçando-o com suas armas e polícia. Ninguém precisava ir a extremos, porque a gente os encontrava imediatamente, de um lado, a vontade total do povo, e, do outro, as metralhadoras (ibidem, p. 411-12).

Aqui, novamente, a negação de Foucault de qualquer diferenciação social ou política entre o "povo" iraniano foi absolutamente de tirar o fôlego. Ele continuou batendo nessa tecla, de novo e de novo se esquivando da insistência de Blanchet para que ele discutisse diferenças, contradições ou perigos dentro do processo revolucionário iraniano. Por exemplo, Foucault declarou que com relação aos islamistas iranianos, "a religião para eles era mais como a promessa e garantia de encontrarem alguma coisa que mudaria radicalmente a sua subjetividade" (ibidem, p. 414). Então ele sugeriu que a famosa sentença de Marx sobre a religião tinha sido mal interpretada: "As pessoas sempre citam Marx e o ópio do povo. A sentença que imediatamente precedeu aquela declaração e que nunca é citada diz que a religião é o espírito de um mundo sem espírito". Foucault argumentou que por volta de 1978, a parte mais conhecida daquela declaração de Marx tinha se tornado imprópria: "Digamos, então, que o Islã, em 1978, não era o ópio do povo precisamente porque era o espírito de um mundo sem espírito" (ibidem). Portanto, onde os marxistas dogmáticos haviam citado apenas a última parte daquela declaração de Marx, "a religião é o ópio do povo", Foucault agora queria interpretar a declaração de forma diferente, enfatizando a sua primeira parte, a de que a "religião é o espírito de um mundo sem espírito".

Finalmente, ao longo de nove décimos da entrevista, depois de ter sido cutucado mais por Blanchet e Brière, Foucault reconheceu muito rapidamente uma única contradição dentro da Revolução Iraniana, a do nacionalismo xenófobo e do antissemitismo. Podemos citar estas declarações *in totum* uma vez que são tão curtas:

> Houve demonstrações, verbais pelo menos, de violento antissemitismo. Houve demonstrações de xenofobia dirigidas não apenas aos americanos, mas também aos trabalhadores estrangeiros que tinham vindo trabalhar no Irã. (...)

> O que deu ao movimento iraniano sua intensidade foi um registro duplo. De um lado, uma vontade coletiva que foi muito fortemente expressa politicamente e, de outro, o desejo de uma mudança radical na vida comum. Mas essa afirmação dupla só pode ser baseada nas tradições, instituições que carregam uma carga de *chauvinismo,*

nacionalismo, exclusivismo, que exerceram uma atração muito poderosa para os indivíduos ("Irã...", Ap., p. 419, 421; ênfase acrescentada).

Aqui, pela primeira vez nas suas discussões sobre o Irã, Foucault tinha admitido que mitos religiosos e nacionalistas, através dos quais os islamistas tinham mobilizado as massas, estavam repletos de "chauvinismo, nacionalismo e exclusivismo". Ao mesmo tempo, porém, e o que continuou a ignorar a possibilidade de uma perspectiva crítica, estava o fato de que ele estava tão enamorado pela habilidade dos islamistas de arrebatarem dezenas de milhões de pessoas por meio dessas tradições que ignorou os seus perigos. Surpreendentemente, em toda a entrevista, Foucault nunca tocou nos perigos que pairavam sobre as mulheres iranianas, mesmo depois que Brière recordou, ainda que com grande apologia pelos islamistas, um incidente em que ela tinha sido fisicamente ameaçada por tentar se juntar a um grupo de jornalistas homens durante uma passeata em 1978.

Na conclusão da entrevista, Foucault argumentou enfaticamente que os eventos no Irã não poderiam ser captados através das categorias tradicionais, especialmente marxistas. Ele, então, enfatizou a alteridade do povo iraniano. Uma vez que não são ocidentais, os iranianos "não têm o mesmo regime de verdade que temos, que é, isso tem que ser dito, muito especial, mesmo que tenha se tornado quase universal" ("Irã...", Ap., p. 420). Ele terminou a entrevista dando uma nota similar de absoluta diferença:

> Muitos aqui e alguns no Irã estão aguardando e esperando o momento em que o secularismo voltará e revelará o bom e velho tipo de revolução que sempre conhecemos. Eu me pergunto o quão longe eles serão levados por esta estrada estranha e única, na qual eles buscam, contra a obstinação de seu destino, contra tudo que eles sempre foram por séculos, "alguma coisa bem diferente" (ibidem, p. 421).

Afora a previsão de que as forças seculares e de esquerda não iriam deslocar os extremistas, houve também um certo exotismo da cultura iraniana como uma coletividade sem oposição definida pela sua diferença absoluta em relação às modernas sociedades ocidentais. Dada a oposição ao governo clerical que tinha emergido da parte das feministas, minorias como os curdos e esquerdistas, uma visão dessas se constituía em uma teorização grosseira e inadequada da situação concreta social e política do Irã em março de 1979. Se essa entrevista tivesse aparecido em janeiro de 1979 ou antes, numa época em que os islamistas ainda não tinham começado a implementar a ideia deles sobre um governo islâmico, talvez despertasse menos atenção. O azar de Foucault, porém, foi que ela apareceu em março de 1979, depois das passeatas das mulheres e das primeiras execuções de homossexuais.

Em 29 de março, logo após a publicação de *Iran: The Revolution in the Name of God*, uma revisão em *Le Monde* levantou questões adicionais sobre a posição de Foucault em relação ao Irã. O revisor, Paul-Jean Franceschini, elogiou o livro como um todo por ter resumido o movimento islâmico no Irã, bem como os agravos dos iranianos contra o imperialismo ocidental e os estereótipos ocidentais de sua cultura. Contudo, concluiu:

> À caricatura do Ocidente, a Revolução Iraniana respondeu com uma explosão de fundamentalismo que era, ela própria, uma caricatura, uma que dali para a frente se tornou muito poderosa. Os direitos humanos não podem ser separados. O encontro sangrento de um país com o seu passado, a sua identidade, a sua religião, não justifica os excessos que o Sr. Bazargan está tentando pôr a termo. Nesse aspecto, a tentativa de Michel Foucault de ler esses eventos, que concluem o livro, parece questionável (Franceschini, 1979).

Essa revisão abriu o caminho para a maioria das outras que se seguiram.[11]

---

[11] Infelizmente para ele, Franceschini tinha usado, como parte de sua evidência contra Foucault, uma cotação que se descobriu que era, na realidade, de autoria de Brière e não de Foucault. Aparentemente sob pressão de Foucault, os editores de *Le Monde* publicaram uma correção razoavelmente longa, porém sem assinatura, na qual o jornal admitiu o seu erro factual, acrescentando que "a revisão não teve de forma alguma a intenção de questionar o apoio de

Uma semana mais tarde, em 7 de abril, Catherine Clément publicou uma revisão de *Iran: The Revolution in the Name of God* em *Le Matin* que defendia as opiniões de Foucault sobre o Irã. Clément viu a entrevista de Foucault como a análise mais presciente da situação às vésperas da queda do xá:

> Este diálogo com Michel Foucault (...) já tinha derramado muita tinta porque, os três deles, incluindo Brière e Blanchet, tentaram discernir o que tinha escapado de nossas expectativas intelectuais nesta história. Após este livro – mas somente depois dele – e isto quer dizer agora, vieram as perguntas com relação à liberdade e às contradições sociais (Clément, 1979c).

A revisão de Clément salientou que para milhões de mulheres iranianas revolucionárias, o xador era "o símbolo de um iranianismo velado que se opunha à ocidentalização".

Clément também argumentou que a noção de direitos humanos universais não poderia ser aplicada ao Irã, ligando os eventos de lá aos da Revolução Cultural da China:

> Nenhuma desilusão, nenhum esquema, incluindo o dos "Direitos Humanos" dentro de nossa tradição, pode ser aplicado *diretamente* a este país, que faz a sua revolução de dentro de sua cultura (...) revolução cultural – conhecemos o entusiasmo e os reveses disso. Ainda assim, nos faz pensar. E para pensar sobre ela verdadeiramente, em silêncio e sem etnocentrismo, *Iran: The Revolution in the Name of God* é indubitavelmente o melhor ponto de partida (Clément, 1979c).

Evidentemente, Clément ainda estava tomada pelo entusiasmo que tinha saudado a Revolução Iraniana em muitas partes da esquerda,

---

Michel Foucault aos direitos humanos no Irã". Eles declararam, além disso, que, longe de justificar o "totalitarismo" no Irã, "em toda a entrevista" com Brière e Blanchet, Foucault tinha "insistido nos perigos de um antissemitismo e xenofobia" (Nota dos editores, 1979). Aquela pode ter sido a opinião que Foucault agora gostaria de atribuir a si próprio, mas, nesse caso, ele não elaborou mais sobre esse tema nos seus escritos subsequentes sobre o Irã.

bem como havia despertado um pouco de nostalgia pela Revolução Cultural de Mao. Além disso, seu artigo colocou a perspectiva dos direitos humanos em termos de se evitar "etnocentrismo". Essa parece ter sido a única tentativa pública de defender os escritos de Foucault sobre o Irã naquele período.

Uma semana após a defesa de Clément a favor de Foucault, uma outra crítica forte apareceu em uma revisão de *Iran: The Revolution in the Name of God*. Jean Lacouture, jornalista veterano e biógrafo, concedeu ao livro uma revisão mista, ainda que mais para positiva, na edição de 14 de abril do *Le Nouvel Observateur*. A crítica de Lacouture novamente se centrou na entrevista de Foucault, argumentando que o livro "levanta questões importantes com uma simplicidade abrupta que se torna mais aparente no final da conversação entre os dois autores e Michel Foucault". O maior problema com o livro e a contribuição de Foucault, Lacouture acrescentou, foi a maneira pela qual o "caráter unânime do movimento" foi enfatizado de forma unilateral. Alguma coisa semelhante a esta assim chamada "unanimidade" para o Islã também tinha sido observada, ele concluiu, erroneamente como ficou provado depois, durante a Revolução Cultural da China nos anos 1960 (Lacouture, 1979).

Um outro ataque a Foucault ocorreu na edição de 21 de abril de *L'Express*, um semanário centrista de grande circulação. Ele foi escrito por Bernard Ullmann, um bem conhecido jornalista que tinha coberto as guerras da Indochina e da Argélia e agora era um membro da junta editorial de *L'Express*. Em sua revisão de *Iran: The Revolution in the Name of God*, Ullmann escreveu que a entrevista de Foucault "não manifestou a mesma prudência" quanto o restante do livro na avaliação dos possíveis perigos de um regime islamista no Irã. Foucault, ele aduziu, "deplora a ausência de uma 'simpatia imediata' da parte da esquerda pensante, devido a alguns aspectos da Revolução dos Mulás. 'O que me impressiona no Irã', ele escreve com certeza nobre, 'é que não há luta entre elementos diferentes'"

(Ullmann, 1979). Ullmann também mencionou que dois homens mascarados haviam tentado um ataque físico a Foucault em seu prédio, em que eles o acusaram de apoiar o "uso dos véus pelas mulheres iranianas". Ullmann concluiu de maneira liberal cínica: "Essas não foram certamente as suas palavras. Mas no fim das contas, Michel Foucault não é nem o primeiro nem será o último intelectual ocidental a manter ilusões sobre o resultado de uma revolução, seja aquela de outubro de 1917, a Revolução dos Cravos de 1974 em Portugal, ou a que derrubou o trono dos Pahlavis" (Ullmann, 1979). Foucault nunca respondeu diretamente a esses vários ataques nas revisões de *Iran: The Revolution in the Name of God*, mas publicou dois outros artigos sobre o Irã, cada um deles mais crítico no tom e na substância do que os anteriores.

OS ESCRITOS FINAIS DE FOUCAULT SOBRE O IRÃ E SEU RESULTADO, INCLUINDO A CRÍTICA PÓSTUMA DE RODINSON

Em meados de abril, inúmeros julgamentos sumários e execuções em todo o Irã encheram as primeiras páginas dos jornais franceses. Foucault publicou uma carta aberta ao primeiro-ministro, Mehdi Bazargan, na edição de 14 de abril de *Le Nouvel Observateur*, na mesma edição do jornal em que a revisão de Lacouture apareceu. Foucault começou sua carta aberta recordando seu encontro com Bazargan em setembro de 1978, durante a repressão do xá ao movimento revolucionário. Naquela ocasião, Bazargan era o presidente do Comitê de Defesa dos Direitos Humanos no Irã. Para começar, Foucault se distanciou da noção de direitos humanos do presidente Jimmy Carter que, ele escreveu, tinha "incluído o xá na lista dos que defendiam os direitos humanos". Aparentemente se referindo às críticas de Millett, de Beauvoir, Halimi, Sebbar e outras feministas, Foucault também escreveu que podia entender por que "muitos iranianos estão irritados com os conselhos barulhentos recebidos do exterior" ("Carta Aberta ao Primeiro-Ministro Mehdi Bazargan", Ap., p. 422).

Foucault a seguir observou que Bazargan tinha feito uma intervenção para interromper diversas execuções em março de 1979. Depois, ele discutiu parte do conteúdo da conversa entre eles de setembro de 1978, na qual disse que Bazargan tinha recentemente mencionado publicamente. Foucault recordou três razões que Bazargan tinha dado a ele na sua conversa de setembro para mostrar que um regime abertamente islâmico poderia ser compatível com os direitos humanos.

Em primeiro lugar, Bazargan tinha dito que dotar um governo de uma dimensão espiritual na política não implicava ter um "governo de mulás" ("Carta Aberta ao Primeiro-Ministro Mehdi Bazargan", Ap., p. 423). Em segundo lugar, Bazargan tinha argumentado que o Islã poderia tratar de questões que nem o comunismo nem o capitalismo tinham sido capazes de resolver. Aqui Foucault soou o mais favorável, "não vendo em nome de que universalidade os muçulmanos poderiam ser impedidos de buscar o seu futuro em um Islã cuja nova face eles terão que moldar com as próprias mãos". Tal rejeição de conceitos universais foi, é claro, uma expressão tipicamente foucaultiana, mas a ênfase sobre a política espiritual e islamismo foi a nova característica que havia emergido em seus escritos iranianos. O que aconteceria se os "muçulmanos" iranianos ou pelo menos seus líderes dominantes decidissem impor a versão deles do Islã e, dessa forma, oprimir as minorias não muçulmanas, como os *Baha'is* e os judeus, bem como os muçulmanos não xiitas ou até diferentes tendências dentro do xiismo? Foucault não parece ter antecipado essa possibilidade. Mais importante, mesmo agora, Foucault teve muita dificuldade em aceitar que tais desenvolvimentos de fato ocorreram. Ele acrescentou: "Com relação à expressão 'governo islâmico', por que lançar suspeita imediata ao adjetivo 'islâmico'? A palavra 'governo' é suficiente em si mesma para despertar vigilância" (ibidem).[12]

Em terceiro lugar, Foucault sugeriu que, em vez de levar a novas formas de opressão, a injeção da religião no governo pode ter o efeito contrário: "V. Sa. disse que ao invocar o Islã, um governo teria, portanto, que criar limitações importantes à sua soberania básica sobre a sociedade civil, devido às obrigações baseadas na religião". Foucault acrescentou que ainda que essa ideia "parecesse importante", ele "estava um pouco cético" sobre o que os governos poderiam fazer para se autolimitarem ("Carta Aberta ao Primeiro-Ministro Mehdi Bazargan", Ap., p. 423). Por que ele estava apenas *um pouco* cético? Aparentemente porque o governo, especialmente o Estado moderno centralizado, era o maior perigo à dignidade humana e à sua autonomia. Este tinha certamente sido o tema do seu hoje bem conhecido ensaio de 1978, "A Mentalidade dos Governos", que tinha tratado de questões como as "razões de Estado" e o desenvolvimento do Estado moderno como um todo. O problema era que o Estado moderno era "governado de acordo com *princípios racionais* que são intrínsecos a ele e não podem ser derivados de leis naturais ou *divinas* ou pelos princípios de sabedoria e prudência" (Foucault, 2000b, p. 212-13; ênfase acrescentada). Portanto, parece que mesmo um Estado que se justifique invocando "leis divinas" acabe por ser menos perigoso do que um Estado moderno religiosamente neutro, porém mais autônomo.

Depois dessas preliminares, Foucault começou a sua crítica à República Islâmica, escrevendo que "os julgamentos que estão ocorrendo

---

[12] Essas duas sentenças pareceram ser uma resposta à crítica anterior de Rodinson. De qualquer maneira, esta era a opinião de Rodinson, como veremos a seguir. Contudo, da mesma forma que com seus outros oponentes com relação ao Irã, incluindo as feministas, Foucault não mencionou nenhum deles, respeitando a prática comum francesa do discurso intelectual mencionado anteriormente.

hoje no Irã não deixam de nos causar preocupação" ("Carta Aberta ao Primeiro-Ministro Mehdi Bazargan", Ap., p. 424). Ele prosseguiu perguntando se foram assegurados àqueles sob julgamento todo o direito de se defenderem amplamente, notando que em uma situação em que um réu é odiado pelo público, isso é especialmente difícil. Foucault, então, expressou o desejo de que Bazargan escutasse o seu pedido, apesar de os iranianos estarem cansados de ouvir ocidentais dizendo a eles o que fazer.

Visto no contexto das discussões na França na época do Irã, as críticas de Foucault foram bem suaves e hesitantes. Isso ocorreu provavelmente porque essa carta foi endereçada ao primeiro-ministro iraniano, e não ao público francês. Mas ele dificilmente teria satisfeito os críticos de Foucault uma vez que nunca questionou o projeto geral de um governo islâmico.

O mais próximo que Foucault chegou de uma resposta aos seus, agora numerosos críticos, ainda evitando citar os seus nomes, foi em seu artigo "É Inútil se Revoltar?", que foi publicado na primeira página de *Le Monde* em 11 de maio de 1979. Foucault começou com alguns comentários sobre sublevações revolucionárias, mencionando não apenas o Irã, mas também o Levante do Gueto de Varsóvia de 1943 contra os nazistas:

> Sublevações pertencem à história, mas, de certo modo, escapam dela. O movimento pelo qual um homem sozinho, um grupo, uma minoria, ou todo um povo diz: "Eu não obedecerei mais", estando dispostos a arriscar a própria vida em face de um poder que acreditam não ser justo, parece-me ser *irredutível*. Isso ocorre porque nenhum poder é capaz de tornar as revoltas absolutamente impossíveis. Varsóvia sempre terá o seu gueto em revolta e seus esgotos ocupados por insurgentes ("É Inútil se Revoltar?", Ap., p. 426; ênfase acrescentada).

Aqui novamente, como nos seus artigos do outono de 1978, Foucault estava usando o termo *irredutível* para descrever os levantes iranianos. Pelo menos em parte, isso parecia significar que ele era tão importante que não poderia ser reduzido a nenhuma outra parte constituinte, como partidos, tendências ou facções.

No artigo de *Le Monde*, Foucault também se concentrou nos temas da morte, morrer e martírio, com os quais continuava a estar fascinado: "O homem revoltado é, em última análise, inexplicável. Deve haver um desenraizamento que interrompa o desenrolar da história, e sua longa série de razões, para um homem 'realmente' preferir o risco da morte à certeza de ter que obedecer". Em um mergulho no liberalismo, ele acrescentou que esse tipo de sentimento é "mais sólido e experiencial do que 'direitos naturais'" ("É Inútil se Revoltar?", Ap., p. 426). Muitas revoltas ao longo da história, portanto, haviam se expressado na religião, ele argumentou:

> Porque é dessa forma "fora da história" e na história, porque cada pessoa arrisca a vida e a morte, pode-se compreender por que os levantes foram capazes de encontrar a sua expressão e o seu drama tão rapidamente em formas religiosas. Por séculos, todas essas promessas da vida após a morte ou a renovação do tempo, independentemente de esperarem o salvador, o reino dos últimos dias ou o reinado do bem absoluto, não se constituíram em um manto ideológico. Elas constituíram a própria maneira pela qual esses levantes foram vividos, pelo menos naqueles locais em que as formas religiosas se dedicam a tais possibilidades (ibidem, p. 427).

Portanto, a religião parecia, de fato, ser "o espírito de tempos sem espírito", de Marx, mas não o seu "ópio do povo".

Aqui, ao rejeitar qualquer noção de religião como ideologia, Foucault argumentava que a experiência iraniana ocorreu fora dos paradigmas que tinham definido movimentos sociais semelhantes desde 1789:

> Depois veio a era das "revoluções". Por dois séculos, pairaram [*surplombé*] sobre a história, organizaram a nossa percepção de tempo e polarizaram as esperanças. A era das revoluções se constituiu em um esforço gigantesco para aclimatar os levantes dentro de uma história racional e controlável. A "revolução" deu a esses levantes legitimidade,

separou as suas formas boas e más e definiu suas leis de desenvolvimento. Ela estabeleceu para os levantes as suas condições preliminares, objetivos e modos de levá-los a sua conclusão. Até mesmo a profissão de revolucionário foi definida. Ao repatriar a revolta ao discurso da revolução, foi dito, o levante surgiria na plenitude de sua verdade e continuaria até o seu desfecho verdadeiro. Essa foi uma promessa maravilhosa. Alguns dirão que o levante desta forma acabou sendo colonizado pela *realpolitik*. Outros dirão que a dimensão de uma história racional se abriu para ela ("É Inútil se Revoltar?", Ap., p. 427).

A experiência do Irã poderia, portanto, ser um momento decisivo para o mundo. Poderia libertar as revoltas dos paradigmas dominantes desde 1789, não importando se liberais, democráticas ou socialistas.

Contudo, a tentativa de Foucault de conectar a Revolução Iraniana às pré-modernas revoltas de massa elementais foi mais difícil de engolir, mesmo que se deixassem de lado as tendências seculares, esquerdistas e feministas. Com seus comitês sob o controle de uma hierarquia religiosa e seu uso das tecnologias mais modernas de comunicação na época, como as fitas cassete, o movimento islamista foi tão meticulosamente organizado desde o início quanto o partido mais stalinizado de vanguarda, algo que estava se tornando mais evidente dia a dia. Foucault, em sua rejeição forte e, algumas vezes, niilista das modernas formas de poder estatal, parecia incapaz de captar que um sistema de poder baseado na religião e antiocidental poderia estar se convertendo em um Estado que seria tão opressivo quanto o stalinismo ou o fascismo autoritários. De forma semelhante ao fascismo, esse novo Estado estava no processo de combinar muitas características com uma ideologia antimodernista.

Para Foucault, os eventos no Irã pareciam fora do paradigma ocidental de revolução. Talvez eles estivessem até mesmo fora da própria história, parte de uma "espiritualidade política" eterna que o conceito moderno de revolução tinha tentado, em vão, suplantar:

Eles inscreveram, nas bordas do céu e da terra, em uma história de sonho que foi tão religiosa quanto política, toda a sua fome, a sua humilhação, o seu ódio pelo regime e a sua vontade de derrubá-lo. Eles confrontaram os Pahlavis, em um jogo onde cada um arriscava a vida e a morte, um jogo que era também sobre sacrifícios e promessas milenares. Portanto, vieram as celebradas passeatas, que (...) puderam (...) transcorrer de acordo com o ritmo das cerimônias religiosas e, finalmente, se referir a um drama eterno em que o poder é sempre amaldiçoado. Esse drama provocou o surgimento de uma superimposição surpreendente em meados do século XX: um movimento forte o suficiente para derrubar um regime aparentemente bem armado, ao mesmo tempo que permaneceu em contato com os velhos sonhos que uma vez foram familiares ao Ocidente, quando ele também quis *inscrever as figuras da espiritualidade no terreno da política* ("É Inútil se Revoltar?", Ap., p. 428; ênfase acrescentada).

Aqui novamente, Foucault falou de espiritualidade política, um sonho que tinha sido abandonado pelo Ocidente, mas que poderia renascer como resultado da Revolução Iraniana.

Finalmente, Foucault começou a mencionar algumas das características problemáticas do Irã pós-revolucionário:

A essa altura, ocorreu a mais importante e mais atroz mistura – a esperança extraordinária de transformar o Islã em uma grande civilização vibrante e várias formas de xenofobia virulentas, bem como as questões globais e as rivalidades regionais. E o problema dos imperialismos. E a *subjugação das mulheres*, e assim por diante ("É Inútil se Revoltar?", Ap., p. 429; ênfase acrescentada).

Essa referência passageira às mulheres foi a única vez, em mais de oito meses de discussões sobre o Irã, que Foucault havia mencionado a opressão das mulheres. Tratava-se de um reconhecimento casual, quase ressentido, sem nenhuma elaboração. Em nenhum momento, contudo, ele mencionou as execuções sumárias de homossexuais que continuavam na mesma ocasião em que ele estava escrevendo aquelas linhas.

Foucault, então, voltou-se novamente para os temas da morte e martírio, já que procurava separar os mártires de 1978 do regime: "A espiritualidade daqueles que estavam caminhando para a morte não tem semelhança alguma com o governo sangrento de um clero fundamentalista" ("É Inútil se Revoltar?", Ap., p. 429). Isso parecia uma forte crítica e, até certo ponto, tratava-se mesmo de uma. Por que, porém, o foco em 1978, em vez de em maio de 1979, quando ele escreveu esse artigo? E quanto à não espiritualidade daqueles iranianos que queriam viver e experimentar a liberdade *neste* mundo, especialmente as mulheres de 8 de março e seus aliados? Não havia espaço no esquema binário de Foucault para elas da mesma forma que não houve para a dissensão de "Atoussa H." cinco meses antes. Ele concluiu com uma recusa desafiadora de reconhecer quaisquer erros em seus escritos sobre a Revolução Iraniana: "Certamente não é vergonhoso mudar de opinião, mas não vejo razão para se dizer que essa opinião mudou quando se é contra decepar mãos hoje, depois de ter sido contra as torturas da SAVAK ontem" (ibidem, p. 430).

Como um todo, esse artigo parecia marcar o que pode apenas ser descrito como um novo conceito de revolução que tentava ir além do liberalismo e do marxismo. Assim como a maioria dos marxistas considerava a Revolução Russa de 1917 um novo tipo de revolução que tinha ido além das perspectivas de 1789, da mesma forma Foucault parecia ver uma nova época surgindo no Irã em 1979, uma que poderia reduzir os dois séculos de 1789 a 1979 a um parêntese modernista em meio a alguma coisa muito mais profunda e mais permanente, o fenômeno da sublevação elemental ou religiosa irredutível. E tal como o mais inteligente e crítico de seus predecessores marxistas, o apoio de Foucault pela nova onda de sublevações islamistas que se iniciou no Irã em 1978, que ele chamava de "barril de pólvora", que se colocava contra as potências globais dominantes, não era inteiramente acrítico. Ainda assim, foi fundamentalmente uma posição de apoio. Se seu objetivo era estabelecer uma nova teoria de revolução que pudesse ser amplamente abraçada, seu artigo foi uma falha gritante. O artigo não conferiu a ele nenhum seguidor. E ele manteve o silêncio sobre o Irã desde maio de 1979 até a sua morte em 1984, não fazendo declaração pública alguma de nenhum tipo enquanto o povo iraniano sofria terrivelmente sob um regime o qual ele tinha dado apoio.[13]

Com o artigo de Foucault sobre o Irã de 11 de maio, no mesmo dia apareceu um outro em *Le Monde* intitulado "O Corruptor da Terra", uma análise da situação feita por Brière e Blanchet. Novamente, como na entrevista anterior com Foucault, eles foram mais claros do que ele foi ao condenarem a repressão dentro do Irã, começando o artigo com um relato detalhado das consequências da injunção de Khomeini de "decepar as mãos dos podres". Eles descreveram o coração da Revolução Islâmica como sendo dirigido contra a ocidentalização e a modernização, e a sua base social como sendo o clero, os mercadores dos bazares e as pessoas comuns. As execuções em massa que estavam sendo levadas a cabo na primavera de 1979 eram não apenas uma forma de vingança contra a opressão passada exercida pelo regime do xá, mas também e de maneira mais importante um esforço para "purificar" o país de sua corrupção ocidentalizada, com sangue se necessário (Brière e Blanchet, 1979b). Ao mesmo tempo, Brière e Blanchet reconheceram, mais do que Foucault jamais fez, uma multiplicidade de tendências e correntes dentro da revolução de 1978-1979. Eles observaram que as massas gritavam não apenas "Vida longa a Khomeini", mas também "Azadi!" (Liberdade). Aqui eles se referiam aos grupos opositores seculares, bem como religiosos. Observaram também que mesmo a liderança islâmica não era unânime, citando objeções à repressão ordenada por Khomeini que estavam vindo dos aiatolás Shariatmadari e Taleqani, bem como as do primeiro-ministro, Bazargan. Contudo, concluíram que Khomeini

---

[13] Bani-Sadr relatou a nós que Foucault discretamente ajudou alguns indivíduos iranianos, todavia (comunicação pessoal, 11 de dezembro de 2002).

tinha ganhado a parada e, portanto, infelizmente, "o fundamentalismo no Irã se assenhoreou do país, e isso só pode engendrar ditadura e guerra" (Brière e Blanchet, 1979b).

Enquanto o artigo de 11 de maio em *Le Monde* representou a última palavra de Foucault sobre o Irã, seus críticos não permitiram que o assunto morresse. Alguns meses mais tarde, o teórico político Pierre Manent publicou uma longa crítica dedicada inteiramente àquele artigo de *Le Monde*. Ele o fez no jornal liberal *Commentaire*, que tinha sido fundado por Raymond Aron. Manent atacou a falta de critérios que Foucault tinha usado ao explicar o seu apoio pelo movimento islamista no Irã. Em particular, Manent se concentrou na dimensão metafísica e espiritual da teoria de Foucault e na ética da revolução, especialmente em seu evidente fascínio pelo martírio e pela morte:

> Michel Foucault quer acabar com toda a discussão, até mesmo com a possibilidade de uma discussão, sobre o bom embasamento desse ou daquele levante, ao salientar o fato inatacável (...) de alguém que "joga a sua vida" (...) A irredutibilidade desse ato supostamente termina com quaisquer exames sobre as suas razões ou justificativas (Manent 1979, p. 372).

Para Manent, um niilismo decidido parecia pairar por trás da espiritualidade política de Foucault.

Em uma coda à controvérsia, em 1993, aproximadamente uma década após a morte de Foucault, Rodinson tornou público o fato de que seus artigos em *Le Monde* e *Le Nouvel Observateur* durante a Revolução Iraniana eram dirigidos principalmente a Foucault. Ele o fez em um longo ensaio acompanhando a sua republicação,[14] em que escreveu: "Um pensador muito grande, Michel Foucault, parte de uma linha de pensamento radicalmente dissidente e depositou esperanças excessivas na Revolução Iraniana" ("Crítica de Foucault sobre o Irã", Ap., p. 436). Em parte, Rodinson atribuiu

---

[14] Evidência interna sugere que este artigo foi escrito em 1988.

tal comportamento à falta de conhecimento de Foucault em relação ao mundo islâmico. Ele criticou não apenas os relatos entusiastas de Foucault no outono de 1978 sobre uma nova "espiritualidade política" e os prospectos para um "governo islâmico". Também abordou a carta aberta de Foucault de abril de 1979 a Bazargan, que tinha sido levemente crítica sobre o resultado da revolução. Além disso, Rodinson sugeriu que quando a carta aberta de Foucault tinha defendido o princípio de um governo islâmico contra aqueles que expressavam suspeita sobre o adjetivo "islâmico", isso foi uma crítica dirigida aos próprios escritos de Rondinson sobre a revolução: "Na medida em que eu mesmo tenha sido o alvo da carta aberta de Foucault, responderei que se lancei uma suspeita ao adjetivo 'islâmico', foi porque se trata da mesma coisa com relação a todos os adjetivos que denotem uma ligação com uma doutrina ideal, seja ela religiosa ou secular" (ibidem, p. 444). Contando fortemente com a teoria da dominação carismática de Weber, Rodinson escreveu que o "carisma religioso se revela muito mais efetivo do que todos os tipos de carisma secular" (ibidem, p. 440). Foucault, contudo, Rodinson concluiu, tinha "cedido" à "concepção banal e vulgar do espiritual" que "se esquivou de questionar os fundamentos" de um movimento "dissidente" como o islamismo iraniano (ibidem, p. 445).

Rodinson detalhou um número de características brutais e destrutivas da República Islâmica, referindo-se ao notório juiz enforcador nomeado por Khomeini, o clérigo Sadeq Khalkhali. Ele recordou a sua resposta de fevereiro de 1979 a Foucault, em que ele havia sugerido que, em vez de algo semelhante ao inglês revolucionário Cromwell (como Foucault tinha escrito), o que pode estar guardado para o Irã era o Grande Inquisidor espanhol Torquemada. Agora ele escreveu que as ações de Khalkhali estavam "eclipsando" aquelas do "espanhol terrível" (ibidem, p. 435). Afora a falta de conhecimento sobre o Islã e o Irã, Rodinson chamou a atenção para outra fonte dos equívocos de Foucault para com o islamismo iraniano – o fato de que ele era um filósofo por treinamento. "Mentes filosoficamente formadas, mesmo e talvez especialmente as mais eminentes, estão entre as mais vulneráveis às seduções e aos *slogans* teóricos. (...) Eles possuem (...) tendência a minimizar os obstáculos e as objeções que a realidade obstinada coloca no caminho das construções conceituais" (ibidem, p. 436). Em outro ponto, Rodinson generalizou a sua crítica sobre a abordagem filosófica com relação à política: "Para compreender o mundo social e a sua dinâmica, é mais valioso ter estudado bem de perto uma sociedade, uma série de eventos ou um complexo de fenômenos concretos do que gastar meses ou anos adquirindo boa compreensão da *Fenomenologia do Espírito* [de Hegel] (Rodinson, 1993b, p. 11).

Rodinson terminou com uma nota sobre o humanismo gaulês, fazendo referência às suas próprias ilusões anteriores teimosamente nutridas a respeito da União Soviética:

> Aqueles que, como o autor destas linhas, se recusaram por tanto tempo a acreditar nos relatos sobre os crimes cometidos em nome do socialismo triunfante no ex-império czarista, nos dramas humanos terríveis resultantes da Revolução Soviética, demonstrariam deselegância caso se tornassem indignados quanto à incredulidade das massas muçulmanas perante todos os pontos que se pede a eles que vejam sobre o sol radiante de sua esperança.
>
> Michel Foucault não é desprezível por não ter querido criar desespero nas favelas do mundo muçulmano e no interior faminto, por não ter querido desiludi-los ou, nesse sentido, fazê-los perder a esperança na importância mundial de suas esperanças ("Crítica de Foucault sobre o Irã", Ap., p. 447-48).

Essa concessão, naturalmente, trazia em si um gume duplo, sugerindo que Foucault tinha caído vítima de problemas similares aos do dogmatismo muito marxista que ele tão frequentemente tinha atacado.

Enquanto podemos achar muitas das críticas de Rodinson a Foucault atraentes, certamente não podemos concordar com o seu argumento sobre as vantagens de uma abordagem puramente socioeconômica ao reino do político sobre o filosófico. Neste estudo, argumentamos que havia aspectos particulares da perspectiva filosófica de Foucault que o ajudaram a conduzir, em direção a um posicionamento abstratamente acrítico, o movimento islamista do Irã. Se uma perspectiva filosófica por si só fosse o problema, como então igualmente filosóficas pensadoras feministas como Beauvoir e Dunayevskaya puderam chegar a um posicionamento mais apropriadamente crítico com relação à Revolução Iraniana? O filósofo Jean-Paul Sartre também expressou alarme em conversações com membros da comunidade iraniana na França.[15] E mais, como poderiam tantos iranianos de esquerda, imbuídos com noções sobre a primazia dos interesses socioeconômicos sobre os "idealistas", como religião ou sexo, terminar por apoiar o regime de Khomeini em seus anos iniciais, precisamente porque, apesar de suas características opressoras, ele era firmemente anti-imperialista?

O biógrafo de Foucault, David Macey, reconheceu que "seus artigos sobre o Irã custaram a ele (...) amigos, não fizeram bem à sua reputação, e a controvérsia resultante colocou um término súbito à sua colaboração com o *Corriere della Sera*" (Macey, 1993, p. 423). Como demonstramos, mesmo entre aqueles intelectuais franceses que haviam manifestado entusiasmo acrítico pelo movimento revolucionário no Irã, Foucault se destacava em sua celebração da ala islâmica dominante, incluindo a rejeição posterior desta última ao marxismo ocidental e as noções liberais de democracia, igualdade das mulheres e direitos humanos.[16]

---

[15] Devemos essa observação a Zahra Khanlari, um membro da distinta família literária Amirshahi, que trabalhou como um dos assistentes de Sartre durante este período (entrevista, 9 de julho de 1994).

[16] Por causa disso, não podemos concordar com Macey, em que as opiniões de Foucault "eram de fato um pouco diferentes" daquelas expressas por muitos outros da esquerda. Nem podemos concordar inteiramente com Macey, em que teria sido "a sua visibilidade", em vez de suas opiniões reais, que torna-

É relativamente fácil hoje detectar falhas substanciais nos escritos de Foucault sobre o Irã, já dispondo da perspectiva vantajosa do século XXI, quando movimentos militantes islamistas causaram destruição imensa não apenas no Irã, mas também na Argélia, Egito, Afeganistão e nos Estados Unidos. Será que as avaliações quase totalmente acríticas de Foucault sobre o Irã foram uma aberração de um teórico geralmente preocupado com a crítica aos sistemas de poder e controle? Foram eles, como Rodinson sugeriu, um exemplo de um teórico europeu fazendo julgamentos desinformados sobre uma sociedade não europeia sobre aquilo de que tinha pouco conhecimento? Lembre-se de que Foucault havia criticado Sartre por tentar ser um "porta-voz do universal". Em sua crítica de 1977 a Sartre, Foucault tinha dito que o que era necessário, em vez de um grande filósofo humanista falando sobre todas as questões políticas relevantes, era "o intelectual 'específico' em oposição ao intelectual 'universal'" (1977b, p. 68), que falasse com base na sua própria habilidade, como a do próprio Foucault sobre a prisão, ou outros sobre armas nucleares ou o meio ambiente.

Neste estudo, argumentamos que alguma coisa mais profunda do que a ignorância da história e cultura iranianas, alguma coisa mais orgânica ao posicionamento teórico central de Foucault contribuiu para gerar as falhas profundas que marcaram os seus escritos sobre o Irã. As posições de Foucault sobre o Irã não estão apenas enraizadas em seus escritos mais bem conhecidos, mas também acentuam algumas das consequências problemáticas de seu empreendimento teórico geral. Será que um discurso pós-estruturalista, esquerdista, que gastou toda a sua energia opondo-se ao Estado moderno secular liberal ou autoritário e suas instituições não deixou a porta aberta a um posicionamento acrítico com relação ao islamismo e outros movimentos

---

ram Foucault o alvo de tantas críticas quando a Revolução Iraniana rapidamente descambou para um despotismo teocrático (1993, p. 423).

socialmente retrógrados, especialmente quando, como no caso do Irã, eles formavam um polo de oposição ao Estado autoritário e à ordem global política e econômica?

Em 1984, um pouco antes de sua morte, Foucault escreveu um ensaio intitulado "O que é o Iluminismo?" no aniversário dos duzentos anos do famoso artigo de Immanuel Kant que tinha o mesmo título. Como escreveram Steven Best e Douglas Kellner (1991) e David Ingram (1994), aqui Foucault pareceu alterar um pouco a sua posição em relação tanto ao Iluminismo como ao humanismo. Acreditamos que o resultado trágico da Revolução Iraniana formou parte do pano de fundo desse ensaio. Foucault agora reconhecia que muitas questões filosóficas formuladas pelo Iluminismo "permanecem para que as consideremos" e, portanto, não é preciso que sejamos 'a favor' ou 'contra' o Iluminismo" (Foucault, 1984, p. 43). Ele até clamou por uma atitude mais flexível em relação ao conceito de humanismo. Ele observou que tinha havido uma variedade de formas de humanismo, como o humanismo cristão, o humanismo científico, o humanismo marxista e o humanismo existencial, bem como as alegações de humanismo feitas pelos fascistas e stalinistas. Foucault parecia retirar alguns de seus ataques anteriores sobre o humanismo: "Disso tudo não precisamos concluir que tudo o que tenha sido ligado ao humanismo tenha que ser rejeitado, e, sim, que a temática humanista é em si própria muito flexível, muito diversa, muito inconsistente para servir de eixo para reflexão". Ainda assim, ele sustentou que era "perigoso confundir" humanismo com Iluminismo (p. 44).

Finalmente, Foucault reformulou a sua preocupação de muito tempo com o local e o particular *versus* o universal em uma aguda crítica de quaisquer soluções "globais ou radicais":

> A ontologia histórica de nós mesmos precisa se distanciar de todos os projetos que aleguem ser globais ou radicais. De fato *sabemos pela experiência* que a alegação de escape de um sistema de realidade contemporânea de maneira a produzir os programas gerais de uma outra

sociedade, ou uma outra forma de pensar, *uma outra cultura*, uma outra visão do mundo, conduziu apenas ao *retorno do tradicionalismo mais perigoso* (ibidem, p. 46; ênfase acrescentada).

É muito provável que os pontos anteriores concernentes à sua "experiência", a "uma outra cultura" e ao "mais perigoso tradicionalismo" foram dirigidos aos seus próprios escritos anteriores sobre a Revolução Iraniana. Nesse ensaio de 1984, Foucault também alterou a sua bem conhecida formulação de que a crítica tinha que ser direcionada ao eixo do conhecimento/poder. Ele agora acrescentava o conceito de ética, referindo-se "ao eixo do conhecimento, ao eixo do poder e ao eixo da ética". A ética também foi o tema dos dois últimos volumes de *História da Sexualidade*, que tratou da "ética do amor" no mundo antigo greco-romano. Dessa forma, voltamo-nos aos escritos posteriores de Foucault sobre a ética – e a seu relacionamento com seus escritos sobre o Irã – em nosso último capítulo.

Capítulo 5 | Foucault, Relações de Gênero e as Homossexualidades Masculinas nas Sociedades Mediterrâneas e Muçulmanas

Houve muita especulação sobre o interesse súbito de Foucault acerca do mundo greco-romano, o foco dos dois últimos volumes de *História da Sexualidade*, com o subtítulo *O Uso dos Prazeres* e *O Cuidado de Si*, ambos publicados em 1984. Eribon sugeriu que era uma "crise pessoal e uma crise intelectual" na vida de Foucault nos anos após a publicação em 1976 de seu primeiro volume de *História da Sexualidade*, que foi recebido com críticas mistas, além da recepção negativa de seus escritos sobre o Irã (Eribon, 1991, p. 277). Outros tinham criticado Foucault por se voltar a um período e a uma região fora de sua área de especialidade, em vez de continuar com sua crítica inovadora da modernidade. Mas será que esse foi de fato o caso? David Halperin argumentou que Foucault ainda estava falando de nossas preocupações atuais com a sexualidade, embora o tema central fosse o mundo antigo mediterrâneo. Foucault foi aos gregos por causa de sua preocupação com o aqui e agora e a fim de "descobrir um novo modo de nos vermos e possivelmente criar novas maneiras de habitar as nossas peles" (Halperin, 1990, p. 70).[1] Mark

---

[1] David Halperin apoia a nossa opinião (e a de Foucault) de que pode haver um relacionamento entre as sexualidades do Oriente Médio e do mediterrâneo e as da Grécia antiga, pelo menos no que tange às sociedades

Poster escreveu que Foucault "minou a legitimidade inquestionável do presente oferecendo uma recriação de um passado diferente". Poster argumentou que essa recriação do passado não foi nostálgica e que a "ruptura entre o passado e o presente gera o espaço para a crítica" (1986, p. 209).

Sugerimos que as preocupações contemporâneas estavam por trás dos últimos escritos de Foucault de uma forma diferente. Como argumentamos no capítulo 1, o Oriente de Foucault não era um conceito geográfico; em vez disso, incluía o mundo greco-romano, bem como o Oriente Médio e norte da África modernos. Com isso em mente, os dois últimos volumes de *História da Sexualidade* subitamente se tornaram mais relevantes hoje, especificamente em relação aos seus escritos sobre o Irã. Há alguma evidência de que, em suas explorações sobre a homossexualidade masculina na Grécia e Roma antiga, Foucault pode ter procurado por paralelos às práticas sexuais contemporâneas no Oriente Médio e no norte da África. De fato, se alguém ler os últimos dois volumes de *História da Sexualidade* com alguns trabalhos acadêmicos recentes sobre a homossexualidade masculina no mundo muçulmano, encontrará um padrão similar de relações sociais e costumes. Por essa razão, os últimos escritos de Foucault sobre sexo e sexualidade no mundo antigo greco-romano merecem mais atenção dos leitores preocupados com as implicações de seu pensamento para as sociedades contemporâneas do Oriente Médio e mediterrâneas.

Este capítulo começa com uma análise das observações espalhadas de Foucault sobre sexo e a homossexualidade masculina no

---

mediterrâneas: "As práticas contemporâneas mediterrâneas sexuais continuam a nos propiciar uma avenida promissora de indagações sobre as convenções da pederastia clássica ateniense" (1990, p. 61). Sobre a recepção de Said nos estudos do Oriente Médio, ver Lockman (2004). Deve-se também notar que quando Foucault discute a Grécia antiga, ele está frequentemente se referindo a Atenas, uma vez que a maioria de nosso conhecimento provém da cultura ateniense.

mundo muçulmano, sugerindo que ele via uma continuidade entre a homossexualidade grega antiga e as relações homossexuais masculinas nas sociedades contemporâneas do norte da África e do Oriente Médio. A seguir, exploramos os escritos de Foucault sobre sexualidade nos últimos dois volumes de *História da Sexualidade* e sugerimos que o orientalismo de Foucault englobava esse domínio também. Recordando que Foucault juntou em um balaio só as sociedades pré-modernas ocidentais e as modernas orientais, exploramos a sua noção idealizada de uma ética do amor nas sociedades mediterrâneas antigas que era praticada por um pequeno grupo de homens das elites grega e romana. Na última seção, retornamos ao tema da homossexualidade masculina no Oriente Médio muçulmano e sugerimos que as questões de sexo e sexualidade ocuparam um lugar não óbvio, porém inegavelmente crucial no discurso revolucionário no Irã.

Finalmente, exploramos as ramificações desses escritos de Foucault no movimento *gay* e lésbico moderno no mundo muçulmano. Até um certo ponto, Foucault estava correto na sua observação de que as sociedades muçulmanas permaneceram mais ou menos flexíveis nas relações de mesmo sexo. Porém, tal forma limitada de aceitação, que envolve silêncio total, não é o mesmo que um reconhecimento buscado pelo movimento moderno dos direitos dos *gays* e lésbicas na região. De fato, enquanto diversos aspectos do pensamento de Foucault podem ser bastante úteis para o estudo do Oriente Médio, a sua posição sobre a sexualidade e os direitos dos *gays* choca-se com as aspirações tanto dos movimentos dos direitos feministas como o dos *gays* e lésbicas na região. Até hoje, os direitos legais para homossexuais nas sociedades muçulmanas no Oriente Médio são inexistentes, e não há centros ou leis nessas sociedades que visem à proteção dos direitos daqueles que se envolvam em relacionamentos consensuais *gays* abertamente.

IMAGINANDO OS NATIVOS

Edward Said escreveu que as colônias ofereciam mais do que matérias-primas às metrópoles coloniais:

> Da mesma forma que as várias possessões coloniais – bem diferente do seu benefício econômico para a Europa metropolitana – eram úteis como locais para que os europeus enviassem os seus filhos rebeldes, as populações supérfluas de delinquentes, pobres e outros indesejáveis, o Oriente era um local em que se poderia buscar experiências sexuais indisponíveis na Europa (1978, p. 190).

O turismo sexual influenciou o discurso literário de numerosos escritores europeus também. Por volta do século XIX, a leitura sobre o "sexo oriental" havia se tornado parte da cultura de massa:

> Praticamente nenhum escritor ou escritora da Europa que escreveu sobre o Oriente, ou que tenha viajado para aquela região no período após 1800, se eximiu desse tema: Flaubert, Nerval, 'Dirty Dick' Burton e Lane são apenas os mais notáveis... o que eles procuraram muitas vezes – corretamente penso eu – foi um tipo diferente de sexualidade, talvez mais libertino e menos carregado de culpa (p. 190).[2]

A temporada de Foucault como professor visitante de Filosofia na Tunísia de 1966 a 1968 não esteve inteiramente isenta de tais atitudes.[3] Dois temas emergem dessa experiência dele na Tunísia que

---

[2] Ronald Hyam argumenta que as colônias eram um lugar para a "vingança dos oprimidos", um local para as ejaculações que eram negadas aos europeus em seus próprios países (1990, p. 58). Ver também Stoler, 1995, p. 175, e Aldrich, 2003. Joseph Boone explorou esse tema com maior profundidade e escreve: "Para muitos homens ocidentais o ato de explorar, de escrever e teorizar sobre um Oriente Próximo erotizado é contérmino com a abertura de uma caixa de Pandora de desejo homoerótico fantasmagórico (1995, p. 93).

[3] Robert Young explora este período de uma forma diferente. Ele observa que Foucault escreveu muito de sua obra *A Arqueologia do Saber* em Túnis. Young sugere que a sua distância da França e da Europa propiciou-lhe "talvez uma etnologia mais efetiva do Ocidente e seus mecanismos de poder".

pode ter prefigurado algumas de suas atitudes posteriores em relação à Revolução Iraniana. A primeira é a sua forte admiração por aqueles que se sacrificaram por uma causa, especialmente quando havia risco de morte ou de punição brutal. Foucault tinha um grande respeito pelos estudantes de esquerda da Tunísia que, em 1967 a 1968, enfrentaram uma repressão severa do governo contra seus movimentos de protesto.[4] Uma década depois, em uma discussão sobre o marxismo quando ele estava no ápice de seu entusiasmo pela Revolução Iraniana, Foucault se referia a essa experiência como aquilo que o havia influenciado a se tornar mais politicamente engajado. Ele declarou que foi "profundamente tocado e ficou estupefato por aqueles homens e

---

Ela também fez com que ele alterasse suas opiniões anteriores. Enquanto em *História da Loucura na Idade Clássica*, Foucault tinha enfatizado o modo pelo qual uma sociedade rotulava alguém como "o outro" a ser excluído e silenciado, ele agora terminou por "conceitualizar novamente de forma radical o papel do 'outro' e a alteridade em seu trabalho" (Young, 2001, p. 397-98).

[4] Durante os protestos estudantis de 1968, Foucault, que ainda não estava politicamente engajado, tomou algumas pequenas atitudes para apoiar seus estudantes que enfrentavam longas sentenças de prisão, resultando em ele ter sido tratado com violência pela polícia uma noite quando estava conduzindo um de seus jovens amantes árabes para casa. Edward Said (2000b) argumenta que Foucault foi deportado por causa de suas relações homossexuais com os estudantes, mas esse comportamento provavelmente teria sido tolerado caso não estivesse envolvido no apoio aos estudantes rebeldes. Inicialmente, porém, Foucault foi muito crítico com o movimento estudantil da Tunísia, referindo-se a ele, em uma carta privada para um de seus antigos professores, como àquilo que ele chamou de "pogrom", em que centenas de lojas de propriedade de judeus e uma sinagoga foram saqueadas durante os tumultos por causa da guerra no Oriente Médio de 1967. Ele parecia estar particularmente ultrajado pelo envolvimento de estudantes esquerdistas na violência antissemita e concluiu "nacionalismo mais racismo resulta em alguma coisa horripilante" (apud Eribon, 1991, p. 192-93). Entretanto, como Rachida Triki (a seguir) observa, Foucault mais tarde modificou essa crítica, quando descobriu que os estudantes esquerdistas tinham sido um dos primeiros grupos políticos árabes em qualquer lugar a reconhecer o direito de Israel de existir e que os ataques aos judeus haviam sido manipulados pelo governo e, em qualquer caso, não foram perpetrados pelos estudantes esquerdistas.

mulheres jovens que se expunham a sérios riscos pelo simples fato de terem escrito ou distribuído um panfleto, ou por terem incitado outros a fazerem greve" (1991, p. 134). Ele também sugeriu que havia alguma coisa mais profunda sobre o movimento estudantil na Tunísia do que a situação mais livre de riscos dos estudantes rebeldes franceses de maio de 1968. Enquanto ele reconhecia que os estudantes da Tunísia se consideravam marxistas, ele descreveu o papel daquilo que chamou de "ideologia política" como "secundária" a um compromisso mais "existencial" ao autossacrifício:

> Que diabos na terra é isso que pode despertar em alguém o desejo, a capacidade e a possibilidade de um sacrifício absoluto sem que sejamos capazes de detectar ou suspeitar da menor ambição ou desejo de poder ou lucro? É isto que eu vi na Tunísia. A necessidade de luta estava claramente evidente lá por conta da natureza intolerável de certas condições produzidas pelo capitalismo, colonialismo e neocolonialismo (p. 136-37).

Como vimos anteriormente, um fascínio similar por sacrifício e morte aparece ao longo de seus escritos sobre o Irã.

O segundo tema em sua atitude com relação à Tunísia nunca se tornou explícito nos escritos de Foucault sobre o Irã, mas provavelmente formou um pano de fundo para eles. Ele parecia ter formado uma impressão de que os homens homossexuais desfrutavam de maior liberdade sexual aqui do que na França. Seu biógrafo, David Macey, observou que "os *gays* da França sabiam havia muito tempo que o norte da África era um destino de férias agradável" e mencionou que Foucault não hesitou em dispor de um número de amantes jovens masculinos árabes durante aqueles anos naquilo que ele evidentemente percebia como uma sociedade permeada por homoerotismo (1993, p. 184-85).

O sociólogo tunisiano Fathi Triki, que estudou com Foucault de 1966 a 1968, observa que Foucault fazia parte da cultura turística francesa e compartilhava de suposições similares sobre a abertura da cultura sobre homossexualidades árabe e do Oriente Médio. Como muitos outros *gays* franceses que vinham ao norte da África para recreação e frequentemente para buscar parceiros sexuais tanto dentro das colônias turísticas francesas como dentro da comunidade árabe, Foucault estava entusiasmado pela cultura que ele testemunhou no Magreb e que considerava como o homoerotismo aberto do mediterrâneo árabe. Além do mais, em sua admiração pelo mundo mediterrâneo/muçulmano, Foucault evitava abordar o sexismo ou a homofobia nessas culturas. Era verdade que, enquanto esteve na Tunísia, Foucault frequentou um centro cultural de mulheres: o Club Culturel Tahar Haddad, um café administrado pela ativista feminista e escritora Jalila Hafsia.[5] Talvez as frequentes palestras de Foucault no café de Hafsia foram pelo menos uma expressão indireta de apoio pelos direitos das mulheres, como Triki sugeriu (comunicação pessoal, 3 de março de 2002). Triki também comentou sobre a visão um tanto ingênua de Foucault sobre a homossexualidade no mundo muçulmano:

> Acredito que Foucault era muito subjetivo e ao mesmo tempo muito ingênuo. Ele sabia bem que a sua situação privilegiada permitia desvios. E mais ainda, em uma sociedade cuja economia está baseada no turismo (como é o caso da Tunísia), a sexualidade (homo e hétero) fazia parte da paisagem, e Foucault se servia disso. É provavelmente verdadeiro que essa situação tenha influenciado as suas opiniões sobre a homossexualidade no Islã e no Irã. Os intelectuais franceses são muito exigentes com relação ao conhecimento especializado, exceto para com o Islã. Subitamente qualquer um pode se tornar um especialista em Islã (comunicação pessoal, 27 de março de 2002).

---

[5] Como mencionado anteriormente, Hafsia recordou as suas conversações com um número de intelectuais, incluindo Foucault, Rodinson e Matzneff (Hafsia, 1981). Macey observa que ela também "confessou estar perdidamente apaixonada" por Foucault (1993, p. 189). O livro de Hafsia também continha uma conversação com a autora americana Anaïs Nin, conhecida por suas novelas e histórias eróticas.

Foucault expressou um sentimento semelhante durante uma conversação de 1976 em Paris com seus amigos Claude Mauriac e Catherine von Bülow. Mauriac e Foucault começaram fazendo uma brincadeira sobre a "beleza de cetim" de um jovem conhecido árabe que eles haviam visto em uma passeata em Paris contra a expulsão de imigrantes paquistaneses. Como registrado no diário de Mauriac, von Bülow se queixou, a essa altura, sobre o machismo dos homens do Oriente Médio na passeata. Ela disse que tinha ficado "estupefata" com um árabe que tinha dito a ela que se separasse dos homens na passeata (Mauriac, 1986, p. 235). Foucault respondeu de forma muito enfática. Ele transferiu a questão do tratamento que ela tinha recebido para externar simpatia por uma cultura marcada por um homoerotismo subjacente. Suas observações pareceram espantar Mauriac, que as registrou com detalhes, talvez tendo em mente o episódio posterior de Foucault sobre o Irã:

> Eles vivem entre homens. Como homens, eles são feitos para os homens, com o fugaz deslumbre, a breve recompensa das mulheres. Foi possível negar, na quebra daquele laço fundamental que foi, por um longo tempo, o do exército espanhol: grupos de dez homens, que nunca abandonavam uns aos outros, dependiam e respondiam uns aos outros, lutavam e se defendiam juntos e assumiam responsabilidade pelas famílias dos que foram mortos. Indubitavelmente aquelas células fraternais se baseavam em uma sutil mistura de amizade e sensualidade. E sexualidade (mais tarde negada e rejeitava tão constantemente) tinha o seu lugar ali (p. 235).

Expressas somente dois anos antes de suas visitas ao Irã em 1978, as observações de Foucault exemplificaram o que desde a perspectiva de Said poderia ser chamado de um orientalismo romântico. Aqui, Foucault pode ter mesclado homoerotismo com costumes de separação de sexo nas sociedades muçulmanas e um sentido diferente de tabus culturais, como no caso de homens comumente de mãos dadas ou se beijando.

Em seus escritos iranianos, Foucault reagiu de maneira similar às críticas dos papéis dos sexos em uma sociedade iraniana futura governada pelos islamistas. Como vimos anteriormente, em suas visitas de 1978 e mesmo após a revolução, Foucault fez poucas críticas sobre a doutrina dos direitos das mulheres que preconizava a doutrina "separadas, porém iguais" que era pregada pelas autoridades religiosas iranianas. Ele também acusou "Atoussa H.", uma feminista iraniana que atacou a sua posição sobre o Irã, de nutrir sentimentos orientalistas.

Quando ele chegou ao Irã em 1978, Foucault parecia acreditar que o islamismo iraniano exibiria maior aceitação da homossexualidade do que o Ocidente moderno. Duas décadas depois, o sociólogo Ehsan Naraghi, que tinha se encontrado com Foucault durante uma das suas visitas ao Irã, recordou a conversa deles em uma entrevista com o bem conhecido jornalista Ibrahim Nabavi:

> IBRAHIM NABAVI: Qual foi a história sobre Michel Foucault no período inicial da revolução? Escutei Michel Foucault subitamente do lado da Revolução Iraniana e defendendo-a, e isso foi a razão pela qual ele foi relegado ao ostracismo na França. EHSAN NARAGHI: Você sabe que Michel Foucault era homossexual, e essa questão teve uma influência importante na sua ideologia e em seu pensamento. Bem, eu o conhecia desde os nossos dias no Collège de France. Éramos amigos e a nossa amizade vinha de muito longe. Cerca de três ou quatro meses antes da vitória da revolução – não me lembro se foi durante a primeira ou durante a segunda viagem que ele fez ao Irã –, ele me chamou um dia e me disse que gostaria de falar com os revolucionários. Eu disse: "Bem, venha à minha casa hoje à noite". Ele concordou, mas disse que não estava sozinho e traria com ele um jovem estudante que era seu secretário. Entendi o que aquilo significava, mas não disse nada à minha esposa, uma vez que ela era sensível a essa questão dos [homossexuais]... Diversos muçulmanos devotos apareceram (...) e minha esposa [Angel Arabshaybani] também estava presente. Foucault era muito curioso e muito sensível sobre a questão da [homossexualidade] e, de repente, ele perguntou: "Qual seria a posição do Islã e deste futuro governo islâmico em relação àquilo que chamamos de

minorias?". Minha esposa e outros dois disseram: "No Islã, o respeito pelas minorias é exigido, e diversas religiões como o judaísmo, o cristianismo e o zoroastrianismo poderão existir". Eles não entenderam o que ele queria dizer. Foucault disse: "Quero dizer a atitude em relação àqueles que a sociedade chama de anormais e coisas do gênero...". Minha esposa percebeu o que ele queria dizer... ela se levantou e pegou uma tradução francesa de um verso do Corão, colocou-o na frente de Michel Foucault e disse: "Execução!". Foucault ficou atônito. Ele ficou irritado e foi embora naquela noite. Essa foi a primeira denúncia que ele recebeu do Islã, porque até então ele não conhecia o Islã. Ele acreditava que o Islã aprovava a homossexualidade. Sei de outras fontes que ele insistiu muito na justificativa desse tema. Duas ou três semanas após a revolução, quando Khalkhali enforcou diversos homossexuais, minha esposa me disse: "Me dê o endereço daquele seu amigo para que eu possa dizer a ele que aquela sociedade idealista onde ele achava que a homossexualidade seria aprovada é esta!". Ela queria enviar a ele o recorte de jornal que continha a reportagem da execução dos homossexuais (Nabavi, 1999, p. 124-25).

Mais tarde, Naraghi disse que simplesmente ficou espantado com a ignorância de Foucault. Apesar de seu grande respeito por ele, Naraghi se perguntou como um homem tão imensamente erudito, um amigo dos muçulmanos e dos árabes, podia ser tão ignorante sobre relações com o mesmo sexo no mundo muçulmano (comunicação pessoal de Ehsan Naraghi, 10 de abril de 2010).

O que sabemos sobre homossexualidade no mundo muçulmano e em que medida Foucault esteve correto nas suposições sobre a homossexualidade nas mais tradicionais sociedades muçulmanas? Seus conhecidos iranianos certamente estavam corretos ao avisar Foucault sobre a sua ingenuidade com relação às duras posições do Corão sobre a homossexualidade. Porém, talvez, a situação aqui seja mais complexa do que eles pensavam, pelo menos no que concerne à homossexualidade disfarçada. Retornaremos a essas questões na última parte deste capítulo. Primeiro precisamos dar uma olhada nos escritos de Foucault sobre a homossexualidade no mundo greco-romano.

MODERAÇÃO OU MISOGINIA? A ÉTICA DO AMOR NO MUNDO MEDITERRÂNEO ANTIGO

Os dois últimos volumes da *História da Sexualidade,* de Foucault, centraram-se no mundo greco-romano, desde o século IV A.E.C. até aproximadamente o século II E.C. O interesse de Foucault aqui jazia principalmente na seguinte questão importante: "Como, por que e de que forma a sexualidade foi estabelecida como um domínio da moral?" (Foucault, 1985, p. 10). Em outras palavras, em que ponto da história e sob quais circunstâncias o sexo passou a ser visto como sinônimo de pecado e mal? De forma diferente da de alguns de seus trabalhos anteriores, *História da Sexualidade*, especialmente os volumes 2 e 3, estava preocupada com a questão da subjetividade e com a "história do desejo por homens". Contudo, uma leitura mais atenta desses dois últimos volumes sugere que ele estava quase exclusivamente interessado no ponto de vista e na história dos homens que pertenciam à elite da academia grega e da aristocracia romana. Vozes conflitantes de outros marginalizados – mulheres, jovens, escravos, ou não cidadãos – nunca foram ouvidas na narrativa de Foucault, mesmo quando poderiam ser encontradas na filosofia antiga, na poesia ou na comédia. Além disso, Foucault raramente questionou os discursos clássicos que reproduzia e frequentemente considerou textos normativos e prescritivos como descritivos.

Amy Richlin argumentou que a história da antiguidade de Foucault omite discussões significativas não apenas a respeito das mulheres, mas também a respeito de numerosos outros grupos marginalizados: "Foucault reproduziu para os seus leitores uma antiguidade sem judeus (...) sem africanos, egípcios, semitas, europeus do norte; sem crianças, bebês, pobres, escravos. Todos os 'gregos' são atenienses, e a maioria dos 'romanos' são gregos" (Richlin, 1998, p. 139; ver também Foxhall, 1998).

A interpretação seletiva de Foucault sobre os textos clássicos greco-romanos obedeceu a um padrão semelhante àquele de seus estudos anteriores genealógicos. Primeiramente, ele parecia estar enfatizando uma certa continuidade no discurso sobre sexo na época dos gregos e romanos antigos, passando pelos cristãos medievais, até a sociedade moderna ocidental. Um exame mais de perto, porém, indica que ele estava novamente privilegiando formas éticas mais velhas, idealizadas e autoimpostas em contraste com as mais novas e institucionalizadas. Enquanto reconhecia uma pluralidade de discursos sobre o amor no período grego clássico, Foucault destacou os rituais de amor associados a um pequeno grupo de cidadãos da elite ateniense, e lamentou a perda gradual desses rituais por ocasião do Império Romano.

Foucault argumentou que certos rituais de flerte eram observados nas relações entre homens adultos e meninos adolescentes e que esses rituais constituíam a primeira ética do amor registrada no mundo ocidental. Esses rituais eram seguidos porque a sociedade grega tinha um problema. Esperava-se que os garotos assumissem o seu lugar como cidadãos adultos no Estado e a sua reputação como adolescentes afetaria o seu *status* futuro. A ética grega do amor masculino girava em torno de como tratar os garotos como objetos sexuais sem reduzi-los ao baixo *status* das mulheres. Foucault estava a par de que essa ética do amor era praticada em uma sociedade onde a misoginia era esmagadora. Ao longo do texto e em outros, ele chamou a atenção para a posição subordinada das mulheres, bem como para a ética do amor masculino, porém em última instância fracassou em relacionar as duas questões em um modo sistemático e coerente. A sua ética do amor estava claramente em conflito dialético com o desprezo difuso masculino grego pelas mulheres e a uma taxonomia que relegava as mulheres, os escravos e não cidadãos ao fundo da escada social. Como veremos, Foucault reconhecia o fato de que os conceitos gregos que ele tanto valorizava – os modelos de ética, moderação, autocontrole e, até mesmo, as preocupações com a saúde e alimentação –

foram todos construídos em um subtexto de gênero sexual. Ainda assim, ele descartou as ramificações dessa ligação na sua "estética da existência". Podemos, portanto, legitimamente perguntar: "Será que o novo espaço que Foucault criou entre o velho mundo e o novo mundo é hospitaleiro para com as preocupações feministas?".

A ECONOMIA DO CASAMENTO

De acordo com Foucault, o sexo no mundo antigo greco-romano era visto nem como pecado nem como mal.[6] De fato, era a atividade mais natural, restituindo os homens ao mais alto estado de ser (Foucault, 1985). Os gregos traçaram uma distinção entre sexo de acordo com a natureza (entre um homem e uma mulher para fins de procriação) e sexo que era contra a natureza e por prazer. Porém, em uma sociedade que se orgulhava do "triunfo sobre a natureza", ir contra a natureza não equivalia necessariamente à prática de uma imoralidade.[7] O decoro e a ética no sexo eram definidos por dois outros conceitos aristotélicos: (1) de acordo com o princípio da moderação, o sexo era um desejo natural, semelhante ao da comida ou bebida. Recorria-se a ele para satisfazer uma necessidade; mais do que isso era excessivo e, portanto, impróprio; (2) de acordo com o princípio da posição, havia uma distinção significativa entre o amante adulto ativo, o *erastes*, e o garoto passivo adolescente, o *paidika*. Dessa forma, "para um homem, excesso e passividade eram as duas formas de imoralidade na prática da afrodisia" (Foucault, 1985, p. 47).

---

[6] Em sua obra *O Uso dos Prazeres*, Foucault coloca a discussão do casamento e do lar sob o título "Economia" e a discussão do amor por meninos sob "Erótica", dessa forma reproduzindo as categorias não apenas dos textos gregos clássicos, mas também aquelas dos livros de conselhos persas medievais.

[7] Este triunfo sobre a natureza também poderia tomar a forma do triunfo do homem sobre a mulher, que era equiparada ao mundo natural. Para maiores esclarecimentos sobre essa questão, ver Arthur, 1987, p. 83.

Da mesma forma, o comportamento ético no mundo antigo era diferente do no Ocidente moderno, uma vez que o casamento era um negócio econômico e político negociado entre o pai da noiva e o pretendente masculino. Os homens casados da elite frequentemente mantinham amantes, concubinas e *paidikas*.[8] Foucault responsabilizou a falta de reciprocidade entre marido e mulher à instituição do casamento. Ele argumentava que o casamento impedia o marido de desejar reciprocidade com a sua esposa. Mas uma vez que não havia "obstáculos institucionais" no relacionamento entre homens e meninos, aqui ele encontrou a "independência recíproca", Foucault concluiu (1985, p. 202). Ele supôs que a noção de "prazer conjugal" era irrelevante tanto no mundo greco-romano como no cristão medieval. Na Grécia, o prazer era experimentado fora do casamento, frequentemente em uma relação erótica com meninos, enquanto sob o cristianismo o prazer sexual não era um ideal (p. 144). No casamento grego havia uma relação "recíproca" ainda que não "simétrica". O marido treinava a sua esposa, geralmente mais jovem, que se esperava que se mantivesse dentro de casa para administrar o lar e cuidar das crianças. Em troca da fidelidade da esposa, o marido poderia aceitar não humilhá-la. A justiça significava não fazer coisas que comprometessem seriamente a posição da mulher, tal como se envolver em relacionamentos extraconjugais publicamente, abertamente manter concubinas regulares ou fazer filhos ilegítimos, atividades essas que, apesar dessas restrições, ocorriam (p. 179).

Foucault não estava interessado na voz das mulheres ou como a sua resistência se refletiu em trabalhos literários, como na *Odisseia*, de Homero, ou na *Medeia*, de Eurípides, trabalhos que mostravam a raiva das mulheres para com homens infiéis e seu desejo de maior

---

[8] "Amantes mantemos para o prazer, concubinas, para o cuidado diário de nossas pessoas, mas esposas são para nos darem filhos legítimos e para serem as guardiãs fiéis de nossos lares" (apud Foucault, 1985, p. 143). Essa declaração tem sido atribuída a Demóstenes. Ver também Arthur, 1987, p. 87.

reciprocidade.⁹ Com relação a tais omissões, Foxhall escreve que "eu não argumentaria que as mulheres no mundo grego não eram oprimidas, mas eu sustentaria que elas resistiram à opressão (1998, p. 137). Richlin sugere que mesmo os textos mais misóginos da antiguidade consideravam as mulheres seres eróticos e observa que "a ausência da mulher em *História da Sexualidade* é constante, indo além de uma simples escolha do tema principal" (1998, p. 139). Richlin pergunta como os trabalhos de Foucault ficariam se ele tivesse incluído o tema feminino. Ela fornece detalhes de relatos e eventos que ficaram inexplicavelmente de fora do trabalho de Foucault, incluindo muitos detalhes sobre a prostituição feminina, escravidão e relações lésbicas. Ele chega à conclusão de que o relato de Foucault sobre a sexualidade no mundo antigo é "até mais centrado no masculino do que as fontes dele apresentam" (p. 148).¹⁰

EROS, OU O AMOR POR MENINOS

Foucault não estava preocupado com as visões alternativas sobre as relações dos gêneros exploradas pelos filósofos antigos e escritores.¹¹ Nem ele estava interessado em explorar as tecnologias

---

⁹ Mesmo quando Foucault faz uma breve menção da Medeia "traída", ele insiste que a sua tristeza é causada *apenas* pela sua perda de *status* como um resultado do aparecimento da noiva real (1985, p. 164).

¹⁰ Por exemplo, Foucault não discute o tratamento de Platão sobre as relações lésbicas em *O Banquete*, centrando-se apenas no da homossexualidade masculina (Platão, 1961).

¹¹ O capítulo 5 da *República*, de Platão, talvez a discussão mais bem conhecida do período sobre a igualdade das relações de gênero, também recebe apenas uma breve atenção (Foucault, 1985, p. 181). Independentemente do que possamos achar da sociedade ideal de Platão, que aboliria a família e colocaria as crianças sob os cuidados de amas comunais, temos que concordar que Platão foi o primeiro filósofo importante a compreender a natureza socialmente construída das relações de gênero e os papéis sexuais na sociedade grega. Além do mais, Platão podia imaginar um conjunto diferente de relações

através das quais as mulheres eram dominadas e domesticadas como esposas. Uma questão-chave, então, é se ele estava interessado nas tecnologias do poder que definiram as relações no mesmo sexo entre homens no mundo antigo. A resposta é que ele não estava interessado nesse tema também. *O Uso dos Prazeres* celebra a ética do amor entre o homem e o garoto, ou nas palavras de Foucault, "amor verdadeiro" (contra o presumido amor falso das mulheres). Essa ética masculina era composta de um jogo de rituais de corte entre o *erastes* e o *paidika*, o propósito dos quais era guardar a reputação pública dos garotos, uma vez que eles mais tarde se tornariam um cidadão adulto e tomariam o seu lugar nos negócios públicos do Estado. Enquanto ter um garoto como um amante era uma prática aceitável na Grécia antiga, a reputação do garoto durante esses anos de adolescência poderia determinar o seu futuro *status* político. Foucault celebrou essa ética sexual como uma "estética de existência" e enfatizou a preocupação do amante pelo amado, bem como certas formas autoimpostas de "austeridade" observadas pelo amante mais velho (1985, p. 253).[12]

A interpretação de Foucault de eros foi marcadamente diferente daquela de diversos acadêmicos importantes sobre o mundo antigo e a homossexualidade grega, especialmente Kenneth J. Dover (1989) e David M. Halperin (1990). Dover, um acadêmico eminente no campo, cuja *Greek Homosexuality*[13] teve influência importante no próprio trabalho de Foucault, salienta que certos modos de

---

sociais, em que pelo menos algumas poucas mulheres eram consideradas iguais potencialmente aos homens e, como filósofas, qualificadas para se tornarem líderes militares e governantes de Estado (Platão, *República*, p. 455d).

[12] Algumas vezes *amor verdadeiro* significava renunciar à paixão e praticar "austeridades estritas", como em *O Banquete*, de Platão, em que Sócrates rejeita os convites amorosos do bonito Alcibíades. Ver o elogio de Alcibíades a Sócrates, também em *O Banquete* (linhas 216-22).

[13] Aqui usaremos a edição revista de 1989 do livro de Dover, que foi primeiramente publicado em 1978.

comportamento eram considerados honoráveis e outros, desonrosos.[14] O *erastes* usava uma variedade de presentes costumeiros para cortejar o jovem adolescente. O *erastes* também prometia ao garoto os contatos sociais que iriam fazer avançar a sua futura carreira, o aconselhava e treinava-o na arte da masculinidade, e em última instância o apresentava às "verdades filosóficas". Do *paidika* se esperava que recusasse, resistisse, fugisse ou escapasse. Mais tarde, ele poderia concordar com uma masturbação mútua, mas nunca poderia permitir "penetração em qualquer orifício de seu corpo". Quando ele concordava em se envolver em relações amorosas, supunha-se que isso ocorresse por um sentido de admiração, gratidão e afeição pelo *erastes*, bem como por um desejo de agradá-lo, não por causa dos sentimentos sexuais do próprio *paidika* (Dover, 1989, p. 103). A sociedade grega publicamente manteve a ficção de que esses garotos adolescentes ainda eram incapazes de experimentar quaisquer prazeres ou sensações sexuais. Xenofonte escreveu que "o garoto não compartilha dos prazeres do homem em intercurso, como a mulher faz; sobriamente frio, ele mira o outro que está embriagado por desejo sexual" (apud Dover, 1989, p. 52). Outras regras fundamentais eram a de que um *paidika* nunca deveria se submeter por dinheiro, que o reduziria ao nível de uma prostituta, nem deveria iniciar uma relação sexual que fosse considerada vergonhosa. Uma vez que ele passasse a ter barba e se tornasse adulto, esperava-se que o relacionamento terminasse e, em geral, isso acontecia de fato. O jovem, então, assumiria o seu lugar como um cidadão na cidade-estado, contrairia um casamento respeitável e poderia cultivar o seu próprio número de *paidikas* (p. 224).[15]

---

[14] James Davidson sugeriu que, especialmente em seus últimos escritos, Dover foi influenciado pelas práticas homossexuais contemporâneas nas sociedades europeias e mediterrâneas, que ele, então, transferiu para a sociedade grega (2001, p. 29; ver também Davidson, 1997).

[15] Aristóteles descreve um rei que foi deposto por dois de seus jovens amantes, depois que o rei não cumpriu as suas promessas de permitir que um deles casasse com a sua filha e apoiar o retorno do outro ao poder em sua cidade de

Foucault não explorou a "divisão de trabalho" em que se supunha que o amante mais velho assumisse a posição ativa. Um teórico que era conhecido por suas observações argutas e incisivas sobre o eixo do conhecimento/poder, um autor que havia nos lembrado permanentemente de que o corpo é um local para articulações miúdas de poder, e o local em que o domínio é estabelecido, perdeu o barco inteiramente quando o eixo conhecimento/poder era a academia grega, que foi operada pelos homens mais idosos da elite e onde os corpos sobre os quais eles extraíam os seus prazeres eram aqueles dos seus estudantes adolescentes. Onde estavam as ruminações de Foucault nas operações miúdas de poder na academia, a assembleia, a família, a cultura popular (tal como a amarga sátira de Aristófanes)[16] ou sobre a "economia" desse altamente assimétrico relacionamento?

Dover, em contraste, presta muita atenção aos subtextos de classe, ética e gênero da sociedade grega. Seu trabalho, com uma leitura mais próxima de alguns dos textos utilizados por Foucault, sugere que a ênfase de Foucault sobre uma ética do amor que era autorregulada e vinha de um desejo por moderação era seriamente questionável. Isso ocorre porque o relacionamento entre o *erastes* e o *paidika* era regulado por um conjunto de tecnologias de poder, apoiadas por leis e prerrogativas de classe.

Os filósofos gregos e artistas se referiam à desigualdade entre os dois parceiros nas relações do mesmo sexo masculino, ou àquilo que Dover chama de "contradição fundamental dentro do etos homossexual grego" (1989, p. 137). *O Banquete* de Platão inclui uma discussão sobre o padrão duplo costumeiro. Os amigos do *erastes*

---

origem. Para Aristóteles, o erro político do rei não residiu nos relacionamentos propriamente ditos, mas na sua zombaria da regra de reciprocidade, que humilhou os jovens. Essa falta de moderação e reciprocidade na busca dos desejos foi atribuída a *hubris* (Politics, p. 1311-39).

[16] Foucault discute Aristófanes, mas apenas para mostrar que ele considerava as relações entre o mesmo sexo normais. Para Aristófanes, tal como visto por Platão, ver *O Banquete* (linhas 189-93).

o admiravam pela sua perseguição obstinada pelo jovem e consideravam os seus esforços aparentemente irracionais para conquistar o coração do garoto divertido. O pai do jovem *paidika*, porém, ficava perturbado com a possibilidade de sexo entre seu menino e o *erastes* na academia. Se o pai fosse rico, ele usava escravos para vigiar o garoto como um gavião. Mais importante, os amigos do garoto da mesma idade o aconselhavam e o "recriminavam" caso houvesse algo entre o jovem *paidika* e seu *erastes* (p. 82). Foucault tocou nesse tema sem explorar o fato de que o relacionamento entre o *erastes* e o *paidika* se encaixa em um padrão comum das relações humanas entre dominante/subordinado.

Eros desempenhou um papel significativo nos jogos de poder político também. As comédias de Aristófanes frequentemente se centraram nos cidadãos mais velhos, que se ressentiam dos mais jovens que concorriam por cargos, assumiam postos lucrativos e assumiam a assembleia. Algumas vezes, os homens mais velhos expressavam seu ressentimento acusando os jovens de terem se envolvido em conduta homossexual quando eram garotos (Dover, 1989, p. 141). Também, algumas vezes, jovens aspirantes tentavam assegurar um acesso futuro cortejando os favores sexuais das pessoas certas; portanto, eles usavam o sexo para disputarem posições e a fim de conseguirem patronos poderosos. O sexo era, portanto, uma arma política poderosa usada regularmente na sociedade ateniense, não apenas no casamento e nas relações heterossexuais, mas também nas relações entre o mesmo sexo em que as apostas políticas eram altas. E ainda assim os usos de eros no jogo político raramente apareceram no texto de Foucault.

Foucault sugeriu que o relacionamento entre o *erastes* e o *paidika* era regulado por uma moderação autoimposta em vez de sê-lo pela lei. Mas de fato, a sociedade grega tinha desenvolvido uma estrutura jurídica detalhada através da qual as relações próprias e impróprias entre o mesmo sexo (bem como nas relações heterossexuais) eram examinadas, julgadas e punidas. Uma distinção legal foi feita entre eros legítimo e ilegítimo. Escravos frequentemente sofriam relações sexuais não consentidas. Eles também eram impedidos de usar o ginásio e proibidos de "se apaixonar por um garoto de condição livre ou de segui-lo" (Dover, 1989, p. 46). O estupro de um *paidika* acarretava severas penalidades. Além disso, um *paidika* que tivesse recebido dinheiro em troca de favores sexuais não poderia se dirigir a uma assembleia pública ou ser nomeado para nenhum cargo quando se tornasse um cidadão adulto. Caso ele o fizesse, e se um júri provasse as acusações de "prostituição" contra ele, poderia ser executado. O pai antiético ou guardião de um menino de condição livre que o alugasse para serviços sexuais também era punível pela lei (p. 27). Em disputas legais, os júris discutiam a extensão de tal transgressão e exploravam as circunstâncias para atingir um veredito (p. 36). A sociedade grega também tinha a sua própria versão de um impedimento congressional. Timarco, o político ateniense que tinha se oposto aos tratados de paz com Filipe II da Macedônia, foi julgado em 346 A.E.C. sob acusações de ter se prostituído quando era menino. As acusações quase certamente foram originadas dos esforços de seus inimigos políticos, e seus amigos, para retirá-lo do cargo (Dover, 1989).

Havia também uma dimensão econômica na relação do *erastes* com o *paidika*. Foucault corretamente observou que era costumeiro dar presentes ao garoto. Mas em que ponto um "presente" se tornava uma "compensação monetária", relegando o garoto à condição de uma "prostituta"? O custo de conquistar uma pessoa desejada oferecendo-lhe presentes caros era alto. Também era necessário dispor de bastante tempo livre para observar o garoto no ginásio e segui-lo pela cidade. Além do mais, "muitas conversações sobre arte e guerra e vida eram necessárias a fim de se fazer admirável e interessante aos olhos de um garoto". Praticamente todos os personagens que encontramos nos diálogos de Platão pertencem à classe ociosa, alguns deles da alta aristocracia (Dover, 1989, p. 150). Os comediantes gregos estavam a par dessa distinção de classe e a usavam como material para as suas sátiras. Ao contrário de Foucault, que chamava o relacionamento entre o *erastes* e o *paidika* de "amor verdadeiro" e o relacionamento entre marido e mulher de "recíproco", porém "assimétrico", Dover observou que na sociedade grega nem as relações heterossexuais, nem as entre o mesmo sexo, envolviam os "sentimentos recíprocos de iguais, porém (...) a busca por aqueles de menor *status* por aqueles de maior *status*. As virtudes admiradas em um *eromenos* [*paidika*] são as virtudes que o elemento governante em uma sociedade (no caso da sociedade grega, os adultos masculinos) aprova para os governados (mulheres e crianças)" (p. 84). Essas tecnologias de poder, direito e economia mostram que a posição do *paidika* era a de um subordinado, ainda que desejado e um objeto perseguido de conquista sexual.

Finalmente, Foucault nunca dedicou mais do que poucas linhas breves à questão das relações lésbicas (Foucault, 1986, p. 202, 206). Dover explorou a vida e os poemas de Safo, a poeta lésbica grega do século VI A.E.C., e outras questões entre as relações femininas de mesmo sexo. Ele observou que na poesia de Safo, deparamo-nos com os mesmos temas que existiam entre o *erastes* e o *paidika* – ou seja, perseguição, fuga, presentes e, por fim, amor – de modo que as relações entre o mesmo sexo masculinas e femininas eram paralelas em algumas áreas, ainda que as relações lésbicas fossem mais recíprocas do que as relações homossexuais masculinas (Dover, 1989, p. 177).

Nessa sociedade, portanto, o *erastes* desempenhava o papel dominante tradicional e o *paidika* desempenhava o papel subordinado tradicional. Em sociedades com hierarquias de classes sociais complexas, grupos dominantes têm acesso à cultura e às perspectivas gerais na literatura, filosofia e no direito de uma sociedade. Eles geralmente legitimam as relações desiguais e as incorporam aos princípios orientadores da sociedade. Grupos dominantes definem os subordinados conferindo-lhes um ou mais papéis aceitáveis para eles. Podiam supor que os subordinados possuem algum defeito inato mental ou moral. Grupos dominantes também encorajam os subordinados a desenvolverem características psicológicas que sejam agradáveis a eles. Quando os subordinados rompem esses papéis que lhes foram atribuídos e demonstram asserção e iniciativa, o grupo dominante os define como anormais. Finalmente, as partes dominantes percebem o modo como as coisas são entre "certo" e "bom" para eles próprios, bem como para os subordinados, e veem pouca razão para mudança (Miller, 2001).

Todos esses padrões apareciam no relacionamento entre o *erastes* e o *paidika*, já que os amantes adultos tentavam confinar o *paidika* à posição passiva nas relações sexuais. Eles supunham que o *paidika* era fisicamente incapaz de experimentar quaisquer sensações (prazer ou trauma) durante o sexo. Não se esperava que jovens adolescentes iniciassem relações sexuais ou pedissem alguma compensação monetária. Aqueles que o fizessem eram rotulados de prostitutos. Na academia, o *erastes* legitimou essa relação desigual como um dos princípios orientadores da sociedade e desenvolveu um conjunto de práticas de cortesania ao seu redor. Eles também fizeram dessa cortesania um componente necessário à obtenção da verdade filosófica. Os *erastes* pareciam ter se convencido de que essa relação era de grande valor para os *paidika*s, que eram treinados na arte da masculinidade e os ajudavam a desenvolver conexões sociais valiosas. Por que Foucault nunca criticou ou questionou a diferença de poder nessas relações e, em vez disso, celebrava o ponto de vista dos *erastes*?

O QUE É O GÊNERO DA MODERAÇÃO?

Como vimos, os gregos estavam ostensivamente preocupados com duas modalidades, posição e moderação, que discutiremos brevemente adiante. O desdenho masculino grego pela passividade estava ligado ao desdenho pela feminilidade: "Aos olhos gregos o homem que quebrasse as 'regras' do eros legítimo se excluía das fileiras da cidadania masculina e passava a ser classificado com as mulheres e estrangeiros" (Dover, 1989, p. 103). Ao dançar em torno da definição verdadeira de "passividade" na homossexualidade grega ao longo do texto, Foucault minimizou a hipocrisia de uma cultura em que as relações entre o mesmo sexo eram predominantes, mas que os garotos que se submetessem à penetração física (à força ou consensual) eram marcados para o resto da vida.

E quanto à moderação? O que os gregos queriam dizer por moderação? E o excesso implicava o que para eles? A moderação era uma questão de autocontrole e de autodomínio. Era uma limitação interna, mais do que externa e, portanto, aos olhos de Foucault, um conceito mais importante. A noção de moderação, tal como era utilizada pelos antigos, resumia-se mais compreensivelmente na obra de Aristóteles, *Ética a Nicômaco*. Um bem conhecido exemplo era a noção de coragem de Aristóteles. A virtude da coragem situava-se em um meio-termo, ligado a um extremo por imprudência e ao outro pela covardia. A virtude era a habilidade de expressar os sentimentos em um grau moderado, nem muito forte, nem muito fracamente, e como pertencente a uma situação particular. A moderação não era um conceito neutro em relação ao gênero sexual, pois ser capaz de conceitualizar e aplicar o ideal da moderação implicava razão, algo que Aristóteles achava que faltava às mulheres. As mulheres, ele argumentava, eram incapazes de exercer governo político de maneira moderada e equilibrada e quando detinham poder político, frequentemente perdiam o autocontrole e caíam em excessos. Isso tinha acontecido por vezes em Esparta minando o Estado.[17]

Portanto, tanto a moderação como a passividade se originavam dos contrários masculino/feminino. O próprio Foucault admitia isto:

---

[17] Essas declarações de Aristóteles sobre relações de gênero são parte de um ataque a uma maior igualdade entre as relações de gênero dentro da elite, tal como proposto por Platão em sua obra *República*. Para algumas discussões recentes sobre Platão e as relações de gênero, ver os ensaios em Tuana (1994).

> [O fato de que] à moderação se conceda uma estrutura essencialmente masculina tem uma outra consequência (...) a imoderação deriva de uma passividade que se liga à sua feminilidade. Ser imoderado era estar em um estado de não resistência com relação à força dos prazeres, e em uma posição de fraqueza e submissão; ela significava ser incapaz daquela posição viril com relação a si próprio que permitia que um fosse mais forte do que o outro. Nesse sentido, o homem dos prazeres e desejos, o homem desprovido de autocontrole (*akrasia*) ou autoindulgente (*akolasia*) era um homem que poderia ser chamado de afeminado (Foucault, 1985, p. 84-85).

A mulher, que era associada à natureza, era imoderada e fraca, enquanto um homem verdadeiro era alguém que tinha conquistado o autodomínio. Em *O Cuidado de Si*, Foucault reiterou o relacionamento entre masculinidade e autodomínio: "O pênis, portanto, aparece na interseção de todos esses jogos de domínio: autodomínio" (Foucault, 1986, p. 34).

Havia também um subtexto ao redor do gênero sexual quanto à moderação em temas de saúde, alimentação e exercício. Uma vez que se supunha que se gastavam energias vitais e muito necessitadas durante o ato sexual, os filósofos e médicos forneciam conselhos detalhados sobre a idade dos parceiros, estação do ano, hora do dia e a frequência das atividades sexuais. A moderação autoimposta, em vez das proibições religiosas e impostas pelo Estado, definia a ética da atividade sexual naquela era também (Foucault, 1985, p. 114). A moderação era aconselhada com relação a exercício, alimentação, bebida e estações do ano quando, dependendo da severidade do tempo, se estivesse engajado em certas atividades ou se abstivesse de outras, tudo com um olhar em relação à manutenção de uma ótima saúde sexual. A natureza centrada no homem dessa ética da saúde era revelada especialmente nas interpretações do ato do coito. Na visão grega, a secreção de sêmen do homem lhe retirava a força vital. A ejaculação era uma "pequena morte". Sexo excessivo e grande indulgência nos prazeres sexuais poderiam supostamente conduzir à morte (p. 126-33).

O sexo era benéfico às mulheres, todavia pelas razões opostas. As mulheres não apenas sentiam orgasmo, mas também literalmente se beneficiavam das secreções do sêmen dos homens. Nessa visão de esponja seca sobre a sexualidade das mulheres, os fluidos masculinos melhoravam a saúde das mulheres. O útero era umedecido, impedindo-o de secar e causar contrações e dores extremas: "Para o corpo da mulher, a penetração do homem e a absorção do esperma são a fonte principal do equilíbrio de suas qualidades e o estímulo-chave para o fluxo necessário de seus humores". O sêmen que era evidentemente o que concedia vida às mulheres atuava como um dreno à vida do homem (p. 129, 137).[18]

Foucault concluiu que nas três áreas em que os gregos se questionavam sobre o comportamento sexual como um problema ético, principalmente saúde e alimentação, casamento e amor pelos meninos, eles cultivavam uma "estética de existência" (1985, p. 253). Como a discussão precedente mostrou, essa arte de viver, que demarcava a fronteira entre os estilos de vida aceitáveis e inaceitáveis, estava fundamentada em concepções sutis (e algumas vezes flagrantes) sobre os sexos masculino e feminino. É verdade que as técnicas que definiam esse estilo de vida – moderação, autodomínio e saúde – não estavam baseadas em um código de direito que supostamente tinha origem divina.

Elas eram, de fato, provenientes de uma desvalorização inerente da passividade, das mulheres e de sua posição subordinada. A sociedade grega se definia em sexo, economia, direito e política através

---

[18] Essa qualidade de "dar a vida" que o sêmen possuía também definia o relacionamento entre o *erastes* e o *paidika*. O *erastes* não apenas fazia sexo com o *paidika*, mas também transmitia o falo (ou seja, virilidade e autoridade) ao *paidika* através de seu sêmen, ainda que isso não fosse abertamente admitido. Esse velho arquétipo em que autoridade/vida/poder/virilidade são transferidos do parceiro ativo para o passivo aparece em mitos antigos de muitas culturas. Agradecemos a Houman Sarshar por nos apontar essa conexão.

de um subtexto feminino invisível.[19] A leitura de Foucault sobre a homossexualidade grega era problemática porque ele ignorava as ramificações teóricas desse subtexto de gênero da ética antiga (masculina), que definia as relações sexuais entre homens e mulheres e entre homens e garotos. Nas genealogias de Foucault do mundo moderno, temos corpos dóceis, mas não sujeitos que se opõem; em sua nostálgica busca de uma ética de amor na antiguidade grega, temos assuntos desejosos cujos jogos de poder e cujas técnicas de dominação são raramente examinados.

O CUIDADO DE SI

Em O Cuidado de Si, volume 3 de *História da Sexualidade*, Foucault admitiu que o *status* das mulheres no casamento melhorou nas eras helênica e romana, comparadas com o seu *status* na sociedade ateniense clássica.[20] Contudo, a linguagem que ele escolheu para discutir essa mudança traiu seus sentimentos. Sabemos que o casamento tornou-se mais e mais um acordo voluntário entre as

---

[19] Como Suzanne Pharr argumentou, uma grande parte da oposição à homossexualidade vem da misoginia: a misoginia é transferida aos *gays* como uma vingança pelo receio de que a sua identidade sexual "feminina" e comportamento poderiam derrubar todo o sistema de domínio masculino e heterossexualidade compulsória (Pharr, 2001, p. 148).

[20] Aqui Foucault ignora alguns séculos e examina as mudanças que ocorreram durante os primeiros dois séculos da era cristã dentro do contexto romano, quando uma crescente austeridade sexual (para os homens) se tornou mais normativa. Até mais do que no período grego clássico, havia uma preocupação nos textos médicos sobre os riscos envolvidos no sexo; daí o título do livro de Foucault, *O Cuidado de Si*. A fidelidade à sua própria esposa passou a ser um atributo altamente considerado, e o amor aos meninos passou a ser visto como menos dignificante. Ainda assim, Foucault faz uma distinção entre esse período romano e o cristianismo posterior, porque, uma vez mais, ele argumenta que as novas limitações sobre o sexo na era romana foram autoimpostas.

partes. O pai tinha menos autoridade na decisão do casamento de sua filha. A esposa ganhava certos direitos econômicos e legais. As mulheres algumas vezes recebiam a sua herança, possuíam propriedade e podiam dispor de seus guardiães. As obrigações sexuais das mulheres continuaram as mesmas, enquanto os direitos dos homens passaram a ser mais limitados. As mulheres podiam especificar em um contrato de casamento que não poderia haver concubinas regularmente mantidas em uma casa separada e nenhuma criança reconhecida fora do casamento (Bridenthal et al., 1987). Mas Foucault escreveu que a sociedade romana:

> Atirou fora os propósitos econômicos e sociais que tinham conferido ao [casamento] com valor (...) Tornou-se mais e mais restritivo para os cônjuges [sic] (...) uma força maior para obrigar os parceiros conjugais e, portanto, uma força mais efetiva para o isolamento do casal em um campo de outras relações sociais (1986, p. 77).

Foucault claramente assumiu uma visão negativa dessas mudanças. Os propósitos anteriores econômicos e sociais do casamento haviam tornado a instituição valiosa. Despido desses propósitos, o casamento passou a ser desvantajoso. Aparentemente, quanto mais direitos as mulheres ganhavam com o casamento, menos valiosa como um todo a instituição se tornava![21] O casamento, Foucault admitia, "isolava" o casal de outras relações sociais. De fato, porém, as relações sociais das mulheres fora de casa aumentaram substancialmente nas eras helênica e romana.

Plutarco (45-125 E.C.) resumiu muitas dessas novas maneiras de pensar. O sexo não era mais um direito absoluto do homem no casamento; agora ele envolvia afeição, atenção e reciprocidade. Tinha também o questionamento do amor dos adultos masculinos pelos garotos, sob novas bases morais e éticas. Plutarco, que tinha sido um

---

[21] A feminista alemã do início do século XX Marianne Weber criou uma argumentação que diferia acentuadamente da de Foucault sobre esse ponto (1998, p. 215).

membro da academia de Platão, argumentou que a pederastia frequentemente envolveu a força e a violência. O que estava faltando no relacionamento para com o *paidika* era *charis*, ou consentimento.[22] O retórico romano Marcus Fabius Quintiliano (35-95 E.C.) tinha, da mesma forma, clamado por novos padrões na academia. O professor, ele argumentava, tem que "adotar a atitude de um pai em relação aos seus alunos e considerar que ele está tomando o lugar daqueles que confiaram a ele suas crianças" (apud Foucault, 1986, p. 190).

Em O *Cuidado de Si*, Foucault não respondeu às observações argutas de Plutarco e de Quintiliano de que estava faltando consentimento na maioria das relações homem/menino. Em vez disso, ele lamentou o fato de que à medida que o amor marital e a melhor comunicação entre marido e mulher se tornavam objetivos acalentados, "pode-se questionar, de maneira crescentemente duvidosa, os privilégios que costumavam ser concedidos ao amor aos meninos" (Foucault, 1986, p. 185). Um pouco além, Foucault escreveu: "Tudo que a erótica dos meninos foi capaz de afirmar como pertencente propriamente àquela forma de amor (*em oposição ao falso amor pelas mulheres*) será reutilizado aqui, não apenas quanto ao carinho pelas mulheres, mas à própria relação conjugal" (p. 203). Além disso, Foucault escreveu que Plutarco "tinha tomado emprestado da erótica dos meninos as suas características fundamentais e tradicionais a fim de demonstrar que elas poderiam ser aplicadas não apenas a todas as formas de amor, mas à relação conjugal sozinha" (p. 205). Embora muitos leitores hoje pudessem simpatizar com o lamento de Foucault, eles achariam a sua rejeição da reciprocidade mais perturbadora.

Certa vez, em uma conversação com Paul Rabinow, Foucault foi até mais cru na distinção de sua "ética" de qualquer noção de reciprocidade:

---

[22] Plutarco (1957) supôs que o consentimento sempre existiu no casamento, mas não nas relações entre homens e meninos.

O Uso dos Prazeres é um livro sobre a ética sexual; não é um livro sobre o amor, ou sobre a amizade, ou sobre reciprocidade. E é muito significativo que quando Platão tenta integrar o amor pelos meninos e amizade, ele é obrigado a colocar de lado as relações sexuais. A amizade é recíproca, e as relações sexuais não são recíprocas; nas relações sexuais, você pode penetrar ou ser penetrado (...) se você tem amizade, é difícil ter relações sexuais (Foucault, 1983, p. 344).[23]

A ética do amor de Foucault na antiguidade compartilhou alguns dos problemas da ética aristotélica na qual se baseava, sem exibir muitos dos seus atributos positivos. Tal como Ruth Groenhout (1998), Linda Hirshman (1998) e Martha Nussbaum (1998) argumentaram, o problema com a ética aristotélica era que ela sustentava muitas das tradições existentes, incluindo sociais e religiosas, que subordinavam as mulheres.

Aristóteles criou uma noção hierárquica de organização social, em que as mulheres ocupavam os porões da vida intelectual, racionalidade e humanidade. Contudo, apesar de todas as suas limitações, Aristóteles pelo menos enfatizou aquilo que considerava ser a reciprocidade inerente na amizade como uma questão ética-chave.[24]

A triste verdade sobre a análise de Foucault é que no final ele não estava errado ao examinar as relações amorosas no mundo greco-romano antigo, na sua tentativa de explorar uma nova ética para a homossexualidade masculina moderna. De fato, uma leitura mais crítica e dialética da gradual transformação desse relacionamento no mundo

---

[23] Rabinow se opõe a isso e pergunta: "Por que o sexo tem que ser viril? Por que o prazer das mulheres e dos meninos não poderia ser levado em conta sem nenhuma grande mudança no quadro geral? Ou será que isso não é apenas um pequeno problema, porque se você tentar dar prazer ao outro, todo o sistema hierárquico e ético viria abaixo?". Nesse ponto, Foucault finalmente admite que isso era de fato o caso (1983, p. 346).

[24] Ver também Freeland (1998). Martha Nussbaum observa que, de acordo com Aristóteles, as necessidades básicas de todos os seres humanos tinham que ser providenciadas em uma ordem social ética, uma noção que ela diz que está inteiramente ausente do trabalho de Foucault (1998, p. 249).

antigo poderia ter conduzido a uma ética do amor mais efetivamente ligada às preocupações contemporâneas. Foucault poderia ter concluído que a ausência de *charis*, ou consentimento, nas relações entre pessoas do mesmo sexo na sociedade grega clássica, a prevalecente hipocrisia com relação ao relacionamento entre o *erastes* e o *paidika*, a recriação dos padrões masculino/feminino de subordinação e a misoginia geral da sociedade grega, em última instância, minaram a falsa ética do amor grego. O que tornou o movimento contemporâneo *gay* e lésbico um avanço histórico é que ele incorporou um número de princípios éticos feministas em seu discurso, como o consentimento mútuo dos parceiros, reconhecimento do relacionamento e alianças entre as divisões raciais, étnicas, de classe e de sexo. Dessa forma, o movimento *gay* e lésbico avançou muito além da ética do amor aristocrático masculina na Grécia antiga para uma ética de cuidado para consigo mesmo moderna muito mais inclusiva.

A HOMOSSEXUALIDADE NO MUNDO MUÇULMANO

Iremos agora examinar a homossexualidade nas sociedades do Oriente Médio e muçulmanas a fim de explorar as afinidades possíveis com as práticas anteriores nas sociedades greco-romanas.[25] As três principais religiões da tradição abraâmica explicitamente consideraram a homossexualidade uma abominação, por vezes punível com a morte, mas a sua posição implícita era geralmente menos restritiva. O Velho Testamento (Levítico 18,22; 20,33) e o Talmude

---

[25] Não dispomos de muita informação sobre a homossexualidade no mundo do Oriente Médio/muçulmano, uma vez que as pesquisas sobre esse tema ainda estão em uma fase muito inicial. Portanto, tivemos que confiar, por vezes, em materiais escritos por escritores que não são especialistas nesse campo. Nossas declarações sobre as práticas homossexuais nessas sociedades são, portanto, altamente provisórias, e é necessário que se façam muito mais pesquisas nessa área.

proíbem a homossexualidade masculina por diversas razões.[26] A punição poderia tomar a forma de banimento ou até mesmo a morte (Levítico 18,29; 20,13). A maioria dos acadêmicos, porém, sugere que essas penalidades mais duras foram raramente empregadas, uma vez que os judeus na Diáspora raramente tinham autoridade para impor a pena de morte. Além do mais, o arrependimento ritualístico era possível para evitar a punição divina (Eron, 1993, p. 117). Da mesma forma, o cristianismo considerava a homossexualidade um pecado, um argumento que se baseava tanto no Velho Testamento como em passagens do Novo Testamento (Romanos 1,26-27; 1º Coríntios 6,9; 1º Timóteo 1,10). Contudo, o cristianismo também foi influenciado pela cultura greco-romana, que tinha maior tolerância para com a homossexualidade, e não foi senão até o século XII que ele passou a desenvolver uma atitude mais restritiva com relação às relações entre o mesmo sexo (Carmody e Carmody, 1993, p. 142).

De forma semelhante, havia injunções restritivas contra a homossexualidade tanto masculina como feminina no Corão (26,165-66; 15,73-74) e nos *hadiths* (relatórios sobre o que o Profeta Maomé disse ou fez). A homossexualidade definida por *status* entre parceiros desiguais pré-datou o Islã no Oriente Médio e no norte da África. Heródoto alegava que os persas a tinham aprendido dos gregos (Roscoe, 1997, p. 61). O Islã, como o judaísmo, aprova o desejo sexual, mas mantém que ele deve ser satisfeito no casamento. Para provar que ocorreu uma transgressão sexual, o sistema legal do *shariat* demanda sólida evidência (quatro adultos masculinos que tenham observado a violação) antes que a punição possa ser perpetrada contra os violadores. Na prática, portanto, uma flexibilidade substancial foi exercida se o relacionamento não tiver se tornado uma "perturbação pública"

---

[26] De acordo com os textos, essas razões são: (1) o homem não está preenchendo o mandamento bíblico da procriação; (2) ele não está satisfazendo seus deveres sexuais para com a sua esposa; e (3) ele está se permitindo uma prática cujo único propósito é a gratificação de seu desejo (Eron, 1993, p. 115).

(Duran, 1993, p. 183). Tanto as relações entre o mesmo sexo femininas como masculinas têm sido ignoradas, toleradas ou até mesmo aceitas desde que não sejam descaradas e a hierarquia entre os dois parceiros seja mantida.

Em uma pesquisa sobre a homossexualidade no mundo muçulmano, Stephen Murray argumenta que ela adotou a política do "não pergunte, não diga, não investigue", séculos antes que os militares americanos o fizessem sob a administração do presidente Bill Clinton. A sexualidade não foi dividida entre as linhas de homossexuais *versus* heterossexuais, mas entre aqueles que tinham prazer e aqueles que eram submetidos ao prazer (Murray, 1997, p. 41-42). Essas práticas sexuais são refletidas na vida diária e nos discursos religiosos e até militares, em que uma distinção é mantida entre os lados ativo e passivo do relacionamento. Uma estrutura de gênero sexual sutil está por trás das interações sociais. De vez em quando, deparamo-nos com um discurso teológico velado que define as relações entre muçulmanos e não muçulmanos em uma linguagem erótica alegórica. "Iniciação" e "submissão" ocorrem através da espada da *jihad*. A condição e diferenciação ativo/passivo, portanto, também definem as relações entre os muçulmanos e os não muçulmanos (Wafer, 1997a, p. 91).

A literatura clássica persa, os poemas de Attar (morto em 1220), Rumi (morto em 1273), Sa'di (morto em 1291), Hafez (morto em 1389), Jami (morto em 1492) e mesmo aqueles do século XX, Iraj Mirza (morto em 1926), estão repletos de alusões homoeróticas, bem como referências explícitas aos jovens bonitos e à prática da pederastia (Iraj Mirza, 1972; Baraheni, 1977).[27]

---

[27] À maneira de Eve Sedgwick (1985), Afsaneh Najmabadi sugere que mesmo algumas poesias heterossexuais persas, em que as mulheres mais velhas expressam desejo por um homem mais jovem, refletem atração homoerótica entre o leitor masculino e o objeto de seu desejo no texto literário, um desejo que é expresso pela mediação de uma mulher (Najmabadi, 2000).

Uma das melhores fontes sobre relações homoeróticas é o estudo de Cyrus Shamisa, que escreve que a "literatura persa é essencialmente uma literatura homossexual" (2002, p. 10). Annemarie Shimmel observou que muitos Sufis "dirigiam a sua admiração para jovens masculinos, discípulos ou estrangeiros, e os livros do período abássida estão repletos de histórias de amor desse tipo. O bonito menino de quatorze anos, radiante como uma lua cheia, logo se tornou o ideal da beleza humana e, como tal, é louvado nas poesias persa e turca posterior" (Schimmel, 1975, p. 289). Como na tradição grega, o nascimento da barba inicial na face do jovem era considerado uma grande tragédia, uma vez que isso significava que a cortesania logo terminaria. Poetas persas como Sa'di e Hafez usaram muitas metáforas para se referir a esse estágio da vida de um homem jovem (entre as idades de quinze e dezoito anos) quando seu bigode tênue era comparado a uma violeta ou uma campina florescente (Shamisa, 2002, p. 52).

Algumas das relações famosas celebradas por poetas clássicos eram entre reis e escravos masculinos. O amado podia ser também o escravo de uma outra pessoa mais poderosa. Muitos poemas de amor erótico persas, em que o amante descreve o segredo e as visitas esporádicas noturnas ao amado, se referem a tais situações. Fora da corte real, a homossexualidade e as expressões homoeróticas eram toleradas em numerosos locais públicos, desde monastérios e seminários até tavernas, quartéis, casas de banho e cafés. No início da era safávida (1501-1722), as casas de prostituição masculinas (*amard khaneh*) eram reconhecidas legalmente e pagavam tributos. As casas de banho e cafés eram também locais comuns para a prática de sexo ilícito. John (Jean) Chardin, o viajante huguenote do século XVII, se recordou de grandes cafés em que jovens prostitutos entretinham os clientes. Os clientes podiam procurar os serviços dos meninos, e os cafés mais populares eram aqueles que tinham os meninos de melhor aparência (Ravandi, 1989, vol. 7, p. 493).

Remanescentes de uma ética do amor homoerótico, com similaridades à da Grécia antiga, continuam a ser reportados pelos viajantes ocidentais. No caso do Afeganistão, quando uma boa parte do seu território fazia parte do Irã até o final do século XIX, as práticas sexuais permaneciam mais tradicionais do que no Irã. No século XIX, os *pashtuns* étnicos do Afeganistão que serviram no exército colonial inglês cantavam odes em louvor aos meninos que eles amavam.[28] No final do século XX, a cidade de Kandahar, predominantemente habitada pelos *pashtuns*, no Afeganistão, era referida por alguns como a "capital *gay* do sul da Ásia", e a prática da homossexualidade era encontrada em todos os níveis da sociedade sunita *pashtun*, tanto entre ricos como entre pobres. Uma piada local em Kandahar era que "os pássaros voam sobre a cidade usando apenas uma das asas, usando a asa restante para proteger as penas do seu rabo" (*The Times*, Londres, 16 de janeiro de 2002).

O antropólogo Charles Lindholm observou que na cultura *pashtun*, o objeto de amor de um homem era frequentemente um menino ou um jovem masculino adulto bonito. Antes do advento da modernidade, os convidados eram entretidos por meninos dançarinos: "Nenhuma difamação era feita aos homens que tinham intercurso sexual com um *bedagh* [homossexuais passivos]... os homens que são *bedaghs* são objeto de piadas, mas também se casam e não são socialmente banidos" (Lindholm, 1982, p. 224). Os meninos dançarinos eram da mesma forma comuns no Irã, uma tradição que continuou até o início do século XX.

A modernidade gradualmente trouxe um sentido de vergonha com relação à homossexualidade entre as seções mais educadas da sociedade, mas a prática continuou. Nos anos 1970,

---

[28] Uma indicação da conexão histórica entre esta região e a cultura da Grécia antiga é que, após séculos de governo muçulmano, Kandahar retém seu nome original, baseado em uma pronúncia local da palavra grega para Alexandria.

meninas dançarinas tinham substituído os meninos dançarinos, e os travestis se tornaram raros. Apesar disso, a primeira experiência sexual de muitos, se não da maioria dos meninos, é com um de seus colegas mais passivamente inclinados, ou com um homem mais velho que seja um *bedagh* confirmado. Homens mais velhos ainda podem cultivar um *protégé* jovem e bonito que o acompanhará a todos os lugares, ainda que a prática seja raramente universal (...) A poesia *Pakhtun* [*pashtun*] é muitas vezes francamente homoerótica, seguindo o modelo persa (Lindholm, 1982, p. 225).

Como vimos anteriormente, Foucault tinha argumentado que sexo e amizade eram mutualmente incompatíveis. Da mesma forma, Lindholm escreve:

> Na união sexual, os *pakhtun* veem dominação e subordinação. Essa dualidade destrói a essência da relação esperada, que é uma mutualidade completa. Por essa razão, diferentemente do caso grego, a amizade nunca é misturada com casos de amor homossexuais, uma vez que o sexo afirma a separação. Os amantes não podem ser amigos verdadeiros (Lindholm, 1982, p. 226-27).

Na década de 1990, depois que as forças soviéticas deixaram o Afeganistão e os *mujahedeen* armados pelos Estados Unidos dividiram o país em feudos, os lordes da guerra de Kandahar violaram a ética da cortesania do modo mais flagrante. Eles simplesmente sequestravam e estupravam os meninos (ou meninas) que eles desejavam em vez de cortejá-los: "Os meninos não podiam ir ao mercado porque os comandantes viriam e pegariam qualquer um do qual eles gostassem" (Smith, 2002, p. A4). Em 1994, o Mullah Omar, o futuro líder do Talibã, se tornou um herói em Kandahar quando desafiou os lordes da guerra e prometeu acabar com esses sequestros. Mas no lugar dos lordes da guerra, os Talibãs impuseram um regime brutal que punia qualquer atividade publicamente conhecida homossexual, algumas vezes enterrando homossexuais vivos debaixo de um muro de lama. Ainda assim, a homossexualidade disfarçada continuou a ser praticada nas *madrasas* (seminários) e entre os guerreiros talibãs.

Depois da expulsão do regime talibã pelos Estados Unidos no final de 2001, a antiga ética de amor ressurgiu nas ruas de Kandahar. O fato de ver tantos homens cortejando jovens meninos ultrajou o novo governo de Hamid Karzai, que "emitiu uma diretiva proibindo a presença de 'meninos imberbes' – um eufemismo para parceiros sexuais menores de idade – em delegacias de polícia, quartéis militares e vilas dos comandantes" (Smith, 2002, p. A4). Com 29 anos, Muhammad Daud, que, em 1995, na idade de 22 anos se apaixonou por Fareed, de doze anos, em uma oficina mecânica e o cortejou por meses, descreveu a rotina a um jornalista ocidental:

> Se você quiser um *haliq* – um garoto para fazer sexo –, você tem que conquistar o garoto por um longo tempo até que ele concorde (...) No início [Fareed] estava com medo, então eu comprei para ele chocolates e dei a ele bastante dinheiro (...) eu fui passo a passo e depois de seis ou sete meses, ele concordou.

Fareed disse ao observador ocidental que enquanto ele escondeu a relação de seus irmãos mais velhos e pais, ele não "se arrependeu de ser atraído a um relacionamento com seu amigo mais velho". Agora que ele já tinha dezenove anos, ele "iria fazer o mesmo com um garoto mais jovem" e, de fato, estava à procura de um amante adequado (p. A4). Em 1995, deve-se observar, Kandahar já estava sob o domínio talebã.

A prevalência dessas formas de homossexualidade no Afeganistão, Irã e em outros lugares no Oriente Médio significa que, apesar das proibições explícitas de homossexualidade no Corão, um certo grau de latitude pode ser também encontrado em muitos tratados religiosos, refletindo tanto um grau de tolerância cultural como a experiência vivida pelos muçulmanos. Os manuais muçulmanos xiitas definem a conduta diária dos crentes e seus rituais obrigatórios de purificação. Eles podem declarar explicitamente que a homossexualidade é um pecado, mas muitos desses manuais também incluem uma breve seção delineando os rituais necessários para a purificação de homens (ambos os parceiros) que tenham se envolvido em sodomia ou bestialidade.

O manual do aiatolá Khomeini de 1947, *Risaleh-yi Towzih al-masa'il* (Explicação de problemas), é um caso em questão. O artigo 349 deste livro declara que:

> Se uma pessoa pratica o sexo e [seu órgão] penetra [no corpo de outra pessoa] ao ponto onde ele é circuncisado [glande] ou mais, independentemente de ele penetrar uma mulher ou um homem, por trás ou pela frente, um adulto ou um jovem pré-adulto, e mesmo que o sêmen não seja excretado, ambas as pessoas se tornarão ritualmente poluídas (najes).

Mas a impureza ritual sempre pode ser limpa através da observância das regras constantes do próprio manual. Da mesma forma, sob a categoria de incesto, Khomeini faz uma distinção entre "sodomia" com um homem e um menino que seja apresentado a uma mulher com a qual se tencione casar (seu filho, irmão ou pai), neste caso o casamento não poderá ocorrer (artigo 2.405), e a sodomia com o mesmo homem após o casamento com uma parenta sua, é um caso em que o casamento ainda é válido. "No caso de uma pessoa que se case com a mãe, irmã ou filha de um homem e depois do casamento mantém relações sodomitas com aquele homem [a sua esposa] não se torna ilegal para ele" (artigo 2.407). Declarações similares aparecem nos manuais dos aiatolás Montazari e Golpaygani. As pessoas que se envolveram em tais atos sexuais podem efetuar uma limpeza ritual observando um guia de dez pontos de ablução (*ghosl-i Janabat*) e observando penitência na forma de jejum e dando esmolas aos pobres (Khomeini, 1947, artigos 357-66). Aqui vemos que alguns teólogos xiitas são bastante flexíveis para com aquilo que é visto oficialmente como transgressões sexuais, desde que os rituais apropriados de limpeza e penitência sejam feitos. Além do mais, diferentemente do catolicismo romano, o Islã não exige uma confissão oral, um arrependimento através da verbalização de todos os pensamentos pecaminosos. No Islã xiita, a penitência é obtida através de uma série de rituais que envolvem o corpo ou dando esmolas. Ninguém precisa saber o que transpirou, por que alguém está jejuando ou por que está alimentando os pobres. Na maioria das vezes, os pensamentos das pessoas estão isentos. A transgressão sexual pode permanecer um segredo entre o indivíduo e Deus.

Apesar da visão comumente mantida das sociedades muçulmanas como puritanas, elas podem, portanto, ser mais tolerantes para com a homossexualidade (desde que definida por *status*), desde que o relacionamento não seja escancarado. Mas tal tolerância não é o mesmo que reconhecimento dos direitos civis e igualdade legal. Como nas sociedades anteriores greco-romana e persa, nos países muçulmanos modernos, incluindo o Irã, supõe-se que o menino no relacionamento com o mesmo sexo seja o objeto passivo da relação e que pode ser recompensado com dinheiro e presentes por aceitar esse papel. Uma vez que um garoto seja rotulado de passivo, ele passa a ser disponível para outros e é considerado um "prostituto". Se suas atividades são mantidas privadas, ele pode superar o seu *status*, se casar e ter filhos. Se como um adulto ele entra no mesmo relacionamento sexual, supõe-se que ele seja o parceiro ativo na relação. O comportamento homossexual é socialmente tolerado se o homem mantém uma família e não saí por aí anunciando a sua atividade. A pederastia e a homossexualidade masculina adulta são práticas prevalentes, mas "exigir respeito por identidades baseadas na homossexualidade (demandando respeito por ser *gay* ou lésbica)" é completamente inaceitável em qualquer sociedade islâmica (Murray, 1997, p. 17). O estupro de um homem, quando se torna de domínio público, pode destruir a reputação da vítima. O estupro permanece uma expressão brutal, física, psicológica e política de humilhação e repúdio. Como no mundo antigo grego, o Oriente Médio contemporâneo muçulmano continua sem fazer concessões em relação ao parceiro júnior. A prevalência de certas formas de relações de mesmo sexo na região, portanto, não deve ser equiparada ao reconhecimento de um estilo de vida *gay*.

Desde o final do século XIX, quando um novo discurso de direito das mulheres ganhou terreno na região, os seguidores dos direitos das mulheres estiveram entre os opositores tradicionais da homossexualidade no Irã. Uma das primeiras críticas modernas da pederastia e homossexualidade masculina apareceu no final do século XIX em um tratado escrito por uma feminista iraniana, Bibi Khanom Astarabadi, chamado *Vices of Men* (Javadi et al., 1992). Ela reclamava amargamente da vida das mulheres aprisionadas em casamentos sem amor com homens cujo objeto de paixão eram outros homens. Durante a Revolução Constitucional de 1906 a 1911, os social-democratas transcaucasianos e iranianos, como Jalil Mamed Qolizadeh, editor do *Molla Nasreddin* (Tiflis), e Ali Akbar Dehkhoda, editor do *Sur-i Esrafil* (Teerã), criticaram a prática da pederastia, bem como o casamento entre crianças e a poligamia. A pederastia e a homossexualidade adulta consensual eram colocadas no mesmo balaio como desacreditadas, tradições modernas que tinham de ser substituídas pelo ideal mais moderno do casamento monogâmico baseado no amor mútuo.

Na última parte do século XX, como resultado de um grande contato com a cultura ocidental e práticas sexuais, um novo discurso surgiu no Irã e em muitos outros países do Oriente Médio. O Ocidente era chamado de "imoral" ostensivamente por duas razões: a nudez feminina e a homossexualidade adulta aberta. Em parte, esse novo discurso era o resultado de uma expansão da indústria de turismo e uma exposição maior à mídia ocidental. Partes da África do Norte – Marrocos, Tunísia, Turquia e a costa muçulmana do Quênia – tornaram-se pontos turísticos favoritos para homens e mulheres europeus.[29] Tal conduta aberta da parte dos homossexuais ocidentais tornou a tarefa dos ativistas locais *gays* e em prol dos direitos humanos mais difícil no Oriente Médio. A homossexualidade e a pederastia permanecem práticas culturais significativas, mas os membros das

---

[29] Khalid Duran discute o subtexto colonial desse turismo sexual (1993; 1989).

comunidades do Oriente Médio não ousariam se declararem *gays*. Eles são homens homossexuais em altas posições – ministros, deputados, líderes islâmicos que permanecem casados, possuem famílias e mantêm relações com o mesmo sexo fora de suas casas. A comunidade baniu aqueles que pararam de camuflar a sua homossexualidade.

Há também uma longa tradição dos movimentos nacionalistas de consolidação do poder mediante narrativas que afirmam o patriarcado e a heterossexualidade compulsória, atribuindo a anormalidade sexual e a imoralidade a uma elite dominante corrupta que está prestes a ser derrubada e/ou está mancomunada com o imperialismo estrangeiro (Hayes, 2000, p. 16). Nem todas as acusações brandidas contra a família Pahlavi e os seus seguidores ricos eram oriundas de ressentimentos econômicos e políticos. Uma porção significativa da raiva pública era dirigida ao seu estilo de vida "imoral". Havia rumores de que um estilo de vida *gay* grassava solto na corte. A imprensa satírica rotineiramente o satirizava pelos seus trajes meticulosos, a orquídea púrpura na sua lapela e o seu suposto casamento de conveniência. Circulavam rumores de que o próprio xá era bissexual. Havia relatos de que um amigo muito próximo do xá que vivia na Suíça, um homem que o conhecia desde os dias de estudante naquele país, rotineiramente o visitava. Mas o maior ultraje público era dirigido a dois jovens homens da elite com gravatas na corte que fizeram uma cerimônia falsa de casamento.[30]

---

[30] Keyvan Khosravani foi arquiteto, pintor e *designer*. Ele tinha uma butique famosa em Teerã chamada "Number One" e era *designer* do Bakhtiari e outros vestidos tradicionais da rainha Farah. O seu companheiro era Bijan Saffari. Embora a cerimônia fosse ostensivamente uma brincadeira, os sentimentos dos parceiros eram aparentemente sinceros. Depois que um fotojornalista tirou fotografias do evento e as vendeu aos jornais, todavia, o ultraje público se tornou grande demais para ser controlado. Saffari negou qualquer envolvimento sexual e terminou a sua amizade com Khosravani, que foi para a Itália logo depois da revolução (agradecemos a Houman Sarshar e Homa Sarshar por essa informação).

Especialmente aos altamente religiosos, isso foi uma confirmação pública de que o palácio dos Pahlavi estava corrompido com os piores tipos de transgressões sexuais e que o xá não mandava mais nem no seu próprio palácio. Esses rumores contribuíram para a raiva pública e para conferir um senso de vergonha e ultraje, que acabou sendo usado pelos islamistas nos seus clamores por uma revolução. Logo depois de ascender ao poder em 1979, o aiatolá Khomeini estabeleceu a pena de morte para a homossexualidade. Em fevereiro e março de 1979, houve dezesseis execuções por crimes relacionados a violações sexuais.[31]

Ao mesmo tempo, na nova República Islâmica, onde o sexo é segregado, as maiores transgressões se tornaram o namoro e as relações sexuais entre homens solteiros ou entre homens e mulheres que não eram parentes. Até este dia, centenas de tais "criminosos" são presos, chicoteados, torturados, forçados a pagar uma penalidade e, algumas vezes, mantidos no cárcere todos os anos. Em uma cultura em que beijar, abraçar e segurar as mãos entre homens e entre mulheres são costumes sociais perfeitamente aceitáveis, a homossexualidade tradicional ostensiva continua a existir e até mesmo é protegida pelas instituições que segregam o sexo e espaços públicos.[32]

As impressões orientalistas de Foucault sobre o mundo muçulmano, sua leitura seletiva e representação dos textos greco-romanos

---

[31] Parte dessas informações são baseadas em uma troca de *e-mail* com Goudarz Eghtedari (Irã). Para uma discussão sobre esse tema, ver Sanasarian (2000) e várias questões do jornal *Homan* (1999-2001). Para mais informações sobre o movimento GLB, ver o *website* de Homan: *The Group to Defend the Rights of Iranian Gays and Lesbians* (www.homan.cwc.net). Para literatura sobre as lésbicas iranianas, ver www.geocities.com/khanaeyedoost. De acordo com Duran, "o ataque a homossexual é frequentemente usado pela polícia dos regimes repressivos, como a SAVAK, durante o reinado do xá do Irã ou seu sucessor, SAVAMA, o órgão de segurança odiado do governo Khomeini" (1993, p. 187).

[32] Comentários feitos por Norma Moruzzi sobre as suas visitas ao Irã no Trans/national Sexualities Symposium, University of Illinois, Chicago, 18 de novembro de 2002.

e a sua hostilidade à modernidade e às tecnologias do corpo o conduziram a preferir a cultura mais tradicional islâmica/mediterrânea à cultura ocidental. Talvez ele esperasse que um renascimento da cultura tradicional no Irã sob um governo islamista poderia levar a um contradiscurso menos restritivo sobre os corpos e sexualidades. Isso pode ter acontecido, pelo menos a um certo ponto, com relacionamentos tradicionais e abertos com o mesmo sexo. Como vimos, existem indicações de que, por volta de 1984, Foucault tinha começado a reconsiderar alguns de seus ataques iniciais ao projeto do Iluminismo; contudo, os últimos dois volumes de *História da Sexualidade* conservaram o dualismo de seus trabalhos anteriores que tinham privilegiado as culturas antiga e pré-moderna em vez da moderna. Isso sugere que a direção teórica de Foucault manteve continuidade substancial até a sua morte em 1984.

Epílogo | Da Revolução Iraniana ao
11 de setembro de 2001

A POLÍTICA RADICAL ISLAMISTA DESDE 1979

O islamismo radical é um movimento diverso. Essa diversidade é ideológica e política. Ideologicamente, não há apenas uma divisão entre os sunitas e xiitas, mas também entre as várias influências sunitas, desde o *wahabismo* na península árabe à escola *Deobandi* do sul da Ásia. Em âmbito político, o regime iraniano islamista quase foi à guerra com o Talibã do Afeganistão em 2001. Apesar disso, tal como o fascismo anterior, que tinha variedades alemã, italiana, espanhola, romena e muitas outras, o islamismo radical tem características comuns suficientes para que seja considerado um fenômeno geral.[1] A seguir, delinearemos muito rapidamente os elementos-chave no seu desenvolvimento desde que emergiu como um fenômeno global durante a Revolução Iraniana, até o 11 de setembro de 2001 e seu resultado imediato.

---

[1] Kepel, 2002, fornece a melhor pesquisa empírica dos vários movimentos radicais islamistas. Para uma visão geral sobre o islamismo e as relações de gênero, um tema que Kepel tende a minimizar, ver Afary, 1997, 2004a. Ver também as discussões informativas do contexto social do islamismo por Fred Halliday, 2002, e John Esposito, 2002, e do islamismo e totalitarismo por Paul Berman, 2003.

Como vimos, no Irã em 1979, o novo regime estabelecido do aiatolá Khomeini agiu rapidamente para reprimir as feministas, as minorias étnicas e religiosas, os liberais e os esquerdistas – tudo em nome do Islã.[2] Além do mais, Khomeini contornou a política anti-imperialista da esquerda iraniana encorajando seus seguidores jovens a ocupar e fazer reféns na embaixada americana em Teerã. Essa confrontação de quatorze meses deu à variedade iraniana de islamismo radical uma popularidade grande ao longo de todo o mundo muçulmano, facilmente cruzando a divisão entre os xiitas e sunitas. A humilhação dos Estados Unidos por Khomeini também desempenhou um papel significativo na eleição à presidência americana em novembro de 1980 do ultraconservador Ronald Reagan, que prometeu tornar os Estados Unidos uma nação forte novamente. No final de sua presidência de oito anos, Reagan ajudou a realinhar a política global de diversas formas importantes. Os novos líderes conservadores ocidentais, que notavelmente incluíam Margaret Thatcher da Grã-Bretanha também, começaram a falar em um tipo de linguagem desabrida não ouvida por mais de uma geração com relação à ideia de cooperação internacional, relações trabalhistas em relação ao estado de bem-estar social e, especialmente, em direção aos novos movimentos sociais dos anos 1960, independentemente de serem aqueles pelos direitos feministas, *gay* e lésbicos, ou os direitos das minorias étnicas. Os reaganistas e os islamistas iranianos se alimentavam uns dos outros. Em âmbito internacional, cada lado alegava defender um modo de vida sagrado contra inimigos hostis. Em casa, cada um propagava o que eles chamavam de valores tradicionais, especialmente no que concerne ao gênero sexual e à sexualidade. Durante esse período, formas de fundamentalismo religioso politizado cresceram dramaticamente,

---

[2] Para uma visão geral sobre a situação dos direitos humanos desde 1979, ver Mayer, 1995; Sanasarian, 2000; Afshari, 2001; Afary e Afshari, 2001.

desde o renascimento hindu ao sionismo de extrema-direita até o fundamentalismo cristão.

Em fevereiro de 1989, quando ele estava próximo de seu falecimento, Khomeini emitiu uma *fatwa*, ou um comando religioso, sentenciando Salman Rushdie à morte por blasfêmia e apostasia. Rushdie, um cidadão britânico nascido em uma família muçulmana em Mumbai, havia publicado Os Versos Satânicos, uma novela que supostamente difamou o profeta através de um personagem fictício que muitos acreditavam ser Maomé. Com essa tentativa sem precedentes de estender a lei islâmica a um país predominantemente não islâmico – a Grã-Bretanha, Khomeini novamente se colocou no topo do islamismo militante em âmbito global, exatamente como ele havia feito durante a invasão da embaixada americana no Irã em 1979. O Irã colocava o seu dinheiro e o seu serviço de inteligência por trás de ataques a Rushdie e a seus editores e tradutores. Dentro de semanas, Abdullah Al-Ahdal, um clérigo muçulmano na Bélgica que tinha se oposto à *fatwa* de Khomeini como inaplicável fora do mundo muçulmano, foi morto a tiros. Então, em julho de 1991, Hitoshi Igarashi, que tinha traduzido Os Versos Satânicos para o japonês, foi mortalmente esfaqueado. Ettore Caprioto, o tradutor italiano do livro, sobreviveu a um ataque similar no mesmo mês.

Enquanto os islamistas radicais eram arrebatados ao redor do mundo, essa tentativa de punir a expressão artística conduziu ao mesmo tempo a uma onda de apoio a Rushdie, um homem de esquerda que tinha previamente publicado uma novela simpática aos sandinistas nicaraguenses. Esse apoio veio não apenas dos liberais e esquerdistas ocidentais, mas também dos mais seculares ou mais tolerantes árabes e intelectuais muçulmanos, que assumiram riscos muito maiores ao se manifestarem. Em 1992, por exemplo, um grupo de cinquenta intelectuais iranianos e artistas que viviam no exílio condenou a *fatwa* como "odiosa e bárbara". Eles também observaram que Rushdie era apenas o mais bem conhecido de muitas vítimas da repressão islamista, declarando que os "escritores, artistas, jornalistas e pensadores iranianos que vivem no Irã sofrem todos os dias com a censura religiosa e que o número de iranianos executados ou aprisionados sob o pretexto de 'blasfêmia' está longe de ser pequeno" ("Appel des Artistes", 1992). Por volta de 1993, figuras importantes como o ganhador do Prêmio Nobel egípcio, Naguib Mahfouz, o crítico literário palestino-americano Edward Said e o poeta palestino Mahmoud Darwish falaram em uma declaração conjunta contra a *fatwa* de Khomeini.

Uma segunda nação que tinha passado por um governo radical islâmico era o Afeganistão, onde as condições mais tarde se tornaram ainda mais repressoras do que no Irã. Como é bem conhecido, na década de 1980, os Estados Unidos, o Paquistão e a Arábia Saudita apoiaram os *mujahedeen* islâmicos contra o regime que tinha sido instalado pelos russos, motivados pela política da Guerra Fria. Dentre aqueles *mujahedeen* estavam o bilionário Osama Bin Laden e outros que viriam a constituir a rede da Al Qaeda. Durante os anos de 1992 a 1996, após a sua vitória sobre as forças russas, várias facções *mujahedeen* lutavam pelo poder, conduzindo uma segunda guerra civil, enquanto ao mesmo tempo continuavam a restringir os direitos das mulheres severamente. Em 1996, o Talibã, uma facção islâmica ainda mais radical, tomou o poder, novamente com apoio substancial do Paquistão e da Arábia Saudita, bem como com a aquiescência americana. O Talibã oprimia as mulheres ainda mais duramente do que os *mujahedeen*, proibindo-as de frequentarem escolas, trabalharem fora de casa ou até mesmo de caminhar pelas ruas sem um parente masculino. Corajosos grupos secretos de mulheres mantinham escolas clandestinas para mulheres e meninas, e também contrabandeavam fitas de vídeo exibindo a execução pública de uma mulher por "adultério", o que para o Talibã poderia significar simplesmente falar com uma pessoa estranha do sexo oposto. Apesar de protestos da maioria dos governos, incluindo alguns muçulmanos, o Talibã também destruiu os "ídolos", as estátuas gigantes budistas em Bamyan que tinham mais de mil anos. Os Estados Unidos nunca se opuseram seriamente ao Talibã até o dia 11 de setembro de 2001, mesmo depois que a Al Qaeda transferiu as suas bases para lá em 1996, embora estivesse ligada ao ataque ao World Trade Center de 1993. A alegria sem freios com que a população de Cabul comemorou a queda do Talibã no final de 2001 chocou muitos islamistas, bem como aqueles esquerdistas ocidentais e progressistas que tinham assumido uma posição culturalmente relativista em relação ao Afeganistão.

O Sudão foi o único outro país a experimentar um governo direto por islamistas militantes, mas nesse caso eles chegaram ao poder por meio de uma série de golpes militares. Desde a independência da Grã-Bretanha em 1956, o sul, predominantemente cristão e animista, vinha inutilmente buscando autonomia do norte principalmente muçulmano, que respondeu com uma violência terrível. Depois da Guerra do Golfo de 1990 a 1991, porém, um novo dirigente militar, o general Hassan al-Bashir, com o teólogo islamista e político Hassan al-Turabi buscaram não apenas esmagar o sul, como também projetar o Sudão como um centro global de radicalismo islâmico. Foi durante esse período que a longa guerra civil sudanesa atingiu proporções genocidas com mais de dois milhões de mortes pela fome, doença e guerra no sul, cujas pessoas também eram vítimas de um comércio em massa de escravos (o genocídio também era racial, no sentido de que o norte "árabe" desprezava o sul "negro", bem como os "negros" muçulmanos de Darfur). Bin Laden e o xeque Omar Rahman do Egito, mais tarde preso nos Estados Unidos pela orquestração do primeiro ataque à bomba do World Trade Center em 1993, tiveram permissão para constituírem suas bases no Sudão por um tempo. Em 1996, os governantes militares sudaneses resolveram recuar um pouco, expulsando Bin Laden naquele ano e fazendo o mesmo com al-Turabi em 1999. Após 11 de setembro, o regime tentou aplacar os Estados Unidos, que patrocinavam negociações de paz com a resistência no sul.

Enquanto os islamistas radicais nunca chegaram ao poder na Argélia, eles lutaram uma guerra civil longa e extremamente brutal em 1990 que matou mais de cem mil pessoas. No final da década de 1980, os partidos islamistas estavam ganhando espaço, à medida que a Frente de Liberação Nacional (FLN), que tinha conduzido a Argélia à independência da França em 1962, tentou criar um sistema multipartidário. Por volta de 1992, a Frente de Salvação Islâmica (FSI), recentemente formada, parecia que iria ganhar as eleições nacionais. Reagindo a isso, elementos dentro da FLN e os militares tomaram o poder em um golpe, cancelaram as eleições, baniram a FSI, e prenderam milhares de islamistas. O Grupo Islâmico Armado (GIA), cujo coração era constituído de argelinos que haviam participado da *jihad* no Afeganistão, agora pegava em armas. Enquanto a GIA foi capaz de montar sérios ataques ao regime, a sua extrema brutalidade para com os civis incluiu o massacre de aldeias inteiras e o sequestro e estupro de mulheres e crianças em aldeias. O GIA também assassinou intelectuais, ativistas trabalhistas, esquerdistas seculares, feministas e mesmo mulheres que ousavam caminhar nas ruas vestindo qualquer coisa que não fosse a definição do GIA de vestimenta apropriada. Tais táticas perderam o apoio da maioria, menos os islâmicos mais extremistas.[3] Isso deu uma abertura ao regime militar, que se reformou um pouco, tendo êxito em 1999 em legitimar o seu governo através de uma eleição que, ainda que essencialmente um plebiscito autoritário, ainda assim parecia refletir uma revulsão popular pelos islamistas.

Por volta de 1980, o Egito tinha também começado a experimentar o terrorismo islâmico, ainda que em uma escala muito menor do que na Argélia, com cerca de mil mortes resultando do terror e da repressão do governo a ela. Ainda assim, a importância crucial do Egito como um centro de cultura islâmica significava que as ações

---

[3] Ao longo da década de 1990, havia também evidência de que alguns dos piores ultrajes da GIA tinham sido orquestrados pelo próprio regime, que tinha se infiltrado profundamente no movimento.

do movimento islâmico lá tinham um impacto muito grande. Anteriormente, na década de 1970, o presidente Anwar Sadat, à medida que ele se distanciava da ala esquerda e das políticas pró-soviéticas de Gamel Abdel Nasser, cortejava os islamistas como um contrapeso aos grupos esquerdistas que se opunham ao seu realinhamento com os Estados Unidos. Contudo, a paz separada de Sadat com Israel em 1979 ultrajou os islamistas, que romperam com ele por completo. Seu movimento também ganhou força depois da Revolução Iraniana, e em 1981 islamistas assassinaram Sadat em um ataque suicida.

Nas duas décadas seguintes, uma guerra em pequena escala foi travada entre um estado egípcio cada vez mais repressivo sob a tutela do sucessor de Sadat, Hosni Mubarak, e os terroristas islâmicos. Os islamistas não estavam sem uma base real em alguns setores da sociedade, não apenas ganhando as associações dos advogados profissionais, doutores e engenheiros, mas também desenvolvendo programas de ajuda social em favelas, como logo após o terremoto de 1993. Durante o mesmo período, fanáticos islamistas armados atacaram estudantes seculares, de esquerda ou feministas e intelectuais, expulsando muitos deles dos *campi*. Em 1994, eles quase assassinaram Naguib Mahfouz, o primeiro egípcio a ganhar o prêmio Nobel de Literatura. Em um ato de desespero quando o Estado começou a derrotá-los, os islamistas alienaram a maior parte da população, concentrando as suas ações em partes importantes da economia, turismo e matando um número de turistas ocidentais em 1996 e 1997. Após os grupos islamistas principais terem cancelado a sua guerra contra o Estado egípcio, membros da ala mais fanática do movimento, liderados por Ayman al-Zawahiri, se uniram a Bin Laden em 1998 e se tornaram um elemento principal da liderança da Al Qaeda, primeiro no Sudão e depois no Afeganistão. O Estado egípcio também aplacou os islamistas, permitindo que eles pudessem pregar em determinadas frequências de rádio, censurar literatura e atormentar os intelectuais seculares e feministas.

Por volta do final de 1990, o movimento islamista radical tinha perdido muito de sua força organizacional e até certo ponto, mesmo a sua base popular, especialmente no Irã. No Egito e na Argélia, após alguns líderes islamistas terem sido forçados a se confrontar com a opção de fazerem acordo com o Estado ou serem derrotados, pequenos grupos se separaram, jurando continuar a luta. Foi essa ala, uma falange oriunda de outra falange, que se juntou a Bin Laden para formar o movimento Al Qaeda, tendo no Afeganistão, governado pelo Talibã, a sua base de operações mais segura.

Os ataques de 11 de setembro de 2001, que mataram três mil civis no coração da única superpotência restante, deslancharam um realinhamento global igualmente profundo. Primeiro e mais óbvio foi o novo estágio atingido pelo terrorismo islamista, que até 2001 tinha obtido êxito atacando principalmente destacamentos avançados dos Estados Unidos no exterior, com exceção do ataque à bomba que teve relativamente pouco impacto em 1993. Diferentemente dos islamistas iranianos de 1978 a 1979, que tinham uma base de massa considerável, a rede furtiva da Al Qaeda foi impedida de manter contato direto com as populações que ela dizia representar. Apesar disso, como no caso da tomada dos reféns no Irã em 1979, um surto de apoio no mundo muçulmano concedeu a essa variedade de islamismo radical uma vitória ideológica, transformando Bin Laden e os membros da Al Qaeda em heróis em muitas partes por terem desafiado o amplamente odiado governo dos Estados Unidos.

A administração Bush foi inicialmente pega com a guarda baixa em 11 de setembro, porém, como na administração anterior de Reagan, ela se aproveitou do novo desafio do islamismo radical para implementar a sua própria agenda muito conservadora, tanto no exterior como em casa. A administração respondeu com aquilo que ela denominou guerra global ao terrorismo, iniciando um nível de aumento na segurança militar que não era visto desde a guerra do Vietnã, bem como prisões em massa de imigrantes árabes e muçulmanos nos Estados Unidos.

Tendo derrubado o Talibã em uma questão de semanas, mas incapazes de capturar Bin Laden ou outros líderes do Talibã e da Al Qaeda, a administração Bush, então, decidiu seguir o curso de uma confrontação com o brutal, porém decididamente não islamista, regime de Saddam Hussein no Iraque. O unilateralismo agressivo daquela administração acabou por minar severamente o que tinha sido uma ampla aliança em 2001 e 2002 contra a Al Qaeda, que tinha envolvido atores tão disparatados como a Europa Ocidental, Japão, Rússia, China, Índia e, mais relutantemente, Paquistão, Arábia Saudita, bem como diversos outros governos do Oriente Médio. A guerra da administração Bush no Iraque também ultrajou o mundo árabe e muçulmano, inchando as fileiras do islamismo radical. Dentro do próprio Iraque, a derrubada de fora do regime secular Ba'athist abriu o caminho para a ascensão do islamismo radical, tanto sunita como xiita.

AS RESPOSTAS A 11 DE SETEMBRO DA ESQUERDA OCIDENTAL E DAS FEMINISTAS

Até 11 de setembro de 2001, a ascensão do islamismo radical tinha recebido pouca atenção dos progressistas e esquerdistas ocidentais, que estavam inseguros sobre como caracterizar um movimento que superava a velha esquerda marxista em seu anti-imperialismo, mas também advogava uma rejeição da cultura ocidental (mas não a sua tecnologia), a repressão às mulheres, e formas de políticas que pareciam ter mais em comum com o fascismo do que com os discursos da esquerda. Como vimos no capítulo 3, Rodinson tinha chamado os novos militantes islamistas de "um tipo de fascismo arcaico" já em dezembro de 1978 em uma crítica aos escritos de Foucault sobre o Irã. Contudo, a maioria da esquerda tendia a ver o islamismo pelas lentes da política da Guerra Fria, atribuindo a sua ascensão a um efeito colateral da guerra travada pelos Estados Unidos e Arábia Saudita contra os russos no Afeganistão. Alguns também viam o islamismo através das lentes do conflito árabe-israelense, novamente apontando a responsabilidade dos Estados Unidos ao armarem e financiarem Israel. Outros assumiram uma posição culturalmente relativista, argumentando que os ocidentais não tinham o direito de julgar outras culturas. Alguns poucos notaram que os Estados Unidos e os regimes que eles apoiaram tinham trabalhado para destruir os movimentos seculares esquerdistas ao longo de toda a região, dessa forma abrindo espaço para o islamismo. Dentro desse contexto, ainda menos pessoas falavam sobre as diferenças de sexo e islamismo, e aqueles que o fizeram algumas vezes enfrentaram insensibilidade cultural ou até imperialismo cultural.

Essas atitudes formaram o pano de fundo para as discussões após o 11 de setembro pelos esquerdistas e progressistas nos Estados Unidos e na Europa Ocidental. Como tinha ocorrido brevemente em março de 1979 durante o debate sobre as mulheres iranianas, porém agora em uma escala muito maior, a questão de como responder ao desafio do islamismo radical se tornou a questão política central do dia. Todo mundo, ou praticamente todo mundo, tomou uma posição. O escritor americano anti-imperialista Noam Chomsky rapidamente se tornou o crítico mais proeminente na esquerda sobre as respostas oficiais ao 11 de setembro, especialmente quanto à guerra da administração Bush contra a Al Qaeda e o Afeganistão. Dias após o 11 de setembro, Chomsky tinha "contextualizado" os ataques islamistas conectando-os aos esforços mais amplos anti-imperialistas do século XX. A singularidade dos ataques do 11 de setembro, que ele devidamente denunciou como "atrocidades horrorosas", não estava na ideologia reacionária e misógina dos terroristas, e, sim, no fato de que desta vez as vítimas do imperialismo tinham desferido o troco bem no coração do poder global: "As potências europeias conquistaram a maior parte do mundo com extrema brutalidade. A Inglaterra não foi atacada pela Índia, nem a Bélgica pelo Congo, nem a Itália pela Etiópia, nem a França pela Argélia" (Chomsky, 2001, p. 11-12). O historiador de esquerda Howard Zinn assumiu uma posição similar, dando, talvez, um pouco mais de ênfase ao "sentimento fanático assassino" que, na sua opinião, "motivou" os ataques de 11 de setembro, mas ligando da mesma forma os terroristas a um sentimento mais amplo anti-imperialista: "Poder-se-ia dizer que há um reservatório de terroristas possíveis dentre todos aqueles povos do mundo que sofreram como resultado da política externa dos Estados Unidos" (2002, p. 17).

O que tais argumentos falharam em responder foi por que movimentos semelhantes à Al Qaeda não haviam se desenvolvido na América Latina ou África Central, áreas do mundo que haviam sofrido muito profundamente com o imperialismo ocidental e, particularmente, com a intervenção americana. Portanto, eles ignoraram o contexto específico social e político em que a Al Qaeda surgiu, aquele de duas décadas de várias formas de política islamista, começando com a Revolução Iraniana. Em termos de sua visão social, o islamismo estava muito mais próximo do fascismo do que as políticas socialmente progressistas de Sandino, de Fanon, de Lumumba, de Mandela, ou até mesmo de Gandhi. Ao deixarem de lado esses fatos desconfortáveis, incluindo especialmente a política sobre o sexo feminino da Al Qaeda e do Talibã, tanto Chomsky quanto Zinn puderam empregar um tipo de discurso anti-imperialista que tinha surgido em um contexto bastante diferente, as guerras do Vietnã, Nicarágua e El Salvador. Chomsky e Zinn abstiveram-se de lançar mão de expressões de admiração e apoio aos ataques propriamente ditos, parecendo considerá-los compreensíveis, apesar de criminosos. Isso não impediu ataques grosseiros de grupos de direita como o *Campus Watch*, que acusou essas críticas e as faculdades das universidades de apoiarem o terrorismo de maneira geral. Tais táticas macarthistas levaram muitos esquerdistas e progressistas a cerrar fileiras, tornando mais difícil fazer as críticas necessárias às posições do tipo das externadas por Chomsky e Zinn.

Alguns anti-imperialistas foram ainda mais longe, como o filósofo pós-modernista francês Jean Baudrillard. Em um longo artigo publicado em *Le Monde* de 3 de novembro de 2001, Baudrillard não apenas desenvolveu uma justificativa para os dezenove atacantes suicidas, como também parecia expressar uma certa admiração por eles. Ele escreveu que o 11 de setembro "representa o ponto alto do espetáculo e a forma mais pura de desafio" e, portanto, "ele podia ser perdoado" (2001). No ensaio de Baudrillard, a Al Qaeda representava o "outro" do sistema de dominação global liderado pelos Estados Unidos, sem fazer qualquer menção sobre as várias formas de dominação que ela e seus copensadores haviam estabelecido, desde o Irã e Afeganistão ao Sudão. Baudrillard também tentou vincular o 11 de setembro ao movimento antiglobalizante:

> Quando a situação foi tão completamente monopolizada, quando o poder foi tão formidavelmente consolidado pela máquina tecnocrata e por um pensamento unidimensional [*pensée unique*], que outro meio de virar a mesa sobra afora o terrorismo? Ao manter todas as cartas para si próprio, o sistema forçou o outro a mudar as regras do jogo. E as novas regras são ferozes, porque o jogo é feroz. *O terrorismo é o ato que restaura uma singularidade irredutível ao coração de um sistema generalizado de troca.* Todas aquelas singularidades (espécies, indivíduos, culturas), que tinham pago com as suas vidas pelo estabelecimento de um sistema global de comércio governado por uma única potência, se vingam transferindo a situação ao terrorismo (Baudrillard, 2001; ênfase acrescentada).

Esse artigo produziu uma réplica pungente alguns dias depois do escritor liberal e editor de *Le Monde*, Alain Minc, que, por sua vez, associou o "fundamentalismo islâmico" ao "fascismo", acusando Baudrillard de "um mórbido fascínio pelos terroristas" e denunciando também o seu posicionamento filosófico "anti-humanista" de longa data (Minc, 2001). Como mencionado em nossa introdução, Minc ligou a posição de Baudrillard a de Foucault durante a

Revolução Iraniana: "Depois de Michel Foucault, um advogado do khomeinismo no Irã e, portanto, em teoria, de suas extorsões, aqui está Baudrillard, filósofo do modelo terrorista" (2001). Até alguma parte do linguajar utilizado por Baudrillard, especialmente a sentença sobre a "singularidade irredutível" dos ataques suicidas de 11 de setembro, ecoou as descrições do islamismo iraniano feitas por Foucault em 1978 a 1979 que, como vimos, ele considerava oposição "irredutível" à modernidade ocidental.

Nem todas as vozes da esquerda foram tão unilaterais como as de Chomsky ou Zinn, isso sem mencionar Baudrillard. O teórico literário dos Estados Unidos Michael Bérubé, que escreveu com uma veia pós-modernista, enfatizou a agenda social dos islamistas:

> Então, confrontado com um inimigo tão incompreensível e implacável quanto Bin Laden, a maior parte da esquerda analisou as posições políticas sobre as mulheres, homossexualidade, secularismo e barba e, lentamente, saiu de cena. Eles não passaram para a direita, como muitos esquerdistas chomskianos tinham acusado; eles simplesmente decidiram que os ataques de 11 de setembro foram o trabalho de fanáticos religiosos que não tinham nenhum contato concebível com qualquer coisa identificável como um projeto de esquerda, exceto na reclamação de direitos humanos relacionados às sanções contra o Iraque. Como o próprio Marx tinha observado, existe um número de sistemas sociais mais opressores do que o capitalismo. Al Qaeda e o Talibã são bons exemplos disso (2002).

Algumas intelectuais feministas também anotaram as ameaças islamistas radicais aos direitos das mulheres e aos direitos humanos mais genericamente.[4] Escrevendo em novembro de 2001, a bem conhecida escritora feminista Barbara Ehrenreich não se concentrou no imperialismo, e, sim, na misoginia, atribuindo a misoginia islamista

---

[4] Para uma boa coleção de ensaios recentes feministas sobre o fundamentalismo religioso, com ênfase no desafio do islamismo, ver Reed, 2002, um volume que mencionamos a seguir.

a uma "crise de masculinidade" causada pelos modos em que alguns aspectos da modernidade, especialmente o emprego remunerado das mulheres, tinha minado os valores patriarcais. Ela também observou a separação radical entre a ideologia do islamismo e os movimentos anteriores anticolonialistas:

> O mistério da misoginia fundamentalista se aprofunda quando você considera que os movimentos terceiro-mundistas anti-imperialistas e anticolonialistas de 40 ou 50 anos atrás eram, em sua maioria, pelo menos oficialmente compromissados com os direitos das mulheres. As mulheres participaram da Longa Marcha de Mao; elas lutaram na Revolução Argelina e nos exércitos guerrilheiros de Moçambique, Angola e El Salvador. As ideologias desses movimentos – nacionalista ou socialista – incluíam as mulheres e eram abertas, pelo menos teoricamente, à ideia da igualdade. Bin Laden, é evidente, dificilmente poderá ser considerado um herdeiro adequado dos movimentos de liberação do Terceiro Mundo de meados do século XX, mas ele pretende falar em nome dos oprimidos contra o capitalismo e militarismo ocidentais. Exceto pelo fato de que seu movimento não tem nada a oferecer ao sexo mais oprimido com exceção do véu e de uma vida dentro de casa (Ehrenreich, 2001).

Outras intelectuais feministas desenvolveram temas semelhantes. Escrevendo no *Nation* em dezembro de 2001, a crítica cultural Ellen Willis salientou a luta global entre o fundamentalismo e o feminismo global:

> Os oponentes do argumento do "choque de civilizações" estão parcialmente corretos. Existe esse choque, mas não é entre o Oriente e o Ocidente. A luta do secularismo democrático, tolerância religiosa, liberdade individual e feminismo contra a religião, cultura e moralidade patriarcais e autoritárias está ocorrendo em todo o mundo – incluindo o mundo islâmico, onde as dissidentes são regularmente encarceradas, mortas, exiladas ou meramente intimidadas e silenciadas (Willis, 2001, p. 373).

Willis também criticou o modo como a esquerda, da Revolução Iraniana para a frente, tinha esposado versões de anti-imperialismo e pluralismo cultural em maneiras que desculparam medidas religiosas repressivas contra as mulheres:

> Exceto pelas feministas, a esquerda americana, com poucas exceções, apoiou entusiasticamente a revolução e descartou preocupações sobre o aiatolá, ainda que ele não tenha feito segredo de seus objetivos teocráticos: a coisa importante foi se livrar do xá – outras questões poderiam ser discutidas mais tarde. Dez anos mais tarde, por ocasião da *fatwa* contra Salman Rushdie (...) um número enervante de liberais e esquerdistas acusou Rushdie e seus defensores de imperialismo cultural e insensibilidade para com as sensibilidades muçulmanas. De forma geral, tanto os defensores como os detratores de nossa aliança com a "moderada" Arábia Saudita ignoraram a situação semelhante à da escravidão das mulheres sauditas, considerando esse aspecto como parte "de sua cultura" e não era de nossa conta (...) é como se, ao discutirmos a África do Sul, o *apartheid* não fosse nunca mencionado (Willis, 2001, p. 376).

Um número de outras feministas também teve problemas com a posição *chomskiana* da maior parte da esquerda. Tais vozes foram ouvidas também entre as feministas iranianas, para as quais agora nos voltamos.

TRANSCENDENDO O ISLAMISMO: AS RESPOSTAS DOS DISSIDENTES IRANIANOS HOJE

Durante a última década, o regime iraniano foi desafiado desde dentro por um grupo de moderados, liderados pelo presidente Muhammad Khatami, e por muitos mais estudantes e feministas seculares e intelectuais por toda a nação. Por diversos anos depois de sua eleição, por um acaso em 1997, Khatami manteve uma pequena e principalmente simbólica parcela de poder, mas as principais rédeas do poder, incluindo o exército, o serviço de inteligência, a polícia, o judiciário e a política externa, permaneceram nas mãos dos conservadores religiosos. A partir disso, uma nova geração de mulheres iranianas emergiu na vanguarda do movimento pela reforma. Ele vem demandando uma leitura mais liberal da lei islâmica; novas liberdades civis que claramente demarquem as fronteiras entre a religião, o Estado e o indivíduo; um conceito mais igualitário nas relações entre os sexos; e um novo relacionamento com o mundo exterior e o fenômeno complexo da modernidade.

O apoio das mulheres foi crucial para a eleição de Khatami em 1997. Ele foi reeleito em 2001 com, aproximadamente, 76% dos votos, apesar de seu sucesso limitado contra os linhas-duras. As eleitoras também impediram a eleição de muitos deputados conservadores ao sexto *majlis* em 2000 e no seu lugar conseguiram emplacar candidatos reformistas àquele corpo. Em 1999, muitas mulheres concorreram às eleições para os conselhos urbanos e provinciais. Em 56 cidades, elas obtiveram o primeiro lugar e, em 58 cidades, elas ganharam o segundo lugar na liderança dos conselhos. Um número significativo de mulheres em muitas localizações remotas também foi eleito a postos de liderança em muitos conselhos de aldeias.[5]

Em muitos outros países do Oriente Médio, os governos se alinharam com os Estados Unidos após o 11 de setembro de 2001, mas uma boa parte de suas populações simpatizava com Bin Laden. A situação contrária era verdadeira no Irã. A parte dominante conservadora do governo em torno do aiatolá Ali Khamenei condenou as ações dos Estados Unidos contra Bin Laden, mas muitos iranianos (e o presidente Khatami) publicamente expressaram o seu desprezo pelos ataques de 11 de setembro e a sua solidariedade para com o povo americano. Essa mensagem foi primeiramente expressa naquele setembro em um momento de silêncio em memória das vítimas em um estádio nacional de futebol, para o desconforto de muitos

---

[5] As informações foram fornecidas pela ativista feminista e de direitos humanos iraniana, Mehrangiz Kar, em uma palestra de novembro de 2001 na Purdue University.

clérigos conservadores. Nos anos que se seguiram, contudo, o público se tornou desiludido com Khatami e com os reformistas, porque eles trouxeram muito pouca mudança na realidade.

Qual é o papel de Michel Foucault na fermentação política e intelectual no Irã? Foucault e o pensamento pós-moderno são vigorosamente discutidos no Irã, tanto pelos islamistas como pelos seus opositores (Khatami, 2003). Os islamistas algumas vezes argumentam que os pós-modernistas são os melhores críticos da modernidade. Eles utilizam argumentos pós-modernos com relação às práticas disciplinares do Estado moderno para justificar a sua própria rejeição às instituições culturais ocidentais. Os islamistas iranianos também se referem ao conceito de diversidade cultural para defender algumas das práticas retrógradas que eles impuseram à sociedade, especialmente às mulheres.

Uma resposta forte a esses argumentos emergiu de dentro da temida prisão Evin, onde muitas execuções ocorreram. Um dos muitos prisioneiros políticos de Evin, Akbar Ganji, um jornalista corajoso e ex-islamista, escreveu uma série de ensaios provocantes sobre o pós-modernismo. Ganji foi encarcerado porque no final de 1990 publicou uma série de artigos nos principais jornais demonstrando que o governo estava por trás de uma série de assassinatos de dissidentes. Em Evin, onde ele permanece em condições muito difíceis, Ganji escreveu sobre Foucault e Lyotard, bem como sobre Rorty e Habermas. Ele contava com leitores entusiastas tanto dentro do Irã como na diáspora iraniana.

Em um dos ensaios de Ganji sobre Foucault, "The Prison-Like Archipelago" [O Arquipélago que se Parece com uma Prisão] – cujo título é uma adaptação da obra de Alexander Solzhenitsyn *Arquipélago Gulag* e da obra de Foucault *Vigiar e Punir* –, ele escreveu:

> Na nossa sociedade, os fundamentalistas nostálgicos estão contentes por usarem o pensamento pós-modernista em suas tentativas de rejeitar a modernidade. Eles usam as críticas pós-modernas da racionalidade,

individualismo, medo do futuro e nostalgia pelo passado, como um recurso intelectual em favor de suas próprias ideias. Precisamos, porém, nos lembrar de que os pós-modernistas estão despejando suas ideias em sociedades democráticas mais tolerantes, ao passo que os nossos fundamentalistas estão aplicando essas ideias em uma sociedade que ainda não passou pelo racionalismo, individualismo, pluralismo, direitos humanos, liberdade de expressão e assim por diante (...) O [nosso] "Arquipélago que se Parece com uma Prisão" é um estado policial que não reconhece os direitos humanos e destrói aqueles que pensam de maneira diferente. A oposição à modernidade vem de uma certa "nostalgia" pelo passado. Os fundamentalistas, porém, utilizam os instrumentos mais modernos para destruir uma civilização moderna (atacando as Torres Gêmeas com um avião). E eles usam as mais modernas tecnologias para controlar a [nossa] sociedade, para abolir a liberdade, para remover aqueles que pensam de maneira diferente e para estabelecer um domínio pan-óptico onisciente, sobre todos e em todos os lugares (2002, p. 290-91).

Ao mesmo tempo que salientava alguns conceitos úteis do pensamento pós-modernista, Ganji sugeriu também que o movimento dissidente iraniano precisava ser mais cauteloso com relação a sua apropriação do pensamento pós-moderno: "Independentemente de ser bom ou mal, o pós-modernismo nasceu do Iluminismo. Contudo aqui no [Oriente Médio] ele é usado para reviver tradições que existiam antes do Iluminismo" (2002, p. 291).

Foucault é, de fato, lido criativamente por alguns intelectuais iranianos que desejam aplicar as suas críticas à modernidade ao Estado islamista. Muitos estão interessados nos escritos de Foucault sobre a natureza do poder, a visão de que as operações do poder são todas penetrantes e que os jogos de poder definem todas as relações sociais, políticas e econômicas. Eles consideram algumas das teorias de Foucault liberalizantes, porque ele atacava as interpretações marxistas dogmáticas, nas quais o poder era definido exclusivamente em termos de classes. Aqueles que viveram no período revolucionário e se lembram das organizações esquerdistas altamente autoritárias da época, fossem elas stalinistas ou maoistas, algumas vezes se voltam para Foucault e o pensamento pós-moderno para revelar relações de poder dentro da própria esquerda. Os dissidentes estão também interessados na forte percepção de Foucault de que o "poder cria conhecimento". Através de tais usos de Foucault, eles tentam minar o vasto corpo da doutrina altamente dogmática islamista ensinada nas escolas e faculdades (Jahangard, 2004). Esse aspecto de Foucault ressoa bem com os dissidentes iranianos, uma vez que a resistência ao islamismo não é apenas política, mas também social e cultural. Ao criarem "múltiplos locais de resistência", essa nova geração espera minar o controle hegemônico do Estado.

De fato, batalhas por uma sociedade mais tolerante estão sendo travadas em numerosos locais. Os partidários desse novo movimento democrático incluem jornalistas, advogados, *designers* de moda, atrizes e diretores de filmes, estudantes de faculdade, escritores literários e donas de casa comuns.

1. A moda é um tema feminista no Irã contemporâneo. As mulheres seculares jovens, ao contrário da geração de seus pais, radicais esquerdistas que abominavam a decadência burguesa, expressam o seu desafio à polícia de moralidade usando *make-up*, tingindo os cabelos de cores vibrantes (o pedaço que elas podem exibir por detrás de seus cachecóis coloridos). Perante os olhos dos clérigos e das autoridades policiais nas ruas, elas ocupam as arenas públicas com capas elegantes de *design* criativo que cumprem os requisitos mínimos da polícia de moralidade, mas não estão de forma alguma próximas dos véus negros monótonos recomendados por eles.
2. Os estádios esportivos também se tornaram locais para a expressão da democracia. Tem havido pressão para que os estádios de futebol sejam abertos às mulheres, que foram proibidas de frequentá-los desde a revolução.

3. Uma outra arena ideológica é a desconstrução religiosa. Mulheres e homens iranianos estão tentando tomar de volta a sua religião dos islamistas que a reduziram a um conjunto de leis puritanas e intolerantes. Após 25 anos sob um regime teocrático, as mulheres também se tornaram bem versadas em legalismos religiosos arcanos e aprenderam a interpretar textos religiosos de forma a lhes dar uma leitura feminista ou a fornecer uma ambiguidade ampla sobre as origens de declarações mais sexistas. Agindo dessa forma, elas lograram deslegitimar a autenticidade de tais declarações e obtiveram uma leitura alternativa à dos clérigos ortodoxos.
4. Outros escritores mais seculares argumentaram que as necessidades de nosso mundo moderno demandam que atuemos além dessas regulações. Esse último argumento é buscado não apenas por advogados seculares e advogados dos direitos humanos, mas também por alguns pensadores religiosos, como Mojtahed Shabastari e Seyyed Mohsen Saidzadeh, que foram encarcerados por um curto período por causa de seus escritos.
5. Os discursos feministas adentram a educação superior, as artes e a arena cultural. Em anos recentes, mais mulheres do que homens passaram nos vestibulares nacionais para as universidades. Existem mais de 72 editoras de temas femininos no Irã. O cinema iraniano, que obteve reconhecimento mundial, também se tornou uma arena feminista. Tanto os cineastas masculinos como femininos exploraram temas difíceis nas culturas islâmica e iraniana patriarcais, da questão da poligamia ao repúdio (o divórcio fácil, de iniciativa masculina) ao estupro e outras formas de violência contra as mulheres.
6. Houve também uma tentativa de ir além do debate binário sobre o universalismo e relativismo cultural. Escritoras feministas como Mehrangiz Kar, Shahla Sherkat, Nooshin Ahmadi e Parvin Ardalan demonstram os limites do relativismo cultural da forma como ele está sendo debatido atualmente no Ocidente. Elas estão

lutando em favor da adoção de um conjunto de conceitos estratégicos universais a ser alcançado mediante o diálogo e o consenso entre as mulheres do Oriente e do Ocidente. As feministas iranianas querem fortalecer a autoridade de organizações sobre a ONU e de documentos como a Carta das Nações Unidas sobre os Direitos Humanos ou a Carta de Beijing sobre os Direitos das Mulheres. Desde que os conservadores islamistas institucionalizaram o sexismo e outras formas de discriminação em nome da cultura, a oposição reformadora agora clama pela adoção de códigos internacionalmente reconhecidos de direitos humanos. Um universalismo estratégico em vez de um relativismo cultural limitado fornece mais oportunidades para a criação de sociedades tolerantes no Oriente Médio, elas argumentam (Afary, 2004b).

Shirin Ebadi, ganhadora do Prêmio Nobel da Paz de 2003, é uma representante de sua geração. Ebadi, que é muçulmana praticante, é também uma forte advogada da separação da religião e do Estado. Primeira mulher a ter sido nomeada juíza sob o regime de Pahlavi, ela foi retirada de sua posição pelo regime de Khomeini, impedida de praticar o Direito e rebaixada a uma funcionária nas novas cortes religiosas. Gradualmente, Ebadi e sua colega Mehrangiz Kar foram autorizadas a praticar o Direito novamente. Elas se distinguiram ao aceitarem casos de mulheres e crianças abusadas, bem como de dissidentes políticos. Autora de onze livros, Ebadi defendeu os direitos das mulheres contra a violência doméstica, "crimes de honra" e repúdio. Ela também trabalhou para obter a custódia de crianças e compensação financeira para mulheres divorciadas. Além disso, também clamou pela liberação de todos aqueles, como Akbar Ganji, que estão encarcerados por razões políticas e declarou que "estou proclamando a mensagem do povo iraniano de paz e amizade ao mundo. Somos um povo amante da paz. Odiamos a violência. Condenamos o terror. Não somos hostis a outras religiões". Ao seu retorno ao Irã depois do anúncio do prêmio, dezenas de milhares de pessoas ocuparam as ruas de Teerã para lhe dar as boas-vindas. Uma multidão menor de dez mil a recebeu entusiasticamente no aeroporto, cobrindo-a com flores brancas.

Esses são todos elementos de uma nova política feminista e mais tolerante e democrática no Irã, sentimentos que são compartilhados por um número de organizações de direitos das mulheres e intelectuais feministas no Afeganistão, Paquistão, Turquia, Líbano, Marrocos, Argélia e Tunísia e podem ser cultivados em outros lugares no Oriente Médio. Talvez aqueles que valorizem as mulheres e os homens da região devam expandir as suas definições de feminismo e direitos humanos de modo que englobem as vozes de feministas como Shirin Ebadi e Mehrangiz Kar. Nem toda interpretação misógina de religião é autêntica ou autóctone, nem é toda leitura tolerante e progressista ocidental ou influenciada pelo estrangeiro e, portanto, inautêntica. Esse tipo de rotulação tem sido a tática dos movimentos islamistas em sua luta para ganhar poder. Agora está sendo desafiada na região por intelectuais e ativistas dos direitos das mulheres, indivíduos cujas vozes precisam ser escutadas mais amplamente.

APÊNDICE

Foucault e seus Críticos, uma Tradução Comentada

Traduzido originalmente para o inglês por
Karen de Bruin, Kevin B. Anderson, Alan Sheridan, Roger Hardy,
Thomas Lines, Janet Afary e Marybeth Timmerman

Comentado por
Janet Afary e Kevin B. Anderson

Nota Introdutória

A ordem dos textos neste apêndice geralmente segue aquela de suas publicações originais. A não ser que indicado de outra forma, Foucault é o autor. Os escritos de Foucault e as entrevistas sobre o Irã foram primeiramente publicados entre setembro de 1978 e maio de 1979, um período que vai desde a Revolução Iraniana até o período imediatamente após. Esses escritos tomam a forma de reportagens de jornais, entrevistas, opiniões e cartas ao editor. A maioria do material incluído aqui consiste em artigos de jornal que Foucault publicou no principal jornal italiano, *Corriere della Sera*, que o tinha enviado ao Irã como correspondente especial no outono de 1978. Apesar de o *Corriere della Sera* ter datado os artigos como se tivessem sido escritos em Teerã, as reportagens de Foucault foram, de fato, escritas na França logo após o retorno de suas duas viagens ao Irã, a primeira delas de 16 de setembro a 24 do mesmo mês e a segunda de 9 a 15 de novembro de 1978. Uma vez que o *Corriere della Sera* traduziu os artigos para o italiano, estes não aparecem em francês na ocasião. Contudo, Foucault publicou uma parte pequena, porém não insignificante de suas reportagens sobre o Irã, em diversas publicações francesas, incluindo o semanário à esquerda do centro *Le Nouvel Observateur* e o principal jornal, *Le Monde*. De junho de 1979 até a sua morte em 1984, Foucault nunca se referiu publicamente ao Irã. Além disso, um dos textos incluídos aqui, um diálogo de setembro de 1978 entre o escritor iraniano Baqir Parham e Foucault, foi primeiro publicado em persa na primavera de 1979 em *Nameh-yi Kanun-i Nevisandegan* (Publicação do Centro dos Escritores Iranianos). Exceto por essa entrevista, as versões originais francesas de todos os escritos de Foucault e entrevistas sobre o Irã apareceram em francês uns quinze anos mais tarde, no volume 3 de *Ditos e Escritos*, uma coleção de quatro volumes editada por Daniel Defert e François Ewald, com Jacques Lagrange (Foucault, 1994b). A maioria dos escritos de Foucault sobre o Irã (até fevereiro de 1979) foi traduzida mais tarde para o persa e publicada por Hussein Ma'sumi Hamadani (Foucault, 1998).

Este apêndice também contém um número de críticas a Foucault. Com uma exceção, essas críticas também foram publicadas em 1978 ou 1979. A maior delas consiste em duas respostas a Foucault do conhecido acadêmico sobre o Oriente Médio, Maxime Rodinson, publicada no final de 1978 e início de 1979 em *Le Monde* e *Le Nouvel Observateur*. O prefácio revelador de Rodinson de 1993 a uma reimpressão dessas críticas também está traduzido aqui e é o único item depois de 1979. Além das críticas de Rodinson, incluímos três outros textos pequenos de outros autores que não Foucault, todos traduzidos para o francês. O primeiro é uma breve carta de novembro de 1978 aos editores de *Le Nouvel Observateur* criticando Foucault e assinado como "Atoussa H.", o pseudônimo de uma feminista iraniana. O segundo é o discurso de março de 1979 pela filósofa feminista francesa Simone de Beauvoir em apoio às mulheres do Irã, às vésperas da saída de uma delegação internacional de Paris para o Irã.

O pequeno texto de Beauvoir, embora não seja uma resposta direta a Foucault, fornece o contexto para o debate sobre Foucault e Irã na França. O terceiro é um artigo de março de 1979 dos jornalistas Claudie e Jacques Broyelle atacando a posição de Foucault sobre o Irã, publicado em março de 1979 no jornal esquerdista *Le Matin*. Finalmente, traduzimos do persa a declaração que as feministas iranianas emitiram em 10 de março de 1979, durante os seus protestos contra a ordem de Khomeini para que as mulheres passassem a usar o véu. Ele foi reimpresso em Matin-Daftari em 1990.

NOTA SOBRE AS TRADUÇÕES E OS COMENTÁRIOS

A não ser que esteja indicado de outra forma, Karen de Bruin e Kevin B. Anderson fizeram a tradução do francês desses artigos. O restante foi traduzido da seguinte maneira: (1) A entrevista de Foucault com os jornalistas de esquerda Claire Brière e Pierre Blanchet foi traduzida do francês por Alan Sheridan. (2) Roger Hardy e Thomas Lines traduziram o artigo de Rodinson "Islã Ressurgente?" do francês. (3) Marybeth Timmerman traduziu, do francês, o discurso de Beauvoir. (4) Janet Afary traduziu o diálogo de Foucault de setembro de 1978 com Parham no *Nameh-yi Kanun-i Nevisandegan* e a declaração de 10 de março de 1979 das mulheres iranianas, ambos do persa. Ao longo deste apêndice, a não ser que esteja indicado de outra forma, as notas são de Afary e Anderson.

Diálogo entre Michel Foucault e Baqir Parham
CONDUZIDO EM SETEMBRO DE 1978 E PUBLICADO NO *NAMEH-YI KANUN-I NEVISANDEGAN*. PUBLICAÇÃO DO CENTRO DOS ESCRITORES IRANIANOS, N. 1, PRIMAVERA DE 1979, P. 9-17.

PREFÁCIO DE PARHAM: Michel Foucault, o famoso pensador francês e filósofo, esteve recentemente no Irã. Ele veio visitar o país e viajar por ele, para escrever diversos artigos sobre ele. Suas viagens aparentemente o levaram a Qom,[1] onde conversou com alguns dos grandes aiatolás. Apesar de Foucault não ser bem conhecido no Irã, ele tem imensa reputação no mundo da filosofia. Começando por analisar o campo da medicina e da história, ele iniciou um único e penetrante estudo da razão, da estrutura e organização do conhecimento. Ele tem inúmeros trabalhos importantes, como *História da Loucura na Idade Clássica*, *A Arqueologia do Saber* e *As Palavras e as Coisas*. A pequena viagem de Foucault ao Irã foi uma ocasião para termos uma conversa com ele sobre o estruturalismo e algumas outras questões. Talvez, em busca de uma resposta a essas questões, ele tenha aparecido neste rincão do mundo. Esta entrevista foi conduzida no sábado, em 23 de setembro de 1978, em Teerã.

PARHAM: A filosofia alega buscar a objetividade em sua visão de mundo. Como você, como um filósofo, vê a questão do engajamento político?

FOUCAULT: Não penso que possamos dar uma definição de intelectual a não ser que ressaltemos o fato de que não existe intelectual que não tenha, ao mesmo tempo, e de alguma forma, se envolvido com a política. Claro, em certos pontos da história, sempre houve tentativas de se definir o intelectual a partir de um ângulo puramente teórico e objetivo. Supõe-se que os intelectuais são aqueles

---

[1] Esta cidade é o centro religioso xiita do Irã.

que se recusam a estar envolvidos nas questões e problemas de suas próprias sociedades. De fato, entretanto, tais períodos na história foram muito raros, e existem muito poucos intelectuais que tenham adotado tal premissa.

Se examinarmos as sociedades ocidentais, desde o primeiro dos filósofos gregos até os intelectuais de hoje, veremos que eles todos tiveram ligações de alguma forma com a política. Eles estiveram envolvidos com a política, e as suas ações tiveram sentido apenas à medida que afetaram concretamente a sua sociedade. De qualquer forma, este é um princípio geral. Portanto à questão "Deve um intelectual interferir na vida política, social e econômica de seu país", eu respondo que não é uma questão de dever ou precisar. Ser um intelectual demanda isso. A própria definição de um intelectual engloba uma pessoa que necessariamente está envolvida com a política e as principais decisões de sua sociedade. Portanto, o ponto não é se um intelectual tem ou não presença na vida política. O ponto é qual deve ser o tipo de papel de um intelectual na presente condição do mundo, a fim de que ele ou ela[u][2] possa alcançar os resultados mais decisivos, autênticos e precisos. Estou, naturalmente, me referindo apenas à sociedade da qual faço parte. Mais tarde, em comparação com as suas experiências, veremos quais são as diferenças entre nossa situação no Ocidente e a sua.

Na França e na Europa em geral, desde a Revolução Francesa, o intelectual vem desempenhando o papel de um profeta, de um vaticinador da sociedade futura. Em outras palavras, o intelectual era alguém cuja responsabilidade era lidar com os princípios gerais e universais de toda a humanidade. Porém, em nossas sociedades ocidentais, alguma coisa importante aconteceu. O papel da ciência, do conhecimento, da técnica e das tecnologias cresceu perpetuamente, e cresceu igualmente o significado desses temas para a política e a

---

[2] Em persa, o pronome *u* pode ser masculino ou feminino.

organização da sociedade. Engenheiros, advogados, doutores, trabalhadores na área da saúde e trabalhadores sociais, pesquisadores em humanidades, todos formam uma camada social em nossa sociedade, cujos números, bem como o seu significado econômico e político, estão constantemente aumentando. Portanto, creio que o papel do intelectual seja não tanto, ou talvez não apenas, defender os valores universais da humanidade. Penso que a sua responsabilidade seja trabalhar em campos objetivos específicos, os próprios campos em que o conhecimento e as ciências estejam envolvidos, e analisar e criticar o papel do conhecimento e da técnica nessas áreas em nossa sociedade atual. Na minha opinião, hoje o intelectual tem que estar dentro da arena na qual as ciências são engajadas, onde elas produzem resultados políticos. Portanto, trabalhar com intelectuais – em sua maioria doutores, advogados, psiquiatras e psicólogos – tem suprema importância para mim.

Parham: Respondendo à minha primeira pergunta, você também respondeu parcialmente à minha segunda pergunta!

Foucault: Não tem problema, pergunte-a novamente. Talvez dessa forma eu possa responder à sua primeira pergunta!

Parham: Muito bem. Veja você, testemunhamos um estreitamento entre a filosofia e a realidade política. Gostaria de lhe perguntar, com relação a essa proximidade entre a filosofia e a política, você vê alguma mudança básica na visão de mundo filosófico de nosso tempo? E se sim, qual é o seu fundamento e a sua natureza?

Foucault: Se novamente mantivermos em mente o Ocidente, penso que não podemos nos esquecer de duas grandes e dolorosas experiências que tivemos em nossa cultura nos últimos dois séculos. Em primeiro lugar, ao longo de todo o século XVIII, os filósofos – ou, melhor dizendo, os intelectuais na França, Inglaterra e Alemanha – tentaram repensar a sociedade novamente, de acordo com a visão e os princípios de boa governança como eles os percebiam. O impacto desse tipo de pensamento pode ser visto, em grande medida, nas revoluções e nas mudanças sociais e políticas na França, Inglaterra e Alemanha. Na realidade, dessa visão filosófica – a visão de uma sociedade equilibrada, não alienada, clara e lúcida – surgiu o capitalismo industrial, que é a sociedade mais dura, mais selvagem, mais egoísta, mais desonesta e opressora que se poderia imaginar. Não quero dizer que os filósofos foram os responsáveis por isso, mas a verdade é que as suas ideias tiveram impacto nessas transformações.

Mais importante, essa monstruosidade a que chamamos de Estado é, em larga medida, o fruto e o resultado do pensamento deles. Não podemos nos esquecer de que a teoria do Estado, a teoria do Estado todo-poderoso, da sociedade toda-poderosa *vis-à-vis* o indivíduo, o direito absoluto do grupo contra o direito do indivíduo, pode ser encontrada entre os filósofos franceses do século XVIII e os filósofos alemães do final do século XVIII e início do século XIX. Essa é a primeira experiência dolorosa.

A segunda experiência dolorosa é a que emergiu não entre o filósofo e a sociedade burguesa, mas entre pensadores revolucionários e os Estados socialistas que conhecemos hoje. Das visões de Marx, as visões dos socialistas, de seus pensamentos e suas análises, que estavam entre as mais objetivas, racionais e, aparentemente, entre os precisos pensamentos e análises, emergiram, de fato, sistemas políticos e organizações sociais, e mecanismos econômicos que hoje estão condenados e têm que ser descartados. Portanto, penso que essas duas experiências foram dolorosas, e ainda estamos vivendo a segunda, não apenas no pensamento, mas também na vida.

Posso dar um outro exemplo que é a um só tempo mais interessante e trágico para os intelectuais ocidentais – o do Vietnã e do Camboja. Achava-se que havia a luta de um povo, uma luta que era justa e correta em seus fundamentos, contra o imperialismo vicioso americano. Antecipou-se que desse esforço notável uma sociedade emergiria na qual poderíamos nos reconhecer. Por "poderíamos" não quero me referir aos ocidentais, uma vez que essa não foi a sua batalha. Quero dizer uma sociedade na qual a face da revolução poderia ser reconhecida. Porém, o Camboja e, até certo ponto, o Vietnã nos apresentam uma face na qual a liberdade, a sociedade sem classes, uma sociedade não alienada, está ausente.

Penso que vivemos em um ponto de extrema escuridão e extremo brilho. Extrema escuridão, porque realmente não sabemos de qual direção a luz virá. Extremo brilho, porque devíamos ter a coragem de começar tudo de novo. Temos que abandonar todo princípio dogmático e questionar um a um a validade de todos os princípios que têm sido a fonte de nossa opressão. Desde o ponto de vista do pensamento político, estamos, por assim dizer, na estaca zero. Temos que construir um outro pensamento político, uma outra imaginação política, e ensinar toda uma nova visão de futuro. Estou dizendo isso de modo que você saiba que qualquer ocidental, qualquer intelectual ocidental com alguma integridade, não pode ficar indiferente ao que escuta sobre o Irã, uma nação que atingiu um número de becos sem saída sociais, políticos e assim por diante. Ao mesmo tempo, existem aqueles que lutam para apresentar um modo diferente de pensamento sobre a organização social e política, que não tome emprestado nada da filosofia ocidental, nem de seus fundamentos jurídicos e revolucionários. Em outras palavras, eles tentam apresentar uma alternativa baseada nos ensinamentos islâmicos.

PARHAM: Nas minhas primeiras duas perguntas, o tópico de discussão era, em grande parte, a filosofia, a ciência e, especialmente, as humanidades. Agora, com a sua permissão, gostaria de falar de algo que está mais próximo de nossa situação particular no Irã, ou seja, religião. Você poderia nos dizer qual é a sua opinião sobre o papel da religião como uma perspectiva de mundo e na vida social e política?

FOUCAULT: Uma das afirmativas que tenho ouvido mais repetidamente durante minha estada recente no Irã foi a de que Marx realmente estava errado quando ele disse: "A religião é o ópio do povo". Penso que devo ter ouvido essa declaração umas três ou quatro vezes.

Não tenciono começar novamente uma discussão sobre Marx aqui, mas acho que temos que reexaminar essa afirmativa dele. Escutei alguns seguidores de um governo islâmico dizerem que essa declaração de Marx pode ser verdadeira para o cristianismo, mas não é verdadeira para o Islã, especialmente no caso do Islã xiita. Li diversos livros sobre o Islã e o xiismo, e concordo totalmente com eles porque o papel do xiismo em um despertar político, na manutenção de uma consciência política, em incitar e fomentar um despertar político, é historicamente inegável. É um fenômeno profundo em uma sociedade como o Irã. Naturalmente houve, ocasionalmente, proximidades entre o Estado e o xiismo, e organizações compartilhadas de fato existiram. Vocês tiveram o xiismo safávida,[3] e contra ele vocês tentaram ressuscitar um xiismo alávida.[4] Tudo isso é exato. Mas no total, e apesar das mudanças que ocorreram na natureza da religião devido à proximidade entre o xiismo e o poder de Estado naquele período, a religião ainda assim desempenhou um papel opositor.

Nos centros cristãos do mundo, a situação é mais complicada. Ainda assim seria ingênuo e incorreto se eu disser que a religião em sua forma cristã foi o ópio do povo, enquanto na sua forma islâmica tem sido uma fonte de despertar popular. Fico impressionado pelas conexões e até mesmo as similaridades que existem entre o xiismo e alguns dos movimentos religiosos na Europa no final da Idade Média, indo até os séculos XVII ou XVIII. Esses foram grandes movimentos

---

[3] Os xás da Dinastia Safávida (1501-1722) foram os primeiros governantes a fazerem do xiismo a religião oficial do país.

[4] Literalmente, o xiismo de Ali. O imame Ali era primo do profeta Maomé e genro, bem como o quarto califa (656-661 E.C.). Essa noção de retorno a um xiismo original, supostamente não corrompido, para o qual o martírio era a suprema virtude, foi desenvolvida por um teólogo leigo muçulmano Ali Shariati. Shariati, que tinha doutorado pela Sorbonne, morreu em 1977, enquanto vivia no exterior. Na época, o governo iraniano foi culpado pela sua morte repentina. Seus escritos tiveram um impacto dramático em toda uma geração de ativistas iranianos. Na época da revolução, a sua fotografia era carregada com a de Khomeini nas manifestações.

populares contra lordes feudais, contra as primeiras formações cruéis da sociedade burguesa, grandes protestos contra o todo-poderoso controle do Estado. Na Europa no final do século XVIII e início do século XIX, antes que eles adotassem uma forma diretamente política, todos esses movimentos apareceram como movimentos religiosos. Pegue por exemplo os anabatistas, que eram aliados a esse movimento durante as Guerras dos Camponeses na Alemanha.[5] Foi um movimento que rejeitou o poder do Estado, da burocracia governamental e das hierarquias sociais e religiosas, tudo. Esse movimento apoiou o direito à consciência individual e à independência de pequenos grupos religiosos, que desejassem ficar juntos, ter suas próprias organizações, sem hierarquia ou estratificação social entre eles. Todos esses foram movimentos sociais extremamente importantes, que deixaram a sua marca na consciência religiosa e política do Ocidente. Na Inglaterra, durante as revoluções burguesas do século XVII, debaixo das revoluções burguesas e parlamentares como tais, temos uma série completa de lutas religiosas e políticas. Esses movimentos são religiosos porque são políticos e são políticos porque são religiosos, e eles são muito importantes. Portanto, penso que a história das religiões e a sua profunda conexão com a política deveriam ser repensadas novamente.

Na realidade, o tipo de cristianismo que era o ópio do povo foi o produto de escolhas políticas e táticas conjuntas dos Estados, ou das burocracias governamentais, e da organização da Igreja durante o século XIX. Eles diziam que nós deveríamos trazer os trabalhadores rebeldes de volta para a religião e fazer com que eles aceitassem o seu destino. Na época de Marx, a religião era, de fato, o ópio do povo, e Marx estava correto por essa razão, mas somente no contexto de sua própria época. Sua declaração devia ser compreendida apenas no que

---

[5] Durante os anos de 1524 a 1534, depois do rompimento de Martinho Lutero com Roma, a Alemanha passou por uma série de revoltas radicais de camponeses, que são o assunto da obra de Friedrich Engels intitulada *A Guerra Camponesa na Alemanha* (1852).

diz respeito ao período de tempo em que ele viveu, não como uma afirmação geral válida para todas as eras do cristianismo, ou para todas as religiões.

PARHAM: Precisamente. Agora chego à minha última pergunta, que, de maneira diferente das minhas outras perguntas, é mais acadêmica. Eu queria aproveitar esta oportunidade para lhe perguntar sobre o estruturalismo filosófico. Você é conhecido como um dos mais autênticos representantes dessa forma de pensamento. Você poderia por favor me dizer quais são exatamente as questões?

FOUCAULT: Muito bem, mas primeiro permita-me dizer que não sou um estruturalista. Nunca fui. Nunca fiz qualquer afirmativa nesse sentido. E tenho sempre claramente dito que não sou um estruturalista, mas tais termos, como rótulos, são, necessariamente, tanto corretos como incorretos. Há uma dimensão verdadeira neles e uma inválida. De fato, o que é conhecido como estruturalismo é uma metodologia, e assim por diante. Essas compõem um grupo de campos científicos que usam o método estruturalista. Em outras palavras, as suas análises são mais baseadas em sistemas de relações do que nas explorações de elementos e conteúdos. O estruturalismo nesse significado não tem nenhuma relação com o meu trabalho, nenhuma.

Além disso, há o fato de que na década de 1960, no Ocidente, especialmente na França, uma mudança ocorreu na forma da análise e do pensamento filosófico. Brevemente, sem desejar entrar em um debate, a questão é esta: desde o tempo de Descartes até agora, o ponto de origem do pensamento filosófico era o tema, e o tema que serve de fundamento à filosofia era determinar qual é o tema, o que é autoconsciência? O tema é livre? A autoconsciência é uma autoconsciência absoluta? Em outras palavras, ela está consciente de si própria? Em suma, a autoconsciência pode, como Hegel disse, se tornar mundana?

Por volta da década de 1960, após o mundo ter se tornado mais conectado por meio do conhecimento técnico e tecnológico, creio que se começou a repensar a origem do pensamento filosófico. Ou seja, parecia melhor começar com o conteúdo, com as próprias coisas. Em outras palavras, e de forma muito simples, isso significava começar com as coisas que existem positivamente e analisá-las. Isso significava ver como o sujeito poderia ser colocado dentro de seu conteúdo, que é o único papel que ele pode desempenhar, concentrando-se em como o sujeito é determinado pelos elementos externos. Em outras palavras, a mudança principal é não privilegiar o sujeito contra a realidade objetiva desde o início. Em vez disso, os objetos, a relação entre os objetos e a compreensibilidade dos objetos dentro de si mesmos é o que exploramos. Isto é, prestamos mais atenção na compreensibilidade das coisas propriamente do que na consciência do sujeito.

Sob esse ponto de vista, podemos compreender por que alguns tipos de pesquisa são chamados de pesquisa estruturalista. Por exemplo, observe o problema da psicanálise. Lacan tentou discutir o sujeito na base do inconsciente, ao passo que Sartre e Merleau-Ponty começaram com o sujeito e tentaram ver se eles poderiam atingir o inconsciente ou não, e eles nunca, naturalmente, chegaram a ele. Lacan começa com o inconsciente, o princípio do inconsciente que aparece no processo da investigação psicanalítica, e faz a pergunta: "Dada a existência deste inconsciente, o que o sujeito poderia ser?".

Volto agora a mim mesmo, uma vez que a sua pergunta foi para mim. Meu primeiro livro se intitulou *História da Loucura na Idade Clássica*, mas de fato meu problema era a racionalidade, ou seja, como a razão opera em uma sociedade como a nossa? Bem, para compreender essa questão, em vez de começarmos com o sujeito saindo da consciência para a razão, é melhor que vejamos como, no mundo ocidental, aqueles que não são os sujeitos da razão, aqueles que não são considerados razoáveis, ou seja, aqueles que estão loucos, são retirados do processo de vida. Começando com essa prática, com constelações de práticas reais e, finalmente, um processo de enação, atingimos o ponto em que podemos ver o lugar da razão.

Ou descobrimos que a razão não é apenas os movimentos e ações de estruturas racionais, mas os movimentos das estruturas e os mecanismos de poder. A razão é aquilo que coloca de lado a loucura. A razão é aquilo que dá a si própria o direito e os meios de colocar de lado a loucura.

A partir dessa análise que não começa com o sujeito, atingi o ponto de como se poderia questionar várias manifestações de poder e analisá-las. Em geral, podemos dizer que uma filosofia baseada na autoconsciência está necessariamente relacionada à ideia da liberdade. E isto é muito bom, mas a filosofia ou o pensamento cujo tema central não seja a autoconsciência, mas a prática real ou social, diz respeito à teoria do poder. Em outras palavras, em vez de autoconsciência e liberdade, alcançamos a prática e o poder.

Não quero dizer que o poder, sob o meu ponto de vista, seja entidade fundamental, inconquistável e absoluta diante da qual tenhamos que nos ajoelhar. O propósito de todas as minhas análises é que, à luz delas, descobrimos onde estão os pontos fracos do poder, aqueles que podemos atacar. Quando falamos da relação entre razão e loucura, quando mostramos que a razão exerce seu poder sobre a loucura, isso não é para justificar a razão. É para mostrar como a razão como um sistema de poder pode ser questionada e combatida. Portanto, minhas análises são, de fato, estratégicas e significativas somente em relação às estratégias.

Meus estudos sobre as questões do crime juvenil e prisão são de natureza semelhante. Quero mostrar o que são os mecanismos existentes de poder que separam o criminoso do não criminoso. Quais são os pontos fracos desse sistema ou os pontos históricos mediante os quais o sistema tomou forma, de modo que pudéssemos objetiva e praticamente desafiá-los? Muitos consideram o estruturalismo uma análise de mecanismos que não podem ser derrotados e imperecíveis, ao passo que o oposto é verdadeiro. Eles dizem que o estruturalismo trata da análise das relações que são parte da natureza dos objetos e não podem ser modificados. O oposto é verdade. Quero explicar as relações que foram unidas através do poder dos seres humanos e, por essa mesma razão, são modificáveis e passíveis de destruição. Portanto, sob o meu ponto de vista, o estruturalismo é mais uma filosofia ou um manual de combate, não um documento de impotência. Meu problema não é explorar a minha autoconsciência para ver se sou livre ou não. Meu problema é analisar a realidade para ver como podemos nos libertar.

O Exército – Quando a Terra Treme
PUBLICADO PELA PRIMEIRA VEZ NO *CORRIERE DELLA SERA*,
28 DE SETEMBRO DE 1978

Teerã – Na fronteira de dois grandes desertos de sal que passam pelo meio do território iraniano, um terremoto acabou de ocorrer. Tabas e 40 aldeias foram aniquiladas.

Exatamente há dez anos, Ferdows, na mesma região, desapareceu. Nessa terra arruinada, duas cidades rivais nasceram, como se no Irã do xá o mesmo infortúnio não pudesse dar margem à mesma renovação. De um lado, havia a administração da cidade, o Ministério da Habitação e os notáveis. Mas um pouco além, os artesãos e os fazendeiros reconstruíram a sua própria cidade, em oposição a todos aqueles planos oficiais. Sob a direção de um clérigo, eles coletaram os fundos, construíram e cavaram com as próprias mãos, abriram canais e poços e construíram uma mesquita. No primeiro dia eles ergueram uma bandeira verde.[1] A nova aldeia é chamada Islamiyeh. Enfrentando o governo e contra ele, Islã: já com dez anos de idade.

Quem irá reconstruir Taba hoje? Quem irá reconstruir o Irã após o terremoto de sexta-feira, dia 8 de setembro,[2] bem sob as marcas das lagartas dos tanques? O frágil edifício político ainda não veio ao chão, mas está irreparavelmente rachado de cima a baixo.

No calor tórrido, debaixo das únicas palmeiras ainda de pé, os últimos sobreviventes de Tabas removem todos os escombros. Os mortos ainda estão esticando os braços para segurar paredes que não existem mais. Homens, suas faces voltadas para o solo, amaldiçoam o xá. Os tratores chegaram, acompanhados pela imperatriz; ela foi mal recebida. Contudo, os mulás se apressam em aparecer vindos de toda a

---

[1] A bandeira verde representa o Islã.

[2] Na sexta-feira, dia 8 de setembro, "Sexta-feira Negra", o exército massacrou centenas de manifestantes na Praça Djaleh em Teerã. O terremoto de Tabas aconteceu alguns dias depois.

região; e os jovens em Teerã vão discretamente de uma casa amistosa à outra, coletando fundos antes de seguirem para Tabas. "Ajude seus irmãos, mas nada através do governo, nada para ele", é a chamada que o aiatolá Khomeini acabou de emitir desde o seu exílio no Iraque.

A terra que treme e destrói coisas pode também fazer os homens se juntarem; ela divide os políticos e demarca os adversários mais claramente do que nunca. O Estado acredita que é possível desviar a enorme raiva do massacre da Sexta-Feira Negra – uma raiva que agora está congelada, convertida em choque, mas não desarmada – com relação a esse desastre natural. Isso não ocorrerá. Os mortos de Tabas jazerão próximos das vítimas da Praça Djaleh e fazem demandas em nome destes últimos. Uma mulher fez a pergunta publicamente: "Três dias de luto nacional por causa do terremoto, isso é bom; mas isso significa que o sangue que foi derramado em Teerã não foi iraniano também?".

Nos hotéis de Teerã, jornalistas retornando de Tabas na outra noite estavam confusos. Evidentemente, os soldados permaneciam impassíveis e deixavam os homens e mulheres cavarem eles próprios a terra a fim de resgatar os seus mortos. Instruções? Incompetência? Má vontade? O enigma do exército, aqui bem como em todos os demais lugares.

Na segunda-feira, dia 4 de setembro, a multidão atira flores aos soldados; eles confraternizam e choram. No dia 7 de setembro, quinta-feira, uma imensa passeata sai pelas ruas de Teerã; somente a alguns centímetros das metralhadoras apontadas contra ela, mas silenciosas. Na sexta-feira, dia 8 de setembro, as metralhadoras e talvez bazucas foram disparadas ao longo de todo o dia; os soldados tinham a frieza metódica de um pelotão de fuzilamento.

Desde os primeiros dias do Islã, e especialmente para os xiitas desde o assassinato de Ali, o assassinato de um muçulmano por um outro muçulmano – e Deus sabe que isso ocorreu – ainda tem o impacto de um escândalo religioso, ambos política e juridicamente.

Como uma medida de expediente, eles responderam com um mito: "Aqueles que atiraram em nós não pertencem ao nosso povo; eles tinham cabelos longos e falavam uma língua estrangeira: israelenses, portanto, trazidos no dia anterior por aviões de carga". Perguntei sobre isto a um oposicionista, o qual, por causa de sua própria situação, está muito familiarizado com o que acontece no exército. "Sim", ele me respondeu, "existe cooperação técnica com o exército israelense; sim, as forças antiguerrilha tinham, no início, conselheiros israelenses; mas nada, absolutamente nada, permite que se diga que nossos mortos em Teerã foram mortos por estrangeiros".[3]

O poder real está agora nas mãos do exército? O exército, no momento, detém a imensa revolta do povo contra o xá, que foi abandonado por todos, até mesmo pelos privilegiados. Nas próximas semanas, o exército será uma força decisiva, como muitos observadores ocidentais estão dizendo?

Parece que não. O Irã tem o que aparenta ser o quinto maior exército do mundo. Um de cada três dólares de sua renda com o petróleo é dedicado a esse brinquedo precioso. Contudo, um orçamento, bons equipamentos, caças a jato e *hovercrafts* – isso ainda não é um exército. Algumas vezes ainda é o caso em que as armas atrapalham a formação de um exército.

Primeiro, não há *um* exército no Irã, mas quatro: o exército tradicional,[4] responsável pelas tarefas de vigilância e administração de todo o território; a guarda pretoriana do xá, um corpo fechado de janízaros,[5] com seu próprio sistema de recrutamento, suas escolas,

---

[3] Esse rumor sem fundamento sugeria que o exército iraniano, que era composto essencialmente de unidades muçulmanas, não tinha executado o massacre do dia 8 de setembro.

[4] O exército tradicional se baseava na conscrição universal de homens, lembrando de alguma maneira uma guarda nacional.

[5] A Guarda Pretoriana executava a função de guarda-costas dos imperadores romanos; os janízaros eram soldados escravos de elite recrutados pelos sultões otomanos entre jovens cristãos dos Bálcãs. Foucault estava de fato

suas habitações, algumas das quais foram construídas por uma companhia francesa; o exército de combate,[6] com armamentos que são algumas vezes mais sofisticados do que aqueles disponíveis ao exército americano. E, então, 30 ou 40 mil conselheiros americanos.

Além do mais, eles foram cuidadosos para não criar nada que se parecesse com um Estado-maior verdadeiro. Cada uma das unidades principais desses exércitos está diretamente ligada ao xá. Uma polícia interna os controla. Nenhum oficial de alta patente pode se mover sem autorização pessoal do xá: "Um dos meus colegas", um deles me disse, "uma vez criticou o xá por ele ter se autonomeado general do exército inglês; ele fez esse comentário se referindo, além do mais, ao xá como se ele fosse um *playboy* que achava que ainda estava na era vitoriana [*hochet*].[7] Esse homem, apesar de ter apoiado o xá contra Mossadeq,[8] ficou preso por três anos por causa dessa indiscrição".

No Irã do petróleo e da pobreza, o exército ocupa um lugar muito importante. Quatro milhões de pessoas (uma a cada seis iranianos) vivem dele, de acordo com os economistas. Mas isso não é suficiente para lhe conferir uma base social coerente, ou até mesmo a obrigá-lo a participar do desenvolvimento econômico. A maioria de seu armamento é comprada no exterior. Naturalmente, existem consequências econômicas. Para os generais, essas incluem comissões sobre os contratos. No nível mais baixo, os militares representam uma pequena força de trabalho manual recrutada em grande parte entre os desempregados. Falta ao Irã uma sólida estrutura econômica e militar.

---

se referindo aos Imortais do xá (*Gard-i Javidan*), uma unidade de elite de guarda-costas reais cujo nome vem de um período anterior pré-islâmico.

[6] O exército de combate era composto de soldados profissionais de carreira, separados do exército tradicional.

[7] Também pode ser traduzido como "chocalho" e refere-se a um comportamento ridículo ou imaturo.

[8] Em agosto de 1953, os Estados Unidos e os britânicos ajudaram a organizar um golpe que derrubou o governo democrático e nacionalista de Muhammad Mossadeq, restaurando Muhammad Reza Xá Pahlavi ao poder absoluto.

Nem há uma ideologia do exército. Nunca na história do Irã o exército teve permissão para assumir o papel de moldar a nação ou de desenvolver o tipo de projeto político que pode ser encontrado nos exércitos do exército sul-americano desde as guerras de independência. O exército iraniano nunca liberou coisa alguma. Ele foi marcado sucessivamente pelas insígnias russas, inglesas e, por fim, americanas. O exército protegeu seus governantes e montou guarda lado a lado com soldados estrangeiros, em torno das concessões estrangeiras. Ele nunca teve a oportunidade de se identificar com o Irã. Ele também não quis assumir a responsabilidade pelos destinos do país. Um dia, um general tomou o poder, mas ele comandava uma legião cossaca e foi apoiado pelos ingleses. Ele era o pai do atual rei.[9]

Naturalmente as coisas podem acontecer novamente. O embaixador americano pode reencenar o golpe de Ironside que permitiu que Reza Khan viesse a substituir os Qajars,[10] ou pelo menos impor um general com mãos de ferro ao xá como primeiro-ministro. Mas isso seria apenas uma solução temporária. Não seria uma ditadura militar sob a direção de uma casta de oficiais mostrando solidariedade interna a despeito de rivalidades pessoais. As fórmulas de Pinochet ou de Videla parecem estar fora da agenda.[11]

Graças a Deus.

Melhor dizendo, graças a Alá.

---

[9] A referência é a Reza Xá Pahlavi, que reinou de 1925 a 1941. Um membro da Brigada Cossaca comandada por britânicos, ele executou um golpe bem-sucedido em 1921 com o apoio dos britânicos. Em 1925, o *majlis* (parlamento) dispersou a dinastia Qajar, que tinha governado desde 1795, e Reza Xá (anteriormente Reza Khan) se tornou o primeiro monarca da dinastia Pahlavi.

[10] Trata-se do major Edmund Ironside, comandante das forças britânicas no Irã em 1921.

[11] O ditador brutal general Augusto Pinochet tomou o poder no Chile em 1973 com o apoio americano, derrubando o governo marxista democraticamente eleito de Salvador Allende; seu colega argentino general Jorge Videla deteve o poder na Argentina de 1976 a 1982.

Um dia, 24 oficiais iranianos foram executados por comunismo. No dia seguinte, o xá colocou a sua coroa aos pés de uma estátua de Lênin. As vítimas do banho de sangue anterior nunca foram substituídas.[12]

O antimarxismo do exército é oriundo de duas fontes. Dentre aqueles que estão inclinados para a oposição, ele é justificado pelas políticas da União Soviética e pelo seu menos tácito apoio, desde a queda de Mossadeq às políticas do xá. Seriam necessárias muita coragem física, intelectual e moral hoje para que alguém pudesse ser um oposicionista nacionalista e ao mesmo tempo um marxista do tipo soviético. Para essas pessoas, o antimarxismo fortalece o nacionalismo. E para os simplórios, há, naturalmente, a propaganda governamental. Mostraram-me circulares internas do exército que diziam que os soldados não poderiam nunca matar mulheres ou crianças, exceto, naturalmente, se fossem comunistas.

Como o exército é tão solidamente antimarxista, não seria possível que viesse a intervir energicamente na vida nacional, à medida que a intranquilidade se espalhe e o governo diga que a culpa por essa intranquilidade é do "comunismo internacional"?

Alguns amigos arranjaram para mim, em um lugar bem limpo nos subúrbios de Teerã, um encontro com oficiais de alta patente, todos da oposição.

Quanto mais os distúrbios aumentam, eles me disseram, mais o governo, em um esforço para manter a ordem, está sendo forçado a empregar soldados que não possuem treinamento nem vontade de obedecer a ordens. E esses soldados têm a oportunidade de descobrir que não estão lidando com o comunismo internacional, e, sim, com o povo nas ruas, com os mercadores dos bazares, com trabalhadores, com os desempregados, homens como os seus irmãos, da mesma forma como eles seriam, se não fossem soldados: "Podemos ordenar-lhes

---

[12] Em 1955, 27 oficiais ligados ao partido pró-soviético Tudeh proscrito foram executados, mas, em 1956, o xá foi convidado para uma visita oficial à União Soviética.

que atirem uma vez, mas não duas; em Tabriz, há oito meses,[13] foi necessário mudar toda a guarnição; e apesar de termos trazido regimentos à Teerã de rincões remotos das províncias, ainda assim será necessário trocá-los rapidamente". Confirmaram-me que na Sexta-Feira Negra pelo menos um oficial tinha sido morto pelos seus soldados quando ele deu a ordem de atirar na multidão e também que alguns dos soldados cometeram suicídio no dia seguinte.

À medida que a agitação se desenvolve sob a bandeira do Islã, ao qual todo o exército adere,[14] os soldados e oficiais descobrem que não possuem inimigos à sua frente, e, sim, senhores acima deles. E quando um exército aprende, no momento do combate, que em vez de inimigos ele tem senhores, o que ele faz?

"Será que um Nasser ou um Kadafi não emergem de suas fileiras?"

O oficial hesita um segundo.

"Se este Kadafi fosse patriótico, legalista, democrático e religioso, eu o aceitaria, e creio que nós iríamos aceitá-lo."

"Sim, naturalmente, ele se tornaria tudo isso no dia que tomasse o poder. Mas e no dia seguinte?"

"Sendo tão popular como ele é, a sua popularidade cessaria no exato momento em que se tornasse um ditador."

E ele acrescentou: "Não se esqueça de que não existe nada no exército que tenha sido feito para torná-lo popular. Nós aceitaríamos um líder democrático que viesse a emergir dele, mas não um ditador que emanasse dele."

Recordei-me, então, daquilo que muitos outros haviam me dito, que o grande tamanho do exército iraniano não podia ser justificado

---

[13] A intranquilidade começou em Qom em fevereiro de 1978, quando soldados mataram diversos *talabehs* (seminaristas), que estavam fazendo manifestações contra uma carta grosseira no jornal *Etela'at* atacando Khomeini. Ela logo se espalhou por Tabriz.

[14] Embora predominantemente muçulmano, o exército incluía efetivos não muçulmanos também.

pela defesa nacional. Aparentemente, ele seria dizimado por um ataque soviético dentro de oito minutos. A sua única tarefa, de acordo com essa hipótese, seria a de praticar uma estratégia de terra arrasada – em outras palavras, destruir o país. Portanto, uma força tão grande e desproporcional somente tem sentido à medida que assegura a ordem interna ou desempenha o papel de polícia em âmbito regional. Uma de suas intervenções militares mais recentes foi no Afeganistão, logo depois do golpe de Estado.[15] Ele tem o potencial de atacar pela retaguarda todo o campo de batalha do Oriente Médio. É uma força de intervenção regional que pode cobrir todo o sudoeste da Ásia. Em suma, é muito quebradiço e dividido para impor, com ou sem o xá, a ordem americana no Irã; é também um gendarme cuja missão está muito obviamente voltada contra seus vizinhos muçulmanos para assegurar, com um amplo consenso, uma "restauração" nacional. É uma questão de soldados equipados ao estilo americano, mas não de um exército americanizado.

Perguntei a um desses representantes do exército o que, de acordo com ele, era o maior perigo para o Irã: os Estados Unidos ou a União Soviética? Dessa vez ele disse, sem nenhuma hesitação:

"Os Estados Unidos, porque são os americanos que estão nos dominando."

Para mim, essas palavras pareceram carregar muito peso, porque eu sabia que o homem com o qual eu estava falando tinha estado longe de ser hostil às ações dos americanos 25 anos antes, quando eles reconduziram o xá ao trono.

O exército não parece, portanto, possuir dentro de si o poder de executar uma intervenção política. É verdade que o xá não pode subsistir sem ele, mas ele está cercado, ou melhor, cruzado por forças que o ameaçam. Ele pode permitir ou bloquear uma solução, mas

---

[15] Em abril de 1978, o governante do Afeganistão, general Muhammad Daud, foi derrubado e assassinado em um levante conduzido pelo Partido Popular Democrático pró-soviético.

não pode nem propor nem impor uma solução que ele mesmo desenvolva. É o buraco da fechadura em vez da chave. E das duas chaves que alegam ser capazes de abri-la, aquela que parece ser a mais bem adaptada no momento não é a americana do xá. É a islâmica do movimento popular.[16]

---

[16] O termo francês *populaire*, frequentemente contraposto a *bourgeois*, possui diversos significados, entre eles "popular", "do povo", "das pessoas comuns" e "das pessoas". Ele se tornou parte da ideologia comunista no sentido, por exemplo, de "a guerra do povo" (*guerre populaire*) como aplicada por Mao Tse-Tung a suas campanhas de guerrilha na China. Também foi utilizado para se referir àquilo que foi chamado de "democracias populares" (*démocraties populaires*) da Europa Oriental.

O Xá Está Cem Anos atrás dos Tempos
PUBLICADO PELA PRIMEIRA VEZ NO *CORRIERE DELLA SERA*,
1º DE OUTUBRO DE 1978[1]

Teerã – Quando deixei Paris, disseram-me várias vezes:

O Irã está passando por uma crise de modernização. Um monarca arrogante, desajeitado e autoritário está tentando competir com as nações industrializadas e manter os olhos fixos no ano 2000, mas a sociedade tradicional, por sua vez, não pode nem quer seguir esse caminho. Magoada e ferida, ela empacou. Ela se volta para o seu próprio passado, e em nome de crenças milenares, busca abrigo em um clero retrógrado.

Quantas vezes ouvi observadores inteligentes perguntarem com toda a seriedade que fórmula política será capaz de reconciliar as camadas mais profundas da sociedade iraniana com a necessidade de modernização do país. Seria uma monarquia liberal, um sistema parlamentar ou um regime presidencialista forte?

Cheguei a Teerã com essas perguntas em mente. Fiz essas perguntas umas 20 vezes e recebi 20 respostas: "Deixe o rei reinar, mas não governar". "Voltemos à Constituição de 1906."[2] "Tenhamos uma regência por enquanto, antes de tomarmos decisões definitivas." "O xá tem que sair de cena total ou parcialmente." "Os Pahlavis deveriam deixar o país e nós nunca mais deveríamos escutar falar deles novamente." Mas sempre, por trás de todas essas respostas, há o mesmo *leitmotif*: "De qualquer forma, não queremos nada *deste regime*". Avancei muito pouco.

---

[1] De acordo com os editores de *Ditos e Escritos*, o título proposto por Foucault foi "O Peso Morto da Modernização". Esse artigo foi quase que imediatamente traduzido para o persa e colado nos muros da Universidade de Teerã.

[2] A Revolução Constitucional de 1906 a 1911 estabeleceu um forte parlamento dentro de uma monarquia constitucional. A constituição, que incluía o princípio da igualdade perante a lei para todos os cidadãos do sexo masculino, continua até hoje a ser um ponto de referência para muitos nacionalistas, liberais e esquerdistas.

Uma manhã, em um enorme apartamento vazio onde cortinas fechadas só deixavam penetrar os barulhos mais altos dos carros que passavam, encontrei um oposicionista que me descreveu como uma das mentes políticas mais astutas do país. Ele era procurado pela polícia. Era um homem muito calmo e muito reservado. Ele fez poucos gestos, mas quando abriu a mão, dava para ver grandes cicatrizes. Ele já tinha tido encontros com a polícia.

– Por que você luta?
– Para derrubar o despotismo e a corrupção.
– Despotismo primeiro, ou a corrupção?
– O despotismo sustenta a corrupção, e a corrupção apoia o despotismo.
– O que você acha da ideia, frequentemente avançada pela *entourage* do xá, de que é necessário ter um poder forte, a fim de modernizar um país ainda atrasado, e que a modernização conduz inevitavelmente à corrupção em um país que não possui uma administração coesa?
– A combinação modernização-despotismo-corrupção é precisamente o que rejeitamos.
– Em suma, é assim que você caracteriza "este regime".
– Exatamente.

Um pequeno detalhe que me impressionou no dia anterior, quando visitei o bazar, que tinha acabado de reabrir após uma greve que tinha durado mais de oito dias, subitamente me veio à mente. Máquinas de costura incríveis, altas e disformes, como aquelas que podem ser vistas em anúncios nos jornais do século XIX, estavam alinhadas no salão. Elas estavam adornadas com padrões de heras, plantas trepadeiras e botões de flores, que mais ou menos imitavam velhas miniaturas persas. Todos aqueles objetos ocidentais impróprios para uso, sob o signo de um Oriente obsoleto, portavam a inscrição "Feito na Coreia do Sul".

Então senti que tinha compreendido que os eventos recentes não significavam um recuo em face da modernização por elementos extremamente retrógrados, e, sim, a rejeição, por toda uma cultura e todo um povo, de uma *modernização* que é ela própria um *arcaísmo*.

O azar do xá foi ter desposado esse arcaísmo. Seu crime é ter mantido, por meio de um sistema corrupto e despótico, aquele fragmento do passado em um presente que não mais o quer. Sim, modernização como um projeto político e um princípio de transformação social é uma coisa do passado no Irã.

Não quero dizer que meros erros e fracassos tenham condenado as formas recentes que o xá queria dar à modernização. É verdade que todos os grandes esforços levados a cabo pelo regime desde 1963 estão sendo agora rejeitados, por todas as classes sociais.[3] Não são apenas os grandes proprietários de terra que estão descontentes com a reforma agrária, mas também os pequenos agricultores, que assumem dívidas assim que recebem um pedaço de terra e, depois, são forçados a emigrar para a cidade. Os artesãos e os pequenos fabricantes estão descontentes, porque a criação de um mercado interno beneficiou principalmente os produtos estrangeiros.[4] Os mercadores dos bazares estão descontentes porque as formas atuais de urbanização os sufocam. As classes ricas, que contavam com um certo nível de desenvolvimento industrial nacional e que agora só podem imitar a casta governante colocando o seu capital nos bancos californianos ou em imóveis parisienses, também estão descontentes.

A "modernização", que não mais é desejada, é esta série de fracassos doloridos. Mas "modernização" também é alguma coisa mais

---

[3] Foucault estava se referindo à "Revolução Branca" do xá de 1963, que iniciou um programa limitado de reforma agrária e o sufrágio feminino, mas nenhuma abertura em direção à democracia. Khomeini liderou a sua primeira campanha política contra o referendo apoiando o programa do xá, que passou de qualquer forma. O xá reagiu atacando o seminário teológico em que Khomeini estava hospedado. Em uma tentativa de salvar a vida de Khomeini, diversos grandes aiatolás declararam que Khomeini era teólogo reconhecido, que merecia o título de aiatolá. O xá, então, enviou Khomeini para o exílio no Iraque, onde ele viveu até 1978.

[4] Na forma daquilo que a esquerda considerava ser um desenvolvimento dependente, o mercado interno comprava as *commodities* que tinham sido produzidas no exterior em detrimento da produção nacional.

velha que se apega ao atual monarca, e isso é a sua *raison d'être*. É alguma coisa que está na base não apenas de seu governo, mas também de sua dinastia.

Em 1921, quando Reza Khan, o líder da Brigada Cossaca, foi conduzido ao poder pelos ingleses, ele se apresentou como um discípulo de Ataturk.[5] Indubitavelmente, tratava-se de uma usurpação do trono, mas ele também tinha três objetivos que tomou emprestado de Mustafá Kemal: nacionalismo, secularismo e modernização. Os Pahlavis nunca foram capazes de alcançar os primeiros dois objetivos. Quanto ao nacionalismo, eles nem puderam nem souberam como se livrar das limitações da geopolítica e da riqueza do petróleo. O pai se colocou sob o domínio inglês a fim de manter distante a ameaça russa. O filho substituiu os ingleses pelo controle político, econômico e militar dos americanos para evitar a penetração soviética. Para o secularismo, as coisas estavam igualmente difíceis. Como era a religião xiita que de fato constituía o princípio real de consciência nacional, Reza Xá, a fim de dissociar os dois, tentou propagar uma noção de "arianismo" cujo único apoio era o mito da pureza ariana vigente em outro lugar. Aos olhos do povo, o que significava descobrir um belo dia que eles eram arianos? Não era nada mais do que ver a monarquia de mais de dois mil anos de idade sendo celebrada hoje sob as ruínas de Persépolis. De todo o programa kemalista, política internacional e a situação interna deixada aos Pahlavis, sobrou apenas um osso para ser roído, o da modernização. Essa modernização é que está sendo agora totalmente rejeitada, não apenas por conta dos problemas que eles tiveram, mas também por causa do seu próprio princípio. Com a presente agonia do regime, testemunhamos os últimos momentos de um episódio que começou há quase sessenta anos, a tentativa de

---

[5] Mustafa Kemal Ataturk (1881-1938) foi um líder militar da Primeira Guerra Mundial e o fundador da Turquia moderna. Durante seus anos no poder (1923-1938), ele estabeleceu o sistema político mais secular jamais criado em um país predominantemente muçulmano.

modernizar os países islâmicos de acordo com um estilo europeu. O xá ainda se agarra a isso como se fosse a sua única *raison d'être*. Não sei se ele ainda está mirando o ano 2000,[6] porém sei que sua famosa mirada data da década de 1920.[7]

No Irã, da mesma forma que na Europa, existem certos tecnocratas, cuja função é corrigir os erros da prévia geração de tecnocratas. Eles falam de crescimento medido, de desenvolvimento, mas também do meio ambiente. Eles falam do tecido social com respeito. Um deles me explicou que tudo ainda poderia ser consertado e que uma modernização "razoável" poderia ocorrer, que levaria em conta a "identidade cultural", mas sob a condição de que o rei abandone os seus sonhos. Ele virou-se e me mostrou uma enorme foto na parede onde um homenzinho disfarçado estava se pavoneando na frente de um trono cheio de gemas, como uma maneira de dizer ao modo de Tocqueville: "Este é o homem com o qual teremos que governar o Irã".

Ainda agora, este homem ambicioso e diversos outros com ele gostariam de continuar a salvar a "modernização", limitando os poderes do xá e neutralizando os seus sonhos. Eles não entenderam que no Irã de hoje é a modernização que é o peso morto.

Sempre lamentei que a corrupção, que atrai tanta gente inescrupulosa, interessa tão pouco às pessoas honestas. Você já ouviu falar de algum tratado de economia política, ou de sociologia, ou livros de história que ofereçam uma análise séria e detalhada da especulação, das

---

[6] De acordo com Muhammad Reza Xá, por volta de 2000 o Irã iria se juntar "às grandes civilizações" do mundo.

[7] Trata-se de uma referência ao pai do xá. Existem numerosos relatos do olhar aterrorizante do xá, seu controle incessante sobre todos os detalhes e das suas prisões sumárias e execuções daqueles que ele considerava inimigos pessoais, ou daqueles que julgava irresponsáveis e caprichosos nas questões de Estado. O "olhar" é o mesmo termo que Foucault utilizou em sua bem conhecida discussão sobre o poder na forma de "observações hierárquicas" em *Vigiar e Punir*: "o aparato disciplinador perfeito tornaria possível que, mediante um único olhar, se visse tudo constantemente" (1977a, p. 173).

práticas corruptas, desfalques e trapaças que constituem o pão diário verdadeiro de nosso comércio, nossa indústria e nossas finanças?

Em Teerã, finalmente encontrei o meu homem, um economista austero com olhos maliciosos.

"Não", ele me disse,

> a corrupção não foi o infortúnio que comprometeu o desenvolvimento do país nem foi a fraqueza da dinastia. Ela sempre foi a maneira da dinastia exercer o poder e um mecanismo fundamental da economia. A corrupção é o que mantém juntos o despotismo e a modernização. Por favor, considere que ela não é um vício que é mais ou menos escondido. Ela é o *regime*.

A seguir tive o privilégio de ouvir uma soberba apresentação sobre a "corrupção de Pahlavi". O professor esperto sabia muito. De nascença, ele estava suficientemente bem conectado à riqueza tradicional de seu país para estar familiarizado com os velhos ardis, e sua habilidade me ajudou a compreender bem os procedimentos de hoje.

Ele me mostrou como Reza Xá, esse desconhecido que chegou ao poder apenas mediante o apoio estrangeiro, imediatamente se inseriu na economia do país como um resultado de conquistas predatórias – confisco de uns poucos tesouros feudais e depois de grandes extensões de terra fértil às margens do mar Cáspio. Ele depois me explicou o sistema da equipe atual. Eles usam métodos modernos, como empréstimos governamentais, associações de bancos, instituições de empréstimo, como a Fundação Pahlavi,[8] bem como formas muito arcaicas, em que é uma questão de concessões dadas a um membro da família, ou rendas concedidas a um favorito: "A um dos irmãos, imóveis; à irmã gêmea, o tráfico de drogas; a seu filho, o comércio de antiguidades; o açúcar a Félix Agaian; o negócio de armas a Toufanian; o caviar a

---

[8] Uma organização de caridade ostensiva apoiada por contribuições públicas e privadas, a Fundação Pahlavi tornou-se enormemente rica por volta da década de 1970. Em setembro de 1978, sob a pressão de críticos, o governo iniciou uma investigação sobre as suas finanças.

Davalou".[9] Até mesmo o negócio do pistache foi dividido. Toda essa "modernização" conduziu a uma apropriação gigantesca. Graças ao banco Omran, os benefícios de uma reforma agrária terminaram nas mãos do xá e de sua família. Novos projetos de construção em Teerã foram distribuídos como espólio.

Um pequeno clã de beneficiários brande o direito de conquistar as iniciativas de desenvolvimento econômico. Se acrescentarmos que o governo dispõe de toda a renda do petróleo deixada pelas companhias estrangeiras e, portanto, pode adquirir a "sua" polícia, o "seu" exército e assinar contratos fabulosos e frutíferos com ocidentais, como não poderíamos compreender que o povo iraniano vê nos Pahlavis um regime de ocupação? É um regime que tem a mesma forma e vem da mesma idade de todos os regimes coloniais que subjugaram o Irã desde o início do século.

Portanto, eu lhes peço que não nos falem mais sobre as fortunas e infortúnios de um monarca que é demasiadamente moderno para um país que é velho demais. O que é velho aqui no Irã é o xá. Ele tem cinquenta anos de idade e está uns cem anos atrasado no tempo. Ele é da idade dos monarcas predadores. Ele acalenta o velho sonho de abrir o seu país através da secularização e industrialização. Hoje, é seu projeto de modernização, as suas armas despóticas e seu sistema de corrupção que são arcaicos. É "o regime" que é um arcaísmo.

---

[9] Foucault está provavelmente se referindo a Gholamreza Pahlavi (o irmão do xá), Ashraf Pahlavi (a irmã do xá) e ao filho de Ashraf (Shahram Shafiq). A princesa Ashraf uma vez conseguiu processar *Le Monde* depois que ele publicou um artigo sugerindo que ela estava envolvida com o tráfico de drogas. Felix Agaian era um senador representando a minoria armênia e um confidente próximo do xá. Hasan Toufanian era um general da força aérea que recebeu dinheiro ilegal proveniente de contratos de armamento. Ele tornou-se vice-ministro da defesa durante os levantes revolucionários. Davalou Qajar era um bom amigo do xá, que, no final da década de 1970, foi acusado de comércio ilegal de drogas pelo governo suíço. O xá secretamente o resgatou da Suíça em seu avião particular, criando um escândalo na imprensa europeia.

Teerã: A Fé contra o Xá
PUBLICADO PELA PRIMEIRA VEZ NO *CORRIERE DELLA SERA*
EM 8 DE OUTUBRO DE 1978[1]

Teerã – Teerã é dividida em duas partes, ao longo de um eixo horizontal. A parte rica da cidade, em meio a enormes sítios de construções, lentamente sobe os pés dos morros, em direção ao ar fresco. As vilas com seus jardins estão encapsuladas por muros altos e sólidas portas de metal. No sul estão os bazares, o centro velho da cidade e os subúrbios pobres. Na periferia, prédios muito baixos, que lembram quartéis, se misturam com a poeira nas planícies, tão longe quanto o olho pode ver. Um pouco mais além, a cidade é interrompida abruptamente, pois, ao longo dos séculos, escavações enormes têm sido feitas para retirar a argila necessária para construir Teerã. Quinhentos ou seiscentos metros abaixo do palácio real e do hotel *Hilton*, a cidade deixou os seus moldes vazios. Aqui, acima dos buracos, lonas vermelhas e pretas foram esticadas para criar moradias.

Lá, onde a cidade termina e de onde já se pode sentir o deserto, duas ondas opostas se encontram, os camponeses são forçados a abandonar suas terras em função do fracasso da reforma agrária, e os moradores da cidade são empurrados para a periferia por causa dos triunfos da urbanização. Esse é um fenômeno que caracteriza todo o Irã, pois em dez anos a população urbana cresceu de nove para dezessete milhões.

Hoje, como ocorre todas as sextas-feiras, as duas metades da cidade, lado a lado, durante a semana, se separam. O norte vai ainda

---

[1] De acordo com os editores de *Ditos e Escritos*, o título proposto por Foucault foi "Aguardando o Imame". A sua discussão sobre o xiismo foi informada por um encontro com o Grande aiatolá Kazem Shariatmadari na cidade religiosa de Qom, em 20 de setembro de 1978. Shariatmadari era o clérigo xiita mais importante dentro do Irã na época em que Khomeini estava no exílio. Mais moderado do que Khomeini, ele foi posto de lado após 1979 e colocado sob prisão domiciliar.

mais ao norte, em direção às praias do mar Cáspio. O sul vai mais ao sul, em direção à Shahr-e Rey e ao velho santuário onde jaz o tataraneto do imame Reza.[2] Em volta do mausoléu há muita correria e empurrões. O europeu está provavelmente errado ao buscar discernir que parte é feira de rua e que parte é devoção. O presente monarca tentou, de fato, canalizar para si um pouco dessa corrente. Muito próximo daqui ele erigiu o túmulo de seu próprio pai. O pai, Reza Xá, também projetou uma grande avenida e desenhou plataformas de concreto onde antes só havia hortas. Ele fez festas e recebeu delegações estrangeiras, tudo por nada, pois na rivalidade entre os mortos, o tataraneto do imame ganha, todas as sextas-feiras, do pai do rei.

"A esta altura, que mais sobrou para eles?" é uma pergunta frequente.

> Eles foram expelidos de sua existência tradicional. Sem dúvida, a vida deles era limitada e precária. Contudo, ao arrancá-los de suas terras e de suas oficinas, ao lhes prometerem um salário que só podia ser encontrado nos serviços de terraplanagem ou na construção civil (e isso apenas esporadicamente), eles acabam expostos ao desemprego permanente. Deslocados dessa maneira, que refúgio lhes sobra a não ser o que eles encontram na mesquita e nas comunidades religiosas?

Porém, aqueles que permanecem em casa passam por um "transplante" semelhante, porém não visto. Há tentativas de desenvolver o agronegócio onde antes havia somente lotes individuais de terra. Há tentativas para se cultivar culturas de exportação, enquanto produtos que costumavam ser cultivados no país agora são importados. Há tentativas de se desenvolver novas estruturas administrativas. Há vários meses, em uma estrada deserta, uma placa dava as boas-vindas aos motoristas que chegassem a Meybod. Por mais que se procurasse essa cidade, não era possível encontrá-la. As pessoas do local, quando perguntadas, não entendiam o que se estava perguntando a elas. Essa

---

[2] O imame Ali Al-Reza foi o oitavo imame xiita (765-818 E.C.).

pergunta revelou uma cidade que só existia no papel para satisfazer burocratas que a tinham criado mediante a união de cinco aldeias espalhadas, indubitavelmente para fins de especulação imobiliária. No momento, ninguém dava a menor importância a essa cidade, que era lançada ao solo como uma geografia sem raízes,[3] porém logo essas pessoas iriam ser governadas de maneira diferente, forçadas a viver de outra maneira, ligadas umas às outras por outras relações e talvez expelidas do lugar.

Onde se pode buscar proteção, isto é, quando ela pode ser encontrada, senão neste Islã, que por séculos governou a vida diária, os laços de família e as relações sociais com tanto cuidado? Não é que o seu rigor e a sua imobilidade se constituem na sua boa fortuna? Um sociólogo me falou sobre o seu "valor como refúgio".[4] A mim me parece, todavia, que este homem, que conhecia bem o seu país, pecou (por discrição, talvez, na frente do europeu que sou) por uma excessiva ocidentalização.

Recordemo-nos de que a comemoração das vítimas do levante ocorreu há oito dias no cemitério imenso de Teerã, que tem o nome de "Paraíso".[5] Onde os mortos dormem em covas rasas debaixo de uma fina camada de cimentos, as famílias, os amigos dos mortos e as pessoas aos milhares estavam rezando. Eles se lamentavam, levantando os braços. Porém, no início daquela tarde, em volta dos robes negros e cinzas dos mulás, as discussões já tinham se iniciado, e com que violência! Derrubar o xá, imediatamente ou mais tarde? Caçar os americanos, mas como? Pegar em armas ou continuar aguardando?

---

[3] Isso sugere a noção de um geógrafo simplesmente desenhando linhas em um mapa como parte de um plano de desenvolvimento, sem levar em conta particularidades locais ou sensibilidades.

[4] Provavelmente uma referência a Ehsan Naraghi, que Foucault tinha visitado no Irã, tendo conhecido-o previamente em Paris.

[5] Trata-se do Cemitério Paraíso de Zahra (Behest-e Zahra), naquela época situado em um oásis no deserto, mais ou menos a cinco milhas ao sul de Teerã.

Apoiar ou denunciar os deputados de oposição que, ao atacarem o regime no parlamento, dão ao mundo a impressão de que a liberdade voltou? Mais para o final do dia, grupos se formavam e se separavam, e se formavam novamente em torno dos clérigos. Na agitação política, os mortos não foram esquecidos, e receberam a veneração a que tinham direito.

Além do mais, oito dias antes, milhares de protestantes, de mãos vazias, na frente de soldados armados, tinham enchidos as ruas de Teerã, gritando "Islã! Islã!"; "soldado, meu irmão, por que atirar no seu irmão? Junte-se a nós para salvar o Corão"; "Khomeini, herdeiro de Hussein, Khomeini, seguimos atrás de seus passos". E sei de um estudante, "de esquerda", de acordo com as nossas categorias, que tinha escrito em letras garrafais "Governo Islâmico", no cartaz em que tinha escrito as suas demandas e que estava agora segurando com os braços esticados.

É necessário voltar no tempo um pouco mais. Ao longo de todo este ano, a revolta correu solta pelo Irã, desde as celebrações até as comemorações, desde a veneração aos sermões, às rezas. Teerã honrou os mortos de Abadã, Tabriz, os de Isfahan, e Isfahan, os de Qom. Lanternas brancas, vermelhas e verdes foram acesas ao cair da noite em grandes galhos de árvore na frente de centenas de casas.[6] Eram os "leitos nupciais" dos rapazes recém-assassinados.[7] Nas mesquitas durante o dia, os mulás faziam um discurso furioso contra o xá, os americanos, o Ocidente e seu materialismo. Eles conclamavam as pessoas a lutarem contra todo o regime em nome do Corão e do Islã. Quando as mesquitas ficaram pequenas demais para a multidão, alto-falantes foram colocados nas ruas. Essas vozes, que soavam tão

---

[6] Branco, vermelho e verde são as cores nacionais do Irã.

[7] Nas comunidades islâmicas, existe uma tradição de fazer uma "câmara nupcial" (*hajleh*) para meninos não casados que morreram. Tipicamente, elas contêm uma grande caixa de vidro decorada com as fotos do morto, muitas flores e luzes.

terríveis quanto deve ter soado a voz de Savonarola em Florença, as vozes dos anabatistas em Münster ou as dos presbiterianos à época de Cromwell,[8] ecoavam por toda a aldeia, por toda a vizinhança. Muitos daqueles sermões eram gravados, e as fitas circulavam por todo o Irã. Em Teerã, um escritor que não era de forma alguma um homem religioso me permitiu escutar algumas delas. Elas não pareciam evocar nem retirada nem refúgio. E nem evocavam desordem ou temor.

Nem precisei perguntar a ele se essa religião, que alternativamente convoca o fiel à batalha e comemora os mortos, não estaria profundamente fascinada pela morte – mais focada, talvez, no martírio do que na vitória. Eu sabia que ele teria respondido:

> O que preocupa vocês, ocidentais, é a *morte*. Vocês lhe pedem que os retire da vida, e ela ensina-lhes como desistir. Já para nós, nós cuidamos dos *mortos*, porque eles nos ligam à vida. Estendemos as mãos a eles para que eles nos liguem à permanente obrigação por justiça. Eles nos falam do que é certo e da luta que é necessária para que o que é certo triunfe.

Sabe qual é a frase que irrita mais os iranianos, aquela que parece a eles a mais idiota, a mais burra? "A religião é o ópio do povo."[9] Até a época da presente dinastia, os mulás pregavam com uma arma ao seu lado nas mesquitas.

Cerca de 90% dos iranianos são xiitas. Eles aguardam o retorno do Décimo Segundo Imame, que criará o reino da ordem verdadeira do Islã sobre a terra.[10] Enquanto esse credo não anuncia todos os dias

---

[8] Além da Revolução Inglesa de Oliver Cromwell do século XVII, Foucault estava, aqui, se referindo ao líder religioso italiano do século XV Girolamo Savonarola e à sublevação radical dos camponeses protestantes no início do século XVI em Münster.

[9] Trata-se de uma referência a uma declaração famosa de Marx (1843, p. 175).

[10] O Décimo Segundo Imame, ou O Escondido, é o Mahdi, ou Messias, cujo ocultamento dá significado à tradição exotérica mística xiita, em contraposição à tradição sunita mais estatista.

que o grande evento ocorrerá amanhã, ele também não aceita indefinidamente toda a miséria do mundo. Quando encontrei o aiatolá Shariatmadari (ele é indubitavelmente a maior autoridade espiritual no Irã hoje), uma das primeiras sentenças que ele balbuciou para mim foi: "Estamos aguardando o Mahdi, porém todos os dias lutamos por um bom governo". O xiismo, em face dos poderes estabelecidos, confere aos fiéis uma inquietação incansável. Ela instiga neles um ardor em que a política e a religião estão lado a lado.

Primeiro, trata-se de uma questão de crença. Para os xiitas, o Corão é justo porque expressa a vontade de Deus, mas o próprio Deus queria ser justo. É a justiça que fez a lei e não a lei que fabricou a justiça. Naturalmente, é preciso encontrar essa justiça "no" texto ditado por Deus ao Profeta. Contudo, pode-se também decifrá-lo na vida, nos dizeres, na sabedoria e nos sacrifícios exemplares dos imames nascidos, após Ali, na casa do Profeta[11] e perseguidos pelo governo corrupto dos califas, aqueles aristocratas arrogantes que tinham esquecido o velho sistema de justiça igualitário. Enquanto também se aguarda pelo Décimo Segundo Imame, o qual, ao se tornar visível, reestabelecerá o sistema igualitário em toda a sua perfeição, é necessário que, por meio do conhecimento, através do amor por Ali e seus descendentes, e até mesmo através do martírio, defenda-se a comunidade de crentes contra o poder do mal.

Consequentemente, é uma questão de organização. Dentre o clero xiita, a autoridade não é determinada pela hierarquia. As pessoas seguem apenas aquele a quem elas querem ouvir. Os Grandes aiatolás do momento, aqueles que, ao desprezarem o rei e a sua polícia, e o exército, fizeram com que todo um povo fosse às ruas, não foram coroados por ninguém. As pessoas os escutavam. Isso era verdade mesmo nas menores comunidades, onde a vizinhança e os mulás das

---

[11] Estes são os filhos e netos de Ali, que, com ele, formam os Doze Imames (santos) do Islã xiita.

aldeias reuniam ao seu redor aqueles atraídos por suas palavras. Desses voluntários vem a sua subsistência, deles vem o que é necessário para apoiar os discípulos que eles treinam e deles vem a sua influência. Mas deles vem também um apelo implacável para que se denuncie a injustiça, para criticar o governo, para se sublevarem contra medidas inaceitáveis e dar broncas e para prescrever. Esses homens da religião são como muitas chapas fotográficas em que a raiva e as aspirações da comunidade são gravadas. Se eles quisessem ir contra a corrente, eles perderiam esse poder, que essencialmente reside na ação recíproca de falar e de ouvir.

Não vamos enfeitar as coisas. O clero xiita não é uma força revolucionária. Desde o século XVII, ele cuida da religião oficial. As mesquitas e as tumbas dos santos receberam doações valiosas. Bens consideráveis estão acumulados em suas mãos, levando a conflitos, bem como a cumplicidades com as pessoas no poder. Isso também levou a várias oscilações, mesmo que seja verdade que os mulás, especialmente os mais humildes, tenham estado muito frequentemente do lado dos rebeldes. Por exemplo, o aiatolá Kashani estava no auge de sua popularidade durante a época que apoiava Mossadeq. Depois que ele mudou de lado, foi esquecido.[12]

Os mulás não são de forma alguma "revolucionários", mesmo no sentido popular da palavra. Mas isso não significa que o peso da inércia seja a única coisa que a religião xiita pode oferecer em oposição ao governo e à detestada modernização. Isso não significa que ela se constitua em uma ideologia que é tão disseminada entre o povo em que verdadeiros revolucionários são forçados por um tempo a juntarem-se a ela. É muito mais do que um simples vocabulário por meio do qual as aspirações, incapazes de encontrar outras palavras, têm que passar. É hoje o que foi diversas vezes no passado, a forma

---

[12] O aiatolá Abulqasem Kashani se voltou contra Mossadeq um pouco antes do golpe de 1953, que ele pode ter ajudado a facilitar.

que a luta política assume tão logo ela mobilize as pessoas comuns. Ela transforma milhares de formas de descontentamento, ódio, miséria e desespero em uma *força*. Ela as transforma em uma força porque é uma forma de expressão, um modo de relações sociais, uma organização elemental flexível e amplamente aceita, um modo de estarem juntos, um modo de falar e de ouvir, alguma coisa que permite que alguém possa ser ouvido por outros e de aspirar a alguma coisa que está neles, ao mesmo tempo que eles aspiram a ela.

A Pérsia tem tido um destino surpreendente. No alvorecer da história, inventou o Estado e o governo. Ela deu ao Islã os seus modelos de Estado e governo, e seus administradores administraram o império árabe. Desse mesmo Islã, porém, ela derivou uma religião que, ao longo dos séculos, nunca deixou de conferir força irredutível[13] a tudo que vem das profundezas de um povo que pode se opor ao poder do Estado.

---

[13] Este vocábulo também pode ser traduzido como "intransigente" ou "obstinado".

Com o que os Iranianos Estão Sonhando?
PUBLICADO PELA PRIMEIRA VEZ EM *LE NOUVEL OBSERVATEUR*,
EM 16-22 DE OUTUBRO DE 1978[1]

"Eles nunca sairão daqui por vontade própria. Da mesma forma que eles fizeram no Vietnã." Eu queria responder que eles estão menos prontos para saírem do Irã do que do Vietnã por causa do petróleo, por causa do Oriente Médio. Hoje eles parecem prontos, depois de Camp David,[2] de conceder o Líbano ao domínio sírio e, portanto, à influência soviética, mas será que os Estados Unidos estão prontos para se privarem de uma posição que, de acordo com a circunstância, lhes permitiria intervir do leste ou monitorar a paz?

Será que os americanos irão forçar o xá em direção a uma nova demonstração de força, uma segunda "Sexta-feira Negra"? O reinício das aulas na universidade, as greves recentes, os distúrbios que estão começando uma vez mais e os festivais religiosos do mês seguinte poderiam criar tal oportunidade. O homem com a mão de ferro é Moghadam, o líder atual da SAVAK.[3]

Este é o plano B, que, no momento, não é nem o mais desejável nem o mais provável. Ele seria incerto: enquanto se poderia contar com alguns generais, não é claro se seria possível contar com o exército. Sob

---

[1] Este foi o primeiro dos artigos de Foucault sobre o Irã a aparecer em francês. Existem dois verbos franceses para "sonhar", *rêver* e *songer*. O primeiro considera o sentido de sonhar como alguma coisa emocional ou espontânea, e está relacionado à palavra inglesa *"reverie"*. Na acepção do segundo, sonhar é alguma coisa baseada mais no pensamento e reflexão.

[2] Trata-se de uma referência aos acordos de Camp David de setembro de 1978, assinados pelo primeiro-ministro Menachem Begin, de Israel, e pelo presidente do Egito, Anwar Sadat, com a mediação do presidente americano, Jimmy Carter. O Egito tornou-se o primeiro Estado árabe a estabelecer relações diplomáticas com Israel, mas nada concreto foi feito com relação aos direitos dos palestinos.

[3] O general Nasser Moghadam foi nomeado chefe da SAVAK, a notória polícia política do regime, em 1978. Ele foi executado em 1979.

certo ponto de vista, ele seria inútil, pois não existe nenhuma "ameaça comunista": nem de fora, uma vez que se acordou pelos últimos 25 anos que a URSS não colocaria as mãos no Irã, nem de dentro porque o ódio pelos americanos é igualado apenas ao medo dos soviéticos.

Independentemente de serem assessores do xá, peritos americanos, tecnocratas do regime ou grupos da oposição política (sejam eles da Frente Nacional ou aqueles mais "orientados ao socialismo"),[4] durante essas últimas semanas, todos concordaram mais ou menos de bom grado em tentar uma "liberalização interna acelerada" ou deixar que ela ocorra. No momento, o modelo espanhol é o favorito da liderança política.[5] Será que é adaptável ao Irã? Existem muitos problemas técnicos. Existem questões com relação à data: agora, ou mais tarde, após um outro incidente violento? Existem questões com relação a pessoas individuais: com ou sem o xá? Talvez com o filho, a esposa? Será que o ex-primeiro-ministro Amini,[6] o velho diplomata destacado para conduzir a operação, já não está muito cansado?

O REI E O SANTO

Existem diferenças substanciais entre o Irã e a Espanha, todavia. O fracasso do desenvolvimento econômico no Irã impediu a construção

---

[4] A Frente Nacional, que foi fundada em outubro de 1949, era um partido secular nacionalista que defendia o legado de Mossadeq. Em 1978, Karin Sanjabi representava o partido.

[5] Após a morte do ditador Francisco Franco em 1975, a Espanha fez uma transição rápida e relativamente pacífica de uma ditadura fascista para uma monarquia constitucional. As primeiras eleições livres em quarenta anos ocorreram em 1977, quando os partidos de esquerda obtiveram maioria parlamentar.

[6] Ali Amini era um político moderado, considerado próximo dos Estados Unidos. Em setembro de 1978, ele aconselhou o xá a deixar de governar diretamente e a permitir um governo de coalizão que consentisse que todos os partidos políticos de oposição fizessem parte desse novo governo.

de uma base para um regime liberal, moderno e ocidentalizado. Em vez disso, surgiu um imenso movimento vindo debaixo, que eclodiu este ano, sacudindo os partidos políticos que estavam sendo lentamente reconstituídos. Esse movimento acabou de colocar meio milhão de homens nas ruas de Teerã contra metralhadoras e tanques.

Não apenas eles gritavam, "Morte ao xá", mas também, "Islã, Islã, Khomeini, iremos te seguir", e até mesmo "Khomeini para rei".

A situação no Irã pode ser compreendida como uma grande luta sob emblemas tradicionais, do rei e do santo, o governante armado e o exilado destituído, o déspota diante do homem que se ergue com as mãos vazias e é aclamado por todo um povo. Essa imagem tem o seu próprio poder, mas também passa uma realidade à qual milhões de mortos acabaram de subscrever.[7]

A noção de uma rápida liberalização sem ruptura na estrutura do poder pressupõe que o movimento desde baixo está sendo integrado ao sistema ou que esteja sendo neutralizado. Aqui, é preciso primeiramente discernir onde e o quão longe o movimento pretende chegar. Contudo, ontem em Paris, onde ele tinha buscado refúgio, e apesar de muitas pressões, o aiatolá Khomeini "arruinou tudo".

Ele enviou um apelo aos estudantes, mas também estava se dirigindo à comunidade muçulmana e ao exército, pedindo-lhes que se opusessem em nome do Corão e em nome de um nacionalismo a esses compromissos com relação às eleições, à constituição, e assim por diante.

Trata-se de uma dissensão prevista há muito tempo que está acontecendo dentro da oposição ao xá? Os "políticos" da oposição tentam ser confortadores: "É bom", eles dizem.

> Khomeini, ao aumentar as apostas, nos fortalece em face do xá e dos americanos. De qualquer forma, o seu nome é somente um grito de guerra, pois ele não tem nenhum programa. Não se esqueça de que,

---

[7] Aqui provavelmente Foucault quis escrever "milhares".

desde 1963, os partidos políticos foram amordaçados.[8] No momento, estamos apoiando Khomeini, mas uma vez que a ditadura seja abolida, toda essa névoa se dissipará. Políticos autênticos assumirão o comando, e logo esqueceremos o velho pregador.

Mas toda a agitação deste final de semana em relação à residência fortemente clandestina do aiatolá nos subúrbios de Paris, bem como as idas e vindas de iranianos "importantes", tudo isso contradisse esse otimismo apressado. Tudo isso provou que o povo acreditou no poder da misteriosa corrente que fluiu entre um velho que tinha sido exilado por quinze anos e seu povo, que invoca o seu nome.

A natureza dessa corrente tem me intrigado desde que eu ouvi falar dela há uns poucos meses, e estava um pouco cansado, tenho que confessar, de escutar tantos especialistas espertos repetindo: "Sabemos o que eles não querem, mas ainda não sabemos o que eles querem".

"O que vocês querem?" Foi com essa única pergunta em mente que eu caminhei pelas ruas de Teerã e de Qom nos dias imediatamente seguintes aos distúrbios. Fui cuidadoso em não fazer essa pergunta aos políticos profissionais. Preferi manter, em vez disso, algumas vezes longas conversas com os líderes religiosos, estudantes e intelectuais interessados nos problemas do Islã, e também com ex-guerrilheiros que tinham abandonado a luta armada em 1976 e tinham decidido trabalhar de forma completamente diferente dentro da sociedade tradicional.[9]

"O que vocês querem?" Durante toda a minha estada no Irã, não escutei nenhuma vez a palavra "revolução", mas quatro vezes em cinco, as pessoas iriam responder, "um governo islâmico". Isso não

---

[8] Dois partidos foram montados pelo governo nesse período, o Partido Mardom (Partido do Povo) e o Iran-i Novin Parti (Partido do Novo Irã).

[9] O combate do xá às atividades de guerrilha do marxista-leninista Fedayeen Khalq e do esquerdista islâmico Khalq Mujahedeen resultou na morte de mais de trezentos de seus membros. Alguns, então, abandonaram tais políticas, mas outros permaneceram, permitindo que esses grupos emergissem em 1978-1979, principalmente dentro da esquerda estudantil.

foi uma surpresa. O aiatolá Khomeini já tinha dado esta como uma resposta piedosa aos jornalistas e a resposta permaneceu nesse ponto.

O que exatamente isso significa em um país como o Irã, que tem maioria muçulmana, mas não é nem árabe nem sunita, e, portanto, menos suscetível do que outras nações ao pan-islamismo ou ao pan-arabismo?

De fato, o Islã xiita exibe um número de características que provavelmente dará ao desejo por um "governo islâmico" uma coloração particular. Com relação à sua organização, há ausência de hierarquia no clero, certa independência dos líderes religiosos em relação aos outros, mas uma dependência (mesmo financeira) daqueles que os escutavam e uma importância dada à autoridade puramente espiritual. O papel, tanto de ressonância como de liderança, que o clero tem que desempenhar a fim de sustentar a sua influência – é disso que a organização se trata. Quanto à doutrina xiita, há o princípio de que a verdade não foi concluída e selada pelo último profeta. Após Maomé, um outro ciclo de revelações se inicia, o ciclo não terminado dos imames, os quais, pelas suas palavras e seu exemplo, bem como por seu martírio, carregam a luz, sempre a mesma e sempre mudando. É essa luz que é capaz de iluminar a lei por dentro. Esta última é feita não apenas para ser conservada, mas também para liberar ao longo do tempo o significado espiritual que detém. Ainda que invisível antes de seu retorno prometido, o Décimo Segundo Imame não está nem radical nem fatalmente ausente. São as próprias pessoas que farão com que ele volte, à medida que a verdade que as desperte as ilumine ainda mais.

É dito frequentemente que para o xiismo todo poder é ruim se não for o poder dos imames. Como podemos ver, as coisas são muito mais complexas. Foi isso que o aiatolá Shariatmadari me disse logo nos primeiros minutos de nosso encontro: "Estamos aguardando o retorno do imame, o que não significa que estejamos desistindo da possibilidade de um bom governo. Isso é o que vocês, cristãos, estão tentando fazer, embora estejam aguardando o Dia do Julgamento". Como que para conferir maior autenticidade às suas palavras, o aiatolá foi cercado por diversos membros do Comitê sobre os Direitos Humanos do Irã[10] quando me recebeu.

Uma coisa tem que ficar clara. Por "governo islâmico", ninguém no Irã entende um regime político em que os clérigos teriam um papel de supervisão ou controle. Para mim, a frase "governo islâmico" parecia apontar para duas ordens de coisas.

"Uma utopia", alguns me disseram sem nenhuma implicação pejorativa. "Um ideal", a maioria deles me disse. De qualquer forma, é alguma coisa muito velha e também muito longe no futuro, uma noção de retorno àquilo que o Islã era na época do Profeta, mas também em avançar em direção a um ponto luminoso e distante onde seria possível renovar a fidelidade em vez de manter obediência. Na busca desse ideal, a desconfiança para com o legalismo parecia ser essencial, com fé na criatividade do Islã.

Uma autoridade religiosa me explicou que ainda iria demandar um longo trabalho pelos especialistas civis e religiosos, acadêmicos e crentes, a fim de lançar luz sobre todos os problemas para os quais o Corão nunca disse que tinha uma resposta precisa. Mas é possível encontrar algumas direções gerais aqui: o Islã valoriza o trabalho; ninguém pode ser privado dos frutos do seu trabalho; aquilo que tem que pertencer a todos (água, o subsolo) não pode ser apropriado por ninguém.[11] Com relação às liberdades, serão respeitadas à medida que o seu exercício não prejudique outros; as minorias serão protegidas e

---

[10] Um grupo liderado por Mehdi Bazargan, um islamista proeminente, que serviu como intérprete durante esta conversa entre Foucault e Shariatmadari. Em 1977, Bazargan e diversos outros ajudaram a estabelecer o Comitê Iraniano para a Defesa da Liberdade e dos Direitos Humanos, que se tornou uma conexão-chave entre os ativistas dos direitos humanos seculares e os clérigos. Em 1979, ele foi o primeiro a se tornar primeiro-ministro de Khomeini. Tendo se oposto à tomada dos reféns na Embaixada Americana, ele renunciou no final de 1979.

[11] Trata-se aparentemente de uma referência aos depósitos de petróleo.

livres para viverem como quiserem sob a condição de que não prejudiquem a maioria; entre homens e mulheres não haverá desigualdade com respeito às leis, mas diferença, uma vez que há uma diferença natural. Com relação à política, as decisões devem ser tomadas pela maioria, os líderes devem ser responsáveis pelas pessoas e cada pessoa, como exposto no Corão, deve ser capaz de se erguer e exigir que os governantes prestem contas de seu governo.

Diz-se frequentemente que as definições de um governo islâmico são imprecisas. Ao contrário, parecem para mim ter uma clareza familiar, mas preciso dizer, não muito reconfortante. "Essas são as fórmulas básicas para a democracia, seja ela burguesa ou revolucionária", eu disse. "Desde o século XVIII até agora, não cessamos de repeti-las, e vocês sabem aonde isso nos levou." Mas imediatamente recebi a seguinte resposta: "O Corão as tinha enunciado antes de vocês, filósofos, e se os cristãos e o Ocidente industrializado esqueceram o seu significado, o Islã saberá como preservar o seu valor e a sua eficácia".

Quando os iranianos falam de governo islâmico; quando, sob a ameaça de balas, eles o transformam em um *slogan* das ruas; quando eles rejeitam em seu nome, talvez o risco de um banho de sangue, acordos combinados pelos partidos e políticos, eles têm outras coisas em mente que não essas fórmulas de todos os lugares e de nenhum lugar. Eles também têm outras coisas no coração. Acredito que eles estão pensando em uma realidade que é muito próxima a eles, uma vez que eles mesmos são seus agentes ativos.

Trata-se, em primeiro lugar e antes de mais nada, de um movimento que tenciona conceder um papel permanente na vida política às estruturas tradicionais da sociedade islâmica. Um governo islâmico é que permitirá a contínua atividade de milhares de centros políticos que se espalharam por mesquitas e comunidades religiosas, a fim de resistir ao regime do xá. Deram-me um exemplo. Há dez anos, um terremoto atingiu Ferdows. A cidade inteira teve que ser reconstruída, mas uma vez que o plano que tinha sido selecionado não tinha agradado à maioria dos lavradores e pequenos artesãos, eles se retiraram. Sob a orientação de um líder religioso, eles foram fundar a sua cidade em um local um pouco além. Eles haviam recolhido doações em toda a região. Eles escolheram coletivamente os locais onde se assentar, arrumaram uma fonte de abastecimento de água e organizaram cooperativas. Eles chamaram a sua cidade de Islamiyeh. O terremoto foi uma oportunidade para que fossem utilizadas estruturas religiosas não apenas como centros de resistência, mas também como fontes de criação política. É sobre isso que as pessoas sonham [*songe*] quando se fala em governo islâmico.

O PRESENTE INVISÍVEL

As pessoas, porém, sonham [*songe*] com um outro movimento, que é o inverso e o contrário do primeiro. Trata-se de um que permitiria a introdução de uma dimensão espiritual à vida política, a fim de que ela possa deixar de ser, como sempre, o obstáculo à espiritualidade, mas em vez disso, o seu receptáculo, a sua oportunidade e o seu fermento. É onde encontramos uma sombra que assombra toda a vida política e religiosa no Irã hoje: a de Ali Shariati, cuja morte há dois anos lhe deu a posição, tão privilegiada no xiismo, de um Presente invisível, de um Ausente sempre presente.

Durante os seus estudos na Europa, Shariati, que veio de um meio religioso, esteve em contato com líderes da Revolução Argelina, com vários movimentos de esquerda cristãos e com toda uma corrente de socialismo não marxista (ele tinha frequentado as aulas de Gurvitch).[12] Ele conhecia o trabalho de Fanon e de Massignon.[13]

---

[12] Georges Gurvitch (1894-1965) foi um sociólogo proeminente francês e fundador do jornal *Autogestion* [Autogestão].

[13] Frantz Fanon (1925-1961), filósofo nascido no Caribe, jornalista e psicólogo, é frequentemente considerado o maior pensador produzido pelas lutas de liberação africanas nas décadas de 1950 e 1960. Shariati traduziu alguns de

Ele voltou a Mashhad, onde ensinou que o verdadeiro significado do xiismo não deveria ser buscado em uma religião que tinha sido institucionalizada desde o século XVII, mas nos sermões de justiça social e igualdade que já tinham sido pregados pelo primeiro imame. A sua "sorte" foi que a perseguição o forçou a ir para Teerã e ter que ensinar fora da universidade, em uma sala preparada para ele sob a proteção de uma mesquita. Lá, ele se dirigia a um público que era o seu e que logo podia ser contado aos milhares: estudantes, mulás, intelectuais, pessoas modestas da vizinhança do bazar e pessoas das províncias que estavam de passagem. Shariati morreu como mártir, caçado e com os seus livros proibidos. Ele se entregou quando seu pai foi preso em seu lugar. Após um ano na prisão, logo depois de ter sido exilado, morreu de uma maneira que muito poucos aceitam como tendo sido originada de causas naturais. Noutro dia, em uma grande passeata em Teerã, o nome de Shariati foi o único gritado, além do de Khomeini.

OS INVENTORES DO ESTADO

Não me sinto confortável falando de governo islâmico como uma "ideia" ou mesmo como um "ideal". Ele me impressionou como uma forma de "vontade política". Ele me impressionou nos seus esforços de criticar estruturas que são inseparavelmente sociais e religiosas em resposta aos problemas atuais. Ele também me impressionou em sua tentativa de abrir uma dimensão espiritual na política.

Em curto prazo, essa vontade política levantará duas questões:
1. Será que ela é suficientemente intensa agora e será que a sua determinação é clara o suficiente para impedir uma "solução Amini",[14]

---

seus trabalhos para o persa. Louis Massignon (1883-1962), um dos principais orientalistas franceses, é conhecido principalmente pelos seus escritos sobre os sufis e outros místicos islâmicos.

[14] Isso significaria tornar o político pró-Estados Unidos moderado Ali Amini primeiro-ministro.

que tem a seu favor (ou contra ela, como queiram) o fato de ser aceitável para o xá, que é recomendada pelas potências estrangeiras, que visa a um regime parlamentar de estilo ocidental e que iria inquestionavelmente privilegiar a religião islâmica?

2. Será que essa vontade política está profundamente enraizada o suficiente para se tornar um fator permanente na vida política do Irã, ou será que se dissipará como uma nuvem quando o céu da realidade política finalmente ficar claro e quando seremos capazes de falar sobre programas, partidos, uma constituição, planos e assim por diante?

Os políticos podem dizer que as respostas a essas duas perguntas determinam muito das suas táticas de hoje.

Com relação a essa "vontade política", contudo, existem também duas perguntas que me preocupam ainda mais profundamente.

Mergulhemos no Irã e no seu destino peculiar. No alvorecer da história, a Pérsia inventou o Estado e conferiu seus modelos ao Islã. Seus administradores administravam o califado. Porém, desse mesmo Islã, surgiu uma religião que deu ao seu povo recursos infinitos para resistir ao poder do Estado. Nessa vontade por um "governo islâmico", deveremos ver uma reconciliação, uma contradição ou o limiar de alguma coisa nova?

A outra pergunta se refere a essa pequena esquina do planeta onde a terra, tanto acima como abaixo da superfície, tem importância estratégica em âmbito global. Para as pessoas que habitam esta terra, qual é o sentido da busca, mesmo ao custo de suas próprias vidas, por esta coisa cuja possibilidade nos esquecemos desde a Renascença e a grande crise do cristianismo, de uma *espiritualidade política*. Já posso escutar os franceses rindo, mas sei que estão errados.[15]

---

[15] De acordo com os editores de *Ditos e Escritos*, neste ponto, na versão italiana deste artigo, Foucault inseriu a frase: "Eu que sei muito pouco sobre o Irã".

Uma Iraniana Escreve
POR "ATOUSSA H."
PUBLICADO PELA PRIMEIRA VEZ COMO UMA CARTA EM *LE NOUVEL OBSERVATEUR*, EM 6 DE NOVEMBRO DE 1978[1]

Vivendo em Paris, estou profundamente preocupada com a atitude imperturbável dos esquerdistas franceses com relação à possibilidade de um "governo islâmico" que possa substituir a tirania sangrenta do xá. Michel Foucault, por exemplo, parece comovido pela "espiritualidade muçulmana" que substituiria vantajosamente, de acordo com ele, a ditadura capitalista feroz que está cambaleando hoje. Após 25 anos de silêncio e opressão, será que o povo iraniano não tem nenhuma outra escolha se não entre a SAVAK e o fanatismo religioso? A fim de se ter uma ideia do que a "espiritualidade" do Corão, aplicada ao pé da letra sob o tipo de ordem moral do aiatolá Khomeini, significaria, não é uma má ideia reler os textos. [...][2] Sura 2: "As suas esposas são para você um campo; venha então ao seu campo como desejar".[3] Claramente, o homem é o senhor, a esposa é a escrava; ela pode ser usada de acordo com os caprichos dele; ela não pode dizer nada. Ela tem que usar o véu, nascido do ciúme do Profeta em relação a Aisha![4] Não estamos aqui lidando com uma

---

[1] Não conseguimos descobrir a identidade verdadeira dessa escritora que escreveu sob pseudônimo.

[2] Aqui e abaixo, os pontos das reticências em colchetes foram aparentemente inseridos pelos editores de *Le Nouvel Observateur*.

[3] A Sura 1 (A Vaca), versículo 2:223, declara: "As vossas mulheres são, para vós, como campo lavrado. Então, chegai-vos a vosso campo lavrado, como e quando quiserdes, mas façais bem às suas almas com antecedência e sejais cuidadosos para com vossos deveres com Alá sabedores que ireis vos encontrar com Ele, e deem as boas-novas aos crentes".

[4] Trata-se do fato de que muitas das declarações de Maomé limitando a liberdade das mulheres, incluindo a ordem da utilização de roupas mais modestas, refletiam os seus conflitos com as suas esposas, particularmente com a mais jovem, Aisha. Ver sura 24 (A Luz), versículo 31; sura 30 (Aliados), versículo 32.

parábola espiritual, mas com uma escolha concernente ao tipo de sociedade que queremos. Hoje as mulheres que não usam o véu são frequentemente insultadas, e muçulmanos jovens não escondem o fato de que, no regime que eles querem, as mulheres terão que se comportar ou, então, serão punidas. Também está escrito que as minorias terão o direito à liberdade, sob a condição de que não prejudiquem a maioria. Em que ponto as minorias começam a "prejudicar a maioria"? [...]

Espiritualidade? Um retorno às fontes profundamente enraizadas? A Arábia Saudita bebe da fonte do Islã. Mãos e cabeças rolam, para ladrões e amantes. [...] Parece que para a esquerda ocidental, que não tem humanismo, o Islã é desejável...[5] para os outros povos. Muitos iranianos ficam, como eu, perturbados e desesperados só em pensar em um governo "islâmico". Sabemos o que isso significa. Em todos os lugares fora do Irã, o Islã serve como um disfarce para a opressão feudal ou pseudorrevolucionária. Frequentemente também, como é o caso na Tunísia, no Paquistão, na Indonésia e em casa, o Islã – ai! – é o único modo de expressão de um povo amordaçado. A esquerda ocidental liberal precisa saber que a lei islâmica pode se tornar um peso morto nas sociedades com fome de mudança. A esquerda não deveria se deixar seduzir por uma cura que talvez seja pior do que a doença.

---

[5] Reticências aparentemente inseridas pela própria autora.

A Resposta de Foucault a Atoussa H.
PUBLICADO PELA PRIMEIRA VEZ COMO UMA CARTA EM *LE NOUVEL OBSERVATEUR*, EM 13 DE NOVEMBRO DE 1978

Mme. Atoussa H. não leu o artigo que ela critica. Ela tem esse direito. Mas ela não deveria ter creditado a mim a ideia de que a "espiritualidade muçulmana iria substituir vantajosamente a ditadura". Uma vez que as pessoas protestaram e foram mortas no Irã enquanto bradavam "governo islâmico", é preciso ter uma obrigação elementar de se perguntar qual o sentido dado a essa expressão e que forças a levaram. Além disso, chamei a atenção para diversos elementos que não me parecem muito reconfortantes. Se tivesse havido na carta de mme. H. somente uma má leitura, nem a teria respondido. Mas ela contém duas coisas intoleráveis: (1) Ela coloca todos os aspectos, todas as formas e todas as potencialidades do Islã dentro de uma única expressão de desprezo, com a finalidade de rejeitá-las em sua totalidade com base na recriminação, que já tem mil anos de idade, de "fanatismo". (2) Ela suspeita que todos os ocidentais apresentam interesse pelo Islã apenas devido ao seu desprezo pelos muçulmanos. O que poderíamos dizer de um ocidental que desprezasse o Islã? O problema do Islã como força política é essencial na nossa época e nos próximos anos. A fim de abordá-lo com um mínimo de inteligência, a primeira condição é não começar trazendo ódio.

Uma Revolta com as Mãos Vazias
PUBLICADO PELA PRIMEIRA VEZ EM *CORRIERE DELLA SERA*,
EM 5 DE NOVEMBRO DE 1978

Teerã – Os reis do último século foram, apesar de tudo, bastante flexíveis. A gente podia vê-los no início da manhã saindo de seus palácios em grandes sedãs negros depois de terem abdicado de um ministro preocupado e cortês. Será que as pessoas no poder eram mais receosas do que hoje, menos presas ao poder, mais sensíveis ao ódio ou, talvez, simplesmente não tão bem armadas? O fato que permanece é de que os governos caíam facilmente quando as pessoas iam para as ruas.

No século XX, a fim de derrubar um regime, é preciso bem mais do que "emoções". Armas, um comando militar, organização, preparação, e assim por diante, são necessários. O que está acontecendo no Irã é suficiente para preocupar os observadores de hoje. Nele eles não reconhecem a China, nem Cuba, nem o Vietnã,[1] mas em vez disso uma onda "tsunâmica" sem liderança militar, sem vanguarda, sem partido. E eles também não conseguem encontrar nele os movimentos de 1968.[2] Isso ocorre porque os homens e mulheres que protestam com faixas e flores no Irã têm um objetivo político imediato: culpam o xá e seu regime, e nos últimos dias estão, de fato, engajados no processo de derrubá-los.

Quando deixei Teerã há um mês, pensava-se que o movimento era irreversível, mas ainda era possível imaginar que ele cresceria de

---

[1] Foucault se refere a três sublevações, cada uma com uma dimensão marxista, com a primeira e a terceira tendo sido também lideradas por partidos da vanguarda marxista-leninista: a Revolução Chinesa de 1949, a Revolução Cubana de 1959 e a resistência nacional vietnamita, primeiro contra os franceses e depois contra os Estados Unidos, terminando em 1975.

[2] As grandes revoltas, principalmente estudantis, de 1968, assumiram a sua forma mais radical na França.

maneira mais lenta. Obstáculos repentinos tinham surgido. Poderia ter havido um banho de sangue se o movimento tivesse se tornado mais intenso; esforços para quebrá-lo se ele se espalhasse; ou uma diminuição no seu ritmo, se ele demonstrasse ser incapaz de desenvolver um programa. Nada disso aconteceu, e as coisas se desenvolveram de forma muito veloz.

Dê uma olhada nesse primeiro paradoxo e a primeira causa de sua intensificação. Por dez anos, a população tinha se oposto ao regime que é hoje um dos mais bem armados do mundo, com uma força política que está entre as mais poderosas da Terra. Eles o fizeram com as mãos vazias, sem recorrer à luta armada, com determinação e coragem que estão no processo de imobilizar o exército, que, aos poucos, vai se paralisando e hesitando em disparar neles. Há dois meses, o exército matou três a quatro mil na Praça Djaleh. Ontem, 200 mil pessoas marcharam na frente dos soldados, que não reagiram. O governo está limitado a enviar provocadores, mas sem resultado. À medida que a crise final vai crescendo e tomando forma, o remédio à repressão violenta fica parecendo cada vez menos possível. A sublevação de toda uma sociedade afogou a possibilidade de uma guerra civil.

O segundo paradoxo é que a revolta se espalhou sem rachaduras ou conflitos internos. A reabertura das universidades poderia ter colocado nas primeiras fileiras os estudantes que são mais ocidentalizados e mais marxistas do que os *mulás* do interior. A liberação de mais de mil prisioneiros políticos poderia ter criado um conflito entre os oposicionistas velhos e novos. Finalmente, e o mais importante, a greve feita pelos trabalhadores do petróleo poderia ter, de um lado, preocupado a burguesia do bazar e, de outro, iniciado um ciclo de demandas estritamente voltadas ao trabalho. O setor industrializado moderno poderia ter se separado do setor "tradicional" (aceitando imediatamente pagar salários mais altos – o governo estava contando com isso). Mas nada disso aconteceu. Ademais, os trabalhadores em greve deram uma arma econômica tremenda ao movimento. O fechamento das refinarias secou as fontes de receita do governo e deu dimensão internacional à crise iraniana. Essa é uma resposta adequada àqueles que tinham em um período anterior derrubado Mossadeq e reestabeleceram a monarquia, a melhor para controlar o petróleo.

O terceiro paradoxo é que a ausência de objetivos de longo prazo não é uma indicação de fraqueza. Ao contrário, porque não existe nenhum plano para um governo e como os *slogans* são simples, pode haver um desejo popular quase unânime claro e obstinado.

O Irã está atualmente passando por uma greve política generalizada, que é realmente uma greve *em relação* à sua política. Isso tem dois aspectos. Há recusa em sustentar de qualquer maneira o sistema atual, para permitir que funcionem o seu aparato, a sua administração ou a sua economia. Mas há também uma recusa da abertura do caminho em favor de uma batalha política sobre uma constituição futura ou sobre questões sociais, sobre política externa ou sobre a substituição de funcionários. Com certeza, essas questões são discutidas, mas de tal maneira que não podem dar margem à manipulação política por ninguém. Com todos esses espinhos pelo caminho, o povo iraniano se transformou em um porco-espinho.[3] A vontade política do povo iraniano é impedir que a política ganhe uma base.

Trata-se de uma lei da história que quanto mais simples for o desejo do povo, mais complexo será o trabalho dos políticos. Indubitavelmente, isso ocorre porque a política não é o que finge ser, a expressão de uma vontade coletiva. A política somente respira bem onde esse desejo é múltiplo, hesitante, confuso e obscuro até mesmo para si próprio.

No momento, duas soluções foram oferecidas para dar uma forma política ao desejo de todo um povo de mudança de regime. Há a proposta de Ali Amini, o ex-primeiro-ministro do xá, um homem de

---

[3] Esse pequeno animal possui espinhos pontudos nas costas, que se eriçam quando ele é atacado.

compromisso. A proposta de Amini parte do princípio de que se trata apenas de rejeitar, quase que carinhosamente, o xá e o seu método de governar. Se o soberano desaparecer, se o regime for liberalizado, as manobras políticas poderiam recomeçar. Karim Sanjabi, o líder da Frente Nacional e um ex-membro do governo de Mossadeq, demonstra ter uma antevisão maior, propondo que a rejeição da dinastia tome a forma de um referendo. Essa seria uma maneira de colocar o xá de lado até mesmo antes que a votação ocorresse, uma vez que o próprio processo de organizá-la colocaria em questão o poder que ele herdou 25 anos atrás. Até mesmo antes da morte oficial da monarquia, uma campanha sobre o referendo criaria a oportunidade para uma plena renovação da vida política, incluindo a dos partidos políticos. No dia seguinte ao desse referendo, cujo resultado seria certo, o Irã se encontraria sem um governante, e talvez sem uma constituição, mas com um cenário político já solidamente colocado no lugar. Tudo sugere que a Frente Nacional dará luz verde à proposta de Amini somente com a condição de que mais tarde ele se comprometa a organizar um referendo sobre o destino da dinastia.

Eis aqui o problema, porém. Aiatolá Khomeini e os clérigos que o seguem querem forçar a saída do xá somente mediante a força do movimento popular que eles organizaram, desconectado dos partidos políticos. Os clérigos forjaram, ou de qualquer forma, mantiveram uma vontade coletiva que é forte o suficiente para manter na defensiva até mesmo a monarquia mais repleta de policiais do mundo. Eles certamente não estão muito ansiosos para ter um referendo que iria transformar essa vontade coletiva em uma coalizão política. Mas é certamente muito difícil rejeitar todas as formas de consultas eleitorais em nome da vontade do povo. É por isso que Khomeini acabou de propor nesta manhã mesmo um tipo diferente de referendo. Ele seria feito após o xá ter sido forçado a sair somente pela pressão do atual movimento e se centraria no estabelecimento de um "governo islâmico". Os partidos políticos depois disso ficariam em uma posição muito embaraçosa. Esses partidos teriam que rejeitar um dos temas essenciais do movimento popular (os políticos teriam que se opor aos líderes religiosos e certamente não ganhariam). Ou eles teriam que atar as próprias mãos antecipadamente, aceitando uma forma de governo sob a qual os partidos políticos teriam um espaço de manobras precioso muito limitado. Ao mesmo tempo, o aiatolá brandiu duas ameaças: a da guerra civil se o xá não sair e a de expulsar do movimento qualquer pessoa ou partido que venha a aceitar, ainda que apenas temporariamente, a preservação da dinastia, mesmo se privada de poder. É uma forma de reviver abertamente o *slogan* de uma "greve contra a política".[4]

A questão hoje não é mais se Muhammad Reza vai sair. Exceto no improvável caso de uma reviravolta completa na situação política, ele sairá. A questão é saber de que forma essa vontade nua e maciça assumirá, essa vontade que por muito tempo disse não ao seu governante e finalmente conseguiu desarmá-lo. É uma questão de saber quando e como a vontade de todos dará espaço para a política. É uma questão de saber se essa vontade quer fazê-lo e se precisa fazê-lo. É o problema prático de todas as revoluções e o problema teórico de todas as filosofias políticas. Permitam-me admitir que nós, ocidentais, estaríamos em uma má posição para dar conselhos aos iranianos nessa questão.

---

[4] Isso significava nenhum debate político ou negociações com o regime, uma posição absolutamente intransigente que era muito popular tanto com os islamistas como com os grupos de extrema-esquerda como os Fedayeen e os Mujahedeen.

O Desafio à Oposição
PUBLICADO PELA PRIMEIRA VEZ EM *CORRIERE DELLA SERA*,
EM 7 DE NOVEMBRO DE 1978[1]

Teerã – Dois eventos montaram o palco para o que aconteceu este final de semana em Teerã:

1. Toda a oposição acabou de se reagrupar por trás do aiatolá Khomeini. Uma saída apoiada pelos americanos era a que preconizava retirada parcial do xá e liberalização progressiva, mas isso pressupunha que os principais partidos oposicionistas permanecessem neutros. Durante o dia, na sexta-feira, Karim Sanjabi, o líder da Frente Nacional, finalmente aceitou o primeiro ponto da declaração do aiatolá, no sentido de que a monarquia do xá é ilegítima e ilegal. A sua abdicação e partida tornaram-se, portanto, um pré-requisito para a reconstituição da vida política. No final da tarde da sexta-feira, o monarca não tinha sequer apoio indireto entre a oposição, deixando-o sem nenhum espaço de manobra. Da sua parte, a oposição estava totalmente pronta e organizada.

2. No dia anterior, a imprensa oficial soviética tinha classificado a demanda por um governo islâmico no Irã de "perigosa". Era, de um lado, uma maneira de sinalizar aos americanos que a URSS não iria se opor a uma solução, mesmo que fosse "vigorosa", que bloqueasse a saída para um movimento de oposição sob Khomeini. Foi também, por outro lado, uma forma de sinalizar ao xá que, em caso de uma luta longa e violenta, a oposição não encontraria apoio na URSS, ou nas democracias populares fornecedoras de

---

[1] De acordo com os editores de *Ditos e Escritos*, Foucault tinha proposto dois títulos possíveis para este artigo, "A Ordem Tem seus Perigos" e "O Fim de Semana em Teerã". Este último referia-se ao fim de semana de 4 e 5 de novembro, quando os estudantes atacaram e queimaram símbolos da dinastia Pahlavi e do Ocidente.

armas,² ou naqueles governos do Oriente Médio patrocinados pelos russos. Portanto, do lado internacional, era o xá que na sexta-feira à noite estava completamente pronto e armado, enquanto a oposição estava completamente isolada.

Tinha sobrado ao xá apenas uma carta para jogar. Ela consistia em colocar esses fatos internacionais para desempenharem um papel no âmbito interno.

A oportunidade surgiu quando da eclosão de distúrbios estudantis. A questão de saber se foi um evento provocado e por quem será um tópico de discussão durante um longo tempo no futuro. Será que foi provocado por tiros disparados pelos soldados no sábado ou pela sua retirada no domingo? A palavra "provocação" sempre me incomoda, porque não há uma ação que não seja provocada.³ O problema é saber o que faz alguém ser suscetível à provocação. Por que os estudantes resolveram considerar este final de semana propício a um tipo de atitude diferente da dos meses anteriores, um tipo de atitude que não era provavelmente desejado nem mesmo pelos líderes mais radicais da oposição? Talvez tenha sido por causa da rivalidade entre os grupos políticos e religiosos. Havia na cabeça de todo mundo uma espécie de desafio mútuo entre o radicalismo revolucionário e o radicalismo islâmico, nenhum dos quais queria parecer mais conciliatório e menos corajoso do que o outro. Por essa razão e como a situação tinha avançado enormemente, o meio estudantil se revelou muito mais "explosivo" do que o restante da população, com a qual esses mesmos estudantes haviam participado das passeatas.

---

² Alguns dos regimes comunistas da Europa Oriental, particularmente na Tchecoslováquia, tinham um histórico de fornecer armas para vários movimentos de libertação terceiro-mundistas.

³ Aqui Foucault parece estar criticando uma frequente caracterização das ações da extrema-esquerda pelo Partido Comunista francês e suas contrapartes em outros lugares, por exemplo, em 1968.

Agora o exército tinha ocupado Teerã, e os oficiais da mais alta patente estavam percorrendo o país. Seria essa a tomada de poder pelos militares que alguns haviam previsto? No momento não parece ser o caso.

De fato, os generais, agora ministros do governo, não se impuseram ao xá. Eles são homens do rei, nomeados por ele há muito tempo para ocupar as posições mais altas. Por outro lado, o xá declarou esta manhã que um novo governo havia sido nomeado por um período de tempo curto, e que se a ordem fosse reestabelecida, a liberalização começaria imediatamente. Não penso que muitos iranianos acreditam nele, mas é um modo de dizer à oposição: "Vocês declararam que eu era ilegal, e vocês queriam a liberalização *depois* de mim. Acontece que vocês não poderão fazê-la *sem mim*, não apenas porque eu tenho o poder de ficar, mas também porque eu tenho legitimidade política". É também um modo de dizer aos americanos e a seu homem, Ali Amini: "Vocês queriam que eu desaparecesse em benefício do grande palhaço que é o meu filho, mas como vocês podem ver, sou mais indispensável do que nunca à liberalização do regime".

Em suma, o exército interveio hoje não para executar uma repressão em larga escala à oposição, nem para eliminar, em proveito próprio, tanto o rei como seus adversários. O xá fez o exército se mover a fim de dividir a oposição e para garantir a si mesmo uma mão forte numa hora em que teria que negociar com a oposição moderada. Pode-se imaginar – mas é pura especulação da minha parte – que o xá tenha sacado este coringa da manga com a ajuda dos americanos, que treinam nesse país grande parte de seu exército. Contudo, ele pode ter feito isso a fim de resistir a Carter e àqueles que viam a necessidade de ele sair.[4]

Para que seja provado que os cálculos do xá estejam corretos, contudo, o país teria que permanecer tão calmo quanto Teerã esta

---

[4] Uma referência ao presidente dos Estados Unidos, Jimmy Carter, que se distanciou do xá.

manhã. O exército, ou pelo menos a parte mais confiável dele, é forte o suficiente para ocupar grandes cidades. Mas ele pode manter o controle sobre o país – quero dizer não apenas todo o território, mas também sobre toda a população? Será que ele pode controlar seus trabalhadores, os funcionários públicos e os mercadores dos bazares, que por meses e meses estão em greve e paralisaram diversos setores da sociedade? Pois é aqui que o xá se encontra enfrentando os líderes religiosos, os mulás, e o irredutível aiatolá. Eles podem continuar a organizar a resistência, que pode tomar várias outras formas além de distúrbios de rua, ou podem escolher um nível completamente diferente de efetividade. O xá respondeu à greve política maciça da semana passada, que tinha sido feita com o objetivo de derrubá-lo, montando um retorno barulhento. Ele reapareceu como um homem da lei e da ordem. Ele pode impor a ordem na rua, mas definitivamente não à sociedade. Se ele fosse tentar impor a ordem a esta última, o exército poderia se desfazer em suas mãos. Em uma bela manhã, um oficial poderia considerar a ideia de fazer um pacto com esse movimento religioso, que seguramente não está pronto a ceder ao xá, mesmo se ele se refugiar por trás de seus tanques. O movimento religioso, que finalmente absorveu toda a oposição política, bem que poderia quebrar a aparente unidade do exército formando uma aliança com uma de suas facções. A ordem apresenta os seus perigos.

A Revolta no Irã se Espalha em Fitas Cassete
PUBLICADO PELA PRIMEIRA VEZ EM *CORRIERE DELLA SERA*,
EM 19 DE NOVEMBRO DE 1978[1]

Teerã – No Irã, o calendário religioso marca a agenda política. Em 2 de dezembro, as celebrações de Muarrã começarão.[2] A morte do imame Hussein será celebrada. É um grande ritual de penitência (há pouco tempo, era possível ainda ver participantes se autoflagelando). Mas o sentimento de pecado que nos lembraria do cristianismo está indissoluvelmente ligado à exaltação do martírio em nome de uma boa causa. É a hora em que as multidões estão prontas para avançar em direção à morte na intoxicação do sacrifício. Durante esses dias, o povo xiita se torna enamorado ao extremo.

Diz-se que a ordem está lentamente sendo restabelecida no Irã. De fato, todo o país está segurando a respiração. Um assessor americano soa esperançoso: "Se a gente aguentar durante Muarrã, tudo poderá ser salvo. Se não...". O Departamento de Estado também está aguardando o aniversário do imame martirizado.

Entre as demonstrações de setembro durante o Ramadã e a grande lamentação por vir, o que será feito? De início, houve a resposta suave sob Sharif-Imami.[3] Prisioneiros foram libertados, partidos políticos, legalizados, e a censura, abolida. Houve uma tentativa

---

[1] Este artigo foi escrito durante a segunda viagem de Foucault ao Irã, de 9 a 16 de novembro.

[2] No festival anual de Muarrã, os xiitas pranteiam o martírio do imame Hussein, um filho do imame Ali. Hussein foi assassinado em Karbala, em 680 E.C., em uma batalha contra as forças enviadas por Yazid, filho de Muawiyeh, o fundador da dinastia Omíada.

[3] Foucault escreveu equivocadamente, "Hamani". Já'far Sharif-Imami, líder do senado, era um realista leal. Em agosto de 1978, um incêndio criminoso no cinema Rex, em Abadan, matou centenas de pessoas em um incidente que na ocasião foi erroneamente atribuído ao regime (posteriormente relatos atribuíram o fogo aos islamistas). Durante a crise que se seguiu ao incêndio, o xá nomeou Sharif-Imami primeiro-ministro. Seu go-

de diminuir as tensões políticas a fim de impedi-las de alimentarem o fervor religioso. Então, em 5 de novembro, veio uma resposta dura, com os militares subindo ao poder. Agora depende do exército ocupar o país com força suficiente para limitar os efeitos do Muarrã, mas também de forma calculada o suficiente para evitar uma explosão de desespero.

Diz-se que essa mudança de direção foi sugerida ou imposta ao xá por um pequeno *lobby*: o General Oveisi, fabricantes como Khayami (automóveis) e Reza'i (cobre), políticos como Fouroud (ex-prefeito de Teerã) ou Massoudi (do golpe de 1953).[4] Talvez. Mas se uma decisão repentina tinha sido feita para mudar a equipe de liderança a fim de se prepararem para o Muarrã "do jeito duro", é devido à situação do país como um todo. Especificamente, é por causa das greves que se espalharam de uma província à outra como fogo nas planícies. Existem as greves no setor petrolífero, nas siderúrgicas, nas fábricas Minoo,[5] nos transportes públicos, na Iran Air e na administração pública. De modo mais surpreendente, houve paralisações nas alfândegas e nas secretarias da receita, onde o trabalho não é facilmente paralisado, devido ao fato de que a sua remuneração é aumentada dez ou cem vezes mais via contrabando e suborno. Em um regime como o do xá, se a própria corrupção entra em greve...[6]

---

verno durou até novembro de 1978, quando o general Gholamreza Azhari se tornou primeiro-ministro.

[4] O general Gholam Ali Oveisi, nascido em Qom, e altamente religioso, era também destemidamente leal ao xá. Depois que a lei marcial foi declarada em novembro, ele se tornou o comandante militar em Teerã. Em 1962, o prefeito Fathollah Fouroud ajudou a orquestrar um ataque pelo exército aos estudantes da Universidade de Teerã, que estavam exigindo eleições livres. Ahmad e Mahmoud Khayami dirigiam a companhia de automóveis Paykan, a maior do país. Os irmãos Reza'i eram os donos das minas de cobre na província de Kirmam. O senador Abbas Massoudi estabeleceu o diário *Ettela'at* em 1926 e costumava almoçar com o xá às quartas-feiras.

[5] Esta grande cadeia de fábricas produzia alimentos.

[6] Reticências no original.

Gostaria de saber do que é feito este movimento de greve, qual a sua magnitude escondida por detrás da censura. Em Teerã, encontrei alguns dos grevistas mais "privilegiados", uma tripulação da Iran Air. Eles tinham um apartamento elegante, móveis de teca e revistas americanas. Mil quilômetros ao sul, encontrei os "duros", aqueles do setor petrolífero. Qual o europeu que não sonhou com Abadan, a maior refinaria do mundo, produzindo seis milhões de barris por dia? É uma surpresa descobrir que ela é tão grande, e ainda assim envelhecida, rodeada por ferro corrugado, com prédios de administração no estilo britânico, meio industrial e meio colonial, que podem ser vistos acima das chamas e das chaminés. É colonial o palácio do governador, modificado pela austeridade de uma grande tecelagem de Manchester. Mas pode-se ver que é uma instituição poderosa, respeitável e rica, pela imensa miséria que criou nesta ilha de areia entre dois rios amarelados. A miséria começa ao redor da fábrica com um tipo de vilarejo de mineração subtropical, então muito rapidamente se entra nas favelas em que um monte de crianças fica em meio aos chassis de caminhões e montes de ferro velho, e finalmente se chega aos barracos de barro seco imersos em sujeira. Lá crianças agachadas nem choram nem se movem. Então tudo desaparece nos pequenos bosques de palmeiras que levam ao deserto, que é a frente e os fundos de uma das propriedades mais valiosas do mundo.

Há similaridades impressionantes entre os grevistas da Iran Air, que o encontram em suas salas de estar, e aqueles de Abadan, os quais temos que encontrar em segredo depois que acertos misteriosos foram feitos. Tem estes aqui, se não forem outros. Eles estavam em greve pela primeira vez, o primeiro desses grupos porque não tinha tido o desejo, o último porque não tinha tido o direito. Além do mais, todas essas greves implantam questões políticas dentro das demandas econômicas. Os trabalhadores da refinaria receberam um aumento de 25% no último mês de março. Depois do dia 23 de outubro, o início da greve, eles obtiveram, sem muitas discussões, primeiro um aumento salarial de 10% e, depois, mais 10% de "bônus de fábrica" (eles tiveram que inventar as palavras para justificar esse aumento", disse-me um representante da administração). Então eles receberam cem riais todos os dias para o almoço.[7] Era como se os grevistas de Abadan fossem continuar a greve indefinidamente. De qualquer modo, tais como os pilotos da Iran Air que não podem reclamar de seus salários, o que eles querem é a abolição da lei marcial, a libertação de todos os prisioneiros políticos, a dissolução – alguns dizem – da SAVAK e a punição dos ladrões e torturadores.

Nem os trabalhadores da Iran Air nem os trabalhadores petrolíferos – e isso me pareceu um pouco estranho na ocasião – pediram a saída do xá ou o "fim do regime". Cada um deles, no entanto, diz que é isso que eles querem. Cautela? Talvez. O fato é que, em primeiro lugar e acima de tudo, eles acreditam que depende de todo o povo formular essa demanda e, quando a hora certa chegar, impô-la. Para o momento é suficiente que o velho santo em Paris peça isso em nome deles, sem esmorecer. Hoje, eles estão todos conscientes de participar de uma greve política, porque eles o estão fazendo em solidariedade a toda a nação. Um piloto da Iran Air me explicou que durante o voo ele é responsável pela *segurança* dos passageiros. Se ele não voar hoje, é porque tem que cuidar da *segurança* do país. Em Abadan, os trabalhadores dizem que a produção nunca foi totalmente interrompida e que foi parcialmente retomada porque é preciso satisfazer as necessidades internas. Os 38 navios petroleiros ancorados na baía ainda terão que aguardar mais. Serão essas simples declarações de princípio? Provavelmente. Não obstante, essas declarações indicam o sentimento desses movimentos espalhados de greve. Eles não constituem uma greve *geral*, mas cada um deles se vê em termos *nacionais*.

---

[7] Na época, 100 riais equivaliam a US$ 1,50, uma soma significativa para um trabalhador iraniano.

É por isso que essas greves podem tão facilmente se apoiar mutualmente. Os professores de Abadan e os trabalhadores petrolíferos declararam completa solidariedade uns com os outros. Em 4 de novembro, os trabalhadores da Iran Nippon, da Iran-Japan Petroleum Company e do complexo petroquímico se uniram com os da refinaria em uma reunião conjunta. É por isso também que tem havido pressão contínua para que os estrangeiros vão embora, independentemente de serem técnicos americanos, aeromoças francesas ou trabalhadores afegãos: "Queremos que nosso país seja nacionalizado". Como transformar essas greves com ramificações nacionais em uma greve geral? Este é o problema atual. Nenhum partido individual tem a força necessária para lograr isso (a greve nacional endossada por alguns políticos para o dia 12 de novembro não fracassou como foi dito, pois simplesmente nunca ocorreu). Por outro lado, a força extraordinária do movimento se inclina localmente por algumas organizações clandestinas e difusas (elas são provenientes de velhos movimentos de guerrilha marxistas ou islâmicos, como o comunista Ettehadieh do qual ouvi a respeito em Abadan).[8] Por outro lado, contudo, o ponto de conexão é encontrado fora do país, fora das organizações políticas, fora de todas as negociações possíveis. Esse ponto está em Khomeini, em sua recusa inflexível de chegar a qualquer compromisso, e no amor que todos individualmente sentem por ele. Foi impressionante escutar um piloto de Boeing dizer em nome de seus colegas de trabalho: "Na França vocês têm a coisa mais preciosa que o Irã possui desde o século passado. Depende de vocês protegê-la". O tom era de comando. Era ainda mais impressionante escutar os grevistas de Abadan dizerem: "Não somos particularmente religiosos". "Em quem confiar, então? Em um partido político?", perguntei. "Não,

---

[8] O Irã Comunista Ettehadieh (Plataforma Comunista) é um grupo de extrema-esquerda com origens maoístas.

em ninguém." "Um homem?", perguntei. "Não, em nenhum, exceto Khomeini, e só nele."

A primeira tarefa feita pelo governo militar foi acabar com as greves, um expediente clássico e, portanto, incerto. A SAVAK, a polícia política que tem sido a vergonha do regime, tornou-se o seu fracasso mais embaraçoso. Seus agentes, que retornaram à sua prévia vocação de brigões, estão sendo enviados a todos os lugares para provocar, queimar e usar seus porretes. Depois tudo é atribuído aos grevistas e aos protestantes, correndo o risco de que esse tipo de provocação somente jogue mais gasolina na fogueira e crie um tipo de explosão autêntica, como em Teerã.

Mesmo o exército avançou para a refinaria de Abadan, deixando pessoas feridas em decorrência disso. Ele permanece atrás das fábricas com seus veículos blindados. Os soldados entraram nas casas dos trabalhadores a fim de levá-los à força para a refinaria. Mas como eles podem obrigá-los a trabalhar?

Durante os dois meses do governo de Sharif-Imami, as notícias transmitidas todos os dias pela novamente livre imprensa tinham "acendido" as greves, uma após a outra. Os militares tiveram que reestabelecer a censura, à qual os jornalistas responderam recusando-se a publicar os jornais. Eles sabiam muito bem que estavam abrindo caminho para toda uma rede de informações, uma rede que quinze anos de obscurantismo havia permitido às pessoas aperfeiçoar – a dos telefones, a das fitas cassete, a das mesquitas e dos sermões, a dos escritórios de advocacia e a dos círculos intelectuais.

Pude observar o funcionamento de uma dessas "células populares" de informação. Estava perto de uma das mesquitas de Abadan, com o pano de fundo habitual da grande pobreza, exceto por alguns poucos tapetes. O *mullah*, suas costas contra uma prateleira repleta de livros religiosos e cercado por uma dúzia de fiéis, estava sentado perto de um velho telefone que estava constantemente tocando – o trabalho foi interrompido em Ahwaz, diversos mortos em Lahijan, e assim por diante. Bem naquele momento, quando o diretor de relações públicas da National Iranian Oil Company estava produzindo para os jornalistas a "verdade internacional" da greve (demandas econômicas que tinham sido atendidas, absolutamente nenhuma demanda política, volta geral e contínua ao trabalho), escutei o mulá, no seu canto, fabricando a "verdade iraniana" do mesmo evento: não havia nenhuma demanda econômica e todas elas eram políticas.

Diz-se que De Gaulle foi capaz de resistir ao golpe de Argel, graças ao transístor.[9] Se o xá estiver prestes a cair, será devido em, grande parte, à fita cassete. É a ferramenta *par excellence* da contrainformação. No último domingo, fui ao cemitério de Teerã, o único lugar onde os encontros são tolerados sob a lei marcial. As pessoas ficavam atrás de faixas e coroas de flores, amaldiçoando o xá. Depois elas se sentaram. Um por um, três homens, incluindo um líder religioso, se levantava e começava a falar com grande intensidade, quase com violência. Mas quando eles estavam se preparando para sair, pelo menos 200 soldados bloquearam os portões com metralhadoras, veículos blindados e dois tanques. Os oradores foram presos, bem como todos os que tinham gravadores.

Mas pode-se encontrar, fora das portas da maioria das mesquitas provinciais, fitas cassete dos mais famosos oradores a um preço muito baixo. Encontram-se crianças caminhando pelas ruas mais movimentadas com gravadores nas mãos. Elas tocam essas vozes gravadas de Qom, Mashhad e Isfahan tão alto que abafam o som dos carros; os transeuntes não precisam parar para serem capazes de escutá-las. De cidade em cidade, as greves iniciam, morrem e começam novamente, como focos de incêndio às vésperas das noites de Muarrã.

---

[9] Em 1961, quando os generais franceses de extrema-direita orquestraram uma revolta numa época em que De Gaulle estava pronto para negociar a independência da Argélia, ele acabou com o golpe apelando diretamente à tropa pelo rádio.

O Líder Mítico da Revolta Iraniana
PUBLICADO PELA PRIMEIRA VEZ NO *CORRIERE DELLA SERA*,
EM 26 DE NOVEMBRO DE 1978[1]

Teerã – O período de intranquilidade do Irã já com um ano de duração está chegando a uma finalização. No relógio da política, o ponteiro praticamente não se moveu. O governo semiliberal de setembro foi substituído em novembro por um meio militar. De fato, todo o país está engolfado pela revolta: as cidades, o interior, os centros religiosos, as regiões petrolíferas, os bazares, as universidades, os funcionários públicos e os intelectuais. Os ratos privilegiados estão abandonando o navio. Um século inteiro no Irã – um de desenvolvimento econômico, domínio estrangeiro, modernização e a dinastia, bem como sua vida diária e seu sistema moral – está sendo colocado em questão. Está sendo totalmente rejeitado.

Não posso escrever a história do futuro, e também sou ruim para prever o passado. Contudo, gostaria de tentar entender *o que está acontecendo neste instante*, porque nestes dias nada está acabado, e os dados ainda estão sendo lançados. Talvez seja isso o trabalho de um jornalista, mas é verdade que não sou nada além de um neófito.

O Irã nunca foi colonizado. No século XIX, os ingleses e os russos o dividiram em zonas de influência, de acordo com um modelo pré-colonial. Depois vieram o petróleo, as duas guerras mundiais, o conflito do Oriente Médio e as grandes confrontações na Ásia. De uma vez só, o Irã passou para uma posição neocolonial dentro da órbita dos Estados Unidos. Em um longo período de dependência sem colonização direta, as estruturas sociais do país não foram radicalmente destruídas. Essas estruturas sociais não foram completamente derrubadas, mesmo depois do surgimento da receita do

---

[1] De acordo com os editores de *Ditos e Escritos*, o título proposto por Foucault foi "A Loucura do Irã".

petróleo, que certamente enriqueceu os privilegiados, favoreceu a especulação e permitiu reequipar até em excesso as forças armadas. As mudanças não criaram novas forças sociais, todavia. A burguesia dos bazares foi enfraquecida, e as comunidades nas aldeias foram sacudidas pela reforma agrária. Contudo, ambas sobreviveram o suficiente para sofrer com a dependência e as mudanças que trouxeram, mas também o suficiente para resistir ao regime que era responsável por essas mudanças.

Essa mesma situação teve o efeito contrário nos movimentos políticos. Na meia-luz da dependência, eles também subsistiram, mas não conseguiram se manter como forças reais. Isso foi devido não apenas à repressão, mas também em função de suas próprias escolhas. O partido comunista estava ligado à URSS e ficou comprometido com a ocupação do Azerbaijão sob Stalin, e era ambíguo no seu apoio ao "nacionalismo burguês" de Mossadeq.[2] Com relação à Frente Nacional, herdeira do mesmo Mossadeq, ela ficou aguardando por 15 anos, sem fazer nenhum movimento, pelo momento de uma liberalização que não acreditava ser possível sem a permissão dos americanos.[3] Durante essa época, alguns grupos impacientes do partido comunista estavam se tornando tecnocratas do regime. Eles estavam sonhando com um regime autoritário que desenvolveria uma política nacionalista. Em suma, os partidos políticos tinham sido vítimas da "ditadura dependente" que era o regime do xá. Em nome do realismo, alguns jogaram a cartada da independência, outros, a da liberdade.

---

[2] Após a Segunda Guerra Mundial, quando o exército soviético não saiu da província ao norte do Azerbaijão, o Partido Tudeh (Comunista) recusou-se a condenar essa ação, dessa forma perdendo apoio considerável. Em 1953, ele também enfraqueceu Mossadeq em um ponto crucial durante a sua confrontação com os Estados Unidos e a Grã-Bretanha.

[3] O Movimento de Liberação do Irã, liderado por Mehdi Bazargan e pelo aiatolá Mahmud Taleqani, assumiu o seu lugar de movimento interno opositor mais importante.

Como não houve no Irã uma potência estrangeira colonizadora-ocupadora, a sua própria monarquia teve condições de sustentar um exército nacional e uma força policial enorme, que, juntas, impediram o florescimento das organizações políticas e militares, que em outros lugares organizaram a luta pela descolonização e que, quando chegou a hora, se encontraram em uma posição de negociar a independência e impor a saída do poder colonial. No Irã, essas organizações não puderam emergir. Nesse país, a rejeição do regime é um fenômeno social de massa. Isso não significa que a rejeição seja confusa, emocional ou meramente autoconsciente. Ao contrário, ela se espalha de uma maneira estranhamente eficaz, das greves às passeatas, dos bazares às universidades, dos panfletos aos sermões, através dos lojistas, trabalhadores, clérigos, professores e estudantes. No momento, contudo, nenhum partido, nenhum homem e nenhuma ideologia política podem se vangloriar de que representa esse movimento. Nem pode alguém dizer que é o seu líder. Esse movimento não tem equivalente nem expressão na ordem política.

O paradoxo, contudo, é que ele constitui um desejo coletivo perfeitamente unificado. Será surpreendente ver este país imenso, com uma população distribuída ao longo de dois enormes platôs desertos, um país capaz de arcar com as últimas inovações técnicas com formas de vida imutáveis pelos últimos mil anos, um país que está languidamente sob censura e ausência de liberdades públicas, e ainda assim demonstra uma unidade extraordinária apesar de tudo isso. É o mesmo protesto, é a mesma vontade, que é expressa por um doutor de Teerã e um mulá provinciano, por um trabalhador petrolífero, por um funcionário dos correios e pela estudante usando o xador. Essa vontade inclui alguma coisa desconcertante. Ela está sempre baseada na mesma coisa, uma única e muito precisa coisa, que é a saída do xá. Mas para o povo iraniano, essa única coisa significa *tudo*. Essa vontade política aspira ao fim da dependência, ao desaparecimento da polícia, à redistribuição da renda do petróleo, a um ataque à corrupção, à reativação do Islã, a um outro modo de vida e a novas relações com o Ocidente, com os países árabes, com a Ásia e assim por diante. Alguma coisa como os estudantes europeus da década de 1960, os iranianos querem tudo isso, mas esse "tudo" não é uma "liberação dos desejos". Esse desejo político é um rompimento com tudo o que marca seu país e suas vidas diárias com a presença de hegemonias globais. Os iranianos também veem os partidos políticos – liberal ou socialista, com tendência pró-americana ou de inspiração marxista – ou, melhor dizendo, o próprio cenário político, como ainda e sempre os agentes dessas hegemonias.

E daí, o papel dessa quase mítica figura, Khomeini. Hoje, nenhum chefe de Estado, nenhum líder político, mesmo algum apoiado por toda a mídia de seu país, pode se vangloriar de ser o objeto de tão pessoal e intensa ligação. Esses laços são provavelmente o resultado de três coisas. Khomeini *não está lá*. Pelos últimos quinze anos, ele tem vivido no exterior e não quer retornar até que o xá tenha saído. Khomeini *não diz nada*, nada além de não – ao xá, ao regime, à dependência. Finalmente, Khomeini *não é um político*. Não haverá um partido Khomeini; não haverá um governo Khomeini. Khomeini é o ponto focal de um desejo coletivo. O que será que esta intransigência resoluta está buscando? Será o final de uma forma de dependência em que, por trás dos americanos, um consenso internacional e um certo "estado do mundo" podem ser reconhecidos? Será o final de uma dependência da qual a ditadura é o instrumento direto, mas para que as manobras políticas poderiam bem ser os meios indiretos? Não se trata apenas de um levante espontâneo ao qual falta organização política, mas também de um movimento que quer se desengajar tanto do domínio externo como da política interna.

Depois que deixei o Irã, a questão que me era perguntada com frequência era, naturalmente: "Trata-se de uma revolução?" (este é o preço pelo qual, na França, todo um setor da opinião pública se torna interessado naquilo que não é "sobre nós"). Não respondi, mas gostaria de dizer que não é uma revolução, não no sentido literal do termo, nem um modo de enfrentar e de consertar as coisas. É a insurreição de homens com as mãos vazias que querem levantar o peso temível, o peso de toda uma ordem mundial que pesa sobre cada um de nós, mas mais especificamente sobre eles, aqueles trabalhadores petrolíferos e agricultores nas fronteiras dos impérios. Talvez seja a primeira grande insurreição contra os sistemas globais, a forma de revolta que é a mais moderna e a mais insana.

Pode-se compreender as dificuldades que os políticos enfrentam. Eles delineiam soluções, que são mais fáceis de encontrar do que as pessoas dizem. Elas vão de um puro e simples regime militar a uma transformação constitucional que levaria de uma regência a uma república. Todas elas se baseiam na eliminação do xá. O que será que o povo quer? Será que eles não querem nada mais? Todo mundo está bem a par de que eles querem alguma coisa completamente diferente. É por isso que os políticos hesitam em oferecer a eles simplesmente isso, o que explica por que a situação se encontra em um impasse. De fato, que lugar pode ser dado, dentro dos cálculos dos políticos, a um tal movimento, a um movimento que não se deixa ser dividido entre escolhas políticas, um movimento pelo qual sopra a respiração de uma religião que fala menos do além-mundo do que da transfiguração deste mundo?

O Islã Ressurgente?
POR MAXIME RODINSON
PUBLICADO PELA PRIMEIRA VEZ NA PRIMEIRA PÁGINA DO *LE MONDE*,
NOS DIAS 6 A 8 DE DEZEMBRO DE 1978

Será que estamos testemunhando um renascimento do fundamentalismo islâmico? Esta é uma interpretação sugerida a muitas pessoas por um sem-número de eventos recentes e desenvolvimentos: o destino do Sr. Bhutto, o ex-primeiro-ministro do Paquistão;[1] as aplicações da lei do Corão, com certos excessos espetaculares, na Líbia e na Arábia Saudita; o papel principal desempenhado pelos aiatolás xiitas no vasto movimento de oposição no Irã; o vigor da reação antikemalista na Turquia; e os problemas anticópticos no Egito, o caso Maschino na Argélia...[2] e assim por diante.

Um renascimento do fundamentalismo? "Ele nunca perdeu o seu balanço", suspira um muçulmano nominal no exílio do mundo muçulmano, uma mulher que não conseguia tolerar o peso morto das limitações sociais impondo observância religiosa e, acima de tudo, conformidade com os costumes tradicionais, em seu próprio país. Existem muitos outros na sua posição. Isso não parece confirmar a forte reputação de fanatismo que tem sido associada ao Islã desde o século XIX aos olhos europeus? Nos séculos XVII e XVIII o Islã era bem conhecido por sua tolerância. Antes disso, se o Islã como um inimigo ideológico e político era detestado, a piedade de seus seguidores

---

[1] Zulfikar Ali Bhutto estava naquela época preso por um regime militar islâmico; ele foi enforcado em 1979.

[2] Reticências no original. Em 1978, Dalila Zeggar, uma mulher de origem argelina, casada com Dennis Maschino, um professor francês, foi sequestrada no Canadá e devolvida para a Argélia por seu irmão Massoud, um comerciante rico que reprovava o seu casamento. Zeggar foi forçada a se casar novamente, mas mais tarde conseguiu fugir e pôde se unir novamente a Maschino.

era, até certo ponto, admirada. Os padres faziam bom uso disso para envergonhar os cristãos pela sua falta de empenho e compromisso.

ONDE DEUS NÃO ESTÁ MORTO

Os fatos estão lá, e eles são reais o suficiente. Mas serão eles parte de uma tendência interrompida ou contínua? Estarão eles ligados à essência do Islã e, portanto, destinados a uma renovação indefinida? Ou é essa tendência talvez não o que ela aparenta ser? Será que é, como os ideólogos e apologistas do Terceiro Mundo sugerem, apenas uma campanha insidiosa montada pelo "imperialismo" – ilusório, mas onipresente – para desmoralizar um elemento que se encontra nas fileiras frontais do mundo desenvolvido? Essas são perguntas que precisam ser respondidas. Procurarei basear a minha argumentação e meus exemplos no domínio central do Islã: os países árabes, Turquia e Irã.

Existem muitas coisas diferentes em discussão. Mas igualmente, existem fatores comuns e tendências comuns que os ligam. O que os conecta aos europeus é o apelo comum à tradição religiosa e as regulações religiosas, mesmo quando por padrões europeus eles não tenham nada a ver com essa tradição. É por isso que muitas pessoas tomaram emprestado o rótulo de *intégrisme* da história católica recente.[3] O termo é relativamente apropriado se estivermos falando sobre o desejo de usar a religião para resolver todos os problemas sociais e políticos e, simultaneamente, restaurar a obediência total ao dogma e ao ritual.

Tal apelo é suficientemente plausível na Casa do Islã [*Dar al-Islam*] porque as sociedades muçulmanas ainda apresentam fundamentos

---

[3] O termo *intégrisme* refere-se a um movimento católico romano do início do século XX, que apoiava todos os papas e seus ensinamentos. Nas discussões francesas sobre o Islã, ele é frequentemente usado, ao passo que em inglês geralmente se usa o termo fundamentalismo. O termo *fondamentalisme* também existe em francês, mas é usado muito menos frequentemente.

sociais de um tipo caracterizado como "tradicional" (ainda que muito sumariamente, mas aqui não é o lugar para uma análise mais profunda). Esse termo significa, entre outras coisas, que a lei religiosa permanece a autoridade suprema aos olhos das massas, mesmo se na prática eles a negligenciam ou ignoram. Práticas que apresentam outras origens são legitimizadas ao serem conectadas, de forma derivada e artificial, à lei religiosa. O peso das restrições sociais, impondo conformidade e punindo a transgressão, permaneceu considerável.

SEU CARÁTER PRIMORDIAL

Desde o início, essas sociedades muçulmanas diferiram das sociedades tradicionais cristãs. O cristianismo, no início uma seita pequena, isolada dentro de um vasto e poderoso império, gradualmente teve êxito em se tornar uma força com a qual se tinha que lidar no império, e depois passou a ser adotado por ele como a ideologia do Estado. Mas ele sempre teve que coexistir com o Estado e suas estruturas jurídicas, sociais e culturais, que claramente tinham outras origens.

Em comparação, o Islã não deixou de ser de certa forma *intégriste*. Nascido em uma sociedade onde cada grupo elementar e tribo tinham funções políticas e formavam um microestado, a comunidade do crente, se ela desejasse sobreviver e crescer, tinha que assumir tais funções também. O próprio Deus, no Corão, deu a essa comunidade não um código abrangente, é verdade, mas pelo menos certos preceitos de organização social.

Esses preceitos foram suplementados com múltiplas tradições de várias origens, tomadas de empréstimo de diferentes nações e povos que os muçulmanos conquistaram. Mas elas foram todas legitimizadas por meio dessa conexão, direta ou indiretamente, com a palavra de Deus, de acordo com o princípio fundamental de que a lei do Islã era responsável pela moldagem de toda a ordem social. Nenhum *copyright* desse tipo, ou até mesmo *underwriting*, jamais foi atribuído a Jesus com relação à lei romana ou germânica, ao feudo escocês, ou à vendeta córsica, ou ao pensamento econômico e filosófico de Aristóteles. Porém, direitos autorais desse tipo foram atribuídos ao Profeta de Alá, graças ao imenso corpo de *hadith*, ou a tradições, que se tornaram mais ou menos codificadas no século IX A.D.

A passagem do tempo somente assentou essa divergência inicial. Certamente, seja qual for a extensão de seu domínio, a religião permaneceu por um longo tempo a autoridade ideológica principal e o objeto de crença popular amplamente disseminado, tanto no mundo cristão como no muçulmano. Ambos sofreram séria erosão por volta da Idade Média por causa da multiplicidade de cismas e de tendências associadas de desafio aos líderes religiosos – os homens de religião ligados ao poder – algumas vezes cruzando as fronteiras da religião prevalecente. Essa evolução, porém, que continuou e cresceu nos países cristãos, só foi interrompida dentro do Islã no século XI pela reação sunita vigorosa, em que o sucesso foi favorecido pela evolução interna das sociedades islâmicas e pelas mudanças na sua situação *vis-à-vis* o mundo exterior.

Portanto, a lealdade à fé permaneceu forte. O monopólio calmo da verdade deixava muito pouco espaço para a dúvida. Por um longo tempo no mundo sunita, poucas seitas remanescentes toleradas se tornaram comunidades fechadas, como as outras religiões monoteístas, com nenhum desejo de fazer proselitismo e, portanto, se tornar toleráveis como minorias, como se elas fossem algum tipo de casta estrangeira estabelecida. A conversão do Irã ao Islã xiita no século XVII estabilizou a principal heresia, dando-lhe uma base de Estado e um domínio em seu próprio território. Como na Europa daquele tempo, o princípio de *cuius regio, eius religio* manteve a ordem estabelecida.[4]

---

[4] "Qualquer que seja a religião do príncipe, esta será a de sua região", extraído da Paz de Augsburgo (1555), um acordo entre os luteranos e os católicos na Alemanha.

Portanto, por um longo tempo o Islã não passou por nenhum dos desafios às suas instituições "eclesiásticas", seu dogma e ritual, que foram tão marcantes e tão profundamente enraizados na Europa. As massas não foram profundamente afetadas, a ponto de abandonarem a religião, pelo "desencanto do mundo" que a industrialização produz.[5] O mundo islâmico não testemunhou a morte de Deus seguindo a morte dos anjos e demônios, e a descrença generalizada em milagres, incluindo aqueles que são regularmente renovadas no rito comum. O moralismo piegas, atribuindo o azar e o mau governo à falta de fé e à consequente imoralidade dos governantes, não cedeu, no todo, nem a essa descrença generalizada ou a uma extensão da ideologia da liberdade moral que afeta todos os níveis da sociedade.

Ao contrário, a crença tem sido sempre reforçada por uma velha obsessão: o constante pavor de uma grande mudança em relação a uma religião rival, existindo no próprio coração da sociedade muçulmana e ao mesmo tempo encontrando apoio vital fora. Os cristãos, assegurados de um monopólio ideológico em seu próprio mundo (com exceção da pequena minoria judia, que não contava com apoio externo e apresentava pouco risco de espalhar o seu contágio espiritual), raramente tiveram razão para temer um exército de infiéis vindo de fora que pudesse juntar forças com seus cúmplices de dentro. Esse temor, presente no Islã no início da Idade Média e reforçado pelas Cruzadas e pela invasão mongol, só poderia crescer em face da agressão cada vez mais forte pelas potências imperiais europeias nos séculos XIX e XX. Ela alcançou paroxismos que só podem ser comparados com a paranoia católica do século XIX em face do aumento do declínio da religião (supostamente inspirada pela conspiração judeo-protestante-maçônica, liderada por Satã) ou pelos temores análogos e obsessões sentidas pelo mundo comunista.

---

[5] Max Weber usou esta frase em *A Ética Protestante e o Espírito do Capitalismo* e em outras obras.

UM PERÍODO DE OCULTAÇÃO POLÍTICA

Como em outros lugares, uma fé universalista, uma identificação nacional particular da comunidade de crentes (na Argélia colonial, como na Polônia ou na Irlanda), uma identificação supranacional dos muçulmanos como muçulmanos – cada uma destas reforçava a outra em vários graus de ênfase que tinham assegurado a permanência da lealdade geral à crença ancestral.

A industrialização e um grau de modernização tiveram o efeito de empurrar seções limitadas da sociedade em direção ao ceticismo, liberalismo religioso e liberdade de comportamento, debaixo do guarda-chuva teórico de um Islã reinterpretado sob essa luz, ou de um vago deísmo, ou até mesmo ateísmo. Mas a conversão dessas pessoas a tais tendências ocidentais foi reforçada pelo apego ao Islã, em sua forma mais rigidamente tradicional, dentre as massas maiores. O pobre, levado ao limite da fome, ou a uma existência miserável, dirigia a sua raiva e recriminação contra os privilégios do rico e do poderoso – seus laços com estrangeiros, a sua moralidade baixa e seu desprezo pelos costumes muçulmanos, os mais óbvios sinais dos quais são o consumo de álcool, a familiaridade entre os sexos e o jogo. Para eles, como Robespierre colocou tão bem, o ateísmo é aristocrático: e assim é aquele "subateísmo" que é (supostamente) traído pelas mais leves impiedades ou desvio da moralidade ortodoxa. Esses não são, como uma vez foi o caso aqui, padres fora de moda ou velhas solteiras devotas bradando contra minissaias e beijos nas telas do cinema; mas multidões enraivecidas que atacam indiscriminadamente lojas vendendo artigos de luxo, hotéis onde os ricos e os estrangeiros conseguem suas bebidas e debocham (algumas vezes) dos locais de culto de "heréticos" ou não muçulmanos.

Se há um renascimento aparente do Islã fundamentalista, é porque nós estamos testemunhando – provisoriamente talvez – o fim de uma época em que a cristalização de tais atitudes (um processo brevemente descrito antes) havia sido parcialmente escondida de nossas vistas.

Ao longo de toda uma era, começando em meados do século XIX, as elites do mundo muçulmano passaram a ficar seduzidas por novas ideologias. Primeiro, o nacionalismo secular do tipo que se desenvolveu na Europa após uma longa evolução e que oferecia a resposta mais adequada às exigências ideológicas da região. Mais tarde, em maior ou menor grau, esse nacionalismo foi colorido por ideais socialistas, e o socialismo em uma forma universalista até surgiu em certos pontos.

Essas elites muçulmanas tiveram sucesso em canalizar sentimentos e aspirações das massas para essas ideologias, transformando-as em apoio para a mobilização política. É preciso notar, porém, que as massas reinterpretaram essas ideias de seu próprio jeito. Aconteceu que a dominação estrangeira era o trabalho de infiéis e que os exploradores eram infiéis ou, então, algum compatriota a soldo dos infiéis. Ninguém, nos estratos mais baixos da sociedade, em que nada tinha sacudido a fé no Islã, podia deixar de notar isso. Nem poderiam os líderes capazes e perceptivos deixar de acrescentar essa arma singularmente eficaz ao seu arsenal de meios de mobilização estritamente nacional e social.

Contudo, as massas, estando inundadas com propaganda, foram aos poucos condicionadas a formular *slogans* de tipo moderno. Membros das classes sociais foram, além do mais, genuinamente influenciados por essas ideias. Em áreas do leste árabe em que havia minorias religiosas, a luta nacional e social foi frequentemente feita em conjunto pelos muçulmanos, cristãos e mesmo pelos (até bem recentemente) judeus. Na Turquia, um líder nacional prestigioso, que não se deu ao trabalho de esconder a sua falta básica de crença, pôde angariar uma grande massa de seguidores e implantar medidas militantemente seculares.

No Irã, certos elementos, mesmo fora da elite, puderam ser seduzidos por um nacionalismo que celebrava as glórias do Irã na era zoroastrismo e que considerava a conversão ao Islã uma mera regressão cultural e nacional trazida pelos conquistadores bárbaros árabes (e sunitas, também!).[6] No Magreb, emigrantes proletarizados na França foram expostos, em grandes números, à influência de um clima social que ligava a militância à (no mínimo) indiferença em relação à religião.

Nenhuma dessas tendências modernizadas foi esquecida. Mas elas todas perderam parte daquele poder de despertar entusiasmo que deu a elas uma supremacia e que relegou a religião ao *status* de uma moralidade diária coadjuvante, e que ao mesmo tempo podia questionar práticas e dogmas que se desviassem das ideologias modernas e da ideologia da modernização.

A POLÍTICA DE ACORDO COM O CORÃO

O nacionalismo de inclinação marxista da variedade nasserista, identificando o inimigo básico não como o estrangeiro em si, nem o infiel, mas sim como o "imperialismo", não conseguiu alcançar nenhum sucesso estrondoso. A sua aliança com a suposta coalização entre os oprimidos do mundo e os autodenominados estados socialistas não permitiu que ele levasse a melhor no confronto com o desafio israelense. Ele foi desmoralizado pelas políticas da nova classe no poder, de modo algum mais sedutoras do que aquelas praticadas pelos seus predecessores. Esse nacionalismo foi, em parte, o herdeiro do liberalismo jacobino ocidentalizante. A mobilização que ele pregava consistia em permanecer secular e multiconfessional. Porém, a luta contra Israel já tinha tornado praticamente impossível incluir os judeus nele. As reações que prevaleceram dos cristãos no Líbano reforçaram os velhos temores que vinham desde a época das cruzadas e das ligações históricas com a Europa imperialista, de modo a tornar

---

[6] Zoroastrismo era a religião do Estado do Império Persa pré-islâmico.

todos os cristãos árabes cada vez mais suspeitos.[7] As realidades da independência nacional se mostraram menos estimulantes do que os *slogans* que mobilizaram as massas pela causa da liberação.

Em lugar algum, além disso, esse tipo de nacionalismo resultou em um escape da dependência econômica e do subdesenvolvimento. As únicas realizações da grande nação árabe no campo do poder político e de prestígio nacional foram o trabalho dos potentados do petróleo – os muçulmanos mais fundamentalistas e conservadores – ao vender seu petróleo com o concurso de comerciantes pechincheiros competentes e tecnocratas (mas cujos turbantes, filetes e mantos lhes permitem ser associados às tradições beduínas).[8] Quanto ao ideal de uma nação árabe unida, ficou cada vez mais difícil de se alegar, em face do desenvolvimento evidente dos nacionalismos regionais (egípcio, argelino, marroquino, etc.), que a sua materialização só não pôde ser concluída por causa das "maquinações" de Israel e do "imperialismo".

UM NACIONALISMO MUÇULMANO

Na Turquia, como no Irã, tornou-se difícil dirigir o ódio da nação contra um inimigo muçulmano, mesmo que os três principais povos do Oriente Médio estejam sempre prontos para denegrir uns aos outros. A ideologia antiárabe de parte das elites nacionalistas turcas e iranianas não exerce pressão suficiente para despertar uma mobilização séria das populações – tal como, por exemplo, um conflito territorial irredentista – que são indiferentes à glória pré-islâmica dos turcos celestiais de Orkan, ou de Ciro e Cosroes.[9] Os inimigos

---

[7] A guerra civil libanesa começou em 1975, quando os falangistas cristãos atacaram os palestinos.

[8] Os termos referem-se a coberturas de cabeça e robes tradicionais dos beduínos.

[9] Orkan foi o fundador do Império Otomano no século XIV; Ciro, o Grande, foi um rei persa do século VI a.C; Cosroes Anushirvan foi um rei persa do século VI E.C. que obteve várias vitórias contra o Império Bizantino.

detectados ainda são não muçulmanos: os ateus russos, que oprimem os muçulmanos turcos e iranianos na Ásia Central, e aqueles cujas mãos ocultas são suspeitas em todos os lugares; europeus e americanos cristãos, que claramente manipulam líderes locais, impondo-lhes a sua vontade mediante supremacia financeira e tecnológica, minando e corrompendo o Islã por meio de sua moralidade ímpia, sua devassidão e alcoolismo. Por fim, porém não menos importante, o seu mau exemplo com relação à igualdade dos sexos, se não de fato a dominação feminina (que as minhas amigas feministas me perdoem – é que é simplesmente assim que parece quando olhado de fora), propicia às mulheres locais ideias perigosas.

Dessa forma, o nacionalismo puro se torna cada vez mais fortemente um nacionalismo muçulmano, um Islã nacionalizante. As exceções são as minorias étnicas que se consideram oprimidas por outros muçulmanos, como os curdos, ou aqueles árabes mais sensíveis ao irredentismo palestino e ao desafio israelense: sírios, iraquianos e, acima de tudo, os próprios palestinos; entre os últimos, a participação significativa de cristãos no movimento palestino fortalece a relutância de dar uma coloração puramente islâmica à ideologia da luta.

Quanto ao socialismo, naqueles Estados em que um regime que se diz socialista foi estabelecido, ele não foi lento em tornar seu caráter pesado e opressor sentido nem em suas deficiências de todos os tipos – mesmo que tenha também obtido resultados positivos. Os modelos externos não são mais encorajadores, como fica cada vez mais claro, especialmente naqueles países que demoraram para responder à desmistificação pós-stalinista. As exceções são fornecidas pelos elementos das classes trabalhadoras, nos locais onde eles têm algum grau de importância, e por certos intelectuais e semi-intelectuais que antes haviam sido inspirados pelo espírito marxista e que permanecem fascinados, seja pela fé, visão embaçada, ignorância ou o endurecimento das artérias.

Os mesmos desapontamentos foram sentidos na Europa. Aqui, também, o desejo desesperado de encontrar uma saída para um fervor não canalizado algumas vezes provocou um retorno a velhas religiões autóctones, locais e nacionais. Mas aqui a crença cristã, com todo o individualismo místico ou fervoroso da busca pela salvação, ou de caridade organizada, dificilmente oferece oportunidades de mobilização que sejam a um só tempo elevadoras e específicas. De outro lado estão os partidos e movimentos que são conservadores ou tediosamente gradualistas, e movimentos reacionários cujo programa de restauração da Cidade de Deus não é nenhum pouco convincente quando eles veneram aquele cujo reinado não é deste mundo e que deu a César o que era de César. Por outro lado, movimentos progressistas ou revolucionários, abrangendo em grande parte (e de qualquer forma iniciados por) infiéis, são tendências às quais os cristãos só podem se associar quando também inspirados por outras motivações.

Nos países islâmicos, em contraste, o apelo à religião nacional é para muitas pessoas acessível, estimulante, crível e vivo. O Islã, como eu disse, não sofreu erosão interna ou o desafio que gradualmente minou o poder de atração do cristianismo. Ele se manteve intacto entre as pessoas cuja cultura diária ele forneceu e cujas aspirações e ética humilde ele santificou. Ao longo da época que testemunhou o prestígio do nacionalismo e do socialismo, se propagou a ideia de que o Islã defendia e incorporava os mesmos valores que eles abrigavam. Porém, ficou mais persuasivo lutar por ideais sob a bandeira do Islã do que se associar ideologicamente a estrangeiros cujos motivos eram suspeitos – como foi o caso do nacionalismo de inclinação marxista, bem como com o socialismo.

Mesmo fora do mundo muçulmano, o Islã adquiriu o prestígio de ser, agora como no passado, infatigável na linha de frente da resistência à Europa cristã que foi expansionista, proselitista e imperialista; ou simplesmente de estar na vanguarda da luta antieuropeia. Daí para a frente, contudo, os inimigos que dirigem o maior ódio contra ele são os europeus e os americanos, e nos estratos europeizados das sociedades na periferia do mundo capitalista. Portanto, todos esses inimigos podem ser identificados como não muçulmanos, antimuçulmanos ou seus companheiros viajantes. Pareceria que nos rincões mais longínquos da Casa do Islã pode haver uma consciência dessa polarização mundial, em que o Islã recebe orgulhosamente o título de campeão universal do bem contra o mal sem jamais ter brandido para ninguém a bandeira da *avant-garde*.

Os muçulmanos tecem, eles próprios, imagens diferentes do Islã de acordo com o estrato social a que pertencem, o tipo de educação que receberam, a sua afiliação política e até seus temperamentos individuais. Mas em todos os lugares, a imagem dominante, quase que imutável do Islã, é a do guardião, garantidor, fiador e protetor da moralidade tradicional. Análoga à imagem que o fundamentalismo cristão faz do cristianismo – essa imagem é quase universal na sociedade muçulmana. A fé cristã é, algumas vezes, uma fé fundamentalista em uma tradição petrificada em um certo período, algumas vezes uma fé que, enquanto enraizada na mensagem de Jesus, não teme a constante revisão da tradição. Exemplos publicamente professados desse tipo de revisionismo são raros no Islã: a mensagem do pai fundador (no momento) é mais difícil de separar do peso morto da tradição.

O carinho pelas vantagens da tradição é parcialmente responsável pela fé religiosa da tribo masculina, que corta as convicções políticas e classes. Tal como no catolicismo latino no passado, por exemplo, a tradição religiosa pode ser explorada a fim de dominar o sexo que os homens inquestionavelmente consideram fraco e subordinado, mesmo se a vingança que os aguarda no seio familiar e em casa, e na cama conjugal, frequentemente os impede de tirar plena vantagem disso. Sem necessitar de pesquisas de opinião, governantes e candidatos a governantes estavam bem a par dessas inclinações entre seus povos e tomaram nota delas.

KADAFI E OUTROS

Alguns líderes genuinamente querem traduzir para a realidade os preceitos sociais e políticos do Islã, tendo aprendido na escola que tais preceitos existiam e foram sozinhos capazes de construir uma sociedade harmoniosa. Eram líderes assim que estabeleceram o Estado saudita e é hoje, assim, o Kadafi da Líbia.

Quando eles são testados ao assumirem o poder, a maioria desses líderes é (ou se torna) convencida – dependendo do quanto a sua intoxicação ideológica os condicionou a rejeitar as lições da realidade – de que não consegue realizar muito com esse espírito. Eles terminam por descobrir o quão certo Nasser estava quando declarou que fracassou em ver como alguém poderia governar um Estado somente com as leis do Corão. A partir desse momento, eles percebem que estão desapontando aqueles que chegaram a esperar grandes coisas da aplicação da lei corânica. A fim de manter um amplo consenso entre seus súditos, eles precisam se concentrar essencialmente em medidas simbólicas – naquilo que eu chamaria de "gesticulação" muçulmana – e na fé visceral em uma identidade muçulmana cujas várias fontes e origens eu delineei parcialmente.

Em suma, o problema não é fundamentalmente diferente, por exemplo, daquele enfrentado pelos líderes soviéticos. Stalin e Khrushchev, cada um à sua própria maneira, eram altamente hábeis na "gesticulação" marxista. Mas a profundidade e o escopo da crença nas virtudes do marxismo eram muito menores; as políticas do *Gulag* o desacreditaram; o simbolismo do marxismo é muito menos rico; o racionalismo de sua doutrina é muito menos metafisicamente satisfatório; e outras crenças, não importa quão clandestinas e perseguidas, sempre estiveram disponíveis aos povos soviéticos.

Quase sozinho, Kadafi engenhosamente persegue o seu projeto de um Estado muçulmano, por definição livre e igualitário e (também em nome do Islã) oposto à plutocracia americana. Persistentemente ele teoriza e refina, se esforçando para especificar os métodos corretos em seus Livros Verdes e nas suas políticas líbias. Afora o desdém dos cínicos profissionais e o frio conforto daqueles seus conterrâneos que possuem os meios de desfrutar de seus prazeres no exterior, ele recebe a estranheza dos clérigos que estão chocados com as suas interpretações originais, a sua rejeição da tradição codificada e a sua crítica aos intolerantes e hipócritas.

Muito mais numerosos entre os líderes muçulmanos são e foram aqueles que, qualquer que fosse a profundidade de sua convicção pessoal, souberam sempre que poderiam executar apenas alguns poucos ideais islâmicos. Eles sabiam que precisam governar essencialmente com prescrições não religiosas e, quando muito, poderiam esperar por uma superficial e limitada transformação moral e religiosa.

Eles se resignaram a realizar pouco e – para todo o mundo como cínicos manipuladores somente após o seu próprio poder – colheram a sua recompensa com consciência mais ou menos limpa. Todos eles perceberam que precisam pelo menos conceder ao Islã e a seus funcionários algum respeito. Ou eles podem avançar e obter bons resultados através da "gesticulação" islâmica. A construção de uma mesquita pode colocar brilho em certos aspectos não palatáveis da realidade.

Afora os líderes, existem os candidatos a líderes, e, no caso único da Turquia – onde existe pelo menos uma alternância de poder recorrente – ainda que não muito pacífica –, uma terceira categoria: a dos que governam de tempos em tempos e, quando fora do poder, pelo menos podem continuar trabalhando sem a necessidade de irem para a clandestinidade.

Partidos políticos e grupos, todos, exibem um mínimo de respeito pelo Islã. Aqueles que são mais suspeitos de serem contra a religião – previamente os comunistas – mostraram o maior zelo em exibir o seu respeito na execução de feitos dolorosos de reconciliação (mas não, afinal das contas, mais dolorosos do que para o Partido Comunista Francês ao se identificar com Joana D'Arc). Contudo, em meio a todo esse coro de reverência, certos grupos são proeminentes na sua insistência na defesa do Islã.

AGRUPAMENTOS AUTENTICAMENTE RELIGIOSOS

O Partido Democrata Turco é um. Seus líderes parecem, na média, nem mais nem menos devotos do que os seus colegas republicanos, mas eles capitalizam a fé religiosa das massas de agricultores a fim de combater o kemalismo atenuado do Partido Republicano e o modernismo ocidentalizante que se espalhou entre os militares, os tecnocratas e em outros segmentos.

Com exceção desse tipo de demagogia, existem grupos que são autenticamente religiosos no sentido de que seus líderes, seja de maneira sincera ou não, declaram que eles querem construir um Estado muçulmano. Poderíamos fazer finas distinções sobre a sinceridade da fé desse tipo de líder, da imagem que eles projetam desse Estado muçulmano em relação às suas origens sociais, à sua cultura e temperamento, e ao grau de radicalismo em suas políticas práticas – frequentemente indo ao extremo do terrorismo. Aqui, além do mais, essas seitas podem se beneficiar não apenas do exemplo internacional, mas também de uma tradição especificamente islâmica, aquela da seita medieval dos Hashishiyin – aqueles soldados que emprestaram às línguas europeias a palavra "assassino". Alguns com toda a sinceridade buscam o poder a fim de aplicar ao Islã, enquanto outros escolhem o Islã como um instrumento para com o qual conquistar o poder. Mas na política tais distinções são apenas de importância ocasional. Os resultados são frequentemente os mesmos.

Um desses grupos é o vasto movimento clandestino da Irmandade Muçulmana. O número de seus membros é desconhecido, mas o número flutuante de simpatizantes é certamente considerável. É difícil avaliar as diferentes tendências que existem nas fileiras dessa organização. Mas a tendência dominante é inquestionavelmente um tipo de fascismo arcaico. Com isso quero dizer um desejo de estabelecer um Estado autoritário e totalitário cuja polícia política iria vigiar a ordem moral e social. Ela imporia concomitantemente conformidade à tradição religiosa como interpretava em sua luz mais conservadora. Alguns aderentes consideram essa renovação artificial da fé como a primeira prioridade, enquanto outros a veem como uma ajuda psicológica, dourando a pílula da reforma social reacionária.

Existem também movimentos similares, por exemplo, na Turquia à direita do Partido Democrata. Mas é no Irã onde existe alguma coisa mais semelhante a um partido religioso. A sua força tem estado bem visível nos meses recentes.

ENTRE O ARCAÍSMO E A MODERNIDADE

O fenômeno da influência política dos ulemás iranianos (os homens de religião), que constituem uma espécie de partido religioso, assombrou todo mundo. Os apologistas, sejam muçulmanos ou pró-muçulmanos, e aqueles que chegam verdes ao problema com uma moldura mental idealista[10] – como geralmente ocorre com os temas de religião (ou mesmo de ideologia, a julgar pelos "novos filósofos" franceses) – são rápidos em atribuir isso, pelo menos em parte, à natureza da doutrina xiita. Mas é mais complexo do que isso. É verdade que as fundações da doutrina xiita, nos primeiros séculos do Islã, foram elaboradas por grupos oposicionistas obstinados em desafiar a legitimidade dos que estavam no poder. A ideologia preservou esse traço. Mas as doutrinas são sempre suscetíveis de interpretação. Nunca há uma escassez de teólogos e teóricos capazes de adaptar a doutrina às mudanças que as circunstâncias do momento demandam (com relação ao Islã, ver Cahen, 1977).

---

[10] Trata-se de uma referência a Foucault.

Tal como Nikki Keddie demonstrou admiravelmente, foi a evolução das forças respectivas do Estado e do ulemá principal que moldou o poder crescente deste último no Irã e, em contraste, o declínio de seu poder (um poder que podia ser também doutrinariamente fundado) dentro do Islã sunita (ver em especial Keddie, 1962; Keddie, 1966; Keddie, 1969). A dinastia Safávida (1500-1722), que converteu o Irã ao xiismo muçulmano, cooperou com o ulemá xiita, que ela teve de importar dos países árabes. À sua interdependência foi dada uma base teórica. Mas, *grosso modo*, o Estado gradualmente perdeu seu poder posteriormente, enquanto as vantagens concedidas aos ulemás foram institucionalizadas, legitimizadas e reforçadas. As lutas do século XVIII deram uma flexibilidade de doutrina e a independência de julgamento de cada *'alim* (o singular de ulemá), baseadas nos fundamentos que eram medievais. A autonomia financeira e a segurança, garantida pelos safávidas, não poderiam ser sacudidas por governos fracos que tivessem medo da oposição. Seus líderes sabiam como aumentar o seu poder escolhendo ficar fora das fronteiras do reino, perto de santuários sagrados.

A aliança aparentemente paradoxal entre os homens de religião e os reformadores seculares ou revolucionários foi formada no século XIX, em oposição às concessões da dinastia Qajar ao Ocidente, e cimentada durante a "revolução constitucional" de 1905 a 1911. Os dois partidos já estavam com medo da modernização vinda de cima, que, aos seus olhos, só poderia aumentar o poder autoritário de uma dinastia apoiada por potências estrangeiras. Os líderes religiosos acima de tudo detestavam as consequências para o seu poder autônomo das implicações seculares da modernização. Os modernizantes seculares dentro da oposição temiam o fortalecimento do poder absoluto. Ambos os grupos dirigiam os seus esforços contra o domínio pelas potências que eram, a um só tempo, estrangeiras, como também infiéis. A aliança ganhou o voto na Constituição de 1906, um compromisso entre as duas tendências, que grandemente limitou os poderes do xá. Os líderes religiosos, chocados pela instituição de tribunais civis com tribunais religiosos, e por toda a ideia da igualdade interconfessional, bem como outras medidas, foram momentaneamente apaziguados pela inserção de um artigo estipulando que nenhuma lei poderia contradizer a lei sagrada – que devia ser determinada por um comitê de *mujtahids* (os ulemás mais sábios) (ver a penetrante análise da constituição em Lambton, 1965).

A aliança foi rompida na segunda fase da revolução, depois que a maioria dos ulemás havia descoberto seus perigos subjacentes. Mas alguns deles continuaram a participar da coalização revolucionária.

O fortalecimento do poder autoritário sob os dois monarcas Pahlavi, desde 1925, resultou em uma renovação da aliança. Os nacionalistas democratas nacionalizantes, chocados com a política externa do xá, pelo grau de repressão e a exploração desmedida, redescobriram, como eles já o haviam feito sob os últimos dos Qajars, as vantagens da aliança com o ulemá. Estes últimos, por sua vez, compartilhando o mesmo desgosto pelas mesmas políticas e acrescentando a elas o seu temor da modernização e da ocidentalização, são capazes de capitalizar em cima desse descontentamento, desfrutando, como ocorre, da veneração das massas e da inexpugnabilidade do púlpito – como o clero polonês o faz.

UM GOVERNO ISLÂMICO?

Os eventos de 1978 são o resultado da escalada colocada em movimento pelo aiatolá (literalmente, "sinal" – isto é, prova – "de Deus", o título honorífico dos *mujtahids* mais importantes) Khomeini desde junho de 1963, quando ele publicamente comparou o xá a Yazid, o califa omíada que ordenou o assassinato de Hussein, neto do Profeta. A sua prisão, com cerca de trinta outros ulemás, causou protestos de larga escala, dos quais, desta vez, os nacionalistas seculares se dissociaram. A repressão subsequente resultou em pelo menos uma centena de mortes.

Como eles fizeram no passado, os ulemás poderiam dar a palavra para o estabelecimento de um Estado islâmico (e ela poderia ganhar aceitabilidade pela virtude do que dissemos anteriormente). Na restauração da Constituição de 1906 eles viram, acima de tudo, além da limitação do autoritarismo do xá, aquele artigo crucial, nunca aplicado no passado, que colocaria a legislação sob seu controle.

Dessa forma surgiu uma aliança provisória contra uma forma de despotismo que costumava abrigar entre seus membros pessoas que sonhavam com outra forma de despotismo. De forma semelhante no Egito, entre 1952 e 1954, a Irmandade Muçulmana se juntou aos comunistas e aos liberais, liderados por Naguib, na exigência de um retorno a um sistema parlamentar. Em ambos os casos, uma vertente odiada de autoritarismo deveria ser derrubada a fim de que se pudesse montar um regime em que o povo pudesse ser mobilizado em favor de uma outra vertente de autoritarismo. As suas visões políticas são provavelmente diversas e em muitos casos caracterizadas por uma notável fluidez e ingenuidade.

Uma vez que eles têm dificuldades em aplicar e definir programas delineando medidas concretas, os líderes políticos, como eu disse, recorrem a símbolos – independentemente de eles os proclamarem, os demandarem ou, de fato, os colocarem em vigor. A coisa irritante para a sua imagem no Ocidente é que esses símbolos são arcaicos. Este é o outro lado da moeda, o preço a ser pago pela vantagem obtida ao incluir em um programa político uns poucos preceitos extraídos do Corão com relação à organização social e muitos outros a serem encontrados na Tradição.

No mundo cristão, pode-se clamar por um mínimo (revisionista) de fundamentalismo invocando os textos sagrados apenas para proibir o divórcio e a contracepção. Alguns católicos fundamentalistas, não desejosos de reinterpretar as suas tradições a esse ponto, querem que a liturgia em latim e a batina sejam restauradas. Isso certamente dá margem à reclamação! Mas, em contraste, o fundamentalismo muçulmano mínimo, de acordo com o Corão, exige o corte da mão de um ladrão e a diminuição pela metade da herança de uma mulher. Ao retornarem à tradição, como os homens de religião exigem, qualquer um que seja pego bebendo vinho tem que ser chicoteado, e um adúltero, chicoteado ou apedrejado. Um pedaço espetacular de arcaísmo de fato – ainda que talvez um pouco menos espetacular, é verdade, do que o simbolismo do judaísmo ortodoxo. Mas no caso deste último ele é frequentemente impossível de ser colocado em prática e, quando é, afeta somente uma pequena comunidade e, portanto, surpreende um número menor de observadores.

Será que o futuro verá alguma grande mudança nessa situação? Não parece provável. Certamente a panaceia de um governo islâmico poderá ser desacreditada no futuro entre partes maiores da sociedade muçulmana. O que quer que possa ser dito nos países muçulmanos, ou em outros lugares, a verdade é que nem o próprio Islã, nem as tradições muçulmanas, nem mesmo o Corão fornecem quaisquer garantias mágicas seja de um governo plenamente satisfatório, seja de harmonia social. O Islã está confinado a oferecer preceitos com relação somente a setores limitados da vida social, legitimando certos tipos antiquados de estruturas social e política, na melhor das hipóteses realizando pequenos aperfeiçoamentos e, como todas as religiões universalistas e algumas outras também, ele encoraja as pessoas (beneficamente além disso) a exercer o poder e a riqueza com caridade e moderação.

UM ENRIQUECIMENTO ESPIRITUAL

Um governo muçulmano por si próprio não significa nada. Um governante pode declarar que o Estado é muçulmano ao satisfazer certas condições mínimas que são facilmente cumpridas: a proclamação de aderência ao Islã na Constituição; a instituição, ou reinstituição, de leis arcaicas; a conciliação dos ulemás (que é fácil entre os sunitas, mais difícil entre os xiitas). Mas após o cumprimento dessas exigências mínimas, o escopo é vasto. O termo pode cobrir diferentes, até mesmo diametralmente opostos, regimes. Os governos podem fazer acusações mútuas de traição ao Islã "verdadeiro". Nada é mais fácil ou mais perigoso do que esse costume honrado pelo tempo de acusar o seu adversário de "inimigo de Deus". Recriminações mútuas, frequentemente incorporadas em *fatwas* contraditórias (consultas legais) emitidas por autoridades competentes, dificilmente são feitas para se aumentar a confiança no suposto caráter islâmico de um Estado.

Seja como for, será que não é possível que um desses Estados possa se tornar genuinamente muçulmano e injetar algum enriquecimento espiritual no governo das coisas humanas? Algumas pessoas esperam que sim, ou dizem que sim, sejam elas revolucionárias militantes porque muçulmanas, ou vice-versa, ou sejam elas europeias convencidas dos vícios da Europa e esperando encontrar em outro lugar (por que não no Islã?) os meios para se assegurar um futuro mais ou menos radiante.[11]

É surpreendente, após séculos de experiência comum, que ainda seja necessário recordar uma das leis mais comprovadas da história. Boas intenções morais, sejam ou não endossadas pela divindade, são uma base fraca para se determinar as políticas práticas dos Estados. O melhor exemplo é indubitavelmente a fraca influência do anarquismo não violento de Cristo – não importa o quão frequentemente ele possa ser invocado por escrito, venerado e memorizado – com relação ao comportamento dos Estados cristãos (e, diga-se de passagem, da maioria de seus cidadãos). A espiritualidade muçulmana pode exercer influência benéfica no estilo de políticas práticas adotadas por certos líderes. É perigoso esperar mais do que isso.

---

[11] Trata-se de outra referência a Foucault.

O Islã, de acordo com os seus seguidores, ainda é superior ao cristianismo ao demandar menos da virtude humana, ao se resignar com as imperfeições da sociedade e ao prescrever ou justificar leis repressivas para que se possa lidar com elas. Mas ao assim fazer, pode-se dizer, ele encoraja as pessoas a esperar mais dessas estruturas legais. O poder só pode desapontar. Mas quanto mais prometer, mais desapontará, se ele tiver a pretensão de ser dotado de mais poderes para satisfazer do que quaisquer outros rivais. Esse desapontamento só pode repercutir na doutrina que fez uso dele. Se a poção mágica é ineficaz, perde-se a confiança não apenas no mago, mas também na própria mágica.

Ondas de desencantamento podem, portanto, se espalhar pelo mundo muçulmano como aconteceu dentro da sociedade cristã. É de fato temeroso que tantos regimes tenham se declarado islâmicos.

Doenças espirituais desse tipo já podem ser detectadas entre muitos dos povos que abandonaram as sociedades muçulmanas e são livres para expressar o seu desencantamento, uma vez que estejam no exterior. Pesadas restrições morais resultantes de uma devoção moral sufocante são, além do mais, um fator importante (não econômico) na emigração desses países. As mulheres são especialmente amargas. Em Paris, elas estiveram declamando recentemente seu ódio ao Islã – um ódio que não fica nada a dever ao "imperialismo". Poder-se-ia dizer que elas estão erradas ao associarem o Islã propriamente – à maneira espiritual de sua palavra – a leis particulares opressoras que são apenas contingentes sobre elas. Isto é verdade. Mas quem foi que fez essa ligação antes que elas fizessem e quem continua a fazê-lo?

Trata-se de um tema pertinente tanto dentro como fora dos países muçulmanos, mas é muito mais difícil expressar tais sentimentos estando do lado de dentro. A industrialização, à medida que se desenvolve lentamente, e as forças sedutoras do modo de vida nos países secularizados – tais como são retratados no cinema e na televisão –

provavelmente irão aumentar o desafio não apenas aos regimes, mas também à religião que eles adotaram como a sua bandeira, enquanto essa religião seja ainda invocada para justificar a opressão.

Sob a pressão de tal desamor é bem possível que, um dia, os homens de religião apresentem uma versão do Islã que seja mais moderna, concreta e persuasiva. Poderá, então, surgir uma ideologia islâmica de esquerda – e não simplesmente um Islã desafiando um regime em particular – da mesma forma que se desenvolveu uma ideologia cristã de esquerda. Talvez isso demore para acontecer. Certamente, lealdade a uma comunidade há longo tempo sob ataque, "patriotismo" comunal com as suas costumeiras paranoias e narcisismo e orgulho em liderar o Terceiro Mundo ainda desempenharão o seu papel. Mas nem sempre é assim.

No momento, este Islã esquerdista ainda está bem longe. Na melhor das hipóteses é preciso se contentar com um Islã que em retrospecto legitima posturas antiamericanas e antiocidentais, ao mesmo tempo que exerce pressão para manter uma ordem moral arcaica. Pode-se chamar isso de "ala esquerda" se quisermos. Entre seus oponentes, o xá e seus seguidores estão agora (por razões táticas) descobrindo "marxistas islâmicos". Eles não estão totalmente equivocados uma vez que a ideologia implícita da revolta do Terceiro Mundo fez com que tanto o povo como uma ampla variedade de intelectuais adotassem ou redescobrissem aspectos militantes do marxismo. Algumas pessoas o fazem apresentando tais tendências como parte do Islã "essencial". Elas estão equivocadas, contudo, pois trata-se de tendências universais que estavam presentes no Islã medieval. Se fazem referência ao Islã, é frequentemente para lhes permitir combinar o politicamente progressista com a reação social.

É essa combinação do revolucionário moderno com o social arcaico que caracteriza Kadafi, que praticamente sozinho, após ter chegado ao poder, vem mantendo a vitalidade da rebelião militante. Da parte deles, os governantes sauditas combinam o tecnologicamente moderno com o política e socialmente arcaico, e seus ulemás ansiosos à direita os recriminam por isso da mesma forma que Kadafi o faz da esquerda. Misturas desse tipo são instáveis, como são as alianças entre os homens de religião e os socialistas ou liberais, pelo menos até que os primeiros sejam forçados a modernizar a sua visão. Provavelmente veremos a aliança se romper mais uma vez no Irã (e em outros lugares), como aconteceu em 1907.

Mas a humanidade continuamente cria problemas que não pode resolver, ou os cria em termos que os tornam insolúveis. Um desespero renovado é ecoado por esperança renovada. Sempre será possível encontrar imperfeições nos regimes existentes, sejam elas vistas sob a luz do Islã "verdadeiro" ou do marxismo "verdadeiro". Por um longo tempo ainda, serão feitas tentativas de corrigir "erros" mediante um retorno ao fundamentalismo perdido da tradição consagrada. Ainda há um futuro para o fundamentalismo muçulmano – e para as reparações frescas e novos desafios que estão adiante dele.

Um Barril de Pólvora Chamado Islã
PUBLICADO PELA PRIMEIRA VEZ EM *CORRIERE DELLA SERA*,
EM 13 DE FEVEREIRO DE 1979

Teerã[1] – No dia 11 de fevereiro de 1979, a Revolução Iraniana aconteceu. Tenho a impressão de que lerei esta sentença nos jornais de amanhã e nos livros de história no futuro. É verdade que nesta estranha série de eventos que marcaram os últimos doze meses na política iraniana, uma figura conhecida finalmente aparece. Esta longa sucessão de festividades e lamentações, estes milhões de homens nas ruas evocando Alá, os mulás nos cemitérios proclamando a revolta e a prece, aqueles sermões distribuídos em fitas cassete, e este ancião que, todos os dias, cruza a rua em um subúrbio de Paris a fim de se ajoelhar na direção de Meca; foi difícil para nós chamarmos tudo isso de "revolução."

Hoje, sentimos como se estivéssemos em um mundo mais familiar. Houve as barricadas; armas foram tomadas dos arsenais; e um conselho reunido rapidamente deixou os ministros apenas com o tempo suficiente para renunciarem antes que as pedras começassem a quebrar as janelas e antes que as portas fossem arrombadas sob a pressão da multidão. A história acabou de pôr no pé da página o selo vermelho que autentica uma revolução. O papel da religião foi abrir a cortina; os mulás agora se dispersarão, decolando em uma grande revoada de robes brancos e pretos. A decoração está mudando. O primeiro ato está para começar: o da luta de classes, das vanguardas armadas e do partido que organiza as massas, e assim por diante.

Será que isso é tão certo?

Não era preciso ser um grande profeta para notar que o xá, no verão passado, já estava politicamente morto, nem a fim de perceber

---

[1] A data foi aparentemente acrescentada pelos editores do jornal. Foucault não tinha estado no Irã por dois meses.

que o exército não poderia se constituir em uma força política independente. E nem era necessário ser um vidente para verificar que a religião não constituiu uma forma de compromisso, mas sim uma força real que poderia levantar um povo não apenas contra o monarca e a sua polícia, mas contra todo um regime, um modo inteiro de vida, um mundo inteiro. As coisas, porém, hoje parecem mais claras, permitindo um retrato do que é necessário para ser chamado de estratégia do movimento religioso. As longas passeatas – algumas vezes sangrentas, mas incessantemente repetidas – foram tanto jurídicas como políticas, privando o xá de sua legitimidade e os políticos de sua representatividade. A Frente Nacional retirou-se. Bakhtiar,[2] ao contrário, queria resistir e receber do xá uma legitimidade que ele teria merecido ao garantir a partida irrevogável do xá. Em vão.

O segundo obstáculo, os americanos, parecia formidável. Eles cederam, contudo, devido à impotência e também por cálculo. Em vez de apoiar um regime moribundo, com o qual eles estavam totalmente comprometidos, preferem permitir o desenvolvimento de uma situação como a chilena, permitindo agudização dos conflitos internos para depois, então, intervirem. E talvez eles pensem que esse movimento, que, no fundo, preocupa todos os regimes da região, acelerará a realização de um acordo no Oriente Médio. Isso foi o que os palestinos e os israelenses sentiram imediatamente, com aqueles apelando ao aiatolá pela liberação de todos os locais sagrados e estes anunciando mais uma razão para não abrirem mão de nada.

Com respeito ao obstáculo do exército, ficou claro que foi paralisado pelas correntes políticas internas. Mas essa paralisia, que constituiu uma vantagem para a oposição enquanto o xá ainda estivesse no poder, tornou-se um perigo, uma vez que cada corrente se sentia livre, na ausência de todo o poder estatal, para exigir o que quisesse.

---

[2] Shapour Bakhtiar foi o último primeiro-ministro nomeado pelo xá. Ele tinha sido um membro da ala moderada da Frente Nacional, que agora o expulsava.

Foi necessário cooptar o exército, setor por setor, sem quebrá-lo demasiadamente cedo.

Mas o choque ocorreu muito mais rápido do que se esperava. Seja por provocação ou acidente, não importa. Uma célula de "linhas-dura" atacou a parte do exército que tinha se associado ao aiatolá, precipitando entre aquela parte do exército e a multidão um entrosamento que foi muito além da mera marcha lado a lado. Rapidamente depois disso veio a distribuição de armas, o pináculo *par excellence* de todos os levantes revolucionários.

Foi somente essa distribuição de armas que ao criar toda essa gangorra de eventos tornou possível evitar a eclosão de uma guerra civil. O comando militar percebeu que uma parte principal dos soldados estava escapando do seu controle e que nos arsenais tinham armas suficientes para armar dezenas de milhares de civis. Era melhor que a força permanecesse intacta antes que a população pegasse em armas, talvez por anos. Os líderes religiosos imediatamente devolveram a gentileza: eles deram a ordem para que as armas fossem devolvidas.

Hoje, ainda estamos neste ponto, em uma situação que ainda não terminou. A "revolução" mostrou, em certos momentos, alguns de seus tratos familiares, mas as coisas ainda estão surpreendentemente ambíguas.

O exército, que foi negociar com os líderes religiosos sem jamais ter sido de fato derrotado, desempenhará um peso significativo. Suas correntes diferentes irão se confrontar nos bastidores a fim de determinar quem será a "nova guarda" do regime, aquela que o protege e permite-lhe que se mantenha e se aproprie dela.

No outro extremo, é certo que nem todos entregarão as armas. Os "marxistas-leninistas" que desempenharam um papel importante no movimento, provavelmente, acham que é necessário avançar da união das massas para a luta de classes. Também, não tendo sido a "vanguarda" que faz e acontece, eles tentarão se tornar a força que termina com a ambiguidade e que esclarece a situação: "flanquear o inimigo", o melhor para dividir.

Essa sublevação não violenta de todo um povo que derrubou um regime muito poderoso – um resultado incrivelmente raro no século XX – enfrenta uma escolha decisiva. Talvez o seu significado histórico seja encontrado, não na sua conformidade com um modelo "revolucionário" reconhecido, e, sim, no seu potencial de derrubar uma situação política existente no Oriente Médio e, portanto, o equilíbrio estratégico global. A sua singularidade, que até agora constituiu a sua força, consequentemente ameaça conferir-lhe o poder de se expandir. Portanto, é verdade que, como um movimento "islâmico", ele pode incendiar toda a região, derrubar os regimes mais instáveis e perturbar os mais sólidos. O Islã – que não é simplesmente uma religião, mas todo um modo de vida, uma aderência à história e à civilização – tem boa chance de se tornar um gigantesco barril de pólvora, com centenas de milhões de homens. Desde ontem, qualquer Estado muçulmano pode ser revolucionado desde dentro, baseado nessas tradições consagradas pelo tempo.

De fato, é importante reconhecer que a demanda pelos "direitos legítimos do povo palestino" nunca empolgou os povos árabes. O que aconteceria se essa causa experimentasse o dinamismo de um movimento islâmico, alguma coisa mais forte do que o efeito de dar a ele um caráter marxista, leninista ou maoista? Além disso, o quão forte se tornaria o movimento "religioso" de Khomeini, se ele trombeteasse como seu objetivo a liberação da Palestina? O Jordão não flui mais muito longe do Irã.

Khomeini e a "Primazia do Espiritual"
POR MAXIME RODINSON
ORIGINALMENTE PUBLICADO EM *LE NOUVEL OBSERVATEUR*,
EM 19 DE FEVEREIRO DE 1979

Jacques Julliard fez uso inteligente dos eventos no Irã a fim de reexaminar a sabedoria convencional da esquerda europeia (Julliard, 1978).[1] Ele questiona ousadamente um julgamento básico herdado de nossos veneráveis ancestrais intelectuais: a religião está organicamente ligada ao obscurantismo e à opressão. Nada de bom pode vir dela. Libertar-se dela é "tirar a mente do calabouço", como o bom Communard Pottier expressou em verso.[2] Este, pelo menos, é o primeiro passo em direção à total liberação. Que ironia que a transcendência dessa concepção, no mínimo uma concepção simplista, ocorra sob a influência de homens de religião mais arcaicos, os mulás iranianos e os papas ortodoxos, cuja mensagem é transmitida, é verdade, pelo eloquente Solzhenitsyn.

Precisaremos inverter Voltaire, como Marx inverteu Hegel? Será que é a religião que libera e a filosofia que oprime? Julliard não pensa assim, e ele está correto. As coisas são mais complexas. Aqui, apenas gostaria de sugerir poucas linhas de reflexão inspiradas por um grau de familiaridade com as histórias ideológicas do Oriente e do Ocidente.

Nenhuma filosofia ou religião está sob consideração aqui. O conteúdo de uma ideologia não necessariamente desempenha um papel decisivo em movimentos que aquela ideologia apoia com a sua autoridade. No início, o cristianismo pregou a submissão a César, e o marxismo, revolta contra toda a opressão. Isso não impediu revoltas radicais, como

---

[1] Enquanto este artigo foi ostensivamente uma resposta à discussão de dezembro de 1978 de Julliard sobre religião e política em *Le Nouvel Observateur*, como Rodinson admitiu posteriormente (ver "Crítica de Foucault sobre o Irã", Ap., p. 432-48), seu alvo real tinha sido Foucault.

[2] Eugène Pottier, um participante da Comuna de Paris de 1871 e autor de "Internationale".

aquela dos anabatistas, de se legitimarem através de escrituras cristãs, nem o marxismo de canonizar a submissão a opressões renovadas. Teóricos religiosos e seculares são imensamente competentes na interpretação de um princípio aparentemente muito claro de formas infinitamente diferentes, ocasionalmente opostas aos seus significados mais evidentes.

Revolta é o primeiro; é (até agora) eterna, como parece ser o desejo de estabelecer (até mesmo de se viver) em uma ordem estável e inevitavelmente (até agora) igualitária. Então também é a necessidade de justificar uma e outra. O protesto contra uma situação desfavorável, exatamente como a autoridade que quer desarmar e reprimir essa revolta, sempre busca uma fonte de legitimação ideológica. Religiões, filosofias, seitas, escolas, partidos, e mesmo vagas, meramente conscientes, tendências podem todos servir para atingir esse objetivo. Claramente, em certos momentos, em certas circunstâncias, alguns são mais apropriados do que outros para a produção de legitimações antecipadas.

Algumas categorias e alguns exemplos serão suficientes aqui. Contra uma ideologia usada pelo governo, pode-se mobilizar em nome de uma ideologia anterior e rival, outra que foi derrotada, mas que continua a existir. As vitórias ideológicas nem sempre são totais, nem são irreversíveis. A consolidação depende de muitas coisas; as instituições estabelecidas pelo novo ou renovado governo, a profundidade de sua penetração em diferentes camadas sociais ou nacionais, as transformações estruturais conseguidas; isso sem negligenciar, longe disso, a conjuntura, as circunstâncias.

Logo depois do triunfo, há frequentemente hesitação. O cristianismo, vitorioso no Império Romano após Constantino, estava ainda limitadamente consolidado quarenta anos depois. A reação pagã de Juliano, baseada nas elites, não resultou nem em uma resistência forte nem em um entusiasmo mobilizador.[3] Contudo, demandou muitos

---

[3] O imperador romano Juliano (r. 360-363), mais tarde chamado de "o Apóstata", tentou reviver o paganismo e perseguiu os cristãos, isso após Constantino (r. 307-337) ter iniciado o processo de encorajamento ativo de

séculos e muita habilidade, a fim de, até mesmo superficialmente, cristianizar as massas dos agricultores (*paganus* [pagão] significa "agricultor"), que permaneciam passivas.

Disputas logo surgiram entre as novas tendências cristãs, que atacavam umas as outras ferozmente. A última das elites pagãs foi reduzida a deplorar o triunfo daqueles que elas amargamente chamavam de os preponderantes.

Três séculos mais tarde, os bérberes, que implacavelmente resistiram ao islamismo árabe, não perderam tempo em imbuir os seus protestos com as "heresias" dos dissidentes muçulmanos. Depois da mesma vitória árabe no Irã, os iranianos seguiram os caminhos divergentes da ideologia do zoroastrismo derrotado, das "heresias" muçulmanas mais ou menos penetrados pelo odor mofado do zoroastrismo, ou daquelas ideologias anteriormente perseguidas pelo Estado zoroastriano derrotado, maniqueísmo ou o masdeísmo comunista.[4] Ou os iranianos simplesmente lutaram sob a bandeira de tendências puramente muçulmanas (de origem árabe) como o xiismo, entre outras.

Na União Soviética, a ideologia vitoriosa estava conectada à radical transformação da sociedade. A sociedade foi de fato transformada, e a ideologia de Estado penetrou em todos os setores. Contudo, com outras saídas ideológicas, o descontentamento encontrou um novo jeito de se expressar através da ortodoxia russa derrotada. Essa última parecia moribunda após o colapso de sua base política

---

cristianização do império. Muitos membros da Igreja renunciaram ao cristianismo durante as perseguições de Juliano.

[4] O maniqueísmo, um ramo do zoroastrismo no século III, com inclinação asceta, via o mundo dividido por uma luta dualista entre as forças do bem e do mal. Ele adentrou o mundo romano, incluindo o cristianismo, bem como o Oriente próximo e a China. Os masdeístas eram uma seita religiosa persa do final do século V que se opunha aos três "demônios" da inveja, ira e ganância. Acusados de crenças comunistas com relação à propriedade e às relações de gênero, Mazdak e dezenas de milhares de seus seguidores acabaram sendo massacrados pelo Estado.

e social, e após a persuasiva e grandemente justificada denúncia de crescimentos indesejáveis na Igreja que ela tinha santificado.

Sempre está disponível um recurso. Ele toma a forma de tendências ideológicas espontâneas, desorganizadas e eternas, apesar de períodos de eclipse mais curtos ou mais longos. Dessa forma, nacionalismos e igualitarismos estão sempre prontos para florescer novamente após períodos de resignação à hierarquia requerida. Aspirações religiosas também parecem mais ou menos como tendência universal. Ela pode conduzir, é verdade, à indiferença à ordem social em uma busca pela salvação individual ou êxtase místico. Mas ela frequentemente serve para moldar um movimento organizado, frequentemente violento, de protesto nacional ou social.

As ideologias mobilizadoras podem ser autóctones ou buscar a autoridade de "profetas" estrangeiros. O papel dos intelectuais, com as suas preocupações e seus próprios interesses, não deve ser minimizado. Sempre existe uma camada de intelectuais (em geral, nem os mais sábios, nem os mais profundos, nem especialmente os mais desinteressados) buscando um papel importante (mesmo que doloroso) como guia, ou como defensor ou opressor do povo, com frequência, sucessivamente ou ambas ao mesmo tempo.

Em particular, os "movimentos ideológicos" (tentei em outro lugar especificar essa categoria),[5] especialmente quando tomaram o poder, se assemelham aos partidos sem cara. Sob o véu de uma unidade artificial, variantes contraditórias de sua ideologia subsistem ou se desenvolvem. Os líderes nunca têm êxito na imposição total de suas interpretações da doutrina comum sobre todos os seus seguidores "fiéis". As tendências se cristalizam e frequentemente se organizam. Podem ir ao extremo de empurrar uma revolta contra o novo estabelecimento em nome da fé contra os mesmos valores que o último exaltava. Isso é frequentemente visto no cristianismo, Islã e em outros lugares.

---

[5] Ver os ensaios reunidos posteriormente em Rodinson, 1993b.

Em todos os lugares, o Islã, sunita ou xiita, está novamente se prestando ao máximo grau (após o fracasso óbvio de outras doutrinas) a servir como a bandeira ou como a "doutrina de base" para aqueles que querem traduzir (tradução, traição!) aspirações generalizadas. Pode-se encontrar nos inumeráveis preceitos que seus textos mais ou menos sagrados contêm (bem como nos textos que são cristãos, judeus, etc.) o suficiente para justificar protestos sociais. As humilhações de uma situação de dependência nacional tornam atraente a identidade religiosa ancestral, um inimigo histórico das atuais forças dominantes. A fé fervente das massas diminuiu apenas um pouco: Deus não está morto; as máquinas não o mataram. O Islã, que não possui muitas prescrições políticas e sociais concretamente aplicáveis, sempre se proclamou, ao contrário do cristianismo, qualificado para estabelecer suas instituições equitativas, em vez de meramente pregar a moralização das principais fontes da sociedade e dos homens iníquos ou indiferentes.[6] Isso ainda é amplamente imputado a ele.

A doutrina islâmica não é de modo algum suficiente, mas pode ajudar. O xiismo tem estado mais frequentemente na minoria, portanto perseguido e dissidente. Seus mitos fundadores exaltam a resistência à opressão e às razões de Estado.

As elites iranianas e as massas ficavam horrorizadas pelo autoritarismo arbitrário do xá, com as ações repressivas de uma polícia onipresente e cruel, e a modernização imposta de cima com a sua corrupção atendente, injustiça e miséria. Nenhum líder secular carismático estava disponível. Além disso, os heróis seculares sempre desaparecem perante guias religiosos, que podem acrescentar santidade às formas comuns de carisma. Ao contrário dos ulemás sunitas, os mulás xiitas, também no nível popular próximo das pessoas, constituem uma força de autogoverno. Eles formam uma "Igreja" cuja própria

---

[6] A referência à tendência pré-moderna do cristianismo de se disseminar convertendo os governantes dos Estados existentes, como Roma, em contraste com a inclinação inicial do Islã de fundar novos Estados nas áreas que ele convertia.

riqueza a torna independente do Estado, o que lhe permite apoiar ou atacar o Estado.[7] Daí o sucesso de Khomeini como líder inconciliável e sagrado no ápice de uma hierarquia poderosa, rica e intocável, para um povo que não quer mais a reconciliação.

Não há nem improbabilidade nem escândalo nas mobilizações revolucionárias que ocorrem em nome da religião. Elas podem ter mais êxito do que outras. Contudo, é necessário estar vigilante em relação a suas vitórias. É também necessário manter uma atitude crítica em relação tanto à propaganda dos intelectuais dentro desses movimentos como em relação à credulidade daqueles que estão fora deles. Uma tendência revolucionária pode facilmente continuar a ser mantida sob a bandeira do Islã. O xis da questão, porém, é que a religião oferece facilidades superiores para quem quiser dotar uma sociedade de opções conservadoras e reacionárias! As religiões não são perigosas porque pregam a crença em Deus, e, sim, porque o único remédio que têm à sua disposição com relação aos males inerentes da sociedade é a exortação moral. Quanto mais parecem ter esses remédios à disposição, mais tornam sagrado o *status quo* social que melhor convém aos seus clérigos. No poder, sucumbem muito frequentemente à tentação de impor, em nome da reforma moral, uma ordem do mesmo nome.

Khomeini não possui as capacidades necessárias, mesmo em nível ilusório, de ser Robespierre ou Lênin. Eles não eram arcebispos. Ele poderia ser Savonarola ou, se o poder o inspira com algumas ideias politicamente práticas, Calvin ou Cromwell. Esperemos pelo povo iraniano que ele não se revele um Dupanloup movendo-se em direção a um Torquemada.[8]

---

[7] [Nota de Rodinson] Ver o esboço de um dos melhores especialistas franceses sobre o Irã contemporâneo, Paul Vieille, em uma mesa-redonda interessante sobre a revolta iraniana publicada em *Peuples Méditerranéens*, n. 5, outubro-dezembro, 1978, p. 123 ss (Bani-Sadr et al., 1978). Ver também Vieille, 1975.

[8] Félix Dupanloup (1802-1878) era um bispo católico francês liberal. Tomás de Torquemada (1420-1498) foi o notório grande inquisidor espanhol que queimou na estaca cerca de duas mil pessoas.

Declaração das Mulheres Iranianas Protestantes
LIDA DURANTE UMA PASSEATA NO MINISTÉRIO DA JUSTIÇA, TEERÃ, EM 10 DE MARÇO DE 1979

– Embora todos os seres humanos sejam criados livres, e o dom da liberdade tenha sido concedido a eles igualmente, independentemente de sexo, cor, raça, língua e opinião;
– Embora metade da população do Irã seja composta de mulheres, cuja influência na educação da geração seguinte, bem como na sua própria participação nas questões sociais, educacionais, políticas e econômicas, é inegável;
– Embora a participação desinteressada das mulheres na oposição ao imperialismo e ao despotismo tenha sido uma dimensão importante na Revolução Iraniana, e a sua contribuição à vitória da revolução tenha sido admitida e aceita por todos os setores ativos da revolução;
– Embora nos dias muito difíceis desta nação, as mulheres politicamente ativas tenham feito muitos sacrifícios que foram reconhecidos pelo líder da revolução;
– Embora, de acordo com mensagens, entrevistas e declarações do aiatolá Khomeini, tenha sido prometido às mulheres liberdade, igualdade e inclusão em todos os direitos sociais e políticos, e foi explicitamente prometido que elas não seriam forçadas a voltar no tempo mil e quatrocentos anos atrás;

Nós, as mulheres iranianas, anunciamos as seguintes demandas:
1. Nós, mulheres, executamos nossas obrigações sociais para com a nação com os homens, e em casa somos responsáveis pela educação da geração seguinte. Somos totalmente capazes e estamos bem conscientes da necessidade de mantermos a nossa dignidade, caráter e honra. Apesar de termos fortes convicções com relação à necessidade da manutenção da dignidade das mulheres, também acreditamos que a honra de uma mulher não depende de

nenhuma forma particular de cobertura. Achamos que a indumentária das mulheres deve ser deixada a elas de acordo com tradição, costumes e necessidades do ambiente.
2. A igualdade das mulheres na liberdade civil tem de ser reconhecida, e todas as formas de preconceito nessas leis e nas leis do Direito de Família precisam ser removidas.
3. Os direitos políticos, sociais e econômicos das mulheres precisam ser mantidos e garantidos sem preconceito.
4. É preciso garantir a segurança no exercício dos direitos legais e liberdades das mulheres.
5. O verdadeiro acesso às principais liberdades, como a liberdade da pena, liberdade de expressão, liberdade de opinião, liberdade de emprego e as liberdades sociais, precisa ser garantido para os homens e mulheres da nação.
6. Todas as desigualdades entre homens e mulheres na lei nacional, como no trabalho e emprego, precisam ser removidas.
7. Os empregos atuais das mulheres precisam ser mantidos.
8. Expressamos a nossa gratidão ao governo pela sua decisão de reinstituir a Lei de Proteção da Família e pedimos que os limites da lei sejam feitos de forma que os direitos das mulheres sejam restaurados. Demandamos que o governo provisório do engenheiro Bazargan declare a sua opinião com relação a esta declaração das mulheres.

Discurso de Simone de Beauvoir
FEITO EM UMA CONFERÊNCIA DE IMPRENSA EM PARIS ÀS VÉSPERAS DE UMA VIAGEM AO IRÃ POR UMA DELEGAÇÃO INTERNACIONAL DE MULHERES, QUE PARTIU EM 19 DE MARÇO DE 1979

Criamos o Comitê Internacional pelos Direitos das Mulheres (CIDF) em resposta a pedidos de um grande número de mulheres iranianas. A sua situação e a sua revolta nos comoveram muito. Decidimos criar este comitê, ao qual se atribuiu diversas tarefas. A primeira delas é obter informações. É uma questão de nos tornarmos informadas sobre a situação das mulheres em todo o mundo, uma situação que, em grande parte, é extremamente difícil, dolorosa e até odiosa. Portanto, desejamos ser informadas, em casos muito precisos, dessa situação.

Depois desejamos informar os outros sobre isso, isto é, comunicar o conhecimento que obtivemos publicando artigos. E, finalmente, desejamos apoiar a luta das mulheres que lutam contra a situação que as afetam. Esta é a ideia geral do CIDF.

A primeira tarefa que assumimos é muito urgente. É a tarefa de colher informações sobre a luta das mulheres iranianas e comunicar essas informações e apoiar o seu esforço. Recebemos um apelo de um número muito grande dessas mulheres. Vimos também os seus esforços, as suas lutas e as suas ações. Estamos cientes da profundidade da enorme humilhação que outros querem infligir-lhes, e por isso resolvemos lutar em sua defesa.

Dessa forma, a primeira medida prática que adotaremos com vistas a uma ação concreta é bem específica. Estamos enviando uma delegação de mulheres a Teerã, a fim de colhermos informações. Enviamos um telegrama ao sr. Bazargan, solicitando uma entrevista com ele. Estou dizendo "nós", ainda que por razões de saúde pessoais, não estou indo. Mas tenho muitas amigas que viajarão ao Irã na segunda-feira. Pedimos a ele que receba a delegação, mas mesmo que ele não responda, iremos do mesmo jeito! Nesse caso, contudo, deixaria de ser um diálogo com um chefe de Estado. Seria apenas um esforço para colher informações. A não ser, é claro, que eles nos mandem de volta, o que é uma forte possibilidade. É bem possível que a missão fracasse, se eles nos mandarem de volta assim que chegarmos lá. Ainda assim, os dados terão sido lançados, e é importante haver uma demonstração – da parte de um número muito grande de mulheres ocidentais, mulheres francesas, italianas, entre outras – de solidariedade com a luta das mulheres iranianas.

Reitero, porém, que essa viagem é essencialmente um esforço para reunirmos informações, a fim de nos colocarmos em contato com as mulheres iranianas, para conhecermos as suas demandas e os modos pelas quais elas planejam lutar.

Com o que os Filósofos Estão Sonhando? Será que Michel Foucault Estava Errado sobre a Revolução Iraniana?

POR CLAUDIE E JACQUES BROYELLE

PUBLICADO PELA PRIMEIRA VEZ EM *LE MATIN*, EM 24 DE MARÇO DE 1979

Nota dos editores de *Le Matin*: Qual é o caráter do regime do aiatolá Khomeini em Teerã? Esta ainda é uma questão aberta que provoca debates acalorados. Embora a queda do xá tenha sido bem recebida com um senso de alívio pela opinião ocidental, a evolução da Revolução Iraniana deu margem a sérias preocupações. O filósofo Michel Foucault colocou em primeiro plano a dimensão espiritual da Revolução Islâmica. Claudie e Jacques Broyelle, cujo livro *A Second Return from China* causou comoção há dois anos, os quais acabaram de publicar a obra *Happiness of Stones* (Seuil),[1] criticam a posição de Michel Foucault irrestritamente, instigando-o a "reconhecer os seus erros".

Retornando do Irã há poucos meses, Michel Foucault declarou que estava "impressionado" com a "tentativa de se abrir uma dimensão espiritual na política" que ele discernia no projeto de um governo islâmico.[2]

Hoje existem menininhas todas vestidas de preto, cobertas dos pés à cabeça; mulheres esfaqueadas precisamente porque não querem usar o véu; execuções sumárias por homossexualidade; a criação de

---

[1] Em seu livro de 1973 sobre a China, mais tarde traduzido para o inglês, Claudie Broyelle (1977) tinha glorificado a posição das mulheres na China maoísta, porém em um livro subsequente, primeiro publicado em francês em 1977, ela e seu marido, Jacques Broyelle, criticaram duramente o regime maoísta como sendo totalitário (Broyelle et al., 1980).

[2] Aqui e a seguir, as referências foram ao artigo de Foucault, "Com o que os Iranianos Estão Sonhando?", publicado em outubro em *Le Nouvel Observateur*, o único dos seus artigos sobre o Irã disponível em francês (Ap., p. 329-38, aqui especificamente p. 337).

um "Ministério de Orientação de Acordo com os Preceitos do Corão"; ladrões e mulheres adúlteras são chicoteados. O Irã escapou por um triz. Quando se pensa que depois de décadas de uma ditadura feroz sob o xá e a SAVAK, este país quase caiu na armadilha de uma solução do "tipo espanhola", de um parlamento democrático, essas notícias são prova suficiente da boa sorte do país.

Outubro de 1978: "O Santo", "o exilado destituído", "o homem que se levanta com as mãos vazias", "aiatolá Khomeini" arruinaram tudo. Ele enviou um apelo aos estudantes... os muçulmanos... e ao exército para se oporem, em nome do Corão e em nome do nacionalismo, a essas ideias de compromisso com relação a eleições, a uma constituição e assim por diante. Graças a Deus, o chamado foi ouvido.

Que tipo de forma este governo islâmico deveria ter tomado? "Ausência de hierarquia no clero... importância da autoridade puramente espiritual, tanto um papel de ressonância como de orientação que o clero precisa desempenhar a fim de sustentar a sua influência..." Luz espiritual "que é capaz de iluminar de dentro, uma lei que não é feita para ser conservada..." – este é tão estupidamente o sinal das democracias "ocidentais" – "... o de liberar ao longo do tempo o significado espiritual que ela conserva". Pertinente: atire em um homossexual, e você terá revelado, é verdade, o significado espiritual da lei "no estilo islâmico". "Na busca deste ideal"... (muito velho e "muito longe no futuro"... um futuro mais brilhante)... "desconfiança do legalismo parecia essencial para mim". De fato, o governo islâmico, a cada dia, prova a sua ilegalidade à bala. Essa "vontade política", portanto, foi "suficientemente intensa para impedi-lo de buscar um regime parlamentar do tipo ocidental".

Essa espiritualidade que disciplina e pune permitiu ao povo do Irã se sublevar. Grupos armados espontaneamente, comitês islâmicos benevolentes que "contra-atacam" e se vingam imediatamente, varrendo os tribunais odiosos teatrais burgueses com a sua sequência bem conhecida de interrogatórios opressores, testemunhas, provas, audiências e juízes supostamente neutros – esta é a justiça do povo à qual Michel Foucault aspirou passionalmente, de forma notável em "On Popular Justice: a Conversation with Maoists" (*Temps Modernes*, n. 310 bis, 1972b).³

Não, o filósofo não é responsável pelo sangue que corre hoje no Irã. Não foi ele que inventou o Islã e os aiatolás. Não foi ele que, sentando de pernas cruzadas em uma mesquita em Qom, fulminou seus "firmãs",⁴ como Mao, há não muito tempo, com as suas "diretrizes supremas". O filósofo se contenta com o retrato e a oferta de imagens, imagens sagradas: o imame condensado ilustrado, uma decorrência do eremita apressado que personifica a justiça popular.⁵ Ele não é mais responsável pelo Holocausto do que foi Léon Daudet,⁶ ou do que os intelectuais comunistas ocidentais pelos *gulags* socialistas.

Também, ninguém pode ser forçado, com um revólver apontado para a cabeça, a declarar que Daudet, Andrieu⁷ ou Foucault desenvolveram ideias "de gênio". Os consumidores possuem algumas obrigações, mas também têm o direito de submeter as ideias que são apresentadas ao teste mais elementar de consumo, que é o da

---

³ Broyelle e Broyelle estavam aqui se referindo a uma longa conversação entre Foucault e dois jovens intelectuais maoistas (Foucault, 1972b). Os interlocutores de Foucault eram: André Glucksmann, em 1979 um participante do projeto jornalístico de Foucault e hoje um bem conhecido "novo filósofo" e escritor sobre o totalitarismo; e Benny Levy (1945-2003), que tinha se tornado secretário de Jean-Paul Sartre de 1974 a 1980 (sob o nome de Pierre Victor) e, mais tarde, escreveu sobre judaísmo e filosofia.

⁴ "Firmans" são decretos de um rei ou sultão.

⁵ Provavelmente uma alusão a *Le Petit Larousse Illustré*, uma versão condensada e ilustrada do famoso dicionário; um *marabout* é um homem santo ou eremita muçulmano do norte ou oeste da África, algumas vezes uma figura velhaca.

⁶ Léon Daudet (1867-1942) era um bem conhecido escritor com opiniões monarquistas e políticas virulentamente antissemitas. Daudet foi editor, por muitos anos, do notoriamente reacionário jornal *Action Française*.

⁷ René Andrieu (1920-1998) era, naquela época, o editor bastante stalinista de *L'Humanité*, o jornal do Partido Comunista.

realidade. Isso se refere especialmente a ideias do tipo "a verdade da justiça é a polícia, ou "a revolução só pode ocorrer através da eliminação radical do aparelho judiciário".[8] Também, quando se percebe que todos os modelos da escala foucaultiana carregam o mesmo rótulo anti (burguês) democrático, antilegalista e antijudiciário, tem-se o direito de protestar em nome da propaganda enganosa. Esses artigos não podem ser vendidos sob o rótulo de "defesa dos direitos humanos".

Quando se é um intelectual, quando se trabalha com base em ideias e com as ideias, quando se tem a liberdade – sem ter que lutar arriscando a própria vida para obtê-la – não para ser um escritor servil, então temos que ter algumas obrigações. A primeira delas é assumir a responsabilidade pelas ideias defendidas quando são finalmente colocadas em prática. Os filósofos da "justiça do povo" deveriam dizer hoje: "Vida longa ao governo islâmico!" e, então, ficaria claro que estão indo ao extremo final de seu radicalismo. Ou, então, deveriam dizer: "Não, não queria isso, estava enganado. Aqui está o que estava errado no meu raciocínio; aqui está onde o meu pensamento estava errado". Eles deveriam refletir. Afinal, este é o seu trabalho.

Será que nunca haverá nenhuma garantia para as peças e pelo desempenho, ou para a escolha e o descarte dos filósofos que são colocados no mercado?

---

[8] Essas não são citações exatas, mas uma tentativa aparente de evocar a posição de Foucault durante o debate de 1972 com os maoistas.

A Resposta de Foucault a Claudie e Jacques Broyelle
PUBLICADO PELA PRIMEIRA VEZ EM *LE MATIN*, EM 26 DE MARÇO DE 1979, SOB O TÍTULO "MICHEL FOUCAULT E O IRÃ"

Há duas semanas, *Le Matin* me pediu que respondesse ao sr. Debray-Ritzen;[1] hoje, ao sr. e à sra. Broyelle. Para aquele, eu era antipsiquiatria. Para estes, sou "antijudiciário". Não responderei nem a um nem aos outros, porque ao longo de "minha vida" nunca participei de polêmicas. Não tenho a intenção de fazê-lo agora. Há uma outra razão, também baseada em princípios. Estou sendo "instado a reconhecer os meus erros". Essa expressão e a prática que ela designa me lembram alguma coisa e muitas coisas contra as quais eu lutei. Não irei me prestar, nem mesmo "através da imprensa", a uma manobra cuja forma e cujo conteúdo eu detesto.

"Você confessará ou gritará vida longa aos assassinos." Alguns pronunciam essa sentença por profissão, outros por gosto ou hábito. Penso que é necessário deixar esta ordem nos lábios daqueles que a pronunciam e discuti-la somente com aqueles que são estranhos a essa forma de conduta. Estou, portanto, muito ansioso de ter a oportunidade de debater aqui e agora a questão do Irã, tão logo *Le Matin* me dê a oportunidade. Blanchot[2] nos ensina que a crítica começa com atenção, bom comportamento e generosidade.

---

[1] Pierre Debray-Ritzen era um psiquiatra de crianças conservador, crítico de Foucault desde a publicação de *História da Loucura na Idade Clássica* (1961).

[2] Maurice Blanchot (1907-2003) era um escritor proeminente e crítico literário.

Irã: O Espírito de um Mundo sem Espírito

ESTA CONVERSA COM FOUCAULT ORIGINALMENTE APARECEU COMO APÊNDICE DA OBRA DE CLAIRE BRIÈRE E PIERRE BLANCHET, INTITULADA *IRAN: LA RÉVOLUTION AU NOM DE DIEU* (227-41), PUBLICADA PELA PRIMEIRA VEZ EM MARÇO DE 1979. BRIÈRE E BLANCHET ERAM OS CORRESPONDENTES DO *LIBÉRATION*, O JORNAL ESQUERDISTA DE PARIS. O LIVRO DELES É UM DOS RELATOS MENOS CRÍTICOS DA REVOLUÇÃO ISLÂMICA IRANIANA.

CLAIRE BRIÈRE: Poderíamos começar com a mais simples das perguntas? Tal como muitos outros, inclusive você, estou fascinada com o que aconteceu no Irã. Por quê?

MICHEL FOUCAULT: Gostaria de voltar imediatamente para outra, talvez menos importante pergunta, mas uma que pode fornecer uma deixa: o que será que tem no que aconteceu no Irã, que um montão de pessoas, na esquerda e na direita, acha um pouco irritante? O caso iraniano e o modo como ele ocorreu não despertaram o mesmo tipo de simpatia automática que aconteceu, por exemplo, em Portugal[1] ou na Nicarágua. Não estou dizendo que a Nicarágua, no meio do verão, numa época quando as pessoas estão se bronzeando ao sol, tenha despertado muito interesse, mas no caso do Irã, logo senti uma pequena reação epidérmica que não foi de simpatia imediata. Para dar um exemplo: teve aquela jornalista que vocês conhecem muito bem. Em Teerã, ela escreveu um artigo que foi publicado em Paris e, na última sentença, na qual ela falava da revolta islâmica, ela descobriu que o adjetivo "fanático", que ela certamente não tinha escrito, tinha sido cruamente acrescentado. Isso me parece como sendo bem típico das irritações que o movimento iraniano provocou.

PIERRE BLANCHET: Existem diversas atitudes possíveis para com o Irã. Tem a atitude da extrema-esquerda clássica e ortodoxa. Citaria

---

[1] Foucault refere-se à Revolução Portuguesa de 1974 a 1976, que derrubou um regime fascista no poder desde a década de 1920.

acima de tudo a Liga Comunista,[2] que apoia o Irã e toda a extrema esquerda, vários grupos marxistas-leninistas, que dizem que eles são rebeldes religiosos, mas isso não importa realmente. A religião é apenas um escudo. Portanto, podemos apoiá-los sem hesitação; é uma luta anti-imperialista clássica, tal como no Vietnã, liderada por um religioso, Khomeini, mas que pode ser marxista-leninista. Ao ler *L'Humanité*, poder-se-ia pensar que o PC [Partido Comunista] teve a mesma atitude que a LCR [Liga Comunista Revolucionária Trotskista]. Por outro lado, a atitude da esquerda mais moderada, seja a do PS [Partido Socialista], seja a da esquerda mais marginal em torno do jornal *Libération*, é de irritação desde o início. Eles diriam mais ou menos duas coisas: primeiro: a religião é o véu, um arcaísmo, uma regressão pelo menos no que concerne às mulheres; segundo, que não pode ser negado, porque se sente isso: se os clérigos algum dia chegarem ao poder e implementarem o seu programa, não deveríamos temer uma nova ditadura?

MICHEL FOUCAULT: Pode-se dizer que, por trás dessas duas irritações, há uma outra, ou talvez um assombro, um tipo de desconforto quando confrontado por um fenômeno que é, para nossa mentalidade política, muito curioso. É um fenômeno que pode ser chamado de revolucionário no amplo sentido do termo, uma vez que diz respeito à sublevação de toda uma nação contra um poder que a oprime. Agora, reconhecemos uma revolução quando podemos observar duas dinâmicas: uma é a das contradições nessa sociedade, a da luta de classes ou das confrontações sociais. Então há uma dinâmica política, isto é, a presença de uma vanguarda, classe, partido ou ideologia política, em suma, uma ponta de lança que carrega toda a nação consigo. Agora me parece que, no que está acontecendo no Irã, não podemos reconhecer nenhuma dessas duas dinâmicas que são, para nós, sinais

---

[2] Trata-se da *Ligue Communiste Révolutionnaire* (LCR), um partido trotskista com ligações com o economista Ernest Mandel.

distintivos e marcas explícitas de um fenômeno revolucionário. O que é, para nós, um movimento revolucionário em que não se pode situar as contradições internas de uma sociedade e no qual não conseguimos detectar também uma vanguarda?

Pierre Blanchet: Na Universidade de Teerã, houve – eu encontrei diversos deles – marxistas que estavam todos conscientes de estarem vivendo uma revolução fantástica. Era até muito mais do que eles tinham imaginado, esperado, sonhado. Invariavelmente, quando perguntados sobre o que pensavam, os marxistas respondiam: "É uma situação revolucionária, mas não existe uma vanguarda".

Claire Brière: A reação que eu escutei mais frequentemente sobre o Irã é que as pessoas não compreendem. Quando um movimento é chamado de revolucionário, as pessoas no Ocidente, incluindo nós próprios, sempre têm a noção de progresso, de alguma coisa que esteja prestes a ser transformada na direção do progresso. Tudo isso é colocado em questão pelo fenômeno religioso. De fato, a onda de confrontação religiosa baseia-se em noções que voltam treze séculos atrás; é por essas coisas que o xá tem sido desafiado, enquanto, ao mesmo tempo, existem também os clamores apresentados de justiça social, etc., que parecem estar alinhados com o pensamento progressivo ou a sua ação. Agora, não sei se você conseguiu, quando você esteve no Irã, determinar, sacar a natureza daquela enorme confrontação religiosa – eu mesma achei isso muito difícil. Os próprios iranianos estão nadando nessa ambiguidade e têm diversos níveis de linguagem, comprometimento, expressão, etc. Tem o cara que diz "vida longa a Khomeini", que está sinceramente convencido de sua religião; tem o cara que diz "vida longa a Khomeini, mas não sou particularmente religioso, Khomeini é apenas um símbolo"; o cara que diz "sou razoavelmente religioso, gosto do Khomeini, mas prefiro Shariatmadari", que é um tipo muito diferente de figura; tem a menina que coloca o xador para mostrar que é contra o regime e uma outra, parcialmente secularizada, parcialmente muçulmana, que não coloca o véu, mas que também dirá "sou uma muçulmana e vida longa à Khomeini"...;³ entre todas essas pessoas existem diferentes níveis de pensamento. E ainda assim todo mundo grita, em uníssono, com grande fervor, "vida longa a Khomeini", e aqueles níveis diferentes caem.

MICHEL FOUCAULT: Não sei se você leu o livro do François Furet sobre a Revolução Francesa.⁴ É um livro muito inteligente que pode nos ajudar a entender essa confusão. Ele faz uma distinção entre a totalidade dos processos de transformação econômica e social, que começaram muito antes da revolução de 1789 e terminaram bem depois dela, e a especificidade do evento revolucionário, ou seja, a especificidade do que as pessoas experimentaram em seu âmago, mas também daquilo que experimentaram naquele tipo de teatro que elas colocam junto no dia a dia e que constitui a revolução. Pergunto-me se essa distinção não poderia ser aplicada de alguma forma ao Irã. É verdade que a sociedade iraniana está repleta de contradições que não podem de maneira nenhuma ser negadas, mas é certo que o evento revolucionário que vem ocorrendo há mais de um ano e é, ao mesmo tempo, uma experiência interior, um tipo de liturgia constantemente recomendado, uma experiência comunitária, e assim por diante, tudo que está certamente articulado na luta de classe, mas que não encontra uma expressão de forma imediata e transparente. Assim, qual é o papel da religião, então, com o controle formidável que ela exerce sobre o povo, a posição que ela sempre deteve em relação ao poder político, seu conteúdo, que faz dela uma religião de combate e sacrifício, e assim por diante? Não o de uma ideologia, que poderia ajudar a mascarar contradições ou formar um tipo de união sagrada entre interesses divergentes muito grandes. Ela realmente tem o vocabulário, o cerimonial, o drama

---

³ Reticências no original.

⁴ O notável historiador liberal François Furet (1927-1997) tinha recentemente publicado uma interpretação amplamente lida da Revolução Francesa (1981).

eterno em que se pode encaixar o drama histórico de um povo que arriscou a própria existência contra a de seu soberano.

PIERRE BLANCHET: O que me impressionou foi o levante de todo um povo. Eu digo *todo*. E se você pegar, por exemplo, a passeata da 'Ashura, acrescente os números: tire as criancinhas, os incapacitados, os velhos e uma proporção de mulheres que ficaram em seus lares. Então, você verá que toda a Teerã estava nas ruas gritando "morte ao rei", exceto os parasitas, que realmente, viviam à custa do regime. Até mesmo as pessoas que estavam com o regime por um longo tempo, que eram a favor de uma monarquia constitucional havia alguns poucos meses, agora estavam gritando "morte ao rei". Foi um momento impressionante e único e que deve permanecer. Obviamente, depois disso, as coisas se assentarão e estratos diferentes, classes diferentes, se tornarão visíveis.

MICHEL FOUCAULT: Entre as coisas que caracterizam este evento revolucionário, há o fato de que trouxe – e poucos povos na história tiveram isso – uma vontade absolutamente coletiva. A vontade coletiva é um mito político com o qual os juristas e filósofos tentam analisar ou justificar as instituições, etc. É uma ferramenta teórica: ninguém jamais viu a "vontade coletiva" e, pessoalmente, eu achava que a vontade coletiva era como Deus, como a alma, alguma coisa que a gente jamais encontrava. Não sei se você concorda comigo, mas encontramos, em Teerã e em todo o Irã, a vontade coletiva de um povo. Bem, você tem que saudá-la; isso não acontece todos os dias. Além do mais (e aqui se pode falar do sentido político de Khomeini), foi dada a essa vontade coletiva um objeto, um alvo e somente um, ou seja, a saída do xá. Essa vontade coletiva, que, em nossas teorias, é sempre geral, foi encontrar, no Irã, uma que apresenta um objetivo absolutamente claro e particular, e que dessa forma irrompeu na história. Naturalmente, nas lutas de independência, nas guerras anticoloniais, encontram-se fenômenos similares. No Irã, o sentimento nacional foi extremamente vigoroso: a rejeição da submissão aos estrangeiros, desgosto quanto ao saque dos recursos nacionais, a rejeição de uma política externa dependente e a interferência americana que era visível em todos os lugares foram determinantes para que o xá passasse a ser percebido como um agente ocidental. Mas o sentimento nacional foi, na minha opinião, apenas um dos elementos de uma rejeição ainda mais radical: a rejeição por um povo não apenas dos estrangeiros, mas de tudo que tinha constituído, por anos, por séculos, seu destino político.

PIERRE BLANCHET: Fomos à China em 1967, no auge do período de Lin Biao, e naquela época, também, tivemos o sentimento de que havia o mesmo tipo de vontade coletiva. De qualquer forma, alguma coisa muito forte estava acontecendo, um desejo muito profundo da parte de todo o povo chinês, por exemplo, no que dizia respeito ao relacionamento entre a cidade e o campo, intelectuais e trabalhadores manuais, ou seja, acerca de todas essas questões que agora foram resolvidas na China da forma usual, tradicional. Em Beijing, tivemos a sensação de que os chineses estavam formando um povo "em fusão". Depois, percebemos que tínhamos sido iludidos e, até certo ponto, os chineses também. É verdade que, até certo ponto, nós nos iludimos. E é por isso que, algumas vezes, hesitamos em permitir que sejamos iludidos pelo Irã. De qualquer forma, há alguma coisa semelhante nos carismas de Mao Tse-Tung e Khomeini; há algo similar na maneira como os militantes jovens islâmicos falam de Khomeini e no modo como a Guarda Vermelha falava de Mao.

MICHEL FOUCAULT: Dá no mesmo, a Revolução Cultural foi certamente apresentada como uma luta entre certos elementos da população contra outros, certos elementos no partido e certos outros, ou entre a população e o partido, etc. Agora, o que me impressiona no Irã é que não há luta entre elementos distintos. O que confere ao movimento iraniano essa beleza singular e lhe atribui ao mesmo tempo tal gravidade é que existe somente uma confrontação: entre todo o povo e o poder do Estado ameaçando-o com suas armas e polícia. Ninguém precisava ir a extremos, porque a gente os encontrava imediatamente, de um lado, a vontade total do povo, e, do outro, as metralhadoras. As pessoas faziam passeatas, e os tanques chegavam. As demonstrações eram repetidas, e as metralhadoras atiravam novamente. E isso ocorria de uma maneira quase idêntica, com, naturalmente, intensificação a cada vez, mas sem nenhuma mudança de forma ou natureza. É a repetição das passeatas. Os leitores dos jornais ocidentais devem ter ficado cansados dela bem rapidamente. Oh, outra passeata no Irã! Mas eu creio que a passeata, a sua própria repetição, teve um intenso significado político. A própria palavra *demonstração* tem que ser entendida literalmente: as pessoas estavam *demonstrando* incansavelmente a sua vontade. Claro, não foi apenas por causa das passeatas que o xá saiu. Mas não se pode negar que foi por causa de uma rejeição demonstrada interminavelmente. Havia naquelas demonstrações uma conexão entre a ação coletiva, ritual religioso e uma expressão de direito público. É mais como em uma tragédia grega, em que a cerimônia coletiva e a reencenação dos princípios do direito caminham lado a lado. Nas ruas de Teerã havia um ato, um ato político e jurídico, levado a cabo coletivamente dentro de rituais religiosos – um ato de deposição de um soberano.

Pierre Blanchet: Sobre a questão da vontade coletiva, o que me impressionou – eu estava fascinado pelo Irã, e, algumas vezes, também, um pouco irritado – é quando, por exemplo, os estudantes vinham e diziam: "Nós somos todos o mesmo, somos todos um, somos todos pelo Corão, somos todos muçulmanos, não há diferença entre nós. Certifique-se de escrever isto, que nós somos todos o mesmo". Ainda assim sabíamos perfeitamente bem que havia diferenças, sabíamos perfeitamente bem, por exemplo, que os intelectuais, uma parte dos donos de bazar e as classes médias estavam com receio de irem demasiadamente longe. E ainda assim eles seguiram. Isso é o que precisa ser explicado.

Michel Foucault: Naturalmente. Tem um fato muito notável no que está acontecendo no Irã. Tinha um governo que era certamente um dos melhores equipados com armas, as melhores servidas a um grande exército que era impressionantemente fiel comparado com aquilo que se poderia pensar, tinha a polícia que não era certamente muito eficiente, mas cuja violência e crueldade frequentemente compensavam a falta de sutileza: era, além do mais, um regime diretamente apoiado pelos Estados Unidos; por fim, tinha o apoio de todo o mundo, dos países grandes e pequenos que o cercavam. Em um sentido, tinha tudo caminhando em seu favor, e mais, naturalmente, petróleo, que garantia ao Estado uma renda que ele poderia usar como bem entendesse. Ainda assim, apesar de tudo isso, um povo se levantou em revolta: ele se levantou, naturalmente, em um contexto de crise, de dificuldades econômicas, etc., mas as dificuldades econômicas no Irã naquela época não eram suficientemente grandes para que um povo tomasse as ruas, em suas centenas de milhares, em seus milhões, e enfrentasse as metralhadoras com o peito nu. Esse é o fenômeno do qual temos que falar.

PIERRE BLANCHET: Em termos comparativos, pode ser bem que nossas próprias dificuldades econômicas sejam maiores do que aquelas do Irã na época.

MICHEL FOUCAULT: Talvez. Ainda assim, quaisquer que fossem as dificuldades econômicas, teremos ainda que explicar por que havia pessoas que se levantaram e disseram: "Não iremos mais aturar isso". Ao se levantarem, os iranianos disseram a si mesmos – e isto talvez seja a alma da sublevação: "Naturalmente, teremos que mudar este regime e nos livrarmos deste homem, temos que mudar esta administração corrupta, temos que mudar todo o país, a organização política, o sistema econômico, a política externa. Mas, acima de tudo, temos que mudar a nós mesmos. Nosso modo de ser, nosso relacionamento com os outros, com as coisas, com a eternidade, com Deus, etc. precisa ser completamente mudado, e somente haverá uma revolução verdadeira se essa mudança radical em nossa experiência ocorrer". Creio que aqui está onde o Islã desempenhou um papel. Pode ser que uma ou outra de suas obrigações, um ou outro de seus códigos tenham exercido um certo fascínio. Mas, acima de tudo, na relação com o modo de vida que era deles, a religião para eles era mais como a promessa e garantia de encontrarem alguma coisa que mudaria radicalmente a sua subjetividade. O xiismo é precisamente uma forma de Islã que, com seu ensinamento e conteúdo esotérico, se distingue entre aquilo que é meramente obediência externa ao código e aquilo que é vida espiritual profunda; quando digo que eles estavam se dirigindo ao Islã para uma mudança em sua subjetividade, isto é bem compatível com o fato de que a prática islâmica tradicional já estava lá e já tinha dado a eles a sua identidade; dessa forma, eles tinham que viver o Islã como uma força revolucionária, havia alguma coisa mais do que o desejo de obedecer à lei mais fielmente, tinha o desejo de renovar a sua existência toda voltando à experiência espiritual que eles pensavam ser possível encontrar dentro do próprio Islã xiita. As pessoas sempre citam Marx e o ópio do povo. A sentença que imediatamente precedeu aquela declaração e que nunca é citada diz que a religião é o espírito de um mundo sem espírito. Digamos, então, que o Islã, em 1978, não era o ópio do povo precisamente porque era o espírito de um mundo sem espírito.[5]

CLAIRE BRIÈRE: Para ilustrar o que você acabou de dizer – "Uma demonstração que é de fato uma demonstração" –, penso que poderíamos usar a palavra testemunha. As pessoas estão sempre falando sobre Hussein no Irã. Agora quem é Hussein? Um "demonstrador", uma testemunha – um mártir – que, pelo seu sofrimento, protestava contra o mal e cuja morte é mais gloriosa do que a vida de seu vencedor. As pessoas que demonstravam com as mãos vazias eram também testemunhas. Elas davam testemunha dos crimes do xá, da SAVAK, da crueldade do regime do qual queriam se livrar, do mal que aquele regime personificava.

---

[5] Foucault refere-se ao comentário de Marx sobre religião, logo depois daquele sobre o "ópio do povo", mas menos amplamente conhecido: "A religião é o suspiro da criatura oprimida, o coração de um mundo sem coração, assim como é o espírito de condições sem espírito. É o *ópio* do povo" (1843, p. 175).

Pierre Blanchet: Parece-me haver um problema quando se fala de Hussein. Hussein foi um mártir. Ele está morto. Ao gritarem interminavelmente "mártir, mártir", a população iraniana se livrou do xá. É incrível e sem precedentes. Mas o que pode acontecer agora? Todo mundo não vai ficar simplesmente gritando "mártir, mártir" até que todo mundo morra e haja um golpe de Estado militar. Com o xá fora do caminho, o movimento necessariamente acabará.

Michel Foucault: Haverá um momento quando o fenômeno que estamos tentando apreender e que tanto nos fascinou – a própria experiência revolucionária – irá morrer. Houve literalmente uma luz que iluminou todos eles e que os banhou ao mesmo tempo. Isso irá morrer. Nesse ponto, forças políticas diferentes, tendências diferentes aparecerão, haverá compromissos, vai haver isso ou aquilo; não tenho ideia de quem vai aparecer no topo, e não creio que existam muitas pessoas que possam dizê-lo agora. O movimento desaparecerá. Haverá processos em um outro nível, uma outra realidade de um certo modo. O que eu quis dizer é que aquilo que testemunhamos não foi o resultado de uma aliança, por exemplo, entre vários grupos políticos. Nem foi o resultado de um compromisso entre classes sociais que, no final, cada uma cedendo à outra isso ou aquilo, chegaram a um acordo para exigirem isso ou aquilo. De forma alguma. Alguma coisa muito diferente aconteceu. Um fenômeno que atingiu o povo inteiro e um dia irá parar. Neste momento, tudo que permanecerá são os diferentes cálculos políticos que cada indivíduo tinha na cabeça o tempo todo. Peguemos o ativista em algum grupo político. Quando ele estava tomando parte em uma daquelas demonstrações, ele era duplo: ele tinha o seu cálculo político, que foi isso ou aquilo, e ao mesmo tempo era um indivíduo pego naquele movimento revolucionário, ou seja, encarnava aquele iraniano que se levantou contra o seu rei. E as duas coisas não mantiveram contato, ele não se levantou contra o seu rei porque seu partido tinha feito este ou aquele cálculo.

CLAIRE BRIÈRE: Um dos exemplos significativos deste movimento é o que aconteceu no caso dos curdos. Os curdos, a maioria dos quais é sunita e cuja tendência autonomista tem sido conhecida há muito tempo, usaram a linguagem desta sublevação, deste movimento. Todos pensavam que eles seriam contra ele, ao passo que eles o apoiaram, dizendo "claro que somos sunitas, mas acima de tudo somos muçulmanos". Quando as pessoas falavam a eles sobre a sua especificidade curda, a sua reação era quase que de raiva, ou de rejeição. "O quê! Somos curdos!", eles respondiam a você em curdo e o intérprete tinha que fazer a tradução do curdo: "Não, de jeito nenhum, somos iranianos acima de tudo e compartilhamos todos os problemas do Irã: queremos que o rei vá embora". Os *slogans* no Curdistão eram exatamente os mesmos dos de Teerã ou Mashad. "Vida longa a Khomeini", "Morte ao xá".

MICHEL FOUCAULT: Eu conhecia alguns iranianos em Paris, e o que me impressionou muito sobre eles era o seu medo. Medo de que se tornasse conhecido o fato de que estavam falando com as pessoas de esquerda, medo de que os agentes da SAVAK pudessem saber que estavam lendo este ou aquele livro, e assim por diante. Quando cheguei ao Irã, imediatamente após os massacres de setembro, disse a mim mesmo que iria encontrar uma cidade aterrorizada, porque tinha havido quatro mil mortos. Agora não posso dizer que tenha encontrado pessoas felizes, mas havia ausência de medo e intensidade de coragem, ou melhor, intensidade de que as pessoas são capazes quando em perigo, mesmo que ainda não removido, tinha já sido transcendido. Em sua revolução eles já tinham transcendido o perigo apresentado pela metralhadora que constantemente enfrentava todos eles.

PIERRE BLANCHET: Os curdos ainda estavam com os xiitas? A Frente Nacional ainda estava com os clérigos? A *intelligentsia* ainda estava seguindo Khomeini? Se existem 20 mil mortos e o exército reage, se tem uma guerra civil pairando debaixo da superfície ou uma República Islâmica autoritária, há o risco de que venhamos a presenciar alguns recuos curiosos. Será dito, por exemplo, que Khomeini forçou a barra da Frente Nacional. Será dito que Khomeini não deseja respeitar os desejos das classes medidas e da *intelligentsia* para compromisso. Todas essas coisas são ou verdadeiras ou falsas.

MICHEL FOUCAULT: É verdade. Serão verdadeiras e, ao mesmo tempo, não verdadeiras. Noutro dia, alguém me falou: "Tudo o que você pensa sobre o Irã não é verdade, e você não percebe que existem comunistas em todos os lugares". Mas eu sei disso. Sei que de fato existem muitas pessoas que pertencem a organizações comunistas ou marxista-leninistas – não se pode negar isso. Mas o que gostei sobre os seus artigos foi que eles não tentaram reduzir esse fenômeno em seus elementos constituintes; eles tentaram deixá-lo como um único facho de luz, ainda que saibamos que ele é feito de diversos fachos. Este é o risco e o interesse em falar sobre o Irã.

PIERRE BLANCHET: Deixe-me dar um exemplo. Numa noite, saímos após o toque de recolher com uma mulher quarentona muito ocidentalizada que tinha vivido em Londres e agora estava vivendo em uma casa no norte de Teerã. Uma noite, durante o período pré-Muarrã, ela veio até onde estávamos vivendo, em um distrito de trabalhadores. Tiros estavam sendo disparados para todos os lados. Nós a levamos até as ruas dos fundos, para ver o exército, as pessoas comuns, as pessoas que gritavam *Allah O Akbar*.[6] Ela ficou completamente sem ação, embaraçada por não estar usando um xador, não porque estivesse com medo de que alguém pudesse atirar vitriol em sua face, mas porque ela queria estar como as outras mulheres. Não foi tanto o episódio do xador que é importante, mas o que aquelas pessoas nos disseram. Elas falavam de uma maneira muito religiosa e sempre diziam no final "Deus esteja com vocês" e outras expressões religiosas equivalentes. Ela respondeu da mesma forma, usando o mesmo linguajar. Ela nos disse: "Esta é a primeira vez que eu falei dessa maneira". Ela ficou muito comovida.

---

[6] Deus é Grande.

MICHEL FOUCAULT: Sim, um dia, tudo isso se tornará, para historiadores, uma corrida das classes altas em direção ao movimento popular de esquerda, etc. Isso será uma verdade analítica. Creio que é uma das razões por que sentimos um certo desconforto quando retornamos do Irã; e as pessoas, querendo entender, nos pedem um esquema analítico de uma realidade já constituída.

CLAIRE BRIÈRE: Estou pensando em uma outra tabela interpretativa que nós, jornalistas ocidentais, frequentemente tivemos. Este movimento seguiu uma lógica tão estranha que, por diversas ocasiões, os observadores ocidentais o ignoraram. O dia da greve da Frente Nacional, em novembro, que foi um fracasso. Ou o quadragésimo dia de luto da Sexta-feira Negra. A Sexta-feira Negra foi terrível. Pode-se imaginar como o quadragésimo dia de luto seria comovente e muito dolorosa. Agora, no quadragésimo dia, muitas lojas reabriram e as pessoas não pareciam particularmente tristes. Ainda assim o movimento começou de novo com a sua própria lógica, o seu próprio ritmo, a sua própria respiração. Para mim, pareceu que no Irã, apesar do ritmo caótico de Teerã, o movimento seguiu um ritmo que poderia ser comparado com o de um homem – eles caminhavam como um único homem – que respira, fica cansado, retoma a sua respiração, reinicia o ataque, mas na realidade com um ritmo coletivo. Naquele quadragésimo dia de luto, não houve grande demonstração de luto. Após o massacre na Praça Djaleh, os iranianos estavam retomando a sua respiração. O movimento foi relançado pelo surpreendente contágio das greves que começaram mais ou menos naquela hora. Então houve o início do novo ano letivo e a reação irritada da população de Teerã, que ateou fogo nos símbolos ocidentais.

MICHEL FOUCAULT: Uma outra coisa que me impressionou como estranha foi a maneira como as armas eram usadas. Se tinha um ponto imediatamente sensitivo, era o petróleo, que era tanto a causa do mal como a arma absoluta. Um dia poderemos saber o que aconteceu. Certamente parece que a greve e as suas táticas não tinham sido calculadas antecipadamente. Em um ponto, sem que tivesse havido qualquer ordem vinda de cima, em um dado momento, os trabalhadores iniciaram a greve, coordenando entre si, de cidade em cidade, em uma forma absolutamente livre. De fato não foi uma greve no sentido estrito de uma parada de trabalho e interrupção de produção. Foi claramente a afirmação de que o petróleo pertencia ao povo iraniano e não ao xá ou aos seus clientes e parceiros. Foi uma greve em favor da reapropriação nacional.

CLAIRE BRIÈRE: Então, ao contrário, pois não seria honesto guardar silêncio sobre isso, deve ser dito que quando eu, uma pessoa, uma jornalista estrangeira, uma mulher, fui confrontada por essa unidade, esta vontade comum, senti um choque extraordinário, mental e fisicamente. Foi como se aquela unidade demandasse que todo mundo se moldasse a ela. Em um certo sentido, era uma coisa do tipo ai de quem não seguisse a onda. Todos nós tivemos problemas desse tipo no Irã. Daí, talvez a reticência que as pessoas frequentemente sentem na Europa. Um levante é tudo muito legal, sim, mas...[7]

MICHEL FOUCAULT: Houve demonstrações, verbais pelo menos, de violento antissemitismo. Houve demonstrações de xenofobia dirigidas não apenas aos americanos, mas também aos trabalhadores estrangeiros que tinham vindo trabalhar no Irã.

PIERRE BLANCHET: Este é, de fato, o outro lado da unidade que certas pessoas podem achar ofensiva. Por exemplo, uma vez, um de nossos fotógrafos foi golpeado na face várias vezes porque foi confundido com um americano. "Não, sou francês", ele protestou. Os protestantes então o abraçaram e disseram: "Acima de tudo, não diga nada disso na imprensa". Estou pensando, também, sobre as demandas imperiosas dos protestantes: "Assegure-se de dizer que tinha tantas mil vítimas, tantos milhões de protestantes nas ruas".

---

[7] Reticências no original.

CLAIRE BRIÈRE: Este é um outro problema: é o problema de uma cultura diferente, uma atitude diferente para com a verdade. Além do mais, faz parte da luta. Quando suas mãos estão vazias, se você amontoa os mortos, reais e imaginários, você espanta o medo, e você se torna muito mais convincente.

MICHEL FOUCAULT: Eles não têm o mesmo regime de verdade que temos, que é, isso tem que ser dito, muito especial, mesmo que tenha se tornado quase universal. Os gregos tinham o deles. Os árabes do Magreb possuem outro. E no Irã ele é, em grande parte, modelado por uma religião que tem uma forma esotérica e um conteúdo esotérico. Quer dizer, tudo que se diz sob a forma explícita da lei também se refere a um outro significado. Então dizer uma coisa que significa outra não apenas não é uma ambiguidade condenável; é, ao contrário, um nível adicional de significado necessário e altamente estimado. É frequentemente o caso de que as pessoas dizem alguma coisa que, no seu nível factual, não é verdadeiro, mas que se refere a um outro significado mais profundo, que não pode ser assimilado em termos de precisão e observação...[8]

CLAIRE BRIÈRE: Isso não me incomoda. Mas fico irritada quando me dizem muitas e muitas vezes que todas as minorias serão respeitadas quando, ao mesmo tempo, não estão sendo respeitadas. Tenho uma memória particularmente poderosa – e estou determinada a fazer com que ela apareça em algum lugar – das demonstrações de setembro quando, como mulher, saí usando véu. Estava usando um xador. Eles tentaram me impedir de entrar em um caminhão com os outros repórteres. Eu já tinha caminhado o suficiente. Quando estava no caminhão, os protestantes que estavam perto de nós tentaram me impedir de levantar. Então, um sujeito começou a gritar – foi odioso – porque eu estava usando sandálias sem meias: fiquei com uma enorme impressão de intolerância. Apesar disso, tinha umas cinquenta

---

[8] Reticências no original.

pessoas por perto dizendo: "Ela é uma repórter, ela tem que estar na procissão, não há razão para que não possa estar no caminhão". Mas quando as pessoas falam com você sobre os judeus – é verdade que tinha muita conversa antissemita – que elas irão tolerá-los somente se eles não apoiarem Israel, quando notas anônimas são enviadas, a credibilidade do movimento fica um pouco afetada. É a força do movimento sendo uma única unidade. Assim que ele percebe pequenas diferenças, ele se sente ameaçado. Acredito que existe intolerância lá – e que ela é necessária.

MICHEL FOUCAULT: O que deu ao movimento iraniano sua intensidade foi um registro duplo. De um lado, uma vontade coletiva que foi muito fortemente expressa politicamente e, de outro, o desejo de uma mudança radical na vida comum. Mas essa afirmação dupla só pode ser baseada nas tradições, instituições que carregam uma carga de chauvinismo, nacionalismo, exclusivismo, que exerceram uma atração muito poderosa para os indivíduos. Para confrontar um poder armado tão assustador, não se pode sentir sozinho, nem começar com nada. Com exceção do problema da imediata sucessão do xá, tem uma outra questão que me interessa, no mínimo, da mesma forma: será que este movimento unitário, que já por um ano vem animando as pessoas a enfrentarem metralhadoras, possui a força para cruzar as suas próprias fronteiras e ir além das coisas nas quais, por um tempo, elas se basearam? Serão aqueles limites, irão aqueles apoios desaparecer uma vez que o entusiasmo inicial desapareça, ou eles, ao contrário, criarão raízes e se tornarão mais fortes? Muitos aqui e alguns no Irã estão aguardando e esperando o momento em que o secularismo voltará e revelará o bom e velho tipo de revolução que sempre conhecemos. Eu me pergunto o quão longe eles serão levados por esta estrada estranha e única, na qual eles buscam, contra a obstinação de seu destino, contra tudo que eles sempre foram por séculos, "alguma coisa bem diferente".

Carta Aberta ao Primeiro-Ministro Mehdi Bazargan
PUBLICADA PELA PRIMEIRA VEZ EM *LE NOUVEL OBSERVATEUR*,
EM 14 DE ABRIL DE 1979

Prezado primeiro-ministro,

Em setembro passado, depois que diversos milhares de homens e mulheres foram metralhados nas ruas de Teerã, V. Sa. me concedeu uma entrevista na casa de aiatolá Shariatmadari em Qom. Em torno de uma dúzia daqueles que trabalhavam pelos direitos humanos tinha buscado refúgio na casa dele. Soldados portando metralhadoras estavam guardando a entrada da rua.

V. Sa. era, então, o presidente do Comitê pela Defesa dos Direitos Humanos. V. Sa. necessitava ter coragem. V. Sa. necessitava de coragem física, pois a prisão o aguardava e V. Sa. já sabia disso. V. Sa. necessitava de coragem política, pois o americano tinha recentemente incluído o xá na lista daqueles defensores dos direitos humanos.[1] Hoje, muitos iranianos estão irritados com os conselhos barulhentos recebidos do exterior. Quanto aos direitos deles, eles mostraram que sabiam como fazê-los prevalecer, eles sozinhos. Eles também se recusaram a pensar que sentenciar um jovem negro na África do Sul racista equivalia a uma sentença por assassinato dada pela SAVAK em Teerã. Quem não iria compreendê-los?

Poucas semanas atrás, V. Sa. ordenou a interrupção dos julgamentos sumários e execuções rápidas. A justiça e a injustiça são o ponto sensitivo de toda revolução. As revoluções nascem da justiça e da injustiça e é por causa delas que frequentemente elas se perdem e morrem. Desde que V. Sa. pensou ser apropriado aludir a ela em público, senti a necessidade de lembrá-lo da conversação que tivemos sobre esse tópico.

---

[1] O xá tinha feito uma visita de Estado a Washington em janeiro de 1978. O presidente Jimmy Carter o chamou de defensor dos direitos humanos, enquanto os estudantes iranianos faziam manifestações nas ruas das redondezas.

Discutimos todos os regimes que oprimiam o povo enquanto alegavam estarem defendendo os direitos humanos. V. Sa. expressou a esperança que no desejo de formar um governo islâmico, tão amplamente apoiado pelos iranianos naquela ocasião, uma garantia verdadeira para esses direitos poderia ser encontrada. V. Sa. deu três razões para isso. Uma dimensão espiritual, V. Sa. disse, impregnava a revolta de um povo em que cada um arriscava tudo por um mundo inteiramente diferente (e para muitos, esse "tudo" não era nem menos nem mais do que eles próprios). Não era o desejo de ser governado por um "governo de mulás" – eu acredito que V. Sa., de fato, utilizou essa expressão. O que eu vi, de Teerã a Abadan, não contradisse as suas palavras, longe disso.

Com relação a esses direitos, V. Sa. também disse que o Islã, em sua profundidade histórica e em seu dinamismo contemporâneo, era capaz de enfrentar o desafio formidável que o socialismo não tinha conseguido solucionar de forma melhor do que o capitalismo, e que é o mínimo que poderia ser dito. "Impossível", alguns dizem hoje, que pretendem conhecer muito sobre as sociedades islâmicas ou sobre a natureza de todas as religiões.[2] Serei bem mais modesto do que eles, não enxergando em nome de qual universalidade os muçulmanos poderiam ser impedidos de buscar o seu futuro em um Islã cuja nova face terão que moldar com as próprias mãos. Com relação à expressão "governo islâmico", por que lançar suspeita imediata ao adjetivo "islâmico"? A palavra "governo" é suficiente em si mesma para despertar vigilância. Nenhum adjetivo – seja democrático, socialista, liberal ou do povo – o liberta de suas obrigações.

V. Sa. disse que ao invocar o Islã, um governo teria, portanto, que criar limitações importantes à sua soberania básica sobre a sociedade civil, devido às obrigações baseadas na religião. Pela virtude do caráter islâmico, este governo estaria consciente de que foi ligado a "obrigações" suplementares. Ele também respeitaria essas ligações,

---

[2] Trata-se, muito provavelmente, de uma referência a Rodinson.

porque o povo poderia usar contra o governo essa mesma religião que compartilha com o povo. Essa ideia me pareceu importante. Pessoalmente, estou um pouco cético com relação à extensão pela qual os governos respeitarão as suas obrigações. Contudo, é bom que os governados possam se levantar para lembrar a todos que não desistem simplesmente de seus direitos em favor daquele que governa, mas que estão determinados a impor obrigações a ele. Nenhum governo pode escapar dessas obrigações fundamentais e, sob esse ponto de vista, os julgamentos que estão ocorrendo hoje no Irã não deixam de nos causar preocupação.

Nada é mais importante na história de um povo do que os raros momentos quando ele se levanta coletivamente, a fim de derrubar um regime que não apoia mais. Por outro lado, nada é mais importante para a vida diária de um povo do que aqueles momentos, tão frequentes, quando as autoridades públicas se voltam contra um indivíduo, proclamando o seu inimigo e decidindo liquidá-lo. Nunca as autoridades públicas possuem mais obrigações essenciais que elas precisam respeitar do que nestes momentos. Julgamentos políticos são sempre a pedra de toque, não porque os acusados nunca sejam criminosos, mas porque aqui as autoridades públicas operam sem máscara. Eles se submetem a julgamento quando elas julgam os seus inimigos.

As autoridades públicas sempre afirmam que precisam ser respeitadas, e é precisamente aqui que elas precisam ser absolutamente respeitadoras. O direito de defender o povo que as autoridades públicas invocam também lhes confere obrigações muito árduas.

É necessário – e é urgente – dar àquele que está sendo processado todos os meios de defesa e todos os direitos que forem possíveis. Será ele "obviamente culpado"? Ele tem toda a opinião pública contra ele? Ele é odiado pelo seu povo? Isso, precisamente, confere a ele direitos, muito mais os intangíveis. É a obrigação daquele que governa explicar e garantir esses direitos ao acusado. Para um governo, não pode haver "o mais vil dos homens".

Também é a obrigação de todo governo mostrar a todos – ou seja, ao mais humilde, o mais obstinado, o mais cego daqueles que ele governa – sob que condições, como e em nome de que autoridade ele pode alegar por si próprio o direito de punir em seu nome. Ainda que uma punição que se recuse a explicar possa ser justificada, ainda assim haverá injustiça, tanto em relação àquele que é condenado como em relação a todos sujeitos a julgamento.

Com relação a essa obrigação de um governo de se submeter ao julgamento quando ele quer julgar, creio que ele precisa aceitá-lo com relação a todos os homens do mundo. Não mais do que eu, eu imaginaria que V.Sa. iria permitir um princípio de soberania que teria que se justificar somente a si próprio. Governar não é autoevidente, não mais do que sentenciar, não mais do que matar. É bom que um homem, qualquer homem, mesmo que esteja no outro lado do mundo, possa se levantar para falar porque ele não pode mais aguentar ver um outro torturado ou condenado. Não se trata de interferência nos negócios internos de um Estado. Aqueles que protestaram em nome de um único iraniano torturado nas profundezas de uma prisão da SAVAK estavam interferindo no tema mais universal de todos.

Talvez se diga que o povo iraniano, em sua maioria, mostra que tem confiança no regime que está sendo estabelecido e, portanto, também nas suas práticas judiciais. O fato de ser aceito, apoiado e votado de maneira esmagadora não atenua as obrigações dos governos. Em vez disso, o povo impõe obrigações mais estritas sobre eles.

Evidentemente, sr. primeiro-ministro, não tenho nenhuma autoridade para me dirigir a V.Sa. desta maneira, exceto a permissão que V.Sa. me deu, ao me ajudar a compreender, em nosso primeiro encontro, que para V.Sa. governar não é um direito cobiçado, mas uma obrigação muito difícil. V.Sa. tem que fazer o que for necessário a fim de que as pessoas nunca se arrependam da força descomprometida que acabaram de liberar.

É Inútil se Revoltar?
PUBLICADO PELA PRIMEIRA VEZ NA PRIMEIRA PÁGINA DE *LE MONDE*, EM 11 E 12 DE MAIO DE 1979

"Para fazer o xá sair, estamos prontos para morrer aos milhares", os iranianos disseram no verão passado. Nestes dias, o aiatolá diz: "Deixe o Irã sangrar, para tornar a revolução forte".

Tem um eco estranho entre essas duas sentenças, que parecem estar ligadas. O nosso horror à segunda condena a intoxicação da primeira?

Sublevações pertencem à história, mas, de certo modo, escapam dela. O movimento pelo qual um homem sozinho, um grupo, uma minoria, ou todo um povo diz: "Eu não obedecerei mais", estando dispostos a arriscar a própria vida em face de um poder que acreditam não ser justo, parece-me ser irredutível. Isso ocorre porque nenhum poder é capaz de tornar as revoltas absolutamente impossíveis. Varsóvia sempre terá o seu gueto em revolta e seus esgotos ocupados por insurgentes.[1] O homem revoltado é, em última análise, inexplicável. Deve haver um desenraizamento que interrompa o desenrolar da história, e sua longa série de razões, para um homem "realmente" preferir o risco da morte à certeza de ter que obedecer.

Todas as formas de liberdade que são adquiridas ou demandadas, todos os direitos que são reclamados, mesmo os concernentes às coisas que parecem ser de menor importância, provavelmente possuem um último ponto de âncora aqui, mais sólido e experiencial do que "direitos naturais". Se as sociedades persistem e sobrevivem, isso equivale a dizer que se o poder nessas sociedades não for "absolutamente absoluto", é porque por trás de todo consentimento e da coerção, além das ameaças, da violência e da persuasão, há a possibilidade desse momento, em que a vida não pode ser trocada, em que o poder

---

[1] Trata-se do levante do Gueto de Varsóvia contra os nazistas em 1943.

se torna impotente, e em que, em frente do patíbulo e das metralhadoras, os homens se levantam.

Porque é dessa forma "fora da história" e na história, porque cada pessoa arrisca a vida e a morte, pode-se compreender por que os levantes foram capazes de encontrar a sua expressão e o seu drama tão rapidamente em formas religiosas. Por séculos, todas essas promessas da vida após a morte ou a renovação do tempo, independentemente de esperarem o salvador, o reino dos últimos dias ou o reinado do bem absoluto, não se constituíram em um manto ideológico. Elas constituíram a própria maneira pela qual esses levantes foram vividos, pelo menos naqueles locais em que as formas religiosas se dedicam a tais possibilidades.

Depois veio a era das "revoluções". Por dois séculos, pairaram [*surplombé*][2] sobre a história, organizaram a nossa percepção de tempo e polarizaram as esperanças. A era das revoluções se constituiu em um esforço gigantesco para aclimatar os levantes dentro de uma história racional e controlável. A "revolução" deu a esses levantes legitimidade, separou as suas formas boas e más e definiu suas leis de desenvolvimento. Ela estabeleceu para os levantes as suas condições preliminares, objetivos e modos de levá-los a sua conclusão. Até mesmo a profissão de revolucionário foi definida. Ao repatriar a revolta ao discurso da revolução, foi dito, o levante surgiria na plenitude de sua verdade e continuaria até o seu desfecho verdadeiro. Essa foi uma promessa maravilhosa. Alguns dirão que o levante desta forma acabou sendo colonizado pela *realpolitik*. Outros dirão que a dimensão de uma história racional se abriu para ela. Prefiro a questão que Horkheimer costumava indagar,

---

[2] A palavra é usada no sentido de que um telhado fica sobre um prédio. Essa noção de "pairar sobre alguma coisa" também tem algumas afinidades com o termo marxista *superestrutura*. Uma vez que a palavra francesa *plomb* significa "chumbo", *surplombé* também poderia ser traduzido como "pressionando para baixo".

uma pergunta ingênua, e um pouco febril: "Mas será que essa revolução é realmente tão desejável?".[3]

Com relação ao enigma do levante, para aqueles que buscaram no Irã não as "razões profundas" do movimento, mas a maneira pela qual ele foi vivido; para aqueles que tentaram compreender o que estava acontecendo nas cabeças daqueles homens e mulheres quando arriscaram a própria vida, uma coisa foi surpreendente. Eles inscreveram, nas bordas do céu e da terra, em uma história de sonho que foi tão religiosa quanto política, toda a sua fome, a sua humilhação, o seu ódio pelo regime e a sua vontade de derrubá-lo. Eles confrontaram os Pahlavis, em um jogo onde cada um arriscava a vida e a morte, um jogo que era também sobre sacrifícios e promessas milenares. Portanto, vieram as celebradas passeatas, que desempenharam um papel tão importante. Essas demonstrações puderam, ao mesmo tempo, responder concretamente à ameaça do exército (ao ponto de paralisá-lo), transcorrer de acordo com o ritmo das cerimônias religiosas e, finalmente, se referir a um drama eterno em que o poder é sempre amaldiçoado. Esse drama provocou o surgimento de uma superimposição surpreendente em meados do século XX: um movimento forte o suficiente para derrubar um regime aparentemente bem armado, ao mesmo tempo que permaneceu em contato com os velhos sonhos que uma vez foram familiares ao Ocidente, quando ele também quis inscrever as figuras da espiritualidade no terreno da política.

Depois de anos de censura e perseguição, com uma classe política que também foi manietada, com os partidos políticos proibidos e grupos revolucionários dizimados, em que, senão na religião, poderiam, a desordem e, depois, a revolta de uma população traumatizada pelo "desenvolvimento", "reforma", "urbanização" e todos os outros fracassos do regime se inclinar? Isso é verdade, mas será que se poderia

---

[3] Max Horkheimer (1895-1973) era filósofo da Escola de Frankfurt e sociólogo.

esperar que o elemento religioso rapidamente se apagasse em benefício de forças mais substanciais e de ideologias menos "arcaicas"? Provavelmente não, e por diversas razões.

Primeiro, teve o sucesso rápido do movimento, que reforçou a forma que ele assumiu. Houve a solidez institucional de um clero cujo controle sobre a população era forte e que tinha fortes ambições políticas. Houve todo o contexto do movimento islâmico. Por causa da posição estratégica que o Islã ocupa, por causa da importância econômica que os países muçulmanos detêm e por causa do poder que o movimento tem de se expandir em dois continentes, ele constitui, na região ao redor do Irã, uma realidade importante e complexa. Como resultado, o conteúdo imaginário da revolta não se dissipou na ampla luz do dia da revolução. Ele foi imediatamente transposto para o cenário político que parecia totalmente disposto a absorvê-lo, mas que de fato tinha uma natureza inteiramente diferente. A essa altura, ocorreu a mais importante e mais atroz mistura – a esperança extraordinária de transformar o Islã em uma grande civilização vibrante e várias formas de xenofobia virulentas, bem como as questões globais e as rivalidades regionais. E o problema dos imperialismos. E a subjugação das mulheres, e assim por diante.

O movimento iraniano não passou pela "lei" das revoluções que prega, alguns dizem, que a tirania que secretamente as habita reapareceria por debaixo do entusiasmo cego das massas. O que constituiu a parte mais interna e mais intensamente vivida do levante tocou, de maneira não mediada, em um tabuleiro de xadrez político já superlotado, mas tal contato não é identidade. A espiritualidade daqueles que estavam caminhando para a morte não tem semelhança alguma com o governo sangrento de um clero fundamentalista. Os clérigos iranianos querem autenticar o seu regime através dos significados que o levante teve. Não é diferente de desacreditar o fato do levante porque hoje há um governo de mulás. Em ambos os casos, existe o "temor", o temor daquilo que aconteceu no Irã no último outono, alguma coisa da qual o mundo não tinha visto exemplo por um longo tempo.

Daí, precisamente, a necessidade de sublinhar aquilo que não é redutível em tal movimento e que é também profundamente ameaçador para todos os despotismos, tanto os de hoje como os de ontem.

Certamente não é vergonhoso mudar de opinião, mas não vejo razão para se dizer que essa opinião mudou quando se é contra decepar mãos hoje, depois de ter sido contra as torturas da SAVAK ontem.

Ninguém tem o direito de dizer: "Revolte-se por mim, a liberação final de cada homem depende disso". Mas não concordo com aqueles que diriam: "É inútil se revoltar, as coisas sempre serão assim". Não se dá ordens àqueles que arriscam a vida contra o poder. É correto se rebelar ou não? Deixemos essa pergunta em aberto. É um fato que as pessoas se sublevam e é, através disso, que uma subjetividade (não a dos grandes homens, mas a de qualquer um) se introduz na história e lhes confere a sua vida. Um delinquente coloca a própria vida por um fio contra o castigo abusivo, um louco não aguenta mais ficar preso e pisado, ou um povo rejeita um regime que o oprime. Isso não torna o primeiro inocente, nem cura o segundo, nem garante ao terceiro os resultados que foram prometidos. Ninguém, a propósito, é instado a se solidarizar com eles. Não se pede a ninguém que essas vozes confusas soem melhor do que outras e falem a verdade em sua profundidade ulterior. É suficiente que elas existam e que tenham contra si tudo que luta para silenciá-las, para tornar significativo escutá-las e para buscar por aquilo que queiram dizer. Uma questão de moralidade? Talvez. Uma questão de realidade, certamente. Todas as desilusões da história não mudarão isso. É precisamente por existirem tais vozes que o tempo humano não assume a forma de evolução, e, sim, o da "história".

Isto é inseparável de um outro princípio. O poder que um homem exerce sobre outro sempre é perigoso. Não estou dizendo que o poder, por natureza, é mau. Estou dizendo que o poder pelos seus mecanismos é infinito (o que não significa dizer que seja todo-poderoso, ao contrário). As regras limitando a sua vontade nunca serão rigorosas demais. Os princípios universais não são estritos o suficiente para retirar dele todas as oportunidades que ele agarra. Leis invioláveis e direitos irrestritos sempre precisam se opor ao poder.

Nesses dias, os intelectuais não possuem uma "imprensa" muito boa. Creio que posso usar essa palavra de forma precisa. Portanto, agora não é a hora de declarar que alguém seja ou não intelectual. Além do mais, isso o faria sorrir. Sou um intelectual. Se me perguntassem como concebo o que faço, aqui está como eu responderia. O estrategista é um homem que diz: "Como esta morte, este grito ou este levante importa em relação às necessidades do todo e em relação a tal e tal princípio geral na situação particular em que nos encontramos?". Para mim é indiferente se esse estrategista é um político, um historiador, um revolucionário ou um partidário do xá ou do aiatolá, pois a minha ética teórica está no lado oposto. Minha ética é "antiestratégica". Precisamos ser respeitosos quando uma singularidade surge e intransigente assim que o Estado viola universais. É uma escolha simples, mas que dá trabalho: é preciso olhar, um pouco por debaixo da história, para ver o que a quebra e a agita, e manter a vigília, um pouco por trás da política sobre o que deve limitá-la incondicionalmente. Afinal, este é o meu trabalho. Não sou nem o primeiro nem o único a fazê-lo, mas eu o escolhi.

Crítica de Foucault sobre o Irã

POR MAXIME RODINSON

PUBLICADO PELA PRIMEIRA VEZ COMO INTRODUÇÃO A UMA REIMPRESSÃO (RODINSON, 1993A) DO SEU TRABALHO "KHOMEINI AND THE 'PRIMACY OF THE SPIRITUAL'" (TAMBÉM TRADUZIDO NESTE APÊNDICE, PÁGINAS 391-96). O PRESENTE TÍTULO FOI DADO PELOS TRADUTORES.

"Khomeini and the 'Primacy of the Spiritual'" foi feito com a intenção de servir de esclarecimento em meio àquilo que me pareceu ser uma onda de confusão. De qualquer forma, ele ainda apresenta um testemunho da atmosfera entre a *intelligentsia* esquerdista (e algumas vezes direitista) europeia e a americana, durante e imediatamente após o período quando a Revolução Iraniana derrubou o xá sob a bandeira do Islã xiita.

Gradualmente, à medida que a revolta ia se desenvolvendo no Irã em 1977 e 1978 ("O Islã Ressurgente?", p. 363-86), esses intelectuais esquerdistas tinham voltado a sua atenção àquela direção, com intensidade cada vez maior. A esperança de uma revolução mundial que aboliria a exploração e a opressão do homem pelo homem, há muito tempo morta ou moribunda, ressurgiu, timidamente de início e depois com mais segurança. Poderia essa esperança agora se encontrar encarnada da forma mais inesperada no Oriente muçulmano, até agora uma localização nem um pouco promissora para ela; e mais precisamente, naquele ancião perdido em um universo de pensamento medieval?

Intelectuais famosos e prestigiados se apressaram em ir em direção a um Irã que estava pegando fogo. Eles queriam ver com os próprios olhos e testemunhar eles próprios aquele processo revolucionário impressionante, para estudá-lo e escrutiná-lo. Chegando lá, amigos intelectuais iranianos, ou amigos de amigos, os pegaram pelas mãos.

Estes últimos estavam intoxicados por uma luta que estava avançando a cada dia. Logo, seria a intoxicação da vitória. Todos os dias traziam novas evidências do poder mobilizador dos *slogans* islâmicos e o carisma de alguém que os personificava da forma mais enérgica, aiatolá Khomeini. Sob tais *slogans*, de mãos vazias, multidões enfrentavam metralhadoras e fuzis.

O sucesso conduz ao sucesso. De maneira cada vez mais frequente, os liberais democratas e os marxistas iranianos passaram a se perguntar se não haviam cometido um erro, se não tinham estado enganados ao descartarem as expressões de fervor religioso tradicionais de seu povo. Adquirindo cada vez mais confiança na eficácia de *slogans* religiosos, eles começaram a tentar ler neles pelo menos uma forma de suas próprias aspirações. Eles deram a eles um significado político e social que correspondia a suas próprias aspirações. E eles comunicaram a sua nova confiança a seus visitantes europeus, que estavam impressionados e até surpresos, e que se esforçaram para se familiarizarem o mais rapidamente possível com um clima mental do qual tinham sido profundamente ignorantes.

O estabelecimento de um novo governo em fevereiro de 1979 somente aumentou o interesse dos intelectuais ocidentais. As suas viagens ao Irã se multiplicaram, da mesma forma como aumentaram, incidentalmente, o número de correspondentes estrangeiros no local. Os colegas iranianos desses intelectuais ocidentais exultavam, intoxicados pela sua vitória, mas também se acharam pegos pelo vendaval da luta e das tensões que geralmente ocorrem logo depois da conclusão de uma revolução. A luta pelo poder estava ocorrendo rapidamente, de acordo com um processo muito clássico: a efervescência de ideias divergentes ou opostas, de teses e antíteses, que tem de levar rapidamente a confrontações físicas nas ruas. Essa é uma lei.

Dentre as forças contendoras, a luta eterna pelo poder frequentemente usa como suas armas ferramentas conceituais que foram forjadas através de virtuosidades teóricas, independentemente de essas ferramentas terem surgido durante a luta ou se já estavam lá, disponíveis para tal uso. Aqueles que amam a teoria podem ficar comovidos pelo desejo de se colocarem deliberadamente na vanguarda, ou (mais raramente), por inclinações puramente intelectuais. As suas criações são avidamente consumidas, especialmente neste magma, por aqueles que exibem formas de pensamento ou discurso capazes de levantar as multidões e conduzi-las ao nível seguinte. Essa convergência de ambições pessoais e talentos, até de virtuosismo no campo da elaboração teórica, normalmente produz rachas e mais rachas, rompimentos e mais rompimentos, oposição de opções e programas, frequentemente muito artificialmente, mas frequentemente também como uma expressão de tendências contraditórias sugeridas em igual medida por um lado ou pelo outro da realidade social.

Com ou adiante de Khomeini – e aqui diferentemente de sua ideologia tradicional –, os intelectuais iranianos tentaram desenvolver uma doutrina que era, na prática, orientada em direção a noções europeias de revolução, frequentemente de cunho socialista. Ao mesmo tempo, eles integravam a essas doutrinas fórmulas que retinham, de maneira desigual, fidelidade à religião muçulmana. A sinceridade de sua devoção ao Islã também era desigual. De forma maquiavélica, alguns deles viam, nas formas muçulmanas que tinham sido retidas, acima de tudo e antes de mais nada, uma maneira de conquistar as massas para ideias com os quais elas não estavam familiarizadas. Outros realmente acreditaram que ideias tiradas de socialistas ou neomarxistas europeus, ou conceitos liberais, tinham sido embutidos, mesmo que apenas potencialmente e em uma linguagem específica que era necessário aprender e decifrar, no coração das próprias fundações do Islã, ou talvez (aqui uma variação especificamente iraniana) naquelas do Islã xiita.

Contudo, tão cedo quanto a inauguração oficial do novo governo em Teerã, a forma que ele assumiu e as decisões que ele tomou deram causa ao surgimento de preocupações dentre aqueles que tinham lutado mais para limpar o caminho para esses conceitos. Aos poucos eles decidiram comunicar as suas preocupações aos seus amigos europeus. E estes últimos, além do mais, estavam ficando cada vez mais atordoados por suas próprias dúvidas. Cada vez menos eles podiam permanecer cegos quanto à luta pelo poder que estava ocorrendo no topo e às suas apostas, aquele relacionamento com quaisquer ideais era muito duvidoso. De forma similar, eles foram ficando cada vez menos cegos para as tendências cada vez mais perigosas com relação aos valores que eles enalteciam, tendências que podiam ser discernidas de forma cada vez mais clara entre aqueles cujo poder de mobilização ou ascendência sobre os controles do novo Estado era mais poderoso, com o aiatolá Khomeini no topo. O aiatolá, que tinha muitos tipos de carisma, não perdeu tempo em revelar completamente as suas inclinações para as formas mais escuras de arcaísmo cultural, em relação aos métodos tradicionais de governo, disfarçados sem muita honestidade intelectual pela demão verde do Islã; e por sua serena indiferença para com os sofrimentos causados pela sua obstinação senil e sua fúria vingadora. Escrevendo no início de fevereiro de 1979 e ainda sendo cauteloso, invoquei Torquemada. Aquelas dúvidas foram apagadas muito rapidamente. Um sadismo que inicialmente usou como álibi a ideia de servir o supremo interesse de seu povo e da humanidade, ou, com força maior, aquela do Deus vingador, ou de enviar as suas vítimas o mais rapidamente possível perante a justiça divina, foi ficando cada vez mais visível em seu universo mental truncado. Com as suas bênçãos, seus subordinados rapidamente arregaçaram as mangas, torturando com prazer os corpos manietados daqueles que tinham sido presos ou condenados à morte. Um religioso, mulá Khalkhali,[1] rapidamente se tornou uma celebridade internacional desta forma, digno de eclipsar o renome multissecular daquele espanhol terrível.

---

[1] Sadaq Khalkhali (1926-2003) chefiou os tribunais revolucionários. Ele se vangloriava publicamente de ter ordenado a execução de mais de quinhentas pessoas, mais tarde reclamando que havia executado pouquíssimas pessoas. Ele também advogava a destruição dos monumentos históricos não islâmicos. Reza Afshari (2001) sugeriu que, na década de 1979 a 1988, o regime de Khomeini ordenou aproximadamente vinte mil execuções políticas.

Demora, contudo, muito tempo para se extinguir a esperança. Durante um longo período, os intelectuais iranianos, incluindo os mais abertos e os mais liberais, se agarraram à convicção de que as dinâmicas do processo revolucionário terminariam no triunfo das concepções que haviam orientado aqueles intelectuais quando ele começou.

Mentes filosoficamente formadas, mesmo e talvez especialmente as mais eminentes, estão entre as mais vulneráveis às seduções e aos *slogans* teóricos, que elas podem facilmente proferir com justificativas magnificamente elaboradas, com operações de profundidade estonteantes, aproveitando a sua familiaridade com os trabalhos dos grandes profissionais da abstração ocidentais, desde Platão em diante. Eles são os mais vulneráveis a essa tentação porque possuem, profissionalmente digamos assim, tendência a minimizar os obstáculos e as objeções que a realidade obstinada coloca no caminho das construções conceituais.

Um pensador muito grande, Michel Foucault, parte de uma linha de pensamento radicalmente dissidente, depositou esperanças excessivas na Revolução Iraniana. Os grandes lapsos no seu conhecimento sobre a história islâmica fizeram com que ele transfigurasse os eventos no Irã e aceitasse, em sua maioria, as sugestões semiteóricas de seus amigos iranianos e extrapolasse a partir desses conceitos, imaginando um fim da história que terminaria em desapontamentos na Europa e em outros lugares.

Observando em 1978 a "imensa pressão do povo" que estava eclodindo, justamente duvidando das explicações e prognósticos dos "políticos" iranianos seculares e liberais, para os quais Khomeini representava um mero epifenômeno que a antecipada queda do xá permitira que fosse colocado de lado, Foucault foi fazer contatos com o próprio Irã, indo a Teerã e Qom nos dias imediatamente após os grandes acontecimentos. Evitando os "políticos profissionais", ele passionalmente e algumas vezes por longos períodos de tempo conduziu entrevistas com "líderes religiosos, estudantes e intelectuais interessados nos problemas do Islã, e também com ex-guerrilheiros que tinham abandonado a luta armada em 1976 e tinham decidido trabalhar de forma completamente diferente, dentro da sociedade tradicional" (ver "Com o que os Iranianos Estão Sonhando?", Ap., p. 332).

A maioria dos seus interlocutores, escolhidos dessa forma, falou com ele não de "revolução", e, sim, de "governo islâmico". O que isso significava? Com boa vontade, Foucault recebia bem e repetia as explicações que os intérpretes liberais lhe davam, como no caso do aiatolá Shariatmadari (ver "Com o que os Iranianos Estão Sonhando?", Ap., p. 333). Logo no início, Foucault disse: "Uma coisa tem que ficar clara. Por 'governo islâmico', ninguém no Irã quer dizer um regime político em que os clérigos teriam um papel de supervisão ou controle" (p. 334). Aparentemente, Foucault nunca tinha ouvido falar da teoria que já tinha sido apresentada por Khomeini havia pelo menos trinta anos, a *Velayat-i Faqih* (em arábico, *Welayat al-Faqih*), que é a teoria que diz que os clérigos são capazes de governar.

É necessário reconhecer que Foucault recebeu com algum ceticismo as "fórmulas de todos os lugares e de lugar nenhum" que foram propostas a ele com relação ao significado profundo do termo "governo islâmico": respeito pelos frutos do trabalho de cada um, liberdades individuais, igualdade dos sexos, e assim por diante. Foi explicado a ele que aquelas eram as ideias propostas logo no início pelo Corão (uma representação mítica fortemente internalizada e que aqueles orientados ao islamismo a escutaram mil vezes), da qual o Ocidente tinha perdido o significado, mas que o "Islã saberá como preservar seu valor e a sua eficácia" ("Com o que os Iranianos Estão Sonhando?", p. 335).

Foucault se sentia embaraçado ao falar de um governo islâmico como uma "ideia" ou mesmo como um "ideal". Porém, o *slogan* de um governo islâmico parecia expressar uma "vontade política" que o impressionava. Segundo ele, "essa vontade política" dizia respeito, de um lado, a uma luta para dar às estruturas tradicionais da sociedade islâmica (como elas aparecem no Irã) um papel permanente na vida política. A ele foi dado o exemplo de associações populares que haviam se formado espontaneamente sob a direção religiosa, que tinham resolvido assumir iniciativas sociais, como na reconstrução de uma cidade destruída por um terremoto. Por outro lado, e de outra forma, ela expressava, aqui sob a inspiração de Ali Shariati, um movimento para introduzir uma dimensão espiritual à política, "a fim de que essa vida política deixasse de ser, como sempre foi, o obstáculo à espiritualidade, e, sim, o seu receptáculo, a sua oportunidade e o seu fermento" ("Com o que os Iranianos Estão Sonhando?", p. 336).[2]

Inegavelmente, as tendências que Foucault descobriu existiam no coração do movimento revolucionário iraniano do período. Com um retorno à prudência, ele se perguntou se essa "vontade política" era forte o suficiente para ser capaz, de um lado, de impedir o estabelecimento de um regime de compromisso – conservador, parlamentar e parcialmente secular, com o xá mantido – ou, de outro lado, se estabelecer como um dispositivo permanente na vida política do Irã.

Passou muito pouco tempo antes que uma resposta positiva fosse dada à primeira pergunta do filósofo francês. Ele deve ter ficado muito contente. Porém, o curso dos eventos tornou uma resposta afirmativa à segunda questão cada vez mais duvidosa. No mínimo, talvez devido à profundidade dos seus sentimentos, Foucault queria anunciar a introdução de medidas políticas e sociais satisfatórias tendentes a um ideal humanista,[3] devido aos trabalhos da "espiritualidade política" em questão.

---

[2] [Nota de Rodinson] sobre Ali Shariati (1933-1977), ver as curtas observações em Richard, 1980, p. 110 ss, e Richard, 1995. Existe uma seleção de seus escritos em francês (Shariati, 1982). As escolhas dos editores e tradutores poderiam ser questionadas; artificialmente privilegiam certos aspectos do pensamento de Shariati, cuja atração era talvez devido ao seu uso de linguagem ultramoderna (a influência de Sartre, Fanon, etc.) para demandar uma chacoalhada nos valores islâmicos a fim de torná-los "nacionais". O prefácio de Jacques Berque parcialmente corrige o modo pelo qual os tradutores entenderam as ideias do autor.

[3] Aqui e em outros pontos neste artigo, Rodinson ignorou o repúdio filosófico de Foucault ao humanismo, coisa sobre a qual ele seguramente estava a par.

Múltiplos casos de espiritualidade política existiram. Todos chegaram a um fim muito rapidamente. Em geral, eles subordinaram os seus ideais mundanos, que se supunha no início fluírem de uma orientação espiritual ou ideal, às eternas leis da política, em outras palavras, a luta pelo poder. Foi assim que tentei responder a Foucault, já mais ou menos implicitamente no artigo de Le Monde reimpresso anteriormente ("O Islã Ressurgente?", p. 363-86), e, então, de maneira mais precisa e específica no artigo de *Le Nouvel Observateur* ("Khomeini e a 'Primazia do Espiritual'", p. 391-96). Naturalmente, esses artigos causaram muito menos impressão em Foucault do que os eventos no Irã, que notavelmente diminuíram as suas esperanças. Em abril de 1979, ele decidiu escrever ao chefe do governo iraniano, naquela época Mehdi Bazargan. A sua "carta aberta" foi publicada em *Le Nouvel Observateur*, no sábado, em 14 de abril ("Carta Aberta ao Primeiro-Ministro Mehdi Bazargan", p. 422-25).

O filósofo corretamente reclamou dos julgamentos sumários e das rápidas execuções que estavam aumentando no Irã revolucionário, que tinha proclamado a República Islâmica em 2 de abril, após um plebiscito-referendo. Ele lembrou Bazargan da conversa que tiveram em Qom em setembro de 1978. Naquela época, Bazargan tinha explicado a Foucault que a ida em direção a um governo islâmico no Irã iria garantir verdadeiramente os direitos humanos fundamentais.

O desafortunado Mehdi Bazargan só podia concordar com as reclamações e preocupações de Michel Foucault. Mas apesar de suas posições como chefe de governo, ele praticamente não tinha nenhum poder para corrigir os abusos e atrocidades que estavam acontecendo em seu país.

A "espiritualidade política" que havia inspirado o movimento revolucionário – cobrindo os motivos mais materiais para o descontentamento e a revolta – tinha, em um estágio muito cedo, mostrado que não operava de modo algum no sentido humanista que lhe tinha sido atribuída, muito ingenuamente, por Foucault e Bazargan. Pode-se mobilizar as massas com ideias. Contudo aqueles que guiam, orientam, cuidam ou bloqueiam os caminhos tomados pela mobilização são as pessoas, e só podem ser as pessoas. Aqueles que aos olhos das massas parecem melhor corporificar essa ideia de protesto e restauração são aqueles que, pelo menos no início, adquirem algum poder. Muito ruim se eles o usam de forma equivocada; muito ruim também se são tolos, ignorantes, aqueles que perderam o caminho, ou sadistas; muito ruim se eles são Torquemadas; muito ruim se eles são Khomeinis.

O resultado da revolução sempre favorece a instituição de um poder duplo. De um lado, as instituições moldando a vida diária das pessoas continuam a funcionar do velho modo, ou são reformadas, ou novos são colocados no seu lugar. Por outro lado, as pessoas e as estruturas que conduziram o movimento continuam a se beneficiar de um carisma que permanece em efeito por um longo tempo. Eles não podem, pelo menos por enquanto, simplesmente ser lançados às sombras. Muito frequentemente mesmo, como no caso do Irã, a sua influência continua por um longo tempo. O carisma religioso se revela muito mais efetivo do que todos os tipos de carisma secular.[4]

Como acontece muito em situações semelhantes, uma intensa efervescência surgiu das profundezas da sociedade iraniana. Os indivíduos e grupos que formularam diferentes interpretações da

---

[4] [Nota de Rodinson] Max Weber fez a análise sobre o carisma mais abrangente. Ele salientou que ele era uma "força revolucionária especificamente criativa na história", mostrando também a sua singular instabilidade, ao mesmo tempo que estudava também as suas formas (Weber, 1978, p. 1117). Como o carisma, sob suas várias formas impulsiona "líderes 'naturais' em momentos de estresse – sejam eles psíquicos, físicos, econômicos, éticos, religiosos ou políticos, os quais não eram nem detentores de cargos importantes nem 'profissionais' no sentido atual da palavra (ou seja, pessoas que desempenham uma 'profissão' mediante remuneração baseada em treinamento e expertise especial), mas aos portadores de dons específicos do corpo e da mente que eram considerados 'sobrenaturais' (no sentido de que nem todos podiam ter acesso a eles)", é claro que o carisma de um caráter religioso tem a melhor chance de garantir a perpetuação desses dons "sobrenaturais" (Weber, 1978, p. 1112-13).

revolução – consequentemente contemplando, propondo e advogando caminhos divergentes para prolongá-la – se multiplicaram rapidamente. Como sempre, uma clivagem separou os partidários do "agora tudo é possível", aqueles que demandaram medidas radicais na direção dos objetivos proclamados na época do desenvolvimento do movimento, daqueles que levantaram como objeção as necessidades impostas pela realidade econômica e política, tanto internacional como nacionalmente. Como também é costumeiro, uma outra clivagem, não exatamente nas mesmas linhas, foi contra àqueles que invocavam limitações devido à moralidade humanística e/ou religiosa àqueles que desprezavam aqueles últimos a fim de ir até o fim na sua perseguição, repressão e massacre dos inimigos de ontem, fosse devido aos simples sentimentos de ódio e de vingança, ao interesse pessoal ou a cálculos racionais: "somente os mortos não retornam", "nenhuma liberdade aos inimigos da liberdade".

Os comitês revolucionários foram montados em todo o Irã – cobrando, ordenando e reprimindo. Mas a espontaneidade das massas nunca é outra coisa mais do que uma espontaneidade conduzida. Uma revolta em nome da religião automaticamente dá uma autoridade especial aos clérigos. Independentemente do que os ideólogos e seus amigos ingênuos do "Ocidente estúpido" disseram, os clérigos iranianos eram, em sua maior parte, conservadores e até retrógrados.

E foi acima de tudo Khomeini que os apoiou. O Conselho Revolucionário, cuja composição nunca foi oficialmente revelada, supostamente por razões de segurança, era muito mais poderoso do que o Conselho de Ministros. O primeiro se reunia em Qom, presidido por Khomeini. O velho aiatolá, cujas diretivas inspiraram o conselho e as organizações primárias revolucionárias – os Comitês Islâmicos (*Komiteh*) e os Guardas Revolucionários –, era cada vez mais chamado de "imame". O termo tem muitos significados e pode designar, por exemplo, o crente humilde que, na frente dos outros (a raiz arábica expressa a ideia de uma posição anterior), dirige os gestos das preces muçulmanas diversas vezes por dia. Mas em terras xiitas, pensa-se irresistivelmente no descendente do Profeta que exerce o direito de atuar como o líder mítico da comunidade. Para o ramo dos Doze Imames do Xiismo [*Ithna Ahshari*] que prevalece no Irã, o décimo segundo de sua linhagem misteriosamente desapareceu por volta do final do século IX. Morto, ou simplesmente ausente e sobrenaturalmente "ocultado", ele deve reaparecer no final dos tempos a fim de trazer de volta, para uma terra imersa em pecados, o período radiante da era de ouro bem antes do Julgamento Final. A ambiguidade que é mantida com relação ao *status* de Khomeini, mais cedo promovido a aiatolá pelos seus pares como um favor a fim de protegê-lo da raiva do xá,[5] permitiu às massas atribuir a ele os poderes sobrenaturais do Salvador mítico.

As suas proclamações públicas, que acertaram as diferenças entre autoridades espirituais múltiplas, também foram decisivas. Geralmente, essas proclamações se inclinaram em direção à severidade, crueldade e arcaísmo. Em março de 1979, Bazargan teve êxito em obter do imame a suspensão de todos os julgamentos e execuções sumárias. Mas essa pausa durou um período curto, e os julgamentos e execuções recomeçaram em abril em uma escala ainda maior, após o referendo.

As mulheres, compelidas a usar o véu de estilo especificamente iraniano (o xador), foram forçadas à subordinação e à segregação, e tornaram-se cada vez menos capazes de renovar as suas passeatas de março em Teerã. Khomeini, o qual até certo ponto havia escondido a sua opinião dos jornalistas ocidentais antes de tomar o poder, cobriu as mais arcaicas interpretações da moralidade tradicional sob o manto sagrado do Islã. Era inútil contrapor tradições menos constrangedoras àquelas que ele articulou. Mesmo que fossem seus colegas no aparato religioso quem o criticassem, eles eram cada vez mais silenciados e forçados a se aposentarem. Já era suficiente que a

---

[5] Como notado anteriormente, após os protestos de 1963, um punhado de grandes aiatolás reconheceu Khomeini como um aiatolá a fim de salvar a sua vida.

necessidade de Khomeini de conservar o seu prestígio dentro do clero permitia a eles evitar a tortura e a morte.

O intolerante e velho mulá usava os textos sagrados. Ele evitava dar a eles uma sempre possível interpretação liberal e denunciava as interpretações que tinham sido feitas a favor durante as eras precedentes. Tradicionalmente,[6] eram permitidos aos cristãos e judeus (excluindo militantes sionistas) certos direitos e "proteções" como cidadãos de segunda classe. Mas seguidores da religião universalista, inovadora, ecumênica e sincrética *Baha'i*, que já eram discriminados durante o período do xá, passaram a ser agora ferozmente perseguidos. Argumentos do tipo anti-imperialista eram acrescentados para justificar essa perseguição: os laços de alguns homens de negócio prósperos da religião *Baha'i* com negócios ocidentais e o fato de as operações do acaso nas vicissitudes da política terem colocado a tumba do seu fundador, que havia morrido em 1892, em solo israelense. Esses pontos foram suficientes para ganhar o apoio de muitos ocidentais, zelotes de extrema-esquerda.

Providencialmente para os imames, as minorias étnicas, que expressaram intenções de autonomia em algum grau, geralmente aderiram ao sunismo, o outro ramo do Islã. Isso tornou possível, em nome do patriotismo, criar uma identidade entre, de um lado, uma hegemonia iraniana étnica dos que falam persa mantida pela força das armas, e, de outro, o apoio pela causa de "verdadeiro Islã", em outras palavras, xiismo.

Voltemos à carta aberta reveladora que Michel Foucault enviou a Mehdi Bazargan, seis meses antes que este último fosse definitivamente forçado a oferecer a sua renúncia de seu governo. Foi "uma faca sem uma lâmina", como o próprio Bazargan colocou. O filósofo francês se recusou a perder a esperança no teor das possibilidades que o político iraniano tinha expressado a ele no ano anterior: "Com relação a esses

---

[6] De acordo com a *shariat* (a lei religiosa islâmica).

direitos, (...) Islã, em sua profundidade histórica e em seu dinamismo contemporâneo, era capaz de enfrentar o desafio formidável que o socialismo não tinha conseguido solucionar de forma melhor do que o capitalismo, e que é o mínimo que poderia ser dito" ("Carta Aberta ao Primeiro-Ministro Mehdi Bazargan", p. 423). Foucault acrescentou:

> "Impossível", alguns dizem hoje, que pretendem conhecer muito sobre as sociedades islâmicas ou sobre a natureza de todas as religiões. Serei bem mais modesto do que eles, não enxergando em nome de qual universalidade os muçulmanos poderiam ser impedidos de buscar o seu futuro em um Islã cuja nova face terão que moldar com as próprias mãos. Com relação à expressão "governo islâmico", por que lançar suspeita imediata ao adjetivo "islâmico"? A palavra "governo" é suficiente, em si própria, para despertar vigilância (p. 423).

De fato. Mas a "modéstia" do filósofo, tão confiante apesar de tudo quanto ao valor de sua lógica, não é o mesmo que a modéstia do especialista empírico, seja ele historiador, antropólogo ou sociólogo. Um filósofo não deve excluir nenhuma possibilidade. A introdução de qualquer fator desconhecido até agora poderia produzir resultados imponderáveis. O homem ou a mulher na rua, como o físico, iria confiar mais em uma experiência que foi repetida bilhões de vezes e em uma análise estudada da transformação dos líquidos em gases.

Na medida em que eu mesmo tenha sido o alvo da carta aberta de Foucault, responderei que se lancei uma suspeita ao adjetivo "islâmico", foi porque se trata da mesma coisa com relação a todos os adjetivos que denotem uma ligação com uma doutrina ideal, seja ela religiosa ou secular. Se a palavra "governo" deve por si só, tal como ele explicou precisamente, despertar vigilância, foi ainda mais correto da parte dele dizer que "nenhum adjetivo – seja democrático, socialista, liberal ou do povo – o liberta de suas obrigações" ("Carta Aberta ao Primeiro-ministro Mehdi Bazargan", p. 423).

Mas se, de um lado, nada permite que se pense *a priori* que o adjetivo "islâmico" tenha qualquer conotação menos liberalizante do que outros adjetivos, por outro lado nada demonstra que ele tenha mais. Por que, portanto, Foucault não acrescentou outros adjetivos como "cristão", "budista", "judeu", "islâmico", e assim por diante – em suma, adjetivos espirituais –, aos que ele estava enumerando? Será que ele supunha que esses termos se referiam apenas a uma estrutura governamental impermeável às vicissitudes habituais do poder?

Um governo que militantemente se proclama cristão, budista, judeu, islâmico, etc. certamente louva uma "espiritualidade política", uma expressão que desta vez Foucault toma bastante cuidado para não repetir. Naturalmente, é Foucault que pressupõe que tais rótulos imprimem aos Estados aos quais são aplicados um atributo mágico capaz de, fielmente, ir ao encontro das obrigações para as quais a doutrina que eles veneram deveria prescrever.

Não somos nós que, sob o efeito de alguma inclinação antimuçulmana disfarçada, descartamos a possibilidade (na realidade pequena) de que um governo islâmico, bem como outros assim chamados governos "espirituais", possa cumprir pelo menos algumas dessas obrigações. Aqui, houve um fechar de olhos levemente demagógico e acomodador para com os Estados muçulmanos, numa época em que o halo da revolução argelina tinha sido marcado por uma coloração sagrada por toda a extrema-esquerda.

Os sarcasmos do filósofo sobre o conhecimento de seus adversários e sua vaidosa imodéstia só podem servir para mascarar um fato muito claro. Não é necessário possuir uma grande familiaridade, senão com a essência da religião ("A natureza de todas as religiões" ["Carta Aberta ao Primeiro-Ministro Mehdi Bazargan", p. 423], de acordo com a formulação muito essencialista de Foucault), pelo menos com os fatos sociológicos concernentes à religião, com a história da religião e até com a história do Islã, a fim de compreender que todas essas "espiritualidades políticas" escapam somente raramente das leis habituais da luta política.

Estimulado por suas paixões políticas, Foucault, de muitas maneiras um pensador brilhante e penetrante, cedeu à concepção banal e vulgar do espiritual que tinha sido declarado tabu pela virtude de milênios de deferência forçada. Isso ocorre porque ele estava interessado em questões inteiramente diferentes e evitou questionar os fundamentos de um fideísmo dissidente. É por essa razão também, penso eu, que em outro lugar ele diluiu a noção de poder, minando o conceito de poder político afogando-o em uma constelação de outros poderes, de micropoderes bem distanciados dos meios extremamente efetivos que o poder político tem a seu dispor.

Poucos meses mais tarde, a história resolveu a questão. Ficou cada vez mais difícil encontrar pessoas que estivessem convencidas de que a Revolução Iraniana tinha superado, ou estava no caminho de superar, as potencialidades opressoras do poder político, ou que estava em um caminho em direção à consecução de um ideal, uma sociedade harmoniosa e humana.

Indubitavelmente, o ceticismo concernente à Revolução Iraniana foi até muito longe. Khomeini morrerá um dia (escrito em 1988 – ele morreu no dia 3 de junho de 1989), e a sua infeliz influência será pelo menos enfraquecida. As lutas pelo poder, agora muito visíveis, no coração do corpo dos mulás e além, terminarão por levar ao topo personalidades que não se arriscarão a ser mais irracionais e bárbaras do que essa figura fundadora. Um dia, mais cedo ou mais tarde, as forças profundamente enraizadas da sociedade iraniana insistirão em ver as suas aspirações serem levadas em conta em uma extensão bem maior do que é permitido pelas molduras opressoras de uma tradição estultificada. Durante o período em que a Europa começou a influenciar o Irã, essas aspirações foram enriquecidas com profundas demandas humanísticas que foram esquecidas durante períodos de resignação. Elas ainda estão vivas. Não é nem no Corão nem na Suna, independentemente do que se possa pensar, que Khomeini encontrou a inspiração para organizar eleições e adotar uma constituição. Ele estava consciente, apesar de tudo, de que era necessário ter a aparência de representatividade, a fim de apaziguar sentimentos populares.

Mesmo sob esse regime, a realidade profundamente enraizada criou, em pontos limitados, pressões poderosas em direção à adoção de medidas razoáveis. Alguns mulás, colocados em posições de responsabilidade, adquiriram competência técnica e se tornaram administradores bem-sucedidos. Que fique claro, estamos a uma longa distância das esperanças excessivas de Foucault, Bazargan e aqueles iranianos orientados em direção à liberdade e ao progresso. As catástrofes humanas foram consideráveis. O velho aiatolá sacrificou milhões de iranianos, especialmente os jovens, em uma guerra que ele não provocou, mas que também se recusou a terminar (a guerra com o Iraque terminou em julho de 1988).

O que se pode concluir, exceto que a história continua, independentemente das bandeiras os governantes brandem?

Finalmente, é necessário dizer que todo um setor da opinião mundial não perdeu as esperanças na Revolução Islâmica. É uma questão de milhões de muçulmanos, sunitas e xiitas, que foram um pouco influenciados pelas notícias desagradáveis que apareceram sobre o Irã islâmico. Quem espalha essas notícias, se não os jornalistas, agentes da imprensa, e os métodos de disseminação em massa controlados pelos ocidentais, o mundo desenvolvido, os ricos e poderosos, aqueles em direção aos quais seu ressentimento como um povo pobre e humilhado é dirigido? Por que ter fé neles? Por que não preferir a propaganda que vem de Teerã? Por que acreditar que as vítimas pelas quais o Ocidente está chorando são conspiradoras, ricos de ontem despossuídos, agora furiosos pelas suas perdas, seres perversos e perigosos que se opõem à fundação de um novo mundo de luz; em suma, inimigos de Deus?

Aqueles que, como o autor destas linhas, se recusaram por tanto tempo a acreditar nos relatos sobre os crimes cometidos em nome do socialismo triunfante no ex-império czarista, nos dramas humanos terríveis resultantes da Revolução Soviética, demonstrariam deselegância caso se tornassem indignados quanto à incredulidade das massas muçulmanas perante todos os pontos que se pede a eles que vejam sobre o sol radiante de sua esperança.

Michel Foucault não é desprezível por não ter querido criar desespero nas favelas do mundo muçulmano e no interior faminto, por não ter querido desiludi-los ou, nesse sentido, fazê-los perder a esperança na importância mundial de suas esperanças. O seu imenso talento filosófico contribuiu para isso. Quanto a mim, sempre acreditei que mais lucidez pode ser encontrada em cantores do que em filósofos. Preferiria encontrar uma conclusão em duas linhas do bom Communard Eugène Pottier, impregnado além do mais com uma confiança cega na capacidade dos assim chamados movimentos de massa espontâneos para traduzir as suas ideias em realidade:

> Não é por um supremo Salvador,
> Nem Deus, nem César, nem Tribuno.[7]

Milhões de homens e mulheres enamorados pela justiça cantaram estas linhas e cederam à confiança injustificada que aquelas palavras expressaram; isso foi verdadeiramente a raiz do problema. Vejo muitos que estão começando a entender que quando o *mullah*, mesmo quando imbuído de pensamentos sublimes e divinos, entra em um processo político, ele sempre será apenas um caso particular do Tribuno.[8]

---

[7] Extraído da "Internationale". Na República Romana, os tribunos eram cidadãos da classe alta eleitos pelos plebeus para representá-los, uma vez que estes últimos não tinham autorização para falar publicamente em causa própria.

[8] [Nota de Rodinson] A Revolução Iraniana tem sido o foco de muita literatura sob muitos pontos de vista. Limitar-me-ei aqui a mencionar diversas traduções francesas que dão alguma ideia (nada mais do que isso) sobre os escritos de Khomeini: Khomeini, 1980, 1979a, 1979b. A análise mais competente e profunda pode ser encontrada em Keddie, 1981, com um capítulo de Yann Richard. Ver, acima de tudo, Richard, 1980, citado anteriormente.

Referências

ABEDI, Mehdi; LEGENHAUSEN, Gary (eds.). *Jihad and Shahadat: Struggle and Martyrdom in Islam*. Houston: Institute for Research and Islamic Studies, 1986.

ABRAHAMIAN, Ervand. *Iran between Two Revolutions*. Princeton, NJ: Princeton University Press, 1982.

_____. *Khomeinism*. Berkeley e Los Angeles: University of California Press, 1993.

_____. *Tortured Confessions: Prisons and Public Recantations in Modern Iran*. Berkeley e Los Angeles: University of California Press, 1999.

AFARY, Frieda. "Women, Islam, and the Iranian Revolution", 1983. (Trabalho não publicado)

AFARY, Janet. *The Iranian Constitutional Revolution of 1906-11: Grassroots Democracy, Social Democracy and the Origins of Feminism*. Nova York: Columbia University Press, 1996.

_____. "The War against Feminism in the Name of the Almighty". *New Left Review*, n. 224, jul./ago.1997, p. 89-110.

_____. "Portrait of Two Islamist Women: Escape from Freedom or from Tradition?". *Critique* 19, outono 2001, p. 47-77.

_____. "The Human Rights of Middle Eastern and Muslim Women: A Project for the Twenty-first Century". *Human Rights Quarterly* 26, n. 1, 2004a, p. 106-25.

_____. "Seeking a Feminist Politics for the Middle East after September 11". *Frontiers: A Journal of Women's Studies* 25, n. 1, 2004b, p. 128-37.

AFARY, Janet; AFSHARI, Reza (eds.). *Non-Muslim Communities in Iran*. Edição Especial, *Iran Nameh* 19, n. 1-2, 2001.

AFKHAMI, Mahnaz. "At the Crossroads of Tradition and Modernity: Personal Reflections". *SAIS Review* 20, n. 2, 2002, p. 85-92.

AFSHARI, Reza. *Human Rights in Iran: The Abuse of Cultural Relativism*. Filadélfia: University of Pensylvania Press, 2001.

AKHAVI, Shahrough. *Religion and Politics in Contemporany Iran*. Albany: State University of New York Press, 1980.

AL-AHMAD [Al-e Ahmad], Jalal. *Plagued by the West (Gharbzadegi)*. Trad. Paul Sprachman. Delmar, NY: Caravan Books, 1982 (publicado pela primeira vez em 1963).

ALAOUI, Hassan. "Maxime Rodinson n'est Plus: Un Parangon de la Coexistence". *Le Matin* (Marrocos), 25 de maio, 2004.

ALBALA, Nuri. "Un Phénomène de Rejet". *Le Monde*, 9 de novembro, 1978.

ALCOFF, Linda Martin. "Dangerous Pleasures: Foucault and the Politics of Pedophilia". In: *Feminist Interpretations of Michel Foucault*. Ed. Susan Hekman. University Park: Pennsylvania State University Press, 1996, p. 99-135.

ALDRICH, Robert. *Colonialism and Homosexuality*. Nova York: Routledge, 2003.

ALMOND, Ian. "'The Madness of Islam': Foucault's Occident and the Revolution in Iran". *Radical Philosophy* 128, nov. 2004, p. 12-22.

AMIN, Camron Michael. *The Making of the Modern Iranian Woman*. Gainesville: University Press of Florida, 1983.

ANDERSON, Benedict. *Imagined Communities: Reflections on the Origins and Spread of Nationalism*. Londres e Nova York: Verso, 1983.

ANDERSON, Kevin B. *Lenin, Hegel and Western Marxism: A Critical Study*. Urbana: University of Illinois Press, 1995.

"Appel des Artistes et Intellectuels Iraniens en Faveur de Salman Rushdie". *Les Temps Modernes* 549, abril 1992.

'AQELI, Baqir. *Ruz Shomar-i Tarikhi-yi Iran*. 2 vols. Teerã: Nashr-I Goftar, 1993.

AQUINAS, Thomas. *The Political Ideas of Thomas Aquinas*. Ed. Dino Bigongiari. Nova York: Hafner Press, 1953.

ARISTOTLE. *Politics*. Trad. Ernest Barker; revisado por R. F. Stalley. Nova York: Oxford University Press, 1995.

ARJOMAND, Said Amir. *The Shadow of God and the Hidden Iman: Religion, Political Order, and Societal Change in Shi'ite Iran from the Beginning to 1890*. Chicago: University of Chicago Press, 1984a.

_____. *From Nationalism to Revolutionary Islam*. Albany: State University of New York Press, 1984b.

_____. *The Turban for the Crown: The Islamic Revolution in Iran*. Oxford: Oxford University Press, 1988.

Arthur, Marylin. "From Medusa to Cleopatra: Women in the Ancient World". In: Bridenthal, Koonz e Stuard, 1987, p. 79-106.

Ashraf, Ahmad; Ali, Banuazizi. "The State, Classes, and Modes of Mobilization in the Iranian Revolution". *State, Culture and Society* 1, n. 3, 1985, p. 3-40.

_____. "From the White Revolution to the Islamic Revolution". In: *Iran after the Revolution: Crisis of an Islamic State*. Eds. Saeed Rahnema e Sohrab Behdad. Londres e Nova York: I. B. Tauris, 1996, p. 22-44.

Atabaki, Touraj. *Azerbaijan: Ethnicity and Autonomy in Twentieth-Century Iran*. Londres: British Academy Press, 1993.

Ayoub, Mahmud. "Diverse Religious Practices". In: *Shi'ism: Doctrines, Thought, and Spirituality*. Eds. Seyyed Hossein Nasr, H. Dabashi e V. R. Nasr. Albany: State University of New York Press, 1988, p. 258-62.

Azari, Farah (ed.). *Women of Iran: The Conflict with Fundamentalist Islam*. Londres: Ithaca Press, 1983.

Babayan, Kathryn. "Sufis, Dervishes, and Mullas: The Controversy over Spiritual and Temporal Dominion in Seventeenth-Century Iran". In: Melville, 1996, p. 117-38.

Bakhash, Shaul. *The Reign of the Ayatollahs*. Nova York: Basic Books, 1990.

Balta, Paul. "Le Gouvernement Tente d'Enrayer la Montée dês Exigences e l'Extrême Guache". *Le Monde*, 17 de fevereiro, 1979a.

_____. "Matine-Daftary, Petit-fils e Mossadegh, Annonce la Creation d'un 'Front National Démocratique". *Le Monde*, 7 de março, 1979b.

Banani, Amin. *The Modernization of Iran, 1921-1941*. Palo Alto, CA: Stanford University Press, 1961.

Banisadr [Bani-Sadr], A. H. et al., entrevistado por E. Bolo. "La Revolte de l'Iran, Table Ronde". *Peuples Méditerranéens* 5, 1978, p. 107-28.

Baraheni, Reza. *The Crowned Cannibals: Writings on Repression in Iran*. Introdução de E. L. Doctorow. Nova York: Vintage, 1977.

Bartky, Sandra. *Femininity and Domination*. Nova York: Routledge, 1990.

Baudrillard, Jean. "L'Esprit du Terrorisme". *Le Monde*, 3 de novembro, 2001.

BAYAT, Mangol. *Iran's First Revolution: Shi'ism and the Constitutional Revolution of 1905-1909*. Nova York: Oxford University Press, 1991.

BEEMAN, William O. "Cultural Dimensions of Performance Conventions in Iranian Ta'ziyeh". In: CHELKOWSKI, 1979, p. 24-32.

_____. "Ta'ziyeh as Performance". Conferência na Asia Society e no Lincoln Center Festival. Nova York, 13 de julho, 2002.

BEHROOZ, Maziar. *Rebels with a Cause: The Failure of the Left in Iran*. Londres: I. B. Tauris, 2000.

BERMAN, Paul. *Terror and Liberalism*. Nova York: W. W. Norton, 2003.

BERNAUER, James; MAHON, Michael. "The Ethics of Michel Foucault". In: *The Cambridge Companion to Foucault*. Ed. Gary Gutting. Nova York: Cambridge University Press, 1994, p. 141-58.

BÉRUBÉ, Michael. "Nation and Narration". *Context: A Forum for Literary Arts and Culture* 10, 2002.

BEST, Steven; KELLNER, Douglas. *Postmodern Theory*. Nova York: Guilford, 1991.

BILL, James A.; LOUIS, William Roger (eds.). *Musaddiq, Iranian Nationalism, and Oil*. Austin: University of Texas Press, 1988.

BIRNBAUM, Pierre. "Catholic Identity, Universal Suffrage, and 'Doctrines of Hatred". In: STERNHELL, 1996, p. 233-51.

BONAKDARIAN, Mansour. "The Left Opposition to Sir Edward Grey's Iranian Policy, 1906-1912". University of Iowa, 1991. (Tese de Doutorado)

BOONE, Joseph A. "Vacation Cruises: Or, The Homoerotics of Orientalism." *PMLA* 110, janeiro, 1995, p. 89-107.

BORDO, Susan. "Anorexia Nervosa: Psychopathology as the Crystallization of Culture". In: DIAMOND e QUINBY, 1988, p. 87-118.

BOROUJERDI, Mehrzad. *Iranian Intellectuals and the West*. Syracuse. NY: Syracuse University Press, 1996.

BRIDENTHAL, Renate; KOONZ, Claudia; STUARD, Susan. *Becoming Visible: Women in European History*. 2. ed. Boston: Houghton-Mifflin, 1987.

BRIÈRE, Claire; BLANCHET, Pierre. *Iran: La Révolution au Nom de Dieu*. Paris: Éditions du Seuil, 1979a.

_____. "Corruption de la Terre". *Le Monde*, 11 de maio, 1979b.

BRIÈRE, Claire; MACIOCCHI, Maria-Antonietta. "Premier Bilan de la Delegation des Femmes en Iran". *Libération*, 24 de março, 1979.

BRINTON, Crane. "Romanticism". In: *Encyclopedia of Philosophy*. Nova York: Collier-Macmillan, 1967, v. 7, p. 206-09.

BROMBERGER, Christian; DIGARD, Jean-Pierre. "*Les Causes de la Révolte*". *Le Monde*, 30 de setembro, 1978.

BROWNE, Edward G. *A Literary History of Pérsia*. 4 vols. Cambridge: Cambridge University Press, 1956.

BROYELLE, Claudie. *Women's Liberation in China*. Prefácio de Han Suyin. Atlantic Highlands, NJ: Humanities Press, 1977 (publicado pela primeira vez em 1973).

BROYELLE, Claudie; BROYELLE, Jacques; TSCHIRHART, Evelyne. *China: A Second Look*. Atlantic Highlands, NJ: Humanities Press, 1980 (publicado pela primeira vez em 1977).

BUTLER, Judith. *Gender Trouble: Feminism and the Subversion of Identity*. Nova York e Londres: Routledge, 1990.

CAHEN, Claude. "La Changeante Portée Sociale de Quelques Doctrines Religieuses". In: *Les Peuples Musulmans dans l'Histoire Médiévale*. Paris: Institut Français de Damas, 1977, p. 189-207.

CALMARD, Jean. "Shi'i Rituals and Power." Pt. 2. "The Consolidation of Safavid Shi'ism: Folklore and Popular Religion". In: MELVILLE, 1996, p. 139-90.

CARMODY, Denise; CARMODY, John. "Homosexuality and Roman Catholicism". In: SWILDLER, 1993, p. 135-93.

CARRETTE, Jeremy R. (ed.). *Religion and Culture: Michel Foucault*. Nova York: Routledge, 1999.

_____. *Foucault and Religion: Spiritual Corporality and Political Spirituality*. Nova York: Routledge, 2000.

CHAZI, Hassan. "Mettre Fin à la Dependence". *Le Monde*, 8 de novembro, 1978.

CHEHABI, Houchang E. "Staging the Emperor's New Clothes: Dress Codes and Nation Building under Reza Shah". *Iranian Studies* 26, n. 3-4, 1993, p. 209-29.

CHELKOWSKI, Peter J. (ed.). *Ta'ziyeh: Ritual and Drama in Iran*. Nova York: New York University Press; Teerã: Soroush Press, 1979.

_____. "Hengami Ke Na Zaman Ast va Na Makan Makan: Ta'ziyeh-yi Iman Hussein". *Iran Nameh* 9, n. 2, 1991, p. 212-21.

CHELKOWSKI, Peter J.; DABASHI, Hamid. *Staging a Revolution: The Art of Persuasion in the Islamic Republic of Iran*. Nova York: New York University Press, 1999.

CHOMSKY, Noam. *9-11*. Nova York: Seven Stories Press, 2001.
CLÉMENT, Catherine. "Une Delégation de Femmes Françaises à Téhéran". *Le Matin de Paris*, 20 de março, 1979a.
_____. "Les Femmes Iraniennes". *Le Matin de Paris*, 24 de março, 1979b.
_____. "L'Iran, une Révolution au Nom de Dieu". *Le Matin de Paris*, 7 de abril, 1979c.
COHEN, Mitchell. "An Empire of Cant: Hardt, Negri, and Postmodern Political Theory". *Dissent* 49, n. 3, 2002, p. 17-28.
COLOMBEL, Jeannette. *Michel Foucault: La Clarté de la Mort*. Paris: Éditions Odile Jacob, 1994.
COOPER, Roger. "Riot and 'Quake-Iran's Week of Agony". *Sunday Times Magazine* (Londres), 18 de novembro, 1978.
COROLLER, Catherine. "Maxime Rodinson, Éclaireur de l'Orient". *Libération*, 26 de maio, 2004.
COTTAM, Richard. *Iran and the United States: A Cold War Case Study*. Pittsburgh, PA: University of Pittsburgh Press, 1988.
CRONIN, Stephanie. *The Army and the Creation of the Pahlavi State in Iran, 1910-1926*. Londres: Tauris Academic Studies, 1977.
CURTIS, Vesta Sarkhosh. *Persian Myths*. Austin: University of Texas Press, 1993.
DABASHI, Hamid. *Theology of Discontent: The Ideological of the Islamic Revolution in Iran*. Nova York: New York University Press, 1993.
DANIEL, Jean. *Oeuvres Autobiographiques*. Paris: Bibliothèque Grasset, 2002.
DAVIDSON, James N. *Courtesans and Fishcakes: The Consuming Passions of Classical Athens*. Londres: HarperCollins, 1997.
_____. "Dover, Foucault, and Greek Homosexuality: Penetration and the Truth of Sex". *Past and Present* 170, fevereiro 2001, p. 3-51.
DELACOUR, Marie-Odile. "Paris: un Millier de Manifestantes pour les Femmes Iraniennes". *Libération*, 17 de março, 1979a.
_____. "Kate Miller à Orly Retour d'Iran". *Libération*, 20 de março, 1979b.
DESMET-GRÉGOIRE, H.; NADJMABADI, S. "Le Voile n'est pas Seulement une Marquee d'Opression". *Le Monde*, 1º de março, 1979.
DEVEAUX, Monique. "Feminism and Empowerment: A Critical Reading of Foucault". *Feminist Studies* 20, n. 2, 1994, p. 223-47.

DIAMOND, Irene; QUINBY, Lee (eds.). *Feminism and Foucault: Reflections on Resistence*. Boston: Northeastern University Press, 1988.

DOSSE, François. *Histoire du Structuralisme*. 2 vols. Paris: Éditions la Découverte, 1991-92.

DOVER, Kenneth J. *Greet Homosexuality*. Cambridge, MA: Harvard University Press, 1989 (publicado pela primeira vez em 1978).

DUNAYEVSKAYA, Raya. "Iran, Unfoldment of, and Contradictions in, Revolution". In: *The Political Philosophic Letters of Raya Dunayevskaya*. Vol. 2. Detroit: News and Letters, 25 de março, 1979.

_____. *Women's Liberation and the Dialectics of Revolution*. Detroit, MI: Wayne State University Press, 1996 (publicado pela primeira vez em 1985).

DURAN, Khalid. "Homosexuality and Islam". In: SWIDLER, 1993, p. 181-97.

EHRENREICH, Barbara. "Veiled Threat". *Los Angeles Times*, 4 de novembro, 2001.

ELWELL-SUTTON, L. P. "The Literary Sources of the Ta'ziyeh". In: CHELKOWSKI, 1979, p. 167-81.

ENAYAT, Mahmoud. "Man az Tekrar-I Tarikh Mitarsam". *Ettela'at* (3 Bahman, 1357/23 de janeiro), 1979, p. 4.

ERIBON, Didier. *Michel Foucault*. Trad. Betsy Wing. Cambridge, MA: Harvard University Press, 1994.

ERON, Lewis. "Homosexuality and Judaism". In: SWIDLER, 1993, p. 103-47.

ESMA'ILI, Husain. "Daramadi be Nomun Shenasi-yi Ta'ziyeh". *Iran Nameh* 9, n. 2, 1991, p. 223-53.

ESPOSITO, John. *Unholy War: Terror in the Name of Islam*. Nova York: Oxford University Press, 2002.

FANON, Frantz. *Black Skin, White Masks: The Experiences of a Black Man in a White World*. Trad. Charles Lam Markmann. Nova York: Grove Press, 1967 (publicado pela primeira vez em 1952).

_____. *The Wretched of the Earth*. Trad. Constance Farrington. Nova York: Grove Press, 1968 (publicado pela primeira vez em 1963).

FISCHER, Michael M. J. *Iran: From Religious Dispute to Revolution*. Cambridge, MA: Harvard University Press, 1980.

FLOOR, Willem M. "The Revolutionary Character of the Ulama: Wishful Thinking or Reality?". In: KEDDIE, 1983, p. 73-100.

FOUCAULT, Michael. "Préface". In: *Histoire de la Folie à l'Age Classique*. Paris: Plon, 1961, p. i-xii.

_____. "A Preface to Transgression" (1963). In: CARRETTE, 1999, p. 57-71.

_____. *Madness and Civilization*: A History of Insanity in the Age of Reason. Trad. Richard Howard. Nova York: Vintage, 1965 (publicado pela primeira vez em 1961).

_____. "What Is an Author?" (1969). In: RABINOW, 1984, p. 101-20.

_____. "Nietzsche, Genealogy, History" (1971). In: RABINOW, 1984, p. 76-100.

_____. *The Archaelogy of Knowledge*. Trad. A. M. Sheridan Smith. Nova York: Pantheon, 1972a (publicado pela primeira vez em 1969).

_____. "On Popular Justice: A Conversation with Maoists" (1972b). In: *Power/Knowledge: Selected Interviews and Other Writings, 1972-1977, by Michel Foucault*. Ed. Colin Gordon. Nova York: Pantheon, 1980, p. 1-36.

_____. *The Order of Things: An Archaeology of the Human Sciences*. Nova York: Vintage, 1973 (publicado pela primeira vez em 1966).

_____. *Discipline and Punish: The Birth of the Prison*. Trad. Alan Sheridan. Nova York: Vintage, 1977a (publicado pela primeira vez em 1975).

_____. "Truth and Power" (1977b). In: RABINOW, 1984, p. 51-75.

_____. *The History of Sexuality*. Vol. 1. *An Introduction*. Trad. Robert Hurley. Nova York: Vintage, 1978a (publicado pela primeira vez em 1976).

_____. "Sexuality and Power" (1978b). In: CARRETTE, 1999, p. 115-30.

_____. "Table Ronde du 20 mai 1978" (1978c). In: FOUCAULT, 1994b, p. 20-37.

_____. "About the Beginning of the Hermeneutics of the Self" (1980). In: CARRETTE, 1999, p. 158-81.

_____. "Is It Useless to Revolt?". Trad. e introdução de James Bernauer. *Philosophy and Social Criticism* 8, n. 1, 1981, p. 3-9.

_____. "On the Genealogy of Ethics: An Overview of Work in Progress" (1983). In: RABINOW, 1984, p. 340-72.

_____. "What Is Enlightenment?" (1984). In: RABINOW, 1984, p. 32-50.

_____. *The History of Sexuality*. Vol. 2. *The Uses of Pleasure*. Trad. Robert Hurley. Nova York: Vintage, 1985 (publicado pela primeira vez em 1984).

_____. *The History of Sexuality*. Vol. 3. *The Care of the Self*. Trad. Robert Hurley. Nova York: Vintage, 1986 (publicado pela primeira vez em 1984).

_____. *Remarks on Marx: Conversations with Duccio Trombadori*. Trad. R. James Goldstein e James Cascaito. Nova York: Semiotext(e), 1991.

_____. *The Birth of the Clinic: An Archaeology of Medical Perception.* Trad. A. M. Sheridan Smith. Nova York: Vintage, 1994a (publicado pela primeira vez em 1963).

_____. *Dits et Écrits, 1954-1988.* Vol. 3 *1976-1979.* Eds. Daniel Defert e François Ewald, com Jacques Lagrange. Paris: Gallimard, 1994b.

_____. *Iraniha Che Roya'i dar Sar Darand?* [edição persa dos artigos sobre o Irã do outono de 1978]. Trad. Hussein Ma'sumi Hamadani. Teerã: Hermes Press, 1998.

_____. "Michel Foucault and Zen: A Stay in a Zen Temple" (1999). In: CARRETTE, 1999, p. 110-14.

_____. *Power.* Vol. 3 de *The Essential Works of Michel Foucault, 1954-1984.* Ed. James Faubion. Trad. Robert Hurley et al. Nova York: New Press, 2000a.

_____. "Governmentality" (2000b). In: FOUCAULT, 2000a, p. 201-22.

FOXHALL, Lin. "Pandora Unbound: A Feminist Critique of Foucault's *History of Sexuality*". In: LARMOUR et al., 1998, p. 122-37.

FRANCESCHINI, Paul-Jean. "*Iran: La Révolution au Nom de Dieu* de Claire Brière et Pierre Blanchet". *Le Monde,* 29 de março, 1979.

FRASER, Nancy. *Unruly Practices: Power, Discourse, and Gender in Contemporary Social Theory.* Minneapolis: University of Minnesota Press, 1989.

FREELAND, Cynthia A. (ed.). *Feminist Interpretations of Aristotle.* University Park: Pennsylvania State University Press, 1998.

FREUD, Sigmund. *Civilization and Its Discontents.* Nova York: W. W. Norton, 1989 (publicado pela primeira vez em 1930).

FRIEDL, Erika. *Women of Deh Koh: Lives in an Iranian Village.* Londres: Penguin, 1991.

FURET, François. *Interpreting the French Revolution.* Trad. Elborg Forster. Nova York: Cambridge University Press, 1981 (publicado pela primeira vez em 1978).

GANJI, Akbar. *Majma'al-Jazayer-i Zendanguneh.* Teerã: Tarhe-Now, 2002.

GASIOROWSKI, Mark J. "The 1953 Coup d'État in Iran". *International Journal of Middle East Studies* 19, n. 3, 1987, p. 261-86.

GHAFARY, Farrokh. "Daramadi bar Namayeshha-yi Irani". *Iran Nameh* 9, n. 2, 1991, p. 177-85.

GHEISSARI, Ali. *Iranian Intellectuals in the Twentieth Century.* Austin: University of Texas Press, 1998.

GILLESPIE, Michael Allen. *Hegel, Heidegger, and the Ground of History*. Chicago: University of Chicago Press, 1984.

GROENHOUT, Ruth. "The Virtue of Care: Aristotelian Ethics and Contemporary Ethics of Care". In: FREELAND, 1998, p. 171-200.

GUEYRAS, Jean. "L'Iran après le Vendredi Noir. Pt. 3. 'Vive Khomeiny!'". *Le Monde*, 5 de outubro, 1978.

_____. "Les Manifestations dês Femmes Amènent l'Ayatollah Khomeiny a Nuancer sa Position sur le 'Voile Islamique'". *Le Monde*, 13 de março, 1979a.

_____. "Les Formations de Gauche Déconseillent aux Femmes la Poursuite des Manifestations de Rue". *Le Monde*, 14 de março, 1979b.

HABERMAS, Jürgen. *The Philosophical Discourse of Modernity*: Twelve Lectures. Trad. Frederick G. Lawrence. Cambridge, MA: MIT Press, 1995 (publicado pela primeira vez em 1985).

HADOT, Pierre. "Reflections on the Notion of 'The Cultivation of the Self'". In: *Michel Foucault, Philosopher*. Ed. Timothy J. Armstrong. Nova York: Routledge, 1992, p. 225-32.

HAERI, Shahla. *The Law of Desire*. Syracuse, NY: Syracuse University Press, 1989.

HAFSIA, Jalila. *Visages et Rencontres*. Tunis: Impressão privada, 1981.

HALIMI, Gisèle. "De l'Islam, des Femmes et la Revolution en General". *Le Monde*, 21 de março, 1979.

HALLIDAY, Fred. *Islam and the Myth of Confrontation: Religion and Politics in the Middle East*. Londres e Nova York: I. B. Tauris, 2002.

HALM, Heinz. *Shi'a Islam: From Religion to Revolution*. Trad. Allison Brown. Princeton, NJ: Markus Weiner, 1997.

HALPERIN, David, M. *One Hundred Years of Homosexuality and Other Essays on Greek Love*. Nova York: Routledge, 1990.

HARBI, Mohammed. "Maxime Rodinson, un Marxiste face à l'Islam". *Le Monde*, 26 de maio, 2004.

HARDT, Michael; NEGRI, Antonio. *Empire*. Cambridge, MA: Harvard University Press, 2000.

HASHEMI, Gita. *Between Parallel Mirrors: Foucault, Atoussa, and Me, on Sexuality of History*. University of Toronto, 2000. (Dissertação de Mestrado)

HASHEMI, Manuchehr. *Davari: Sokhani dar Karnameh-yi Savak*. Londres: Aras Press, 1994.

HAYES, Jarrod. *Queer Nations: Marginal Sexualities in the Maghreb*. Chicago: University of Chicago Press, 2000.

HEGLAND, Mary Elaine. "Two Images of Husain: Accommodation and Revolution in an Iranian Village". In: KEDDIE, 1983, p. 218-63.

_____. "Flagellation and Fundamentalism: (Trans)forming Meaning, Identity, and Gender through Pakistani Women's Rituals of Mourning". *American Ethnologist* 25, n. 2, 1998, p. 240-66.

HEIDEGGER, Martin. *Being and Time*. Trad. John Macquarrie e Edward Robinson. Nova York: HarperCollins, 1962 (publicado pela primeira vez em 1927).

HEKMAN, Susan. *Gender and Knowledge: Elements of a Postmodern Feminism*. Boston: Northeastern University Press, 1990.

HIRSHMAN, Linda Redlick. "The Book of 'A'". In: FREELAND, 1998, p. 201-47.

HITLER, Adolf. *Hitler's Secret Conversations, 1941-1944*. Trad. Norman Cameron e R. H. Stevens. Nova York: Farrar, Straus, and Young, 1953.

HOOGLUND, Eric J. *Land and Revolution in Iran, 1960-1980*. Austin: University of Texas Press, 1982.

HUMAYUNI, Sadeq. "*An Analysis of a Ta'ziyeh of Qasem*". In: CHELKOWSKI, 1979, p. 12-23.

HUSSAIN, Asaf. *Islamic Iran: Revolution and Counter-Revolution*. Nova York: St. Martin's Press, 1985.

HYAM, Ronald. *Empire and Sexuality*. Manchester, UK: Manchester University Press, 1990.

INGRAM, David. "Foucault and Habermas on the Subject of Reason". In: *The Cambridgen Companion to Foucault*. Ed. G. Gutting. Cambridge: Cambridge University Press, 1994.

IRAJ MIRZA, Jalal al-Malek. *Divan-i Iraj Mirza*. Teerã: Mozaffari Press, 1972.

Iran: Foreign Area Handbook. Washington, DC: Library of Congress, Gulf 2000 Project, 2002.

JAHANGARD, Nasrin. "Mishel Fuko va Ostureh-yi Qodrat". *Yas*, 15 de outubro, 2004/1382.

JAVADI, Hasan; MARASHI, Manijeh; SHEKARLOO, Simin (eds.). *Ta'dib al-Nisvan va Ma'ayibAl-Rijal*. Chicago: The Historical Society of Iranian Women and Jahan Books, 1992.

JOHNSON, Douglas. "Maxime Rodinson: Marxist Historian of Islam". *Guardian*, 3 de junho, 2002.

JOSPIN, Lionel. "Contre le Shah ou contre le P.S.". *Le Monde*, 21 de setembro, 1978.

JULLIARD, Jacques. "Marcher sur les Deux Jambés". *Le Nouvel Observateur*, 30 de dezembro, 1978.

KANDIYOTI, Deniz. "Islam and Patriarchy: A Comparative Perspective." In: KEDDIE e BARON, 1991, p. 23-44.

KANUN-I NEVISANDEGAN-I IRAN. "Kanun-I Nevisandegan-I Iran be Dowlat Hoshdar Midahad". *Ettela'at*, 1º de março/Esfand 10, 1979/1357.

KAR, Mehrangiz. *Hoquq-i Siyasi-yi Zanan-i Iran*. Teerã: Rowshangaran Va Mutale'at-i Zanan, 1987.

KATOUZIAN, Homayoun Muhammad Ali. *Mossadeq Va Mobarezeh bará-yi Qodrat dar Iran*. Teerã: Markaz Press, 1993.

KAUP, Katia D. "Les Visiteuses de l'Ayatollah". *Le Nouvel Observateur*, 26 de março, 1979.

KAZEMI, Farhad. "Feda 'ian-e Eslam". In: *Encyclopaedia Iranica*. Ed. Ehsan Yarshater. Nova York: Bibliotheca Press, 1999, v. 9, p. 470-74.

KEATING, Craig. "Reflections on the Revolution in Iran: Foucault on Resistance". *Journal of European Studies* 27, n. 106, 1997, p. 181-97.

KEDDIE, Nikki R. "Religion and Irreligion in Early Iranian Nationalism". *Comparative Studies in Society and History* 4, n. 3, 1962, p. 265-95.

_____. "The Origins of the Religious-Radical Alliance in Iran". *Past and Present* 34, julho, 1966, p. 70-80.

_____. "The Roots of the Ulama's Power in Modern Iran". *Studia Islamica* 29, 1969, p. 31-53.

_____. *Roots of Revolution: An Interpretive History of Modern Iran*. Com um artigo de Yann Richard. New Haven, CT: Yale University Press, 1981.

_____ (ed.). *Religion and Politics in Iran: Shi'ism From Quietism to Revolution*. New Haven, CT: Yale University Press, 1983.

_____. *Modern Iran*. New Haven, CT: Yale University Press, 2003 (versão ampliada de KEDDIE, 1981).

KEDDIE, Nikki R.; BARON, Beth (eds.). *Women in Middle Eastern History*. New Haven, CT: Yale University Press, 1991.

KEMPTON, Murray. "Iran's Revolution: Feminist View". *New York Post*, 27 de março, 1979.

KEPEL, Gilles. *Jihad: The Trail of Political Islam*. Trad. Antony F. Roberts. Cambridge, MA: Harvard University Press, 2002.

KHAKI, Reza. "Ta'ziyehha va Ta'ziyehnamehha." *Iran Nameh* 9, n. 2, 1991, p. 254-67.

KHATAMI, Mahmoud. "Foucault and the Islamic Revolution of Iran". *Journal of Muslim Minority Affairs* 23, n. 1, 2003, p. 121-25.

KHOMEINI, Ruhollah. *Risaleh-yi Towzih al-Masa'il* [Explanation of Problems]. Qom: Ruh Press, 1947. [Esta edição inclui também material escrito depois de 1947.]

_____. "The Afternoon of Ashura" (1963). In: KHOMEINI, 1981, p. 177-80.

_____. "Islamic Government" (1970). In: KHOMEINI, 1981, p. 27-168.

_____. *Principes Politiques, Philosophiques, Sociaux et Religieux*. Ed. J.-M. Xavière. Paris: Éditions Libres-Hallier, 1979a.

_____. *Pour un Gouvernement Islamique*. Trad. M. Kotobi e M. Simon. Paris: Fayolle, 1979b.

_____. *Pensées Politiques de l'Ayatollah Khomeyni*. Trad. Y. A. Henry. Paris: Association pour la Diffusion de la Pensée Française, 1980.

_____. *Islam and Revolution: Writing and Declarations of Imam Khomeini*. Trad. e ed. Hamid Algar. Berkeley and Los Angeles: Mizan Press, 1981.

_____. *Sahifen-yi Imam* [Collected lectures, interviews, and fatwas]. 22 vol. Teerã: Mo'aseseh-yi Tanzim va Chap-I Asar-I Imam Khomeini, 1999.

KINZER, Stephen. *All the Shah's Men: An American Coup and the Roots of Middle East Terror*. Hoboken, NJ: John Wiley and Sons, 2003.

KRAFT, Joseph. "View from the Mosque". *Washington Post*, 29 de outubro, 1978.

KRAVETZ, Marc. "Une Mission d'Information Feminist en Iran Aujourd'hui". *Libération*, 19 de março, 1979.

KRISTEVA, Julia. "Revolution in Poetic Language". In: *The Portable Kristeva*. Ed. Kelly Oliver. Nova York: Columbia University Press, 1977, p. 27-92.

KUNSTREICH, Tjark. "Lust an der Unfreiheit". *Konkret* 8, agosto 2004, p. 35-41.

KURASAWA, Fuyuki. "The Exotic Effect: Foucault and the Question of Cultural Alterity". *European Journal of Social Theory* 2, n. 2, 1999, p. 147-65.

LACOUTURE, Jean. "Iran. Dieu et la Révolution". *Le Nouvel Observateur*, 14 de abril, 1979.

LADJEVARDI, Habib. *Labor Unions and Autocracy in Iran*. Siracusa, NY: Syracuse University Press, 1985.

_____. "Constitutional Government under Musaddiq". In: BILL e LOUIS, 1988, p. 69-90.

LAMBTON, Ann K. S. "Dustur, IV, Iran". In: *Encyclopédie de l'Islan*. 2. ed. Leiden, Netherlands: Brill, 1965.

LARMON, David H. J. et al. (eds.). *Rethinking Sexuality: Foucault and Classical Antiquity*. Princeton, NY: Princeton University Press, 1988.

LEEZENBERG, Michiel. "Power and Political Spirituality: Michel Foucault and the Islamic Revolution in Iran". *Arcadia*, band 3, heft 1, 1998, p. 72-89.

LE ROY LADURIE, Emanuel. "L'Iran de1979 et la France de 1589". *Le Nouvel Observateur*, 12 de janeiro, 1979.

"Le Tout ou Rien de l'Ayatollah Khomeiny". *Le Monde*, 3 de fevereiro, 1979.

LICHT, Fred. *Goya, the Origins of the Modern Temper in Art*. Nova York: Universe Books, 1979.

LILLA, Mark. *The Reckless Mind: Intellectuals in Politics*. Nova York: New York Review Books, 2001.

LINDHOLM, Charles. *Generosity and Jealousy: The Swat Pukhtun of Northern Pakistan*. Nova York: Columbia University Press, 1982.

LOCKMAN, Zachary. *Contending Visions of the Middle East: The History and Politics of Orientalism*. Cambridge: Cambridge University Press, 2004.

MACCANNELL, Dean; MacCannell, Juliet Flower. "Violence, Power, and Pleasure: A Revisionist Reading of Foucault from the Victim Perspective". In: RAMAZANOGLU, 1993, p. 203-38.

MACCIOCCHI, Maria-Antonietta. "Femmes Iraniennes ou Marins de Cronstadt?". *Le Monde*, 30 de março, 1979.

MACEY, David. *The Lives of Michel Foucault*. Nova York: Vintage, 1993.

MADAULE, Jacques. "La Voix du People". *Le Monde*, 8 de novembro, 1978.

_____. "Une Clameur Venue du Fond dês Temps". *Le Monde*, 13 de janeiro, 1979.

MAHJUB, Muhammad Já'far. "The Effect of European Theatre and the Influence of Its Theatrical Methods Upon Ta'ziyeh". In: CHELKOWSKI, 1979, p. 137-54.

MANAFZADEH, Ali Reza. "Ta'ziyeh va Binesh-I Trajik". *Iran Nameh* 9, n. 2, 1991, p. 319-27.

MANENT, Pierre. "Lire Michel Foucault". *Commentaire* 7, outono, 1979, p. 369-75.

MARCUSE, Herbert. *Eros and Civilization*. Nova York: Vintage, 1962 (publicado pela primeira vez em 1955).

MARTIN, L. H.; GUTMAN, H.; HUTTON, P. H. (eds.). *Technologies of the Self: A Seminar with Michel Foucault*. Amherst: University of Massachusetts Press, 1988.

MARTIN, Paul. "Foucault, l'Iran et la Responsabilité". *Le Matin de Paris*, 31 de março, 1979.

MARTIN, Vanessa. *Islam and Modernism: The Iranian Revolution of 1906*. Londres: I. B. Tauris, 1989.

_____. *Creating an Islamic State: Khomeini and the Making of a New Iran*. Londres: I. B. Tauris, 2000.

MARX, Karl. "Contribution to the Critique of Hegel's Philosophy of Law. Introduction" (1843). In: *Collected Works*, de Karl Marx e Frederick Engels. Nova York: International Publishers, 1975, v. 3, p. 175-87.

"Marxist Demonstration in Tehran." *MERIP Reports*, n. 75/76, 1979, p. 32.

MATIN-ASGARI, Afshin. *Iranian Student Opposition to the Shah*. Washington, DC: Mazda Publications, 2001.

MATIN-DAFTARI, Maryam. "Ruz-I Jahani-yi Zan". *Azadi* 2, n. 7-8, 1990, p. 36-39.

_____. "Cheshm Andaz-I Vaz'iyat-I Zanan-I Irani ba Negahi be Tajrobiyyat-iGozashteh". In: *Barrasi-yi Motale'at Va Mobarezat-i Feministi-yi Zanan-i Iran dar Do Daheh-yi Akhir Va Cheshmandaz-i Ayandeh*. Ed. Golnaz Amim. Berkeley: Proceedings of The Fifteenth Conference of Bonyad-I Pazuheshha-yi Zanan-I Iran, 2001.

MATTHEE, Rudi. "Transforming Dangerous Nomads into Useful Artisans, Technicians, Agriculturalists: Education in the Reza Shah Period". *Iranian Studies* 26, n. 3-4, 1993, p. 313-36.

MATZNEFF, Gabriel. "L'Avenir est Intégriste". *Le Monde*, 30 de setembro, 1978.

_____. "L'Autel Contre le Trone". *Le Monde*, 13 de janeiro, 1979.

MAURIAC, Claude. *Le Temps Immobile 9. Mauriac et Fils*. Paris: Bernard Grasset, 1986.

MAYER, Ann Elizabeth. *Islam and Human Rights: Tradition and Politics*. 2. ed. Boulder, CO: Westview Press, 1995.

MAZZAOUI, Michel M. "Shi'ism and Ashura in South Lebanon." In: CHELKOWSKI, 1979, p. 228-37.

MCNAY, Lois. *Foucault and Feminism: Power, Gender, and the Self.* Cambridge, UK: Polity Press, 1992.

MELVILLE, Charles (ed.). *Safavid Persia.* Londres: I. B. Tauris, 1996.

MEMMI, Albert. *The Colonizer and the Colonized.* Trad. Howard Greenfield. Nova York: Orion, 1965.

MENASHRI, David. "Iran". *Middle East Contemporary Survey, 1978.* Nova York: Holmes and Meier, 1980, v. 3, p. 488-547.

_____. *Education and the Making of Modern Iran.* Ithaca, NY: Cornell University Press, 1992.

MERRICK, Jeffrey; RAGAN, Bryant T. (eds.). *Homosexuality in Modern France.* Oxford: Oxford University Press, 1996.

MILANI, Mohsen M. *The Making of Iran's Islamic Revolution.* 2. ed. Boulder, CO: Westview Press, 1994.

_____. "Iranian Revolution (1979)". In: *Encyclopedia of Political Revolutions.* Ed. Jack. A. Goldstone. Washington, DC: Congressional Quarterly, 1998, p. 248-53.

MILLER, James. *The Passion of Michel Foucault.* Nova York: Doubleday, 1993.

MILLER, Jean Baker. "Domination and Subordination". In: ROTHENBERG, 2001, p. 86-93.

MILLETT, Kate. *Sexual Politics.* Nova York: Doubleday, 1970.

_____. *Going to Iran.* Com fotos de Sophie Keir. Nova York: Coward, McCann & Geoghegan, 1982.

MINC, Alain. "Le Terrorisme de l'Esprit". *Le Monde*, 7 de novembro, 2001.

MIRSEPASSI, Ali. *Intellectual Discourse and the Politics of Modernization.* Cambridge: Cambridge University Press, 2001.

MOGHADAM, Valentine M. "Islamist Movements and Women's Responses in the Middle East". *Gender and History* 3, n. 3, 1991, p. 268-84.

MOGHISSI, Haideh. *Populism and Feminism in Iran.* Nova York: St. Martin's Press, 1996.

MOMEN, Moojan. *An Introduction to Shi'i Islam.* New Haven, CT: Yale University Press, 1985.

MORK, Gordon R. "'Wicked Jews' and 'Suffering Christians' in the Oberamergau Passion Play". In: *Representation of Jews Through the Ages.* Eds. Leonard Jay Greenspoon e Bryan F. Le Beau. Omaha: Creighton University Press, 1996, p. 153-69.

MOTAHHARI, Morteza. *Majmu'eh-yi Asar (Collected Works)*. 11 volumes. Teerã: Sadra Press, 1997 (publicado pela primeira vez em 1989).

MOTTAHEDEH, Negar. "Resurrection, Return, Reform: Ta'ziyeh as Model for Early Babi Historiography". *Iranian Studies*, v. 32, n. 3, 1999, p. 387-400.

_____. "Karbala Drag Kings and Queens". Trabalho apresentado no Society for Iranian Studies Biannual Meeting. Bethesda, MD (maio), 2002.

MURRAY, Stephen O. "The Will not to Know: Islamic Accommodations of Homosexuality". In: MURRAY e ROSCOE, 1997, p. 14-54.

MURRAY, Stephen O.; ROSCOE, Will (eds.). *Islamic Homosexualities: Culture, History, And Literature*. Nova York: New York University Press, 1997.

NABAVI, Ibrahim. *Goft va Gu ba Ehsan Naraghi: Dar Khesht-I Kham* [Entrevistas com Ehsan Naraghi]. Teerã: Jami'h-yi Iraniyan, 1999.

NABAVI, Negin. "Roshanfekran va Bahs-I Farhang-I Bumi dar Iran". *Iran Nameh* 19, n. 3, 2001, p. 263-77.

NAJAFABADI, Salehi A. *Shahid-I Javid*. Teerã: Mo'aseseh-yi Khadamat-I Farhangi-yi Rasa, 1982 (publicado pela primeira vez em 1971).

NAJMABADI, Afsaneh. "Veiled Discourse of Unveiled Bodies." *Feminist Studies* 19, n. 3, 1993, p. 487-518.

_____. "Reading 'Wiles of Women' Stories as Fictions of Masculinity". In: *Imagined Masculinities: Male Identity and Culture in the Modern Middle East*. Eds. Mai Ghoussoub e Emma Sinclair-Webb. Londres: Saqi Books, 2000, p. 147-68.

NARAGHI, Ehsan. "Une Seule Issue: La Constitution". *Le Monde*, 3 de novembro, 1978.

NIETZSCHE, Friedrich. *On the Genealogy of Morals and Ecce Homo*. Ed. e trad. Walter Kaufmann. Nova York: Vintage, 1967.

_____. *The Portable Nietzsche*. Ed. e trad. Walter Kaufmann. Nova York: Penguin, 1976 (publicado pela primeira vez em 1954).

NIYAZMAND, Reza. *Reza Shah az Tavallod ta Saltanat*. Bethesda: Foundation for Iranian Studies, 1996.

Nota do Editor. "Michel Foucault et l'Iran". *Le Monde*, 31 de março, 1979.

NUSSBAUM, Martha C. "Aristotle, Feminism, and Needs for Functioning". In: FREELAND, 1998, p. 248-59.

NYE, Robert A. "Michel Foucault's Sexuality and the History of Homosexuality in France". In: MERRICK e RAGAN, 1996, p. 225-41.

OLIVIER, Lawrence; LABBÉ, Sylvain. "Foucault et l'Iran. À Propos du Désir de Révolution". *Canadian Journal of Political Science* 24, n. 2, 1991, p. 219-35.

OLSON, Robert. "Death". In: *Encyclopedia of Philosophy*. Ed. Paul Edward. Nova York: Collier-Macmillan, 1967, v. 2, p. 306-9.

PAIDAR, Parvin. *Women and the Political Process in the Twentieth-Century Iran*. Cambridge: Cambridge University Press, 1995.

PAOLUCCI, Paul. "Foucault's Encounter with Marxism". *Current Perspectives in Social Theory* 22, 2003, p. 3-58.

PARSA, Misagh. *Social Origins of the Iranian Revolution*. New Brunswick, NJ: Rutgers University Press, 1989.

PELLY, Sir Lewis (org.); WOLLASTON, Arthur N. (ed.). *Ta'ziyeh: The Miracle Play of Hasan and Husain*. Farnborough, UK: Gregg International, 1970 (publicado pela primeira vez em 1879).

"People's Fedayi Open Letter to Khomeini." *MERIP Reports*, n. 75/76, 1979, p. 31-32.

PETRUSHEVSKY, I. P. *Islam in Iran*. Londres: Athlone Press, 1985 (publicado pela primeira vez em 1966).

PHARR, Suzanne. "Homophobia as a Weapon of Sexism". In: ROTHENBERG, 2001, p. 143-63.

PINAULT, David. *The Shiites: Ritual and Popular Piety in a Muslim Community*. Nova York: St. Martin's Press, 1992.

_____. "Zaynab Bint 'Ali and the Place of the Women of the Households of the First Imams in Shi'ite Devotional Literature". In: *Women in the Medieval Islamic World: Power, Patronage, and Piety*. Ed. Gavin R. G. Hambly. Nova York: St. Martin's Press, 1998, p. 69-98.

PLATO. *Collected Dialogues*. Eds. Edith Hamilton e Huntington Cairns. Princeton, NJU: Princeton University Press, 1961.

PLUTARCH. *On Love, the Family, and the Good Life*. Nova York: Mentor Books, 1957.

PORTER, Roy. "Is Foucault Useful for Understanding Eighteenth-and Nineteenth- Century Sexuality?". *Contention* 1, 1991, p. 61-82.

POSTER, Mark. "Foucault and the Tyranny of Greece". In: *Foucault: A Critical Reader*. Ed. David Couzens Hoy. Oxford: Blackwell, 1986, p. 205-20.

"Quinze Mille Manifestants ont Defile à Paris". *Le Monde*, 14 de setembro, 1978.

RABINOW, Paul (ed.). *Foucault Reader*. Nova York: Pantheon, 1984.

RAMAZANOGLU, Caroline (ed.). *Up against Foucault: Explorations of Some Tensions Between Foucault and Feminism.* Nova York: Routledge, 1993.

RAVANDI, Morteza. *Tarikh-i Ejtema'i-yi Iran.* Vol.7. Teerã: Fajr Islam, 1989.

REED, Betsy (ed.). *Nothing Sacred: Women Respond to Religious Fundamentalism.* Com introdução de Katha Pollitt. Nova York: Thunder's Mouth Press/Nation Books, 2002.

REZVANI. "Pour la République de Perse". *Le Monde*, 17-18 de setembro, 1978.

RICHARD, Yann. *Le Chiisme em Iran.* Paris: Adrien-Maisonneuve, 1980.

_____. *Shi'ite Islam.* Oxford: Basil Blackwell, 1995 (publicado pela primeira vez em 1991).

RICHLIN, Amy. "Foucault's *History of Sexuality*: A Useful Theory for Women?". In: LARMOUR et al., 1998, p. 138-70.

RODINSON, Maxime. *Islam and Capitalism.* Trad. Brian Pearce. Austin: University of Texas Press, 1973 (publicado pela primeira vez em 1966).

_____. "Les Bahâ'i-s menacés". *Le Monde*, 20 de março, 1979.

_____. *Muhammad.* Trad. Anne Carter. Nova York: Pantheon, 1980 (publicado pela primeira vez em 1961).

_____. *Marxism and the Muslim World.* Trad. Jean Mathews. Nova York: Monthly Review Press, 1981. [Os originais franceses da maioria destes escritos estão disponíveis em RODINSON, 1993a.]

_____. *L'Islam: Politique et Croyance.* Paris: Éditions Fayard, 1993a.

_____. *De Pythagore à Lénine: Des Activismes Idéologiques.* Paris: Éditions Fayard, 1993b.

ROSCOE, Will. "Precursors of Islamic Male Homosexualities". In: MURRAY e ROSCOE, 1997, p. 55-86.

ROTHENBERG, Paula S. (ed.). *Race, Class, and Gender in the U.S.* Nova York: Worth, 2001.

ROUSSEAU, G. S. "Whose Enlightenment? Not Man's: the Case of Michel Foucault". *Eighteenth Century Studies* 6, n. 2, 1972-73, p. 238-56.

SADE, Marquis de. *The Misfortunes of Virtue and Other Early Tales.* Nova York: Oxford University Press, 1992.

SAID, Edward. *Orientalism.* Nova York: Vintage Books, 1978.

_____. "My Encounter with Sartre". *London Review of Books* 22 (1º de junho), 2000a, p. 11.

_____. "Deconstructing the System". *New York Times Book Review*, 17 de dezembro, 2000b, p. 16-17.

SANASARIAN, Eliz. *The Women's Rights Movement in Iran: Mutiny, Appeasement, and Repression from 1900 to Khomeini.* Nova York: Praeger, 1982.

_____. *Religious Minorities in Iran.* Cambridge: Cambridge University Press, 2000.

SARSHAR, Houman (ed.). *Esther's Children: A Portrait of Iranian Jews.* Los Angeles e Filadélfia: Center for Iranian Jewish Oral History and the Jewish Publication Society, 2002.

SARTRE, Jean-Paul. *Search for a Method.* Trad. Hazel E. Barnes. Nova York: Vintage, 1963 (publicado pela primeira vez em 1957).

SAWICKI, Jana. "Identity Politics and Sexual Freedom". In: DIAMOND e QUINBY, 1988, p. 177-92.

SCHAUB, Ua Liebmann. "Foucault'Oriental Subtext". *PMLA* 104, n. 3, 1989, p. 306-16.

SCHIMMEL, Annemarie. *Mystical Dimensions of Islam.* Chapel Hill: University of North Carolina Press, 1975.

SEBBAR, Leila. "En Iran, le Tchador Glisse, A Paris, il Brûle". *Histoires d'Elles*, n. 11, abr. 1979.

SEDGWICK, Eve Kosofsky. *Between Men: English Literature and Male Homosocial Desire.* Nova York: Columbia University Press, 1985.

SHAHIDIAN, Hammed. "The Iranian Left and the 'Woman Question' in the Revolution of 1978-79". *International Journal of Middle East Studies* 26, n. 2, 1994, p. 223-47.

SHAMISA, Cyrus. *Shahidbazi dar Adabiyyat-I Farsi.* Teerã: Ferdows Press, 2002.

_____. *Marxism and Other Western Fallacies.* Trad. R. Campbell. Berkeley e Los Angeles: Mizan Press, 1980 (publicado pela primeira vez em 1977).

_____. *Historie et Destinée.* Ed. e trad. F. Hamed e N. Yavari d'Hellencourt. Prefácio por Jacques Berque. Paris: Sinbad, 1982.

_____. *What is to Be Done? The Enlightened Thinkers and an Islamic Renaissance.* Ed. Farhang Rajaee. Houston: Institute for Research and Islamic Studies, 1986.

_____. *Collected Works of Ali Shariati.* Vol. 21. *Zan* [Women]. Teerã: Bonyad-I Farhangi-yi Doctor Ali Shariati, 1990.

SHAYGAN, Ali. "Iran Nemitavanad be Sadr-i Islam Bazgardad". *Ettela'at*, 25 de fevereiro/Esfand 6, 1979/1357, p. 8.

SIBALIS, Michael David. "The Regulation of Male Homosexuality in Revolutionary and Napoleonic France, 1789-1815". In: MERRICK e RAGAN, 1996, p. 80-101.

SICK, Gary. *All Fall Down: America's Tragic Encounter with Iran*. Nova York: Random House, 1985.

SMITH, Craig S. "Shh, It's an Open Secret: Warlords and Pedophilia". *New York Times*, 21 de fevereiro, 2002.

SOPER, Kate. *Humanism and Anti-Humanism*. La Salle, Il: Open Court Press, 1986.

_____. "Productive Contradictions". In: RAMAZANOGLU, 1993, p. 29-50.

STAUTH, Georg. "Revolution in Spiritless Times: An Essay on Michel Foucault's Enquiries into the Iranian Revolution". *International Sociology* 6, n. 3, 1991, p. 259-80.

STEEL, Lola. "En Iran Autant d'Ailleurs". *Libération*, 28 de março, 1979.

STEINER, George. *Martin Heidegger*. Chicago: University of Chicago Press, 1987.

STERNHELL, Zeev (ed.) *The Intellectual Revolt against Liberal Democracy, 1870-1945*. Jerusalém: Israel Academy of Sciences and Humanities, 1996.

STOLER, Ann Laura. *Race and the Education of Desire: Foucault's History of Sexuality and the Colonial Order of Things*. Durham, NC: Duke University Press, 1995.

SWIDLER, Arlene (ed.). *Homosexuality and World Religions*. Valley Forge, PA: Trinity Press International, 1993.

TABARI, Azar; YEGANEH, Nahid (eds.). *In the Shadow of Islam: The Women's Movement In Iran*. London: Zed Press, 1982.

TAJIK, Mohammad Reza. *Michel Foucault va Enqelab-i Islami*. Teerã: Mo'aseseh-yi Tose'eh-yi Danesh va Pazuhesh-i Iran, 1999.

TAREMI, Hasan. '*Alameh Majlisi*. Teerã: Tarh-i Naw, 1996.

TAVAKOLI-TARGHI, Mohamad. "Tajaddodi Ekhtera'i, tamadoon-i 'Ariyati, va Enqelabi Rowhani". *Iran Nameh* 20, n. 2-3, 2001, p. 195-236.

THAISS, Gustav. "Religious Symbolism and Social Change: The Drama of Husain". In: KEDDIE, 1972, p. 349-66.

_____. "Contested Meanings and the Politics of Authenticity: The 'Hosay' in Trinidad". In: *Islam, Globalization, and Postmodernity*. Eds. Akbar S. Ahmed e Hastings Donnan. Londres: Routledge, 1994, p. 38-62.

TOHIDI, Nayareh. "Gender and Islamic Fundamentalism: Feminist Perspectives in Iran". In: *Third World Women and the Politics of*

Feminism. Eds. Chandra Talpade Mohanty, Ann Russo e Lourdes Torres. Bloomington: Indiana University Press, 1991, p. 251-60.

TRIKI, Rachida. "Foucault em Tunisie". *Revue de la Société Française d'Esthétique* (a ser publicado).

TUANA, Nancy (ed.). *Feminist Interpretations of Plato*. University Park: Pennsylvania State University Press, 1994.

ULLMANN, Bernard. "La Vengeance du Prophète". *L'Express*, 21 de abril, 1979.

VAHDAT, Farzin. *God and Juggernaut: Iran's Intellectual Encounter with Modernity*. Syracuse, NY: Syracuse University Press, 2001.

VATANDOUST, Reza. "The Status of Iranian Women During the Pahlavi Regime". In: *Women and the Family in Iran*. Ed. Asghar Fathi. Leiden, Holanda: E. J. Brill, 1985, p. 107-30.

VIDAL-NAQUET, Pierre. "Rodinson et les Dogmes". *Le Monde*, 30 de julho, 1993.

_____. "Entre Marx et Mahomet". *Le Monde*, 3 de abril, 1998.

VIEILLE, Paul. *La Féodalité de l'État em Iran*. Paris: Éditions Anthropos, 1975.

WAFER, Jim. "Muhammad and Male Homosexuality" (1997a). In: MURRAY e ROSCOE, 1997, p. 87-96.

_____. "Vision and Passion: the Symbolism of Male Love in Islamic Mystical Literature" (1997b). In: MURRAY e ROSCOE, 1997, p. 107-31.

WALDMAN, Amy. "Iran Shi'ites Celebrate and Mourn a Martyr". *New York Times*, 15 de dezembro, 2001.

WEBER, Marianne. "Excerpt from 'Authority and autonomy in Marriage'". In: *The Women Founders of Sociology and Social Theory, 1830-1930*. Eds. Patricia Lengerman e Jill Niebrugge-Brantley. Nova York: McGraw-Hill, 1998, p. 215-20.

WEBER, Max. *Economy and Society: An Outline of Interpretive Sociology*. Ed. Guenther Roth e Claus Wittich. Berkeley e Los Angeles: University of California Press, 1978.

WILLIS, Ellen. "Bringing the Holy War Home" (2001). In: REED, 2002, p. 373-77.

YARSHATER, Eshan. "Ta'ziyeh and Pre-Islamic Mourning Rites in Iran". In: CHELKOWSKI, 1979, p. 88-94.

YEGANEH, Nahid. "Women, Nationalism, and Islam in Contemporary Political Discourse In Iran". *Feminist Review* 44, verão, 1993, p. 3-18.

YOUNG, Robert C. (ed.). *Postcolonialism: An Historical Introduction.* Oxford: Blackwell Publishers, 2001.

ZAMANZADEH, Javad. *Ravankavi-yi Sovar-i Eshq dar Adabiyat-i Farsi.* Bethesda, MD: Iranbooks, 1994.

ZINN, Howard. *Terrorism and War.* New York: Seven Stories Press, 2002.

Índice Onomástico

A
Abbas I (xá), 81
Abraão, 101, 102
Abu Bakr, 78
Adorno, Theodor, 60, 61
Afshari, Reza, 11, 268, 435
Ahdal, Abdullah Al, 269
Ahmadi Khorasani, Nooshin, 286
Aisha (esposa de Maomé), 339
Alcibíades, 240
Allende, Salvador, 309
Almond, Ian, 28
Althusser, Louis, 54, 167
Amini, Ali, 123, 330, 337, 344, 345, 349
Andrieu, René, 403
Arabshaybani, Angel, 233
Ardalan, Parvin, 286
Aristófanes, 242, 243
Aristóteles, 241, 242, 247, 253, 366
Aron, Raymond, 26, 218
Artaud, Antonin, 50, 68
Astarabadi, Bibi Khanom, 263
Atar (poeta), 256
Ataturk (Mustafa Kemal), 127, 136, 137, 317
Atoussa H., 5, 7, 8, 12, 121, 154, 155, 156, 157, 158, 195, 216, 233, 292, 339, 341
Avicena, 63, 110, 169
Ayoub, Mahmoud, 85, 86
Azhari, Gholamreza, 123, 162, 352

B
Bakhtiar, Shapour, 125, 172, 177, 178, 388
Balandier, Georges, 139
Bani-Sadr, 9, 122, 124, 146, 162, 217, 396
Bartky, Sandra, 55, 57
Bashir, Hassan al, 271
Bataille, Georges, 17, 68
Baudrillard, Jean, 278, 279
Bazargan, Mehdi, 8, 123, 140, 178, 182, 206, 209, 210, 211, 212, 217, 219, 334, 359, 398, 399, 422, 439, 442, 443, 444, 445, 447
Beeman, William, 85, 88, 99
Begin, Menachem, 329
Berkeley, George, 50
Bernauer, James, 25, 26, 62
Berque, Jacques, 438
Bérubé, Michael, 279
Best, Steven, 223
Bhutto, Zulfikar Ali, 363
bin Laden, Osama, 270, 271, 273, 274, 275, 279, 280, 282

Blanchet, Pierre, 14, 199, 200, 202, 203, 204, 207, 217, 218, 293, 406, 408, 410, 411, 412, 413, 415, 416, 417, 419
Blanchot, Maurice, 68, 405
Boone, Joseph, 228
Bourdieu, Pierre, 26, 54
Brière, Claire, 14, 194, 199, 200, 203, 204, 205, 207, 217, 218, 293, 406, 408, 414, 416, 418, 419, 420
Brook, Peter, 89
Broyelle, Claudie, 8, 13, 195, 198, 292, 401, 405
Broyelle, Jacques, 8, 11, 13, 54, 180, 195, 198, 292, 391, 401, 405, 438
Bush, George W., 274, 275, 276

C
Calvino, João, 181
Camus, Albert, 108
Caprioto, Ettore, 269
Carrette, Jeremy, 20, 28, 42, 62, 63
Castoriadis, Cornelius, 198
Cervantes, Miguel de, 47
Chardin, John (Jean), 257
Chelkowski, Peter, 71, 84, 86, 89, 90, 129, 173
Chomsky, Noam, 276, 277, 279
Ciro, 371
Clark, Ramsey, 174
Clavel, Maurice, 62
Clément, Catherine, 194, 195, 207, 208
Clinton, Bill, 256
Cohen, Mitchell, 25
Colombel, Jeannette, 24
Condillac, Étienne de, 50
Constantino, 392
Cromwell, Oliver, 142, 181, 182, 219, 325, 396

D
Dabashi, Hamid, 71, 89, 110, 111, 129, 173
Daniel, Jean, 148, 158
Darwish, Mahmoud, 270
Daudet, Léon, 197, 403
Daud, Muhammad, 260, 312
Davidson, James, 241
de Beauvoir, Simone, 8, 13, 23, 54, 189, 190, 292, 293, 399
Debray-Ritzen, Pierre, 405
Defert, Daniel, 292
De Gaulle, Charles, 357
Deleuze, Gilles, 54
Demóstenes, 238
Diamond, Irene, 55
Dover, Kenneth J., 240, 241, 242, 243, 244, 245, 247
Dunayevskaya, Raya, 191, 192, 221
Dupanloup, Félix, 181, 396
Duran, Khalid, 256, 263, 265

E
Ebadi, Shirin, 287, 288
Ehrenreich, Barbara, 279, 280
Enayat, Mahmoud, 174
Engels, Friedrich, 300
Eribon, Didier, 18, 24, 146, 162, 225, 229
Ershad, Husseiniyeh, 109
Esma'ili, Hussein, 87, 88
Ewald, François, 292

F
Fanon, Frantz, 46, 107, 277, 336, 438
Farabi (al-Farabi), 110, 169
Farah Pahlavi (Rainha), 264
Fátima (filha de Maomé), 80
Faubion, James, 26
Filipe II da Macedônia, 244
Finkielkraut, Alain, 121, 122
Fischer, Michael, 78, 85, 102, 128
Fontaine, André, 168
Fouroud, Fatollah, 352
Foxhall, Lin, 235, 239

Franceschini, Paul-Jean, 206
Franco, Francisco, 330
Fraser, Nancy, 60
Freud, Sigmund, 46, 64, 66, 67, 68, 98
Furet, François, 409

G

Gandhi, Mohandas, 277
Ganji, Akbar, 283, 284, 287
Gillespie, Michael, 39, 40, 43
Glucksmann, André, 121, 403
Gobineau, Joseph-Arthur de, 86
Goldmann, Lucien, 54
Golpaygani, Aiatolá, 124, 261
Golsorkhi, Khosrow, 114
Goya, Francisco de, 70
Groenhout, Ruth, 253
Gurvitch, George, 336

H

Habermas, Jürgen, 38, 39, 60, 283
Hafez (poeta), 256, 257
Hafsia, Jalila, 139, 231
Halimi, Gisèle, 190, 191, 210
Halperin, David, 225, 240
Hamadani, Hussein Ma'sumi, 12, 292
Hashemi, Gita, 12, 106, 158
Hassan (primeiro filho de Ali), 79, 80, 86, 140, 271
Hegel, Friedrich, 46, 131, 220, 301, 391
Hegland, Mary, 11, 84, 90, 92
Heidegger, Martin, 25, 34, 39, 40, 42, 43, 66, 68, 104, 108, 110, 113
Heródoto, 255
Hirshman, Linda, 253
Hitler, Adolf, 103, 104
Hobbes, Thomas, 50
Hölderlin, Friedrich, 50
Horkheimer, Max, 60, 427, 428
Hume, David, 50
Hussein (neto de Maomé), 16, 71, 79, 80, 81, 83, 84, 85, 86, 87, 89, 91, 92, 93, 99, 100, 101, 102, 105, 110, 111, 112, 113, 114, 115, 116, 117, 292, 324, 351, 380, 414, 415
Hussein, Saddam. *Ver* Saddam Hussein
Hussein Xá (sultão), 82
Huyser, Robert E., 173
Hyam, Ronald, 228

I

Ibn Abu Talib, Ali, 78
Igarashi, Hitoshi, 269
Ingram, David, 11, 223
Ionesco, Eugene, 108
Irigaray, Luce, 50
irmãos Reza'i, 352
Ironside, Edmund, 309
Isaque e Abraão, 102
Isma'il (xá), 81

J

Jesus Cristo, 69, 100, 102, 113, 366, 374
Joana D'Arc, 376
João Paulo II (Papa), 172
Juliano, 392, 393
Julliard, Jacques, 172, 173, 180, 391

K

Kadafi, Muammar, 311, 375, 385, 386
Kafka, Franz, 108
Kant, Immanuel, 130, 223
Kar, Mehrangiz, 125, 282, 286, 287, 288
Karzai, Hamid, 260
Kashani, Aiatolá Abulqasem, 135, 144, 327
Kashefi, Va'ez, 83
Keating, Craig, 28
Keddie, Nikki, 11, 109, 128, 129, 140, 171, 379, 448
Kellner, Douglas, 11, 223
Kemal, Mustafa (Ataturk), 127, 136, 317

Kepel, Gilles, 267
Khalkhali, Sadeq, 219, 234, 435
Khamenei, Aiatolá Ali, 282
Khatami, Mahmoud, 281, 282, 283
Khatami, Muhammad, 281
Khayami, Mahmoud, 352
Khomeini, Aiatolá Ruhollah, 8, 13, 15-17, 23, 34, 71-73, 75, 77, 105-07, 109, 110, 114-18, 123, 124, 126-29, 132, 135, 139, 140, 142, 143, 145-50, 156, 157, 159, 160-65, 171, 174-78, 180-87, 189, 191, 193-95, 199, 203, 217-19, 221, 261, 265, 268, 269, 270, 287, 293, 299, 306, 311, 316, 321, 324, 331-34, 337, 339, 345, 347, 355, 356, 361, 380, 390, 391, 396, 397, 401, 402, 407-11, 416, 417, 432-37, 439, 441-43, 446, 448
Khosravani, Keyvan, 264
Khrushchev, Nikita, 375
Kierkegaard, Soren, 104
Kravetz, Marc, 192, 193
Kristeva, Julia, 98
Kunstreich, Tjark, 25
Kurasawa, Fuyuki, 28

L

Lacan, Jacques, 46, 54, 57, 302
Lacouture, Jean, 208, 209
Lagrange, Jacques, 292
Leezenberg, Michiel, 28
Lefebvre, Henri, 54
Lênin, V. I., 310, 396
Le Roy Ladurie, Emmanuel, 175
Lévi-Strauss, Claude, 54
Lilla, Mark, 10, 24
Lin Biao, 411
Lindholm, Charles, 258, 259
Locke, John, 130
Lockman, Zachary, 226
Lumumba, Patrice, 277

Lutero, Martinho, 300
Lyotard, Jean François, 283

M

MacCannell, Dean, 57
Macey, David, 25, 26, 54, 122, 221, 230, 231
Madaule, Jacques, 162, 174
Mahfouz, Naguib, 270, 273
Mahon, Michael, 26
Majlisi, Muhammad Baqir, 82
Mallarmé, Stéphane, 50
Mandela, Nelson, 277
Mandel, Ernest, 407
Manent, Pierre, 218
Maomé, 16, 23, 71, 78, 79, 80, 100, 101, 111, 113, 143, 150, 255, 269, 299, 333, 339
Mao Tse-Tung, 203, 313, 411
Marcuse, Herbert, 37, 61
Martin, Paul, 198
Marx, Karl, 23, 46, 54, 68, 110, 131, 132, 133, 180, 204, 213, 279, 297, 298, 299, 300, 325, 391, 414
Maschino, Dennis, 363
Massignon, Louis, 174, 336, 337
Massoudi, Abbas, 352
Matin-Daftari, Hedayat, 184
Matin-Daftari, Maryam, 13, 128
Matin, Le, 13, 125, 128, 130, 184, 194, 195, 197, 198, 199, 207, 292, 293, 401, 405
Matzneff, Gabriel, 139, 174, 231
Mauriac, Claude, 154, 232
McNay, Lois, 56
Memmi, Albert, 46
Merleau-Ponty, Maurice, 302
Mignon, Sylvie, 122
Mignon, Thierry, 122, 146
Miller, James, 12, 24, 48, 68, 69, 246
Millett, Kate, 185, 186, 187, 188, 190, 191, 193, 194, 209

Minc, Alain, 24, 278
Mirza, Iraj, 256
Moghadam, Nasser, 125, 149, 329
Moisés, 102
Molla Nasreddin, 263
Montazari, Aiatolá Hussein Ali, 123
Mork, Gordon, 11, 102, 104
Mossadeq, Muhammad, 128, 308
Moullard, Claudine, 188
Mubarak, Hosni, 273
Muhammad Reza Xá. *Ver* Pahlavi, Muhammad Reza Xá
Muhammad (Rodinson), 7, 12, 13, 23, 121, 139, 166, 167, 168, 169, 170, 171, 172, 177, 180, 181, 193, 194, 209, 211, 218, 219, 220, 222, 231, 275, 292, 293, 391, 394, 396, 423, 432, 438, 440, 448
Murray, Stephen, 10, 256, 262

N
Nabavi, Ibrahim, 233
Nabavi, Negin, 115, 234
Naguib, Muhammad, 270, 273, 381
Najafabadi, Ne'matollah Salehi, 114
Najafi, Aiatolá Marashi, 124
Najmabadi, Afsaneh, 125, 256
Nameh-yi Kanun-i Nevisandegan, 292, 293, 294
Naraghi, Ehsan, 9, 141, 155, 233, 234, 323
Naser al-Din Xá, 86
Nasser, Gamal Abdel, 10, 106, 273, 311, 329, 375
Nietzsche, Friedrich, 17, 34, 41, 42, 46, 48, 51, 60, 66, 67, 72, 73
Nin, Anaïs, 139, 231
Nussbaum, Martha, 253

O
Omar (Mullah), 110, 259, 271
Oveisi, Gholam Ali, 352

P
Pahlavi, Ashraf, 320
Pahlavi, Gholamreza, 320
Pahlavi, Muhammad Reza Xá, 15, 71, 308
Pahlavi, Reza Xá, 15, 71, 87, 308, 309
Paidar, Parvin, 125, 128
Parham, Baqir, 8, 13, 130, 131, 132, 291, 293, 294, 296, 298, 301
Pelly, Lewis, 86
Pharr, Suzanne, 250
Pinel, Phillippe, 48
Pinochet, Augusto, 309
Platão, 239, 240, 242, 244, 247, 252, 253, 436
Plutarco, 251, 252
Porter, Roy, 58
Poster, Mark, 226
Pottier, Eugène, 391, 448

Q
Qajar dinastia, 90, 309, 320, 379
Qolizadeh, Jalil Mamed, 263
Quinby, Lee, 55
Quintiliano, Marcos Fabius, 252

R
Rabinow, Paul, 252, 253
Rahman, Xeque Omar, 271
Reagan, Ronald, 268, 274
Reza, Ali al-, 322
Reza Khan, 127, 309, 317
Reza Xá. *Ver* Pahlavi, Reza Xá
Richard, Yann, 10, 89, 167, 448
Richlin, Amy, 59, 235, 239
Robespierre, Maximilien de, 368, 396
Rodinson, Maxime, 7, 12, 13, 23, 121, 139, 166, 167, 168, 169, 170, 171, 172, 177, 180, 181, 193, 194, 209, 211, 218, 219, 220, 222, 231, 275, 292, 293, 391, 394, 396, 423, 432, 438, 440, 448

Rousseau, Jean-Jacques, 50, 130
Rumi (poeta), 256
Rushdie, Salman, 269, 281

S
Sadat, Anwar, 273, 329
Saddam Hussein, 275
Sade, Marquês de, 70
Sa'di (poeta), 256, 257
Saffari, Bijan, 264
Safo, 245
Said, Edward, 10, 25, 108, 193, 226, 228, 229, 232, 270
Saidzadeh, Seyyed Mohsen, 286
Salamatiane, Ahmad, 9
Sandino, Augusto, 277
Sanjabi, Karim, 123, 124, 125, 182, 330, 345, 347
Santo Tomás de Aquino, 65
São Bartolomeu, 175
São Jerônimo, 96
Sartre, Jean-Paul, 26, 46, 54, 104, 108, 165, 166, 167, 193, 221, 222, 302, 403, 438
Savonarola, Girolamo, 142, 181, 325, 396
Schimmel, Annemarie, 257
Schopenhauer, Arthur, 66
Sebbar, Leila, 191, 210
Sedgwick, Eve, 256
Shabastari, Mojtahed, 286
Shafiq, Shahram, 320
Shakespeare, William, 47
Shamisa, Cyrus, 257
Shariati, Ali, 78, 109, 110, 111, 112, 113, 114, 115, 116, 129, 132, 299, 336, 337, 438
Shariatmadari, Aiatolá Kazem, 9, 117, 124, 130, 139, 140, 143, 151, 217, 321, 326, 333, 334, 408, 422, 437
Shariatmadari, Hasan, 9
Sharif-Imami, Já'far, 123, 162, 351, 356

Shaygan, Ali, 183
Sherkat, Shahla, 286
Shuster, Morgan, 192
Signoret, Simone, 26
Simone de Beauvoir, 8, 13, 23, 54, 189, 190, 292, 399
Sócrates, 240
Solzhenitsyn, Alexander, 172, 283, 391
Soper, Kate, 54, 57, 58, 59
Stalin, Joseph, 163, 197, 359, 375
Stauth, Georg, 28, 157
Steel, Lola, 193
Steiner, Georg, 39, 40, 68
Stoler, Ann, 44, 45, 60, 67, 228
Suleiman I (xá), 82

T
Taleqani, Aiatolá Mahmud, 123, 173, 184, 185, 217, 359
Timarco, 244
Tocqueville, Alexis de, 318
Torquemada, Tomás de, 181, 219, 396, 435
Triki, Fathi, 9, 230
Triki, Rachida, 229
Tuke, William, 48
Turabi, Hassan al-, 271

U
Ullmann, Bernard, 208, 209
Umar Ibn As'ad, 78, 79, 100

V
Voeltzel, Thierry, 121, 130
Voltaire, 391
von Bülow, Catharine, 232

W
Weber, Marianne, 251
Weber, Max, 23, 60, 367, 440
Willis, Ellen, 280, 281

X

Xá do Irã. *Ver* Pahlavi, Muhammad Reza Xá
Xenofonte, 241

Y

Young, Robert, 228

Z

Zawahiri, Ayman al-, 273
Zeggar, Dalila, 363
Zeggar, Massoud, 363
Zinn, Howard, 277, 279

DADOS INTERNACIONAIS DE CATALOGAÇÃO NA PUBLICAÇÃO (CIP)
(CÂMARA BRASILEIRA DO LIVRO, SP, BRASIL)

Afary, Janet
　　Foucault e a Revolução Iraniana : as relações de gênero e as seduções do Islamismo / Janet Afary e Kevin B. Anderson ; tradução de Fabio Faria. – São Paulo : É Realizações, 2011.

　　Título original: Foucault and the Iranian Revolution : gender and the seductions of Islamism.
　　ISBN 978-85-8033-016-8

　　1. Foucault, Michel, 1926-1984 - Vida social e política 2. Irã - História - Revolução, 1979 I. Anderson, Kevin B. II. Título.

11-03118　　　　　　　　　　　　　　　CDD-955.0542

ÍNDICES PARA CATÁLOGO SISTEMÁTICO:
1. Foucault e a Revolução Iraniana : História　　955.0542

Este livro foi impresso pela Prol Editora Gráfica para É Realizações, em março de 2011. Os tipos usados são da família Sabon Light Std e Frutiger Light. O papel do miolo é pólen bold 90g, e o da capa, cartão supremo 300g.